노동법체계의 새로운 지평

노동법 핵심 쟁점사항에 대한 비교법적 검토

이 정

法 文 社

이 연구는 2022학년도 한국외국어대학교 교원연구지원사업 지원에 의하여
이루어진 것임.

머리말

우리나라 노동법은 1953년에 제정된 지 올해로 70돌을 맞이하게 된다. 제정 당시의 노동법은 정치적 격변기였기 때문에 법안에 대한 충분한 검토나 토론과정 없이 일본점령기의 노동법을 기초로 만들어졌다. 그래서 제정 당시의 노동법체계는 당시의 상황을 충분히 반영하지 못했기 때문에 현실과는 상당한 괴리가 있었다.

그 후 우리나라의 산업기반이 조성되고 비약적인 경제성장을 이룩하면서 노동법체계도 이에 걸맞게 개편할 필요가 있다는 목소리가 커지기 시작했다. 그러나 80년대 초반까지는 경제성장정책이 우선되었기 때문에 노동3권을 비롯한 노동기본권 확립은 늘 후순위가 되었다. 이는 노동계로부터 거센 비판에 직면하게 되는 원인이 되었고, 당시의 정부는 이러한 노동계의 불만을 완화하고자 개별적 근로조건의 개선에 역점을 둔 정책을 추진해왔다.

그 결과 우리나라 노동법체계를 보면 개별적 근로조건－예를 들어 휴업수당이나 연장근로에 대한 할증률, 법정 퇴직금제도, 주휴제도, 해고규제 등은 상대적으로 높은 수준을 요구하고 있는데 비해, 단체교섭이나 쟁의행위 등 집단적 노동관계에 있어서는 상대적으로 엄격하게 규정하고 있어 양자 간에 불균형(imbalanced) 현상이 두드러지는 것이 특징이다. 그 동안 우리는 이러한 불균형 현상을 시정하고자 수차례에 걸친 노동개혁을 시도한 바 있지만, 제대로 이루어진 적이 한 번도 없다. 이는 이러한 불균형 현상을 극복하는 것이 얼마나 풀기 어려운 테제인지를 시사하고 있다.

한편, 기업을 둘러싼 고용환경은 상상을 초월할 정도로 급변하고 있다. 최근 코로나펜데믹으로 비대면과 재택근로가 보편화되는 등 근로형태가 다양화되고, 고용의 디지털화로 인하여 SNS 등 IT기술을 이용한 특수고용 및 플렛폼 종사자들이 급격하게 증가하고 있다. 이처럼 노동법이 제정될 당시에는 상상조차하기 힘든 현상이 일어나고 있다. 이와 같이 고용환경은 점점 다양화 · 복잡화 · 디지털화되고 있는데 반해, 현행 노동법체계는 아직도 생산직 공장근로와 같이 단순하고 획일적인 아날로그방식의 근로를 전제로 하고 있어 산업현장에 있어 소위 '문화지체(cultural lag)'현상이 일어나고 있는 것이다.

서두에서 언급한 바와 같이 우리나라 노동법체계는 반세기도 이전에 제정된 것이기 때문에 당시의 집단적·획일적·단순반복적인 공장근로에는 적합할지언정 오늘날과 같이 제4차 산업혁명을 기반으로 하는 개별적·다양한 지식근로를 규제하기에는 한계가 있다. 최근 들어 정부는 '노사법치주의'라는 기치 아래 노동현장의 불법행위 근절과 점점 고착화되고 있는 노동시장의 2중 구조의 해소를 추진하고 있다. 과연 현 정부가 역대 어느 정부도 해결하지 못한 노동개혁이라는 고차방정식을 풀 수 있을지 두고 볼 일이다.

본서는 필자의 이와 같은 문제의식에서 출발하여 평소 고민하고 발표한 내용들을 모아 편집한 것이다. 그래서 본서에서는 노동법에 대한 기본적인 이론보다는 현재 우리사회에서 핫한 이슈가 되고 있는 문제－예를 들어 근로시간의 유연화, 통상임금, 정년연장, 취업규칙 불이익 변경, 파견과 도급, 해고와 사직, 쟁의행위와 손해배상, 부당노동행위, 집단적 노사관계와 노사자치 등으로 한정했다. 또한 본서에서는 보다 객관적인 시선을 유지하고자 주로 비교법적 연구를 중심으로 검토하였다(국내에도 훌륭한 선행연구가 많이 있지만, 지면상의 제약으로다 다루지 못한 점이 아쉬움으로 남는다). 아무쪼록 본서가 노동법을 전공하는 학자나 연구자를 비롯하여 노동정책과 노동실무를 담당하는 분들에게 조금이나마 도움이 될 수 있다면 더없는 보람이라 생각한다.

이렇게 변변찮은 책이지만, 이 책이 나오기까지 많은 분들의 지혜를 빌리고 수고를 끼쳤다. 특히 평소 많은 학은(學恩)을 베풀어주신 동료교수님들과 많은 격려를 해주신 노동법연구자모임(HUFS Labor Seminar)에 대해 특별히 고마움을 표시하고 싶다. 그리고 필자가 오늘날에 있기까지 학문의 길로 인도해주신 스게노카즈오(菅野和夫) 동경대학교 명예교수님과 부족한 필자를 늘 이해하고 지원해준 아내와 두 딸들에게 무한 사랑과 고마움을 표시하고 싶다.

2023년 초여름 천장산 기슭에서

저자 이정

차 례

근로시간

제2편 임 금

정년연장과 취업규칙 변경

파견과 도급

2 일본의 도급과 파견의 판단기준 187

3 도급·파견의 구분에 대한 사법적 판단의 한계와 해결방안 모색 221

해고와 사직

2 사직에 대한 노동법적 검토 269

쟁의행위와 손해배상

부당노동행위

집단적 노사관계법과 노사자치

근로시간

제1장 '주 52시간제'를 둘러싼 쟁점과 과제

제2장 근로시간 유연화를 위한 입법 과제

제 1 장

'주 52시간제'를 둘러싼 쟁점과 과제

Ⅰ. '주 52시간 근로제'의 도입 배경

'주 52시간 근무제'가 우여곡절 끝에 2018년 7월 1일부터 단계적으로 시행되기에 이르렀다. 상시 근로자가 300인 이상 기업과 공공기관의 경우에는 곧바로 적용되어, 이들 기업과 기관에 근무하는 근로자의 근로시간은 휴일을 포함하여 1주 근로시간이 52시간을 초과해서는 안 된다. 이에 비해 상시근로자가 50~299인 사업장의 경우에는 2010년 1월부터, 5~49인 사업장의 경우에는 2021년 7월부터 새로운 근로시간 제도가 적용되게 되었다.

주 52시간 근무제가 실시되면서 산업현장에서 다양한 변화가 일어나고 있다. 근로시간 단축으로 퇴근 후에 자기개발이나 취미활동을 통하여 '저녁이 있는 삶'을 즐기는 근로자가 생겨나고 있다. 반면 장시간 근로체계가 일상화된 직장의 경우에는 일거리를 가지고 귀가하거나 또는 근로시간 단축으로 인한 임금감소에 못마땅해 하는 근로자도 있다. 근로시간 단축은 '과로사회'로부터 벗어나기 위한 안전판이자 '일과 생활의 균형(Work and Life balance: 워라밸)'이라는 가치관을 확립하기 위한 출발점이다.

장시간 근로는 일반적으로 삶의 질과 생산성이 떨어지게 하고 산업재해가 늘어나게 되는 원인이 된다고 한다. 우리나라 근로자들의 평균 근로시간을 보면 연간 2천 시간이 넘어 OECD국 중 멕시코 다음으로 길다고 한다. 열심히 일하는 게 흠은 아니지만, 삶의 질을 개선하기 위해서는 적어도 OECD국의 평균수준으로 줄일 필요가 있다. 일과 삶의 조화를 꾀할 수 있도록 근로시간을 단축하고 일자리는 나눠야 한다는 데 대해서는 노사뿐만 아니라 여야 모두 공감하고 있다. 이처럼 근로시간을 단축해야 한다는 총론에 대해서는 이론(異論)이 없다. 그럼에도 불구하고 그 실행방법인 각론에 있어서는 노사 당사자 및 여야당 사이에 상당한 온도차를 보이고 있다.

Ⅱ. '주 52시간 근무제'를 둘러싼 논점

근로시간 단축을 둘러싼 지금까지의 쟁점을 보면 연장근로를 포함한 법정근로시간의 범위 및 할증임금 산정 등을 둘러싸고 이해당사자간의 견해가 첨예하게 대립하여 왔다. 노동계는 휴일근로를 연장근로에 포함시켜 중복할증을 인정하고, 근로시간도 유예기간 없이 바로 실시해야 한다고 주장하는데 비해, 재계는 급격한 근로시간 단축은 조업단축과 중복할증으로 기업이 막대한 타격을 입기 때문에 곤란하다고 한다. 이와 관련해서는 지난 대법원 판례 및 입법을 통하여 원론적인 부분은 해소가 되었지만, 주 52시간 근무제의 실시방법 및 유예조치 등과 같은 디테일한 부분에서는 여전히 이해당사자간의 견해차가 심하다. 이하에서는 주 52시간 근무제의 도입을 둘러싸고 대립하고 있는 몇 가지 논점에 대해 검토해 보고자 한다.

1. 근로시간 단축과 고용과의 상관관계

첫 번째 논점은 근로시간이 기존의 68시간에서 52시간으로 줄어들게 되면 과연 고용은 늘어날 것인가 아니면 반대로 줄어들 것인가이다. 이에 대해 혹자는 과거 근로시간 단축이 고용창출에 긍정적 효과를 가져왔다는 주장을 하는가 하면, 근로시간의 단축은 여가시간이 늘어남에 따라 문화 관광레저 관련 소비가 늘어나게 되어 내수 진작의 동력이 될 수 있다고 한다. 한편, 근로시간 단축에 대해서는 반대로 일자리가 감소하고 제조업을 중심으로 경기가 침체될 수 있다고 경고하여 근로시간 단축을 둘러싼 두 주장이 팽팽하게 대립하고 있다.

우선 근로시간 단축이 고용을 증가시킬 것인지에 대한 논의는 매우 오래된 이슈 중의 하나로 각국에서 이에 관한 실험과 연구를 했지만, 아직까지 근로시간 단축과 고용증가와의 상관관계가 명확하게 입증된 바가 없다. 반대로 근로시간 단축이 곧바로 고용감소로 이어질 것이라는 주장도 그 근거가 부족하다. 물론 근로시간 단축으로 타격을 입은 산업이나 기업의 경영이 악화되어 일시적으로 고용이 감소할 수는 있지만, 이 또한 거시경제학적 관점에서 보면 매우 미미할 수 있다. 결국 주 52시간 근로제를 도입하게 되면 일자리가 늘어난다거나 반대로 줄어든다는 주장은 근로시간 단축과 고용과의 상관관계를 입증할 만한 논리도 설득력도 부족하다.

2. 근로시간 단축과 생산성 향상

두 번째 논점은 근로시간의 대폭적인 단축에 따른 노동의 생산성과 효율성을 어떻게 제고할 것인가이다. 가령 생산성은 제자리인데 근로시간만 줄어들 경우 고용비용 증가가 불가피해진다. 이때 문제는 근로시간 단축에 따른 추가 비용을 누가 어떻게 부담할 것인가이다. 수혜자 부담 원칙에 따라 노사가 공평하게 분담하는 것이 논리적으로 맞다. 근로자는 근로시간 단축으로 저녁이 있는 삶을 영위할 수 있다면, 근로시간 단축에 따른 임금은 양보해야 한다. 하지만 과거 법정근로시간 단축의 역사에서 보듯이 노동조합이나 근로자는 근로시간 단축으로 이에 비례하여 그만큼 소득이 줄어드는 것에 대해서는 매우 부정적이다. 결국 기업은 근로시간이 단축된 만큼 생산성 향상을 통하여 이를 보상하는 해법을 모색할 수밖에 없다.

그러나 우리나라의 노동생산성은 경제협력개발기구(OECD) 조사 대상 22국 중 17위로 거의 최하위권이다. 뿐만 아니라 최근 2년 동안에 최저임금 또한 30% 가까이 유래 없이 인상되었다. 이처럼 노동생산성은 그대로인데 노동 코스트만 급격하게 증가하게 되면 한계상황에 있는 영세·중소기업은 도산에 직면하게 되고, 일부 경쟁력이 있는 기업을 제외하고는 수익성 하락으로 기업이 고전하게 된다. 따라서 근로시간 단축 및 최저임금 인상으로 인한 후유증을 최소화하려면 생산성 향상은 필연적인 것이다. 이를 위해서는 현재 근로시간의 길이를 노동생산성의 판단기준으로 하는 임금체계에서 성과급제로의 대폭적인 개혁이 필요하다. 아울러 노동의 생산성과 효율성을 향상하기 위해서는 후술하는 바와 같이 근로시간 또한 보다 유연하게 운영할 필요가 있다.

3. 유연 근로시간제의 도입 필요성

세 번째 논점은 근로시간의 단축에 따른 생산성 보완을 위한 또 다른 방법의 하나로 근로시간을 어떻게 유연하게 활용할 것인가이다. 현행 근로시간법제는 공장 생산라인과 같은 정형적 근로에 종사하는 블루칼라의 근로시간을 관리하기 위하여 만들어진 것이다. 따라서 초과근로를 엄격하게 제한함과 동시에, 시간외 및 휴일근로에 대해서는 가산수당의 지급을 의무화하고 있다. 하지만 오늘날과 같이 지식기반 경제사회 속에서 고용형태가 더욱 복잡하고 다양화되고 있는 화이트칼라의 노동의 가치를 근로시간만으로 평가하기에는 부적합한 면이 있다. 현행 근로시간법제는 근로시간과 임금이 연동되어 있기 때문에, 같은 일을 하되 능력이 모자라 장시간 근로에 종사하는 근로자가 유능한 직원보다 임금을 더 많이 받는 구조이다. 이러한 모순을 해소하기 위해 종전의 법제로만 규제하기 어려운 사무직근로자에 대해서는 근로시간법제의 적용을 배제하거나 탄력적으로 운용할 필요가 있다.

우리나라도 근로시간 단축과 더불어, 출퇴근시간을 스스로 정할 수 있는 '선택 근로시간제'를 비롯하여, 업무의 번한기(繁閑期)에 효율적으로 대응하도록 '탄력 근로시간제', 실근로시간을 산정하기 어려운 경우에 일정시간 근로한 것으로 보는 '간주시간 근로제' 등을 도입하여 운영하고 있다. 하지만 이러한 제도는 근본적으로 정형 근로를 전제로 한 것이기 때문에 연구나 제품개발과 같은 고도의 전문직이나 재량성이 큰 노동에 적용하기에는 태생적인 한계가 있다. 또한 우리나라에서도 2주 단위와 3개월, 6개월 단위의 탄력적 근로시간제를 도입하고 있으나, 현실성이 부족하여 이 제도를 도입하여 활용하고 있는 기업은 그리 많지 않다. 따라서 우리도 유럽 선진국이나 일본처럼 탄력적 근로시간의 최대 단위기간을 1년 단위로 늘릴 필요가 있다.

4. 근로시간의 특례업종 및 적용 제외 근로자에 대한 재검토

네 번째 논점은 근로시간 규제의 예외에 속하는 특례업종 및 적용 제외 근로자에 대한 재검토의 필요성이다. 지금까지는 특례업종이 26개로 너무 포괄적이라는 비판에서 5개 업종으로 대폭적으로 축소하였다. 하지만 이번에 제외된

특례업종 중 노선버스나 사회복지 부문과 같은 일부 업종은 주 52근무제를 현 상황에서는 실시하기가 곤란한 것으로 확인되었다. 따라서 이러한 업종에 대해서는 구조적인 문제가 해결될 때까지 만이라도 한시적으로 적용을 유예할 필요가 있다.

근로시간 예외 업종과 관련하여 차제에 고도의 전문직 근로자에 대한 근로시간 규제의 적용 제외에 대해서도 검토할 필요가 있다. 세계는 4차 산업혁명이 심화되면서 근로 장소나 시간에 구애받지 않는 소위 인터넷 고용이 점점 확대되고 있는 추세이다. 이러한 환경 하에서 고도의 전문적 지식이나 능력을 가진 근로자가 충분히 그 성과를 발휘할 수 있도록 기반정비를 할 필요가 있다. 이를 위해서는 소위 '화이트칼라 이그잼션 제도'의 도입 및 '재량근로제'에 대한 재검토가 필요하다.

이와 관련하여 외국의 상황을 보면, 미국은 공정근로기준법에서 사무직근로자에 대해 근로시간 규제의 적용을 배제하는 소위 '화이트칼라 이그잼션(White Collar Exemption) 제도'를 도입하여, 유능한 인재의 능력을 활용하고 근로시간에 대한 합리적 운용을 꾀하고 있다. 일본 또한 '노동기준법에서 전문 업무 및 기획 업무'에 대한 재량근로제를 도입한데 이어, 올 6월 말에는 '일하는 방식 개혁 관련 법안(働き方改革関連法案)'에서 근로시간 단축을 명확히 함과 동시에 미국식 화이트칼라 이그잼션 제도를 일본의 고용환경에 맞도록 개선하여 연간 수입이 1,075만 엔 이상의 근로자에 대해서는 근로시간 규제를 적용하지 않는 소위 '고도프로페셔널제도(高度プロフェッショナル制度)'를 도입하였다. 우리도 다소 늦은 감이 있지만, 근로시간 단축과 함께 사무직근로자들에 대한 근로시간을 효율적으로 관리할 수 있는 방안을 모색할 필요가 있다. 근로자들의 삶을 개선하고 고용창출을 위해 근로시간 단축은 필수적인 과제이나, 생산성 향상이 수반되지 않으면 기업의 경쟁력 저하를 가져올 우려가 있기 때문이다.

5. 의식의 전환

근로시간 단축과 유연화를 꾀하기 위해서는, 위와 같은 제도적인 접근도 중요하지만, 근로자 개개인의 근로시간에 대한 의식 및 직장환경의 대전환이 필요하다. 최근 들어 여가시간을 이용하여 자기개발이나 취미활동을 병행하는 직장인들이 점차 늘어나고는 있으나, 아직까지도 많은 근로자들은 만성적인 잔업으로 저녁이 없는 삶을 살고 있는 것도 사실이다.

일과 가정을 양립하기 위해서는 현재와 같은 직장중심의 생활에서 벗어나, 가족공동체의 소중함과 사회참여에 대한 가치관을 보다 중요시하는 환경을 조성할 필요가 있다.

아울러 장시간 근로의 폐단에 대해서도 노사가 공감을 하고 자율적인 근로시간 단축과 생산성 향상을 통하여 삶을 질을 개선하는 것이 바람직하다. 규제와 감독행정으로 근로시간을 일률적으로 규제하고 처벌하는 것만이 만사가 아니다. 노사 당사자가 불필요한 잔업을 줄이고 연차유급휴가의 소화율을 늘리는 등 기업레벨에서 스스로 근로시간 단축을 위해 노력하지 않으면 실효성을 거두기 힘들다. 이러한 전제를 충족할 때 비로소 장시간 근로에 따른 저출산 및 고령화 문제도 아울러 해결될 수 있으리라 기대된다.

Ⅲ. '주 52시간 근무제' 정착을 위한 과제

주 52시간 근무제의 도입은 장기적으로는 바람직하나 고질적인 인력부족으로 노동력 확보에 어려움을 겪는 중소기업에 대해서는 행정감독만으로는 제도를 정착시키기 어렵다. 이러한 난맥상을 타개하기 위해 노사가 합의하는 경우에는 일정 시간의 범위 내에서 근로시간을 연장해주는 '특별연장제도'에 대해서도 검토해볼 필요가 있다. 이는 급격한 근로시간 단축으로 인한 후유증을 완화시키면서 노사가 자율적으로 근로시간을 줄이자는데 방점을 둔 것으로 해석된다. 이에 대해서는 찬비여론이 있을 수 있지만, 장시간근로의 관행을 기업의 책임으로만 치부하기에는 염치가 없다. 주 52시간 근무제 시행에 따른 여러 가지 문제점이 파생되면서 법 위반에 대한 처벌을 6개월 유예하기로 한 것은 다행스런 일이다.

우리가 살고 있는 지구촌은 거의 전쟁터나 다름없다. 여기엔 제2인자도 패자부활전도 인정되지 않는다. '정글의 법칙'에 따라 승자가 독식하는 구조이다. 우리 기업 또한 예외일 수 없다. 특히 엔화 약세와 중국기업의 약진 등으로 한계상황에 있는 기업에게 근로시간 단축을 운운하는 것은 사치일 수도 있다. 중소기업의 경우, 인력수급과 추가비용 부담도 쉽지 않은 상황에서 근로시간 단축과 중복할증, 탄력적 근로시간 제한 등은 사실상 국내에서 사업하는 것을 심각하게 고민하게 만들 수도 있다.

상황이 이런데도 불구하고 노사 당사자나 여야가 한 치도 양보하지 않고 자기 입장만을 강변하는 모습을 보면 마치 치킨게임을 하고 있는 듯하다. 근로시간은 근로자들의 인간다운 삶과 기업의 생존권에 직결되는 문제인 만큼 정치적 이해관계나 포퓰리즘으로 접근할 문제는 아니다. 철저하게 노동현장의 실태와 애로사항을 듣고 합리적인 개선방안을 제시할 필요가 있다. 또한 근로시간 단축에만 집착하지 말고, 향후 인터넷 고용으로 인한 고용환경의 변화에 대응하여 기존의 근로시간 규제를 보다 탄력적으로 운용할 필요가 있다. 그러기 위해서는 일본이나 미국처럼 탄력적 근로시간제의 확대와 화이트칼라 이그잼션 제도나 고도프로페셔널제도의 도입에 대한 검토와 함께 노사 의식의 전환에 대한 고민이 절실하다. 아울러 근로시간 단축의 당위성은 인정되지만, 이로 인하여 생존권을 위협받는 기업과 종사자들을 위한 배려도 게을리하지 말아야 할 것이다.

근로시간 유연화를 위한 입법 과제

Ⅰ. 근로시간 유연화의 필요성

코로나 팬데믹의 장기화로 재택근무나 원격근무 등 유연근무제를 실시하는 사업장이 늘어나면서 유연근로시간제에 대한 관심이 높아지고 있다. 이와 더불어 최근에는 노동의 디지털화 및 제4차 산업혁명의 영향으로 일하는 방식의 변화가 가속화되는 가운데, 근로시간 단축으로 인한 생산성 확보를 위해 근로시간을 어떻게 합리적으로 배분할 것인가가 최대의 관심사가 되고 있다. 그런데 종전의 근로시간 정책을 보면, 근로시간 단축에만 초점을 맞춘 나머지 근로시간 유연화에는 매우 소극적이었음을 알 수 있다.

현행 근로시간법제는 제정 당시의 집단적·획일적 공장근로를 전제로 제정된 것이기 때문에 제4차 산업혁명을 기반으로 하는 개별적·다양한 지식근로를 규제하기에는 한계가 있다. 이에 전 정권에서는 탄력적 근로시간제의 단위기간을 3개월에서 6개월로, 선택적 근로시간제의 정산기간을 1개월에서 3개월(신상품 또는 신기술의 업무개발의 경우)로 각각 연장하고, 특별연장근로의 인가사유를 다소 확대한 바 있다.

그러나 근로시간 유연화의 관점에서 보면 변죽만 울렸을 뿐, 근본적인 개혁에는 착수하지 못했다. 따라서 요즈음처럼 급격하게 변화하는 고용환경에 선제적이고 능동적으로 대응하기 위해서는 경직된 근로시간법제를 보다 과감하게 완화할 필요가 있다.

Ⅱ. 핵심 쟁점사항에 대한 검토

근로시간을 유연화하기 위해서는 현행 근로시간법제에 대한 개정이 불가피한데, 그 중에서 시급히 요구되는 핵심사항을 열거하면 다음과 같다.

1. 週 단위의 연장근로를 月·年 단위로 변경

현행 주(週) 단위의 연장근로를 '월(月) 또는 연(年) 단위'로 개편할 필요가 있다. 왜냐하면 산업현장에서 급작스런 주문증가나 업무증가 시 1주 12시간 내에서 업무를 종료할 수 없는 경우가 종종 발생하는데, 현행 법제 하에서는 1주 단위로 엄격하게 제한하고 있기 때문에 이에 대응하기 어렵다. 최근에 탄력적 근로시간제 및 선택적 근로시간의 활용기간이 다소 확대되었다고는 하지만, 실제 산업현장에서는 불규칙한 초과근로와 교대제 근무 등으로 여전히 활용도가 낮으며, 뿌리산업 등과 같이 불가피하게 24시간 가동해야 하는 업종에서는 유연근무제의 도입이 어렵다.

따라서 가령 현행 주 12시간 잔업규제를 월 52시간 또는 연 624시간을 한도로 변경하게 되면 잔업문제는 상당부분 해소될 수 있을 것으로 예상된다. 일각에서는 週 단위를 月·年 단위의 총량제로 변경할 경우, 장시간 연속 근로를 염려하여 근무일 사이에 '11시간 휴무제'를 주장하나, 이럴 경우에는 월·연 단위 총량제의 취지가 희석될 수 있다. 따라서 장시간 연속근로를 예방하기 위해서는 일본처럼 할증률 조정 등을 통한 규제가 바람직하다고 생각된다.

2. 근로시간계좌제의 도입

週 단위의 연장근로제의 한계를 극복하기 위해서는 위의 '月·年 단위 총량제' 외에 독일 등에서 이용하고 있는 '근로시간계좌제'의 도입을 검토할 필요가 있다. '근로시간계좌제(Arbeitszeitkonto)'란 업무량이 많을 때 초과근무를 한 다음, 그 초과분을 계좌에 적립해 두었다가 업무가 적을 때 휴가 등으로 소진하는 제도를 말하는데, 기업입장에서는 경기변동에 유연하게 대응할 수 있으며, 근로자의 입장에서는 필요에 따라 자율적으로 근로시간을 조정할 수 있다는 장점이

있다.

이에 대해 일각에서는 근로시간계좌제는 기업이 잔업수당은 부담하지 않고 장시간 근로를 강제할 수 있다는 비판의 목소리도 있는데, 이에 대해서는 실제 잔업시간보다 휴가시간을 좀 더 보상해주는 방법(예를 들어 1시간 잔업에 대해 1.5시간 휴가 부여 등)으로 제도설계를 하는 것도 고려해 볼 만하다.

3. 탄력적 · 선택적 근로시간제의 정산기간 연장

현행 탄력적 근로시간제 및 선택적 근로시간제의 단위기간을 각각 1년으로 연장할 필요가 있다. '탄력적 근로시간제'란 일이 많은 주(일)의 근로시간을 연장하는 대신, 다른 주(일)의 근로시간을 단축하여 평균 주 40시간을 유지하는 제도로, 업무량이 주기적 · 계절적으로 집중되는 경우에 활용도가 높다. 예를 들어 1년에 성수기가 2~3개월씩 2번이거나 생산물량을 맞추기 위해 집중근로가 필요한 시기가 3~4개월을 초과하는 경우에는 6개월 단위로는 대응이 어려우므로 1년으로 연장할 필요가 있다.

이에 비해 '선택적 근로시간제'는 1일 8시간에 구애받지 않고 1개월(신상품 또는 신기술의 연구개발은 3개월) 내 정산기간동안 1일, 1주 근무시간을 근로자가 자율적으로 조정하는 제도로서 R&D, 영업, IT, 행정사무 등 업무가 불규칙하고 개인별로 업무량에 차이가 있어 개인이나 팀 또는 부서별로 근로시간을 조절할 필요가 있는 직무에 활용 가능하다. 다만 현행 제도 하에서는 정산기간이 1~3개월로 제한하고 있어 2~3개월이 넘는 프로젝트를 수행하는 경우에는 이 제도를 활용할 수 없으므로 1년으로 확대할 필요가 있다.

4. 재량근로시간제의 대상 업무 확대

재량근로시간제의 대상 업무를 노사자율로 확대할 수 있도록 할 필요가 있다. '재량근로시간제'란 전문적 · 창의적 직무에서 실제 근로시간과 관계없이 '서면 합의한 시간을 근로시간으로 간주'하는 제도로, 법으로 그 대상 업종을 정하고 있다. 그런데 최근 들어 산업의 분업화 · 전문화로 소프트웨어 개발자, 카피라이터, 건축설계사 등 전문적 · 창의적 업무가 증가하고 있음에도 불구하고 현생법상 재량근로시간제의 대상은 일부 업무에만 한정되어 활용에 제약이 많다. 또한 현행 재량근로시간제는 회사가 업무수행 방법, 근로시간 배분 등에 대해 구체적인 지시를 할 수 없어 운영에 어려움이 있다. 따라서 재량근로시간제의 대상 업무를 노사자율로 결정하도록 하고, 개별 근로자 동의로 도입이 가능하도록 할 필요가 있다.

5. 특별연장근로의 인가사유 확대

특별연장근로의 인가사유를 보다 확대하고 절차를 간소화할 필요가 있다. '특별연장근로'란 '특별한 사정'이 발생하여 불가피하게 법정 연장근로시간을 초과하여 근로할 필요가 있는 경우에 이용하는 제도이다. 여기서 '특별한 사정'이란 종전에는 자연재해 등에 한정되어 있었지만, 최근 각종 사고, 감염병 등 사회재난, 시설・설비의 장애・고장 등 돌발적 상황에 따른 긴급한 조치가 필요한 경우로 다소 확대된 바 있다. 그럼에도 불구하고 특별연장근로 사유가 여전히 협소하고 절차가 번거롭다는 비판이 제기되고 있으므로, 입법개선을 통하여 '경영상 사정 또는 직무 특성상 한시적으로 필요한 경우'로 확대하고, 긴급을 요하는 경우에는 '先도입 後허가'로 하고 절차 또한 더욱 간편하게 개정할 필요가 있다.

6. '근로시간 적용제외제도'의 도입 검토

연구개발 분야 및 일정 소득 이상의 근로자에 대해서는 근로시간 규제의 적용을 배제하는 소위 미국식 '화이트칼라 이그잼션 제도'의 도입도 검토할 필요가 있다. 특히 연구개발 등 전문직 종사자에 대해서는 근로시간만으로는 일의 성과를 평가하기 어려우므로 근로시간의 자율성을 보장하여 능력을 향상시킬 필요가 있다.

다만 이 제도를 도입할 때에는 단순히 소득만을 기준으로 할 것이 아니라, 일본과 같이 일정 소득(예를 들어 연봉 1억) 이상의 전문직을 대상으로 실시한 다음, 점차적으로 확대해나가는 것이 바람직하다고 판단된다.

Ⅲ. 근로시간 유연화에 따른 입법적 고려사항

위에서 열거한 사항 중에서 週 단위의 연장근로제를 비롯하여 탄력적 · 선택적 근로시간제, 재량근로시간제에 대해서는 근로기준법에서 규정하고 있으므로 해당 규정을 개정하면 된다. 그러나 근로시간계좌제나 근로시간 적용제외제의 경우에는 근거규정이 없으므로, 제도 도입에 앞서 오해가 생기지 않도록 충분한 설명과 치밀한 제도설계가 필요하다.

또한 근로시간 유연화에 있어 관계 법령의 정비 못지않게 중요한 것이 근로자대표의 동의를 얻는 것이다. 근로기준법에 따르면, 탄력적 · 선택적 근로시간제를 도입할 경우, 반드시 근로자대표와의 서면합의를 거치도록 규정하고 있는데, 노조가 반대할 경우에는 제도 도입이 사실상 어렵다는 한계가 있다. 따라서 현행 (전체)근로자대표와의 서면합의를 '직무 또는 부서 단위의 근로자대표와의 합의 또는 대상 근로자 과반수의 동의'만으로 도입이 가능하도록 완화할 필요가 있다.

임 금

제1장

임금의 법적 성격

Ⅰ. 문제의 소재

상여금(경영성과급)이 평균임금의 산정기초가 되는 임금에 해당하는지의 여부를 둘러싸고 논란이 많다.[1] 어떤 금품이 임금에 해당하기 위해서는 '근로의 대상'으로 지급될 것을 요한다. 다시 말해서, 근로제공과 직접적 또는 밀접한 관계가 인정되어야만 임금으로 간주된다. 상여금의 경우에도 근로제공과의 대가관계가 있다면 임금으로 해석해도 무방하다. 그러나 상여금 중에는 은혜적 또는 보상적인 성격이 함께 포함되어 있는 경우도 있는데, 이러한 경우에도 '근로의 대상'인 임금으로 해석해야 하는지가 문제로 된다.

한편 우리나라와 임금체계가 비슷한 일본의 경우를 보면, 일본에서도 상여금의 법적 성격을 둘러싸고 우리와 비슷한 문제로 고민을 하고 있는 듯하다. 일본에서는 통상 하계와 동계로 2회에 나뉘어 상여금(경영성과급 포함)을 지급하고 있는데, 일반적으로 기본급에 그때그때의 상황에 따라 정해지는 계수에 지급대상기간의 출근율 및 성적계수를 곱하여 산정하기 때문에, 이를 노동의 대상인 임금으로 볼 것인가에 대해서는 이론(異論)이 있다.

상여금은 흔히 '공로 보상적 성격'을 비롯하여 '생활 보전적 성격', '근로장려적 성격' 및 '기업성적의 분배의 성격' 등을 아울러 가지고 있는 것으로 해석하기 때문에 온전히 노동의 대상인 급여와는 그 성격을 달리한다. 그럼에도 불구

---

1) 최근에는 대법원이 공공기관의 '경영평가 성과급'에 대해 임금(성)을 인정한 사례(대법원 2018. 10. 12. 선고 2015두36157 판결; 대법원 2018. 12. 13. 선고 2018다231536 판결)를 계기로 상여금의 법적 성격에 관한 논의가 활발히 이루어지고 있다.

하고 최근에는 이와 같은 상여금의 특수성을 배려하지 않고 임금으로 해석하려는 경향이 있다.

이에 이하에서는 위와 같은 문제의식을 가지고 일본과의 비교법적인 시각에서 상여금에 대한 법적 성격을 분석한 다음, 상여금(경영성과급)의 임금 해당(성) 여부에 대해 검토하고자 한다. 특히 일본에서는 평균임금이나 최저임금 산정 시에 상여(경영성과급)를 포함시킬 것인가의 여부를 둘러싸고 문제가 되고 있는 만큼, 이에 초점을 맞추어 분석하고자 한다. 다만, 일본에서는 상여금을 우리나라와는 달리 하계 및 동계로 2회에 나누어 지급하는 경우가 일반적이며, 경영성과급의 경우에도 상여금에 포함시켜 지급하는 경우와 이와는 별도로 지급하는 경우 등 매우 다양하므로 우리나라의 임금제도와 단순비교하기에는 한계가 있음을 밝혀둔다.

Ⅱ. 임금의 법적 성격

1. 노동기준법

일본 민법(제623조)에 의하면 '고용'은 '당사자의 한쪽이 상대방의 노무에 종사하는 것'과 '상대방이 이에 대해 그 보수를 지불하는 것'을 대가관계로 한 계약으로 '노무에 종사하는 것'에 대한 '보수'가 기본적 요소로 되어 있다. 이 '보수'가 임금인데 이것을 노동기준법은 보다 정밀하게 "이 법률에서 임금이란 임금, 급료, 수당, 상여 그밖에 명칭 여하를 불문하고 노동의 대상(対償)으로서 사용자가 근로자에게 지불해야 하는 것을 말한다."라고 규정하고 있다(제11조).

이와 같이 일본의 노동기준법은 임금에 대해 ① 사용자가 근로자에게 지급하는 것으로, ② 노동의 대상이면, 그 명칭 여하를 불문하고 임금으로 간주한다는 추상적인 규정을 두고 있을 따름이다. 따라서 어떤 금품이 노동기준법상의 임금에 포함되는지를 파악하기 위해서는 위의 두 가지 요건을 충족하고 있는지에 대한 면밀한 검토가 필요하다.

임금의 성격을 '노동의 대상'으로 이해하는 것은 '유상 쌍무계약'으로서의 근로계약에 비추어 타당한 것이라 할 수 있다. 따라서 상여금이 '노동의 대상'에 해당되는지의 여부는 상여금의 성질·내용에 비추어 개별적·구체적으로 판단할 것이 요구되는 임금의 판단요건인 '노동의 대상'은 실무상 매우 폭넓게 해석되고 있다.[2)]

따라서 행정실무에서는 구체적으로 무엇이 노동의 대상에 해당지가 아니라, 무엇이 노동의 대상에서 제외되는지를 구별하는 소위 '소거(消去)방식'으로 그 범위를 확정하는 수법을 사용하고 있다.[3)]

2. 행정해석

(1) 노동의 대상

'임금'에 대한 행정해석을 보면, '노동기준법상의 임금 여부가 불명확한 경우, 이러한 급여가 단체협약이나 취업규칙 등에 명문으로 지급요건이 정해져 있는 경우에는 노동기준법상의 임금에 해당'하는 것으로 해석하는 경향이 있다. 다시 말해서, 사용자가 근로자에게 지급하는 급여의 지급요건이 단체협약이나 취업규칙 등에 의해 미리 지급조건이 명확하게 규정되어 있고, 그에 따라 사용자에게 지불의무가 있는 경우에는 '노동의 대상'으로 인정하는 것이다.

위의 행정해석에 의할 경우, 사용자가 근로자에게 지불하기로 약속한 모든 급여에 대하여 '노동의 대상'으로서의 성격을 인정하는 결과가 되므로, 이에 대해서는 노동기준법상 임금의 개념을 지나치게 확대해석하게 된다는 비판이 있다.[4)]

이에 행정실무에서는 편의상 '노동의 대상'으로서의 임금과 구별되어야 할 것으로 '임의적·은혜적 급여', '복리후생 급여' 및 '기업설비·업무비'라는 세 개의 개념을 규정한 다음, 상여금을 포함한 급여가 여기에 해당하는 경우에는 노동기준법상의 '임금'에 해당하지 않는 것으로 해석해오고 있다.

---

2) 현행 근로기준법은 일본의 노동기준법과는 달리 임금을 근로의 '대가(対価)'라는 표현을 쓰고 있으나, 종전에는 일본과 마찬가지로 근로의 대상(対償)이라는 표현을 사용한 바 있다.
3) 荒木尚志, 『労働法』, 第3版, 有斐閣, 2016, 125頁.
4) 이에 대해서는 노동기준법 제11조의 '노동의 대상'이라는 요건을 경시한 해석이라는 비판이 있다. 상세한 것은 津曲蔵之丞, "賃金", 『(旧)労働法講座』, 第5巻, 1158頁.

1) 임의적 · 은혜적 급여

우선 '임의적 · 은혜적 급여'에 해당하면 노동의 대상인 임금으로 해석되지 않는다. '임의적 · 은혜적 급여'의 전형적인 것으로 결혼 축의금, 병문안에 따른 위로금, 근친자 사망 시 조위금 등의 경조사비적 성격의 급여 등이 있다. 단, 이러한 급여라도 단체협약, 취업규칙 등에 의해 미리 지급조건이 명확하게 규정되어 있는 경우에는 노동과 직접적인 대응관계에 없다하더라도 넓은 의미에서 노동의 대상이라고 파악하여 임금으로 간주한다.[5)]

퇴직금(퇴직수당)이나 상여금(일시금)은 지급할지 여부 및 어떠한 기준에서 지급하는지 등이 오로지 사용자의 재량에 의하는 경우에는 임의적 · 은혜적 급여로써, 임금이 아니다.[6)] 그러나 오늘날의 대다수 퇴직금과 같이 단체협약, 취업규칙, 근로계약 등에서 이에 대한 지급여부 및 지급기준을 정하고 있으며, 사용자에게 지불의무가 있는 것은 임금으로 인정된다.[7)]

상여의 경우에도 단체협약과 취업규칙 등에서 그 지급시기와 금액의 결정방법 등을 정하고 있고, 그에 따라 각 시기에 결정 · 지급되는 것이라면 임금으로 해석된다. 그러나 사용자의 재량으로 지급하는 경우에는 임금에 해당되지 않는다.

2) 복리후생급여

'복리후생급여'는 사용자가 노동의 대상으로서가 아니라 근로자의 복리후생을 위해 지급하는 이익 또는 비용이므로 개념상 임금이 아니다. 전형적인 복리후생급여로는 자금대부, 금전급여, 주택대여 등이 있다.

그밖에 회사의 샤워시설, 스포츠시설, 레크리에이션 시설 등 종업원의 공동이용 시설도 복리후생급여에 해당한다. 가족수당과 주택수당은, 임금규정 등으로 제도화되어 있는 한, 임금에 해당하는 것으로 해석된다.[8)]

---

5) 1947.9.13, 発基17号.
6) 광고사회의 영업사원에 대한 '장려금'의 일부를 이 기준으로부터 임금이 아니라고 한 판례로서 中部日本広告社事件, 名古屋高判平2.8.31, 『労働民事判例集(労民集)』, 41券 4号, 656頁.
7) 1947.9.13, 発基17号, 住友化学事件, 最3小判昭43.5.28, 『判例時報(判時)』, 519号, 89頁.
8) ユナイテッド航空事件, 東京地判平13.1.29, 『労働判例(労判)』 805号, 71頁.

3) 기업설비 · 업무비

기업이 업무수행을 위해 부담하는 기업시설과 업무비는 노동의 대상으로서의 임금이 아니다. 예를 들어 작업복, 작업용품대, 출장비용, 사용(社用)교제비, 기구손료(損料) 등이 이에 해당한다.[9]

또한 통근수당이나 현물지급으로서의 통근정기권은 통근비용이 근로계약의 원칙으로부터 말하면 근로자가 부담해야 할 것으로 업무 필요경비가 아니지만, 그 지급기준이 정해져 있는 한 임금으로 해석된다.

⑵ 사용자가 근로자에게 지불하는 것

노동기준법상의 '임금'이 제2요건은 '사용자가 근로자에게 지불하는 것'이다. 이 요건에 대해 문제가 되는 전형적인 예는, 여관(호텔), 음식점(레스토랑) 등에 있어서 손님이 종업원에게 주는 팁인데, 이것은 손님이 지불하는 것인 까닭에 원칙적으로 임금은 아니다(단, 그러한 종업원이 팁만으로 생활하고 있는 경우에는 팁 수입을 받을 수 있는 영업시설을 사용하는 이익이 임금이 되는 경우가 있다).

이에 대해 레스토랑과 바 등에서 손님이 지불하는 급사봉사료(서비스료)가 당일 노동(서비스)을 한 근로자에게 기계적으로 분배되는 경우에는 사용자가 지불하는 것이라고 할 수 있다.

또한 종업원이 사망한 경우에 유족에게 지급하는 사망퇴직금의 경우에는 통상 유족이 직접 청구권을 가지게 된다. 다시 말해서 사망퇴직금은 근로자에게 지급되는 것이 아니기 때문에 임금에는 해당되지 않는다.[10]

⑶ 소 결

임금은 근로자에게 있어 유일한 생활의 양식이기 때문에 노동보호법규로서는 이를 되도록 넓고 명확하게 파악하는 것이 바람직하다. 그러나 임금의 개념에 대해 명확한 규정을 두고 있는 입법례는 드물다. 뿐만 아니라 현실적으로 지불되고 있는 임금의 종류 또한 매우 다양하기 때문에 구체적으로 무엇이 임금에 해당하는지를 파악하는 것 자체가 매우 곤란한 경우가 많다.

---

9) 제복에 대해서는 1948.2.20., 基発 297号.
10) 日本貿易振興会事件, 最一小判昭和55.11.27,『民集』, 34巻 6号 815頁.

이에 노동기준법상의 임금의 정의를 단지 ① 사용자가 근로자에게 지불하는 것으로, ② 노동의 대상이면, ③ 그 명칭의 여하를 불문한다고 추상적으로 규정하고 있을 뿐, 근로자에게 지불하는 특정 임금이 본조에서 말하는 임금에 해당하는지의 여부는 구체적 해석에 의하여 결정되게 된다.[11)]

3. 학설 및 판례

임금의 개념과 함께 확인해야 할 것이 바로 임금의 법적 성격에 관한 이론이다. 임금의 법적 성격은 곧 임금의 본질이 무엇인가라는 질문이라고 할 수 있다. 임금의 법적 성격은 법 이론적 전개에서 임금청구권의 발생근거 내지 시기에 관해 어떻게 현실과 결부시켜 이를 이론적으로 설명할 것인가의 문제이다.[12)] 특히, 임금의 법적 성질에 관한 논의는 근로의 대가를 어떠한 법적 근거에 의해서 확정할 것인가를 중심으로 견해의 대립이 있다.

임금의 법적 성질에 관한 이론적 논의는 주로 일본 학계를 중심으로 시작되어 우리나라에서의 논의에 영향을 주었으며, 임금의 판단에 대한 우리나라 대법원의 해석론적 기초를 제공하고 있다고 생각한다.

(1) 학 설

1) 노동대가설

'노동대가설'은 근로계약을 근로와 임금의 교환관계로 보고 근로제공의 대가로 임금이 지불하는 관계로 보는 견해이다.[13)] 이 견해는 근로자의 구체적인 근로가 현실적으로 행해질 때 비로소 근로계약상의 사용자와의 합의를 근거로 임금청구권이 근로자에게 발생한다고 본다(임금의 후불성).[14)]

---

11) 일본에서 임금을 정의하는 방식은 우리나라와 대단히 유사하다고 할 수 있다. 즉, 일본 노동기준법 제11조는 "이 법률에서 임금이란 임금, 급료, 수당, 상여 기타 명칭 여하를 불문하고 노동의 대상으로서 사용자가 근로자에게 지불해야 하는 것을 말한다."고 규정하고 있다. 그리고 우리와 같이 평균임금과 통상임금을 구분하여 규정하고, 그 산정 방법도 우리와 매우 비슷하다. 다만, 통상임금에 관하여 우리의 근로기준법시행령 제6조 제1항과 같이 정기성, 계속성, 일률성 등을 요구하는 구체적인 정의규정은 없다.

12) 이병태, 『최신노동법』, (주)중앙경제, 2008, 690면.

13) 下井隆史, "賃金の労動力説を批判する", 『季刊労動法』, 97(1975)号, 120頁.

14) 園部季信, "争議行為と民事上の免責", 『労動法大系3, 争議行為』, 1963, 90頁 以下; 柳川真佐夫外, 『判例労動法の研究(下巻)』, 1961, 1160頁.

노동대가설은 보수의 지급에 대한 민법의 일반규정을 그 배경으로 한다. 우리 민법 제656조 제2항은 "보수는 약정한 시기에 지급하여야 하며 시기의 약정이 없으면 관습에 의하고 관습이 없으면 약정한 노무를 종료한 후 지체 없이 지급하여야 한다."고 규정하고 있다. 노동대가설은 이 규정에서 '노무를 종료한 후'라는 문언을 임금은 근로의 대가로서 근로가 현실적으로 이루어진 이후에야 사용자에게 청구할 수 있다는 의미로 해석하게 된다.

따라서 노동대가설은 근로자가 사용자로부터 받는 일체의 금품 중에서 현실적으로 제공한 근로에 대한 대가만이 임금이라는 점에서 현실적인 근로제공과 관련이 없는 금품은 임금에 해당하지 않는다고 본다. 즉, 근로계약상 노무이행의 임금지급과 쌍무유상의 대가적 견련관계에 있다는 것으로 민법 제655조와 근로기준법 제2조 제1항 제5호의 반대해석으로 실정법상 근거가 없는 무노동 무임금 원칙의 근거로 활용되기도 한다.[15]

노동대가설을 대표하는 판례는 일본의 '묘죠전기(明星電気)사건'이다. 해당 사건에서 판례는 "원고들은 우선 노동임금은 구체적 노동에 대한 대가가 아니고 근로자가 노동력을 사용자의 지배에 맡기는 것에 대한 대가이며, 즉 사용자의 처분권 하에 노동력이 놓여 진다는 사실에 의하여 임금청구권이 발생한다고 하는 견해에 입각하여, 본 건에서 원고들의 노동력은 회사의 지휘명령 하에 놓여 있기 때문에 임금청구권이 발생하였다고 주장한다.

그러나 근로계약은 민법의 고용계약보다 발전하고 노동법에 의하여 각종의 수정은 가해졌지만, 고용에 있어서의 '노무'에 대한 '보수'라고 하는 쌍무유상계약으로서의 기본적 성격은 근로계약에 있어서 '근로'에 대한 '임금'으로 승계되었다고 말할 수 있다.

따라서 근로계약의 이행으로서 구체적 근로가 있을 때 비로소 임금청구권이 발생하는 것이고, 노동력을 사용자에 맡기는 것은 계약이행의 한 과정으로 취해진 것에 지나지 않는다고 해석하는 것이 바람직하다."[16]고 한 바 있다.

---

15) 김상률, "임금 개념과 제도상 문제점에 관한 연구", 경북대학교 법학전문대학원 박사학위논문, 2011, 39면.

16) 前橋地裁 1963.11.1. 판결.

2) 노동력대가설

'노동력대가설'은 임금을 근로의 대가로 보지 않고, 사용자에게 자신의 노동력을 일정 시간 동안 처분할 것을 맡긴 것에 대한 대가로 보는 견해다. 이 견해는 근로가 '종속노동'이라는 점에서 출발한다. 근로자의 근로행위는 사용자의 지휘·감독을 받아서 이루어져야 하기 때문에 근로계약이라는 것은 근로 그 자체의 제공을 약속한 것이 아니라 일정한 조건 하에서 노동력의 처분권한을 사용자에게 주는 계약으로 파악하는 것이 정당하다는 논리적 전개에 따른 결론이라고 말할 수 있다.[17]

노동력대가설을 지지했던 대표적인 판결로서 일본의 '국철무로란사건(国鉄室蘭桟橋事件)'을 들 수 있다. 해당 사건에서 판례는 다음과 같이 판시한 바 있다.

> "원래 근로계약이란 피용자가 그 노동력을 일정기간 사용자의 처분에 위임하고 사용자의 지휘에 좇아 근로를 제공할 것을 약정하고 사용자는 노동력의 대가로서 임금을 피용자에게 지급할 것을 약정함으로써 성립하는 계약이므로 임금청구권은 피용자가 사용자의 지배권 내에 들어가고 그 노동력을 사용자의 처분에 위임하는 것, 즉 직장편입에 의하여 발생한다고 해석하여야 하며, 일단 노동력이 직장에 편입된 이상 피용자가 현실적으로 채무의 본질에 좇아 노무에 종사하지 않더라도 그것이 피용자의 귀책사유에 해당하는 경우를 제외하고는 임금청구권을 상실하지 않는다."

이러한 노동력대가설에 따르면, 임금의 본질적인 성격은 민법의 고용이 규정하는 것과 같은 구체적 노동에 대한 대가가 아니라 추상적인 노동력의 제공에 대한 대가로 본다.

따라서 임금의 본질을 노동력 처분을 사용자에게 맡긴 것에 대한 대가로서 이해한다는 점에서 노동대가설에 비하여 임금 개념의 범위가 넓다고 할 수 있다. 노동력대가설의 입장에서는 근로자의 근로의무가 추상적인 노동의 대가와 견련관계에 있는 것이므로 근로자가 소정시간 계속하여 자기의 노동력을 사용

---

17) 이 학설은 종래 일본의 다수설이었는데, 片岡昇, 本多淳亮, 山本吉人 등의 학자가 이 학설을 지지하였다.

자의 지휘명령 하에 둠으로써 실제로 노동이 행해지지 않더라도 임금청구권이 발생할 수 있게 된다. 따라서 이 견해는 휴업수당, 가족수당 등 구체적인 근로의 제공과 관련이 없는 여러 수당에 대하여 노동대가설이 설명할 수 없는 부분을 설명할 수 있다는 장점이 있다.

노동력대가설은 노동대가설의 대안으로서 등장하였으며, 일본 및 우리나라의 판례에도 상당한 영향을 미친 바 있다. 하지만 이 노동력대가설에 대하여는 경제학적인 개념인 노동력의 개념을 매개 없이 법률해석학에 끌어들였다는 비판이 있다.[18] 노동대가설은 노동력대가설과 표현의 차이를 보일 뿐 실질적 차이가 없다고 보는 견해도 있다.[19]

또한 노동력대가설은 노동력제공의무는 근로계약의 복합적 구조에 대응하여 두 개 부분으로 구분된다고 본다. 즉, 근로자가 자기 노동력을 계속적으로 제공해야 할 지위에 두는 것, 다시 말하면 종업원인 지위의 설정이라는 측면과 이 지위에 입각해서 매일 소정의 시간동안 자신의 노동력을 사용자의 처분에 맡기는 측면과의 복합적인 구조를 갖게 된다. 그리하여 그 각각의 측면의 의무에 대응하여 임금청구권도 이면적으로 발생하게 된다는 것이다. 이런 법리적 입장에서 노동력대가설은 후술하는 임금이분설로 발전을 도모하게 된다.

3) 임금이분설

'임금이분설'은 근로계약의 본질을 근로자의 지위를 취득하게 하는 신분계약의 성격과 근로의 제공에 대한 대가로서 일정한 보수의 지급을 약정하는 교환계약의 성격을 동시에 지닌 것으로 파악하여 임금은 이원적으로 구성되어 있다고 보는 견해이다.

이 견해에 따르면 노동대가설은 근로에 대한 직접적인 대가라고 할 수 없는 각종 상여금과 수당 등에 대한 설명을 충분하게 해주지 못하고 있고, 노동력대가설은 종속노동의 개념을 도입함으로써 임금의 범위를 넓혔다는 공적은 인정할 수 있지만 종속노동의 개념 자체가 변화하고 있는 현실에 있어서 여전히 유효하게 작용할 수 있을 것인가 하는 의문이 남는다.

---

18) 김영문 · 이상윤 · 이정, 『임금개념과 평균임금 · 통상임금의 산정범위』, 법문사, 2004, 31면.
19) 임종률, "파업기간 중 임금지급에 관한 대법 판결", 『노동법학(제6호)』, 한국노동법학회, 1996, 32면.

임금이분설은 그와 같은 노동대가설과 노동력대가설의 한계에 대하여, 임금을 구체적 근로와 직접 결부되어 있는 교환적 임금 부분과 그렇지 않은 보장적 임금 부분으로 구분한 것이다. 임금이분설은 근로관계를 특별한 채권관계로 파악하여, 임금을 근로계약에 있어서 고정적 부분을 이루는 보장적 임금과 변동적 부분을 이루는 교환적 임금으로 구분한다.[20] 다시 말해서 근로계약은 일정한 기업에서 근로자의 지위를 취득할 목적으로 사용자와 근로자간에 체결된 계약(일종의 신분적 계약)으로 이는 근로계약에 있어서 소위 고정적 부분을 이루며, 다른 한편으로는 근로계약은 근로자의 노동의 제공에 대하여 사용자가 그 대가로서 임금의 지급을 약정하는 계약(단순한 채무계약)으로서 이는 근로계약에 있어서 소위 변동적 부분을 이룬다는 것이다.

이 견해에 따르면, 근로계약의 체결에 의하여 근로자가 부담하는 제1차적 의무는 약정한 기일에 기업조직 내에 들어와 종업원의 지위를 취득하고 직무를 개시하는 것이다. 또한 이 의무를 이행함에 따라 근로계약 체결 시에 추상적으로 발생한 임금채권의 일부분은 이 단계에서 구체적인 청구권으로 전환되며, 이와 같은 임금부분은 종업원이라고 하는 지위에 대하여 지급되는 성질의 것이고 종업원에 대한 생활보장의 의미가 포함된 소위 '보장적 임금'이라고 한다. 대체로 가족수당, 통근수당, 별거수당, 물가수당 또는 학력, 근속, 연령 등 전통적인 연공서열형 임금이 여기에 해당한다고 본다.

반면, 근로계약에 의하여 근로자가 부담하는 제2차적 의무는 개개의 노동력을 사용자의 처분에 맡기고 그 상태를 일정한 시간을 유지해야 하는 것인데, 제2차적 의무를 이행함에 따라 임금청구권은 전면적으로 발생한다고 본다. 이와 같은 임금부분은 실제의 근로의 제공에 대응하여 지급되는 것으로 보아 이를 소위 교환적 임금이라고 한다. 대체로 정근수당, 근무성적급, 직무급, 직능급, 특수작업수당 등이 여기에 해당한다고 본다.[21]

우리나라 대법원은 종전에 파업기간 중의 무노동 무임금 원칙의 적용과 관

20) 이 학설은 일본의 峯村光郎교수가 처음으로 주장을 하였고, 이후 일본의 판례가 취하는 기본적인 입장이 되었다. 그러나 1981. 9. 18. 최고재판소 판결에서는 "파업기간중의 임금삭감의 대상으로 되는 부분의 존부 또는 이 부분과 임금삭감의 대상으로 되지 않는 부분의 구별은 당해 단체협약 등의 정함 또는 노동관행의 취지에 비추어 개별적으로 판단하는 것이 상당하다"고 판시하면서 추상적 · 일반적 임금이분설을 배척하고 당사자의 의사를 우선시하고자 노력한 바 있다.

21) 이철수, 『임금에 관한 법리』, 한국노동연구원, 1993, 11면.

련하여 다음과 같이 임금이분설의 입장을 취한 바가 있다.

> "쟁의행위로 인하여 사용자에게 근로를 제공하지 아니한 근로자는 일반적으로 근로의 대가인 임금을 구할 수 없다 할 것이지만, 구체적으로 지급청구권을 갖지 못하는 임금의 범위는 임금 중 사실상 근로를 제공한 데 대하여 받는 교환적 부분과 근로자로서의 지위에 기하여 받는 생활보장적 부분 중 전자에만 국한된다. 임금 중 교환적 부분과 생활보장적 부분의 구별은 해당 임금의 명목에 불구하고 단체협약이나 취업규칙 등의 규정에 결근 지각 조퇴 등으로 근로를 제공하지 아니함에 의하여 해당 임금의 감액을 정하고 있는지의 여부, 또는 위와 같은 규정이 없더라도 종래부터 관행이 어떠하였는지 등을 살펴 판단하여야 한다."[22]

이러한 임금이분설에 의하면, 사용자는 파업기간 동안 구체적 근로의 제공에 따른 교환성 임금은 지급할 의무는 없지만, 보장성 임금은 지급해야 한다는 논리적 결과가 된다. 사용자는 근로자를 조직에 편입시키고 유지해야 하므로, 이러한 종속적 근로관계를 유지하기 위한 성격의 급여의 지급이 필요하게 되며, 이는 직접적인 근로의 대가와 결부된 것은 아니지만 간접적으로는 근로관계와 결부되어 지급되는 것이므로 이 역시 임금에 해당한다고 한다.[23] 우리나라에서 임금이분설은 현실적으로 근로제공이 없는 경우, 특히 쟁의행위 시 근로자에게 임금을 지급할 수 있는 이론적 근거로 기여한 바가 크다고 평가된다.[24]

4) 의사해석설

임금이분설에 대한 비판으로 소위 의사해석설이 등장하였다. '의사해석설'은 임금의 범위는 노사의 약정인 단체협약, 취업규칙, 근로계약, 노사관행에 따라 정해지고 노무불이행(결근)에 대한 임금 공제 문제는 노사의 의사의 해석문제라고 보는 견해이다.

특히, 의사해석설은 파업에 의한 임금의 삭감문제와 관련하여 파업 시 임금

---

22) 대법원 1992. 3. 27. 선고 91다36037 판결.
23) 김지형, 『노동법해설』, 청림출판, 1993, 129－130면.
24) 이병태, 『최신노동법』, (주)중앙경제, 2008, 718면.

은 해당 근로계약의 내용으로서 파업에 의해 결근하더라도 공제하지 않는 임금 부분을 정하고 있는지의 여부에 대한 계약해석의 문제이며, 임금과 근로계약의 본질론에서 임금은 두 개 부분으로 나누어진다는 해석은 적절하지 않다고 비판하였다.[25)]

일본에서는 최근 이러한 비판이 대두됨에 따라 최고재판소도 "해당 단체협약 등의 규정이나 노동관행의 취지에 비추어 개별적으로 판단하는 것을 상당하다고 하여… 이른바 추상적 일반적 임금이분론을 전제로 하는… 주장은 적절치 못하다"라고 판시하면서, 파업 시 임금 삭감에 대해서도 "가족수당의 삭감이 임금규칙(취업규칙)의 규정에 근거하여 약 20년 간 이루어지고, 임금규칙에서 그 규정이 삭제된 후에도 세부 취급 중에 정해져 계속적으로 이의 없이 시행되어 왔다는 사실관계에서는 가족수당은 파업에 의한 임금삭감의 대상이 된다."[26)]고 보아 의사해석설의 입장을 취한 바 있다.

의사해석설의 입장에서는 소위 재량근로의 경우에도, 사용자의 입장에서는 노동조합과의 협정으로 파업의 경우 노무가 제공되지 않은 범위의 인정방법을 명확히 해둘 필요가 있다고 한다. 또한 재량근로가 성과주의 임금체계 하에서 운영되고 있는 성과급의 경우에는 임금삭감과 비슷한 문제가 발생할 수 있으므로, 결근의 경우의 취급과 더불어 파업의 경우의 임금 취급을 단체협약 등에 따라 명확히 해둘 필요가 있다고 한다.[27)]

⑵ 우리나라 판례의 입장

우리나라의 대법원도 과거 일본 판례의 영향을 받아 파업기간 동안이라 하더라도 사용자는 근로자에게 '보장성 임금'을 지급해야 한다는 취지로 임금이분설의 입장에서 임금의 법적 성질을 파악한 바 있다.[28)] 그 후 대법원은 1995년 전원합의체 판결로 견해를 바꾸어 기존의 임금이분설을 폐기하고 노동대가설에 따라 임금의 법적 성질을 파악하는 입장을 취한 후 현재까지 유지하고 있다.

1995년 해당 대법원 전원합의체 판결 중에서 이에 관한 부분을 인용하면 다

---

25) 下井隆史, 『雇用関係法』, 191頁 이하 참조.
26) 三菱重工業事件, 最二小判 昭56.9.18, 『民集』 35巻 6号, 1028頁.
27) 菅野和夫, 『労動法(第9版)』, 2010, 653－654頁 참조.
28) 대법원 1992. 3. 27. 선고 91다36037 판결.

음과 같다.[29)]

"모든 임금은 근로의 대가로서 '근로자가 사용자의 지휘를 받으며 근로를 제공하는 것에 대한 보수'를 의미하므로 현실의 근로 제공을 전제로 하지 않고 단순히 근로자로서의 지위에 기하여 발생한다는 이른바 생활보장적 임금이란 있을 수 없고, 또한 우리 현행법상 임금을 사실상 근로를 제공한 데 대하여 지급받는 교환적 부분과 근로자로서의 지위에 기하여 받는 생활보장적 부분으로 2분할 아무런 법적 근거도 없다. 뿐만 아니라 임금의 지급실태를 보더라도 임금은 기본적으로 근로자가 생활하는 데 필요한 생계비와 기업의 지불능력과의 상관관계에 따라 형성되는데 임금을 지불항목이나 성질에 따라 사실상 근로를 제공한 데 대하여 지급받는 교환적 부분과 현실의 근로 제공과는 무관하게 단순히 근로자로서의 지위에 기하여 받는 생활보장적 부분으로 나누고(이른바 임금2분설) 이에 따라 법적 취급을 달리하는 것이 반드시 타당하다고 할 수도 없고, 실제로 현실의 임금 항목 모두를 교환적 부분과 생활보장적 부분으로 준별(峻別)하는 것은 경우에 따라 불가능할 수 있으며, 임금2분설에서 전형적으로 생활보장적 임금이라고 설명하는 가족수당, 주택수당 등도 그 지급 내용을 보면 그것이 근로시간에 직접 또는 비례적으로 대응하지 않는다는 의미에서 근로 제공과의 밀접도(密接度)가 약하기는 하지만 실질적으로는 근로자가 사용자가 의도하는 근로를 제공한 것에 대하여 그 대가로서 지급되는 것이지 단순히 근로자로서의 지위를 보유하고 있다는 점에 근거하여 지급한다고 할 수 없으며, 이러한 수당 등을 지급하게 된 것이 현실의 근로 제공과는 무관하게 단순히 근로자의 생활이나 지위를 보장하기 위한 것이라고 할 수도 없으므로, 이러한 수당 등을 현실적인 근로 제공의 대가가 아닌 것으로 보는 것은 임금의 지급 현실을 외면한 단순한 의제(擬制)에 불과하다."

이와 같은 대법원의 판례는 당사자의 계약의사를 중심으로 임금성 여부를 판단하되, 그 판단이 불분명한 경우에는 보충적으로 노동대가설에 따라서 임금의 개념을 결정한다는 입장에 서 있는 것으로 평가된다.[30)] 이러한 대법원의 견

29) 대법원 1995. 12. 21. 선고 94다26721 전원합의체 판결.

해에 대하여는, 근로계약을 채권계약으로 파악하고 근로계약의 사회법적 규제를 완화하려는 경향이 인식의 기저에 깔려있다는 비판이 있다.[31)]

⑶ 소 결

노동대가설은 구체적으로 제공한 근로의 대가만을 임금으로 본다는 점에서 근로기준법의 임금 규정과 현실의 임금체계를 효과적으로 설명하기 어려운 측면이 있다. 또 임금의 개념적 범주가 다소 협소해지게 되어 근로조건의 보호라는 노동법의 입법목적을 충분히 실현하기에 일정 부분 한계가 있다.

노동력대가설이나 임금이분설은 현행법상 유급주휴일 또는 휴업수당 등과 같이 구체적 근로를 제공하지 않아도 일정한 임금이 보장되도록 하는 규정이 있을 뿐 아니라 기본급 이외에도 가족수당, 자녀학자금 보조비 등의 각종 생활보장적 임금이 일반화되어 있는 현실을 감안하여 기존의 노동대가설의 한계를 극복하기 위하여 새롭게 등장한 이론이라고 할 수 있다.

비록 현재 대법원이 노동대가설의 입장에 있기는 하지만, 근로의 대상의 외연을 꾸준히 확대해 온 판례의 궤적을 살펴보면, 노동력대가설이나 임금이분설적 사고가 현재의 임금 개념을 판단하는데 있어서 많은 영향을 끼친 것은 부인할 수 없는 사실이라고 할 수 있다.[32)]

임금의 법적 성질에 관한 이상의 이론적 논의들은 임금의 개념을 설정하고 구체적인 임금해당성을 판단함에 있어 각각의 의의가 있다고 생각한다. 그러나 우리나라의 임금체계와 구성항목의 실태는 매우 복잡하고 다양하기 때문에 임금의 법적 성격에 따라 연역적 방법으로 '근로의 대상성' 유무를 일률적으로 결정하는 것은 어려운 일이다. 또한 판례나 행정해석을 통해 임금의 개념을 판단하는 일정한 법리가 형성되어 왔기 때문에, 임금의 법적 성질에 대한 이론적 논의와 실무적 판단 간의 연관관계는 점차 약화되고 있는 실정이다.

따라서 임금의 개념 설정과 구체적인 판단을 일반론적인 이론이나 법원의 해석에 의존하는 것은 다소 한계가 있다고 여겨지며, 임금 개념의 안정적인 해

---

30) 김유성, 『노동법(Ⅰ)』, 법문사, 2005, 77면.

31) 이흥재, "대법원의 근로관계 인식에 대한 조명 – 민주헌정 이후 시민법적 인식으로의 회귀 및 지속의 평가 –", 『법학(124호)』, 서울대학교 법학연구소, 2002, 207면.

32) 김유성, 『노동법(Ⅰ)』, 법문사, 2005, 78면.

석과 판단을 위해서 법적 이론과 판례 그리고 행정지침 간의 동일성을 구축해 나가는 노력이 필요하다고 생각된다.

Ⅲ. 상여의 임금(성) 여부

1. 상여의 법적 성격

⑴ 상여의 개념

1) 상여란?

일본에서는 사용자가 근로자에게 매월 고정적으로 지급하는 월례임금과는 별도로 1년에 몇 차례(통상적으로는 하계(6월)와 동계(12월)에 2번), 보너스나 일시금의 명복으로 상여를 지급하는 사례가 많이 존재한다. 이러한 일시금을 일반적으로 '상여' 또는 '보너스'라고 한다. 상여는 에도(江戸)시대에 큰 상점의 주인이나 지배인이 종업원에게 명절인 추석(일본에서는 이를 '오봉(お盆)'이라 함)이나 연말에 계절에 따라서 새 옷을 해 입게 하거나 용돈을 주는 습관이 있었는데 그것이 유래된 것이라고 한다.[33]

이와 같은 상여는 월례임금과 같이 '근로의 대가'로서 사용자에게 지급이 의무화되어 있는 것은 아니다. 근로계약은 사용자와 근로자의 합의에 의하여 성립되는 것이라는 점에서, 상여를 어떠한 목적으로 지급할지 여부는 원칙적으로는 사용자와 근로자간의 합의에 의하게 된다. 상여는 일반적으로 ① 기업실적의 이익 배분적 성격, ② 근로자의 공로 보상적 성격, ③ 향후 근로의욕의 고취, 근로에 대한 기대로서의 성격, ④ 생활 보전적 성격, ⑤ 임금의 후불적 성격을 가지는 것으로 해석된다.

이처럼 상여는 다양한 성격을 가지고 있지만, 이러한 성격 가운데 어느 성격이 강한지의 여부는 각 기업의 상여 제도의 실태에 따라서 다르다. 그리고 판례도 "상여는 근로의 대가인 가치를 가지를 것은 부정할 수 없지만, 임금과 같이 근로계약상 당연히 사용자에게 지급이 의무화되어 있는 것은 아니고 대상기간 동안 사용자의 수익이나 근로자의 근무상황, 근무태도 등 많은 요소를 고려하여

---

33) 퇴직금도 에도시대의 '분점 차려주기(のれん分け)'에서 유래된 것이라고 한다.

지급의 유무나 그 금액이 결정되는 것으로, 사용자의 이익의 배분이나 근로자에 대한 보장적(報奬的) 성질도 강하여 그 성격은 일의적으로 설명할 수 있는 것은 아니다."[34]고 하고 있으며, 각각의 제도설계에 따라서 상여가 다양한 성격을 가지는 것으로 인식되고 있다.

참고로 상여의 성격에 대한 행정해석을 보면, "정기 또는 임시로 원칙적으로 근로자의 근무성적에 따라 지급하는 것으로, 그 지급액이 사전에 확정되어 있지 않는 것을 말하며, 정기적으로 지급되고 그 지급액이 미리 확정되어 있는 것은 그 명칭에 상관없이 상여로 보지 않는다."고 해석하고 있다.[35]

2) 상여청구권의 성질

일본에서 상여금을 지급하는 경우에 취업규칙(급여규정)이나 단체협약에 상여에 대한 규정이 두고 있으며, 그 기재내용이 노사 간의 상여에 관한 계약내용으로 되어 있는 것이 일반적이다. 이 경우 규정이 정하는 방법에 따라서 근로자가 취득하는 청구권의 성질이 달라질 수 있다. 예를 들어 상여의 지급액까지 근로계약 내용으로 되어 있는 경우에는 사용자가 지급의무를 지며, 근로자는 사용자에 대하여 지급을 청구할 수 있다. 이러한 권리를 '구체적 청구권'이라고 한다.

문제는 단체협약이나 취업규칙 등에서 단순히 상여를 지급한다는 취지의 추상적 규정을 두고 있는 경우, 구체적인 지급율과 지급액이 사전에 확정되어 있지 않는 경우에도 상여청구권이 발생하는지의 여부이다. 이에 대해 판례는 지급률 및 금액에 대해 사용자의 결정 또는 노사 간의 합의가 없으면 구체적인 청구권은 발생하지 않는다는 견해가 확립된 법원칙이다.[36] 이러한 권리를 '추상적 청구권'이라고 한다.

3) 상여지급에 관한 규정을 두고 있는 경우

① 지급 유무 및 지급액이 매번 결정되는 케이스

상여는 사전에 지급액을 확정하지 않는 것이 일반적이다. 예를 들어 '회사업

---

34) 錦タクシー事件, 大阪地判, 1996(平8).9.27, 労判717－95.
35) 昭和22.9.13, 発基17号.
36) ヤマト科学事件, 東京地判昭58.4.20, 『労働判例』, 407号, 17頁: 清風会光ケ丘病院事件, 山形地酒田支決昭, 63.6.27, 『労働判例』, 524号 54頁.

적이 현저하게 저하된 경우나 기타 부득이한 사유가 있는 경우에는 지급일을 변경하거나 지급하지 않을 수도 있다'는 등과 같이 회사의 사정에 따라 지급여부를 유보한 다음, 매번 제반 사정을 고려한 뒤 결정한다는 취지를 정하고 있는 것이 일반적이다.

또한 상여지급의 결정방법이나 고려요소를 '업적, 능력, 근무성적, 근무태도' 등을 기재하여 보다 상세하게 취업규칙(상여규정)이나 단체협약 등에 따라 정하는 경우 및 그 하위 규범에서 정하는 케이스도 많이 존재한다.

그러나 중소기업을 중심으로 '상여는 년 2회, 업적에 따라 지급한다'는 것과 같이 보다 추상적인 규정을 두고 있는 경우도 있는 등 지급시의 판단요소, 금액의 결정방법 등이 불명확한 케이스도 있다. 이러한 경우 상여의 구체적인 금액이나 지급기준(해당 기준에 의해 일의적으로 지급액이 결정되는 기준)이 결정될 때까지는 상여의 구체적 청구권은 발생하지 않으며, 근로자는 상여의 추상적 청구권을 취득하게 된다.

② 지급액이 사전에 결정되어 있는 케이스

상여의 구체적인 금액이나 지급기준이 이미 확정되어 있는 경우, 근로자는 사용자의 지급액의 결정 절차를 기다릴 필요 없이 소정의 지급일에 구체적 청구권을 취득하게 된다. 또한 지급액이 확정되어 있는 케이스로서는 이미 확정된 연봉금액의 일정 비율을 상여로 나누어 지급하는 케이스와 월급제+고정상여의 케이스 등이 있다.

③ 지급 유무가 명확하지 않은 케이스

'상여는 회사의 업적 등에 따라 지급할 수도 있다'는 것과 같이, 상여를 지급할지의 여부 및 지급하는 경우에 얼마나 지급할지의 여부가 사용자의 재량에 의하는 경우가 있다. 이러한 케이스에서는 사용자가 상여지급의무를 지지 않는다. 이때 근로자는 사용자가 상여의 지급을 결정하고, 그 구체적 지급액이 확정될 때까지는 구체적으로도 추상적으로도 청구권을 취득하고 있지 않는 것이 된다.

4) 상여의 임금성

상여는 그 지급조건이 취업규칙 등에서 명확히 규정되어 있는 경우, 해당 규정에 근거하여 지급되는 금품은 '근로의 대상'으로서 노동기준법상의 임금(노동기준법 제11조)이 된다. 따라서 위의 ①, ②의 케이스에서는 상여의 지급조건을 취업규칙 등에서 명확히 하고 있다고 할 수 있으므로 노동기준법상의 임금이라고 할 수 있다.

한편, 앞의 ③의 케이스에서는 그 지급자체를 사용자가 임의로 결정할 수 있기 때문에 임의적·은혜적 급부라고 할 수 있으며, 노동기준법상의 임금이라 볼 수 없다.[37] 다시 말해서 근로계약상 상여로 지급하도록 하고 있는 모든 금품이 노동기준법상의 '임금'에 해당하는 것은 아니다. 다만, 노동기준법에 의해 보호되는 '임금'에 해당되지 않는다고 해도 세법상은 사용자가 근로자에게 지급하는 것은 넓게 급여소득으로 간주된다. 현물로 상여를 대신하는 것도 노동기준법 제24조의 규제(통화불의 원칙)의 대상 외이기 때문에 가능하게 되지만, 그러한 경우 그 현물지급에 의한 '경제적 이익'이 급여소득이 된다.

⑵ 상여의 노동기준법상 성격

1) 매월 1회 이상 일정기일 지급의 원칙

노동기준법상의 '임금'은 매월 1회 이상, 일정 기일을 정하여 지급해야 하지만(노동기준법 제24조 제2항), '상여'에 대해서는 매월 1회 이상 일정 기일 지급의 원칙은 적용되지 않는다(노동기준법 제24조 제2항 단서). 또한 노동기준법 시행규칙 제8조는 '1개월 이상 기간의 출근성적에 의해 지급되는 정근수당', '1개월 이상 일정기간의 연속근무에 대하여 지급되는 근속수당', '1개월 이상 기간에 걸친 사유에 의해 정산되는 격려금(奨励加給) 또는 능률수당'은 노동기준법 제24조 제2항 단서의 규정에 의한 임시로 지급되는 임금이나 상여에 준하는 것으로 열거하고 있다.

문제는 노동기준법상 '상여'에 관한 구체적인 정의가 없는 관계로 해석상의 논란이 있다. 이에 대해 행정통달은 정기 또는 임시로, 근로자의 근무성적에 따라서 지급되는 것으로, 그 지급액이 사전에 확정되어 있지 않은 것을 노동기준법 제24조의 '상여'라고 보고 있다. 따라서 정기적으로 지급되고 또 그 지급액

---

37) '실적 등에 의해'라고 규정되어 있어도, 실적이 좋으면 반드시 지급한다는 의무가 발생하고 있는 것은 아니다.

이 확정되어 있는 것은 명칭의 여하에 관계없이 상여라고 볼 수 없으며, 노동기준법 시행규칙 제8조에 해당되지 않는 것은 동법 제24조 제2항의 규정에 따라서 매월 지급되어야 하는 것으로 하고 있다.[38)]

위의 통달을 전제로 하면, 연봉제에서 연봉액을 16분할하여 16분의 1씩을 월례 임금으로서 지급하고 나머지 16분의 4를 하계와 동계에 16분의 2씩 지급하는 경우나, 월급제에서의 고정상여(②케이스의 경우)는 매월 1회 이상 일정 기일 지급의 원칙의 적용을 받게 되어 해당 상여의 지급방법은 노동기준법에 위반되어 30만엔 이하의 벌금에 처해질 가능성이 있다(노동기준법 제120조 제1항).

하지만 이러한 해석에 의할 경우, 고정적으로 상여를 지급하는 것은 언제나 노동기준법에 반하는 것으로 될 수 있다는 점에서 현실적인 타당성이 다소 부족한 부분이 있다. 이 점에 대하여 통달의 '상여'에 관한 정의를 전제로, 연봉제상의 상여가 매월 1회 이상 일정 기일 지급원칙의 적용을 받는 것은 지나치게 형식적인 법 해석이므로 연봉제에 대해서는 동조의 적용을 부정해야 한다는 견해가 있다.[39)]

또한 결론은 찬성이지만 '상여'에 관한 통달은 1947(昭22)년의 것으로 고정적으로 지급되는 상여라는 것을 별로 상정하고 있지 않던 시대라는 점에서, 현재의 '상여'에 관한 정의로서는 적절하지 않다는 견해도 있다. 연봉제 또는 상여의 고정지급은 상여지급액이 사전에 정해져 있지 않은 경우보다도 오히려 근로자에게 이익이 된다고 할 수 있는 측면이 있고, 그러한 상여의 지급방법이 형벌의 대상이 되는 것도 타당하지 않다. 이러한 논지에서는 근로계약상의 상여로서 1개월을 초과하는 기간마다 지급되는 노동기준법상의 임금으로서의 성질을 가지는 금품에 대해서는 제24조 제2항 단서의 상여로서 다루는 것이 타당하다고 해석할 수도 있다.

2) 할증임금의 산정기초

할증임금을 산정할 경우에 가족수당, 통근수당(이상 노동기준법 제37조 제5항), 별거수당, 자녀교육수당, 주택수당, 임시로 지급되는 임금, 1개월을 초과하는 기

38) 1947(昭22).9.13, 発基17号.
39) 土田道夫,『労働契約法』, 有斐閣, 2008, 267頁.

간마다 지급되는 임금(이상 노동기준법 시행규칙 제21조)은 제외된다. 또한 '1개월을 초과하는 기간마다 지급되는 임금'이란 1개월을 초과하는 기간마다 지급되는 '상여' 등이 이에 해당된다.

상여는 해고가 자유롭지 못한 일본의 고용사회에서 기업의 업적변동에 따라서 연간 임금을 변동시키는 시스템으로서 채택되어 왔다. 연수입은 12개월분을 기본으로 하여 설정하고 업적이 좋으면 월급의 5개월분 정도의 상여가 지급되어 연간 월급의 약 17개월분 정도에 달한다. 이 5개월분은 변동적인 것으로 대부분의 기업에서는 취업규칙 등에 '업적에 따라 지급'한다는 등으로 규정하여 구체적인 상여지급 책무를 지지 않는 수단을 취해왔다. 따라서 상여는 변동적인 임금이기 때문에 할증임금의 산정기초에서 제외하는 것으로 취급해왔다.

한편, 통달에서는 연봉제에서 매월 지급부분과 상여부분을 합계하여 사전에 연봉액이 확정되어 있는 경우에 상여로 지급되고 있는 부분은 '상여'에 해당하지 않고, '임시로 지급되는 임금' 및 '1개월을 초과하는 기간마다 지급되는 임금'의 어느 것에도 해당되지 않기 때문에 할증임금의 산정기초에서 제외할 수 없다고 해석하고 있다.[40]

이러한 산정에 대하여 연봉제는 사전에 연간 임금액을 확정한 다음 그 지급방법에서 연봉을 16등분하여 일부를 상여로 지급하는 것이기 때문에 1개월을 초과하는 기간마다 지급되는 임금이라고는 볼 수 없다고 하는 것은 다소 형식적인 해석이라는 비판이 있다. 왜냐하면 고정성이 있는 금액이라는 이유로 할증임금의 산정기초에 산입하게 되면 사용자는 상여임금의 고정을 피하는 방향으로 임금정책을 설정할 가능성이 있어, 오히려 근로자의 이익이 저해될 수도 있기 때문이다. 따라서 금액이 고정되어 있는 상여의 경우에도 '1개월을 초과하는 기간마다 지급되는 임금'에 해당되고, 할증임금의 산정기초에서 제외될 수 있다는 점도 충분하게 고려될 필요가 있다.

3) 평균임금의 산정기초액

평균임금의 산정기초가 되는 '임금의 총액'에서 '임시로 지급된 임금', '3개월을 초과하는 기간마다 지급되는 임금', '통화이외의 것으로 지급된 임금'이 제외

40) 2000(平12).3.8, 基収78号.

된다. '3개월을 초과하는 기간마다 지급되는 임금'이란, 연간 2회의 상여 등이 이에 해당된다.[41]

그러나 통달에서는 사전에 연봉이 확정되어 있는 연봉제에서 평균임금의 산정에 대해서는 할증임금의 산정과 비슷하게 해석하고, 상여부분을 포함한 연봉의 12분의 1을 1개월 임금으로서 평균임금을 산정하는 것이라고 해석하고 있다.[42]

4) 취업규칙으로의 기재

취업규칙의 기재사항을 규정하고 있는 노동기준법 제89조는 제2호에서 절대적 필요기재사항으로서 '임금'을 규정하고 있지만, 이 '임금'에서는 '임시적인 임금 등'을 제외하고 있다. 그리고 동조 제4호가 '임시적인 임금 등'에 대하여 '규정을 하는 경우'는 '이에 관한 사항'을 절대적 필요기재사항으로 하고 있다. 상여는 이 '임시적인 임금 등'에 해당된다(노동기준법 제24조 제2항 단서, 노동기준법 시행규칙 제8조). 따라서 상여에 대하여 어떠한 규칙을 마련하는 경우는 그 규칙을 취업규칙에 기재할 필요가 있다.

또한 행정해석에 의하면 "상여에 대해서는 그 성격상 지급액에 대하여 규정하는 것이 어려울 것이지만, 그 지급이 제도로서 확립되어 있는 것이라면 지급조건, 지급시기 등에 대해서 규정하여야 한다."고 하고 있으며, 위의 ③의 케이스와 같이 지급의 유무나 금액이 사용자의 재량에 맡겨져 있는 경우는 그 취지를 기재하면 충분하다.[43]

2. 경영성과급의 임금(성)

일본에서는 위의 '기본상여(또는 정기상여)'와는 별개로 전사적으로나 개인이 목표이익을 초과하거나 달성했을 때 '업적상여(경영성과급)'를 지급하는 경우가 있다.[44]

---

41) 일본에서는 우리와는 달리 할증임금 및 최저임금 산정 시에 '1개월을 초과하는 기간마다 지급되는 임금'은 제외하고 있다.
42) 2000(平12).3.8, 基収78号.
43) 厚生労働省労働基準局編, 『2010(平成22)年版, 労働基準法(下)』.
44) 경영성과급을 일본에서는 '업적상여' 또는 '결산상여'라고도 하며, 보통 3~4월에 지급한다.

경영성과급은 흔히 유럽과 미국 기업에서 볼 수 있는 제도로, 근로자의 동기부여를 촉진하는 업적분배시스템으로서 **Profit Sharing Bonus**(pay back)와 **Incentive Bonus** 등이 대표적이다. 일본 기업에서도 기본상여와는 별개로 '결산상여(기말상여)'[45]와 '보장금(報奬金)' 제도[46]를 도입·운용하고 있는 곳이 많은데, 거의 같은 취지에 속하는 것으로 해석된다.

이 중 Profit Sharing Bonus는 목표이익(영업이익 또는 경상이익)을 초과했을 때에 전사적으로 지급되는 것을 가리키는 경우가 많지만, Incentive Bonus는 목표로 하는 매출액(또는 매출 총이익)을 달성했을 때에 부문이나 개인에 대해서 지급되는 경우가 많다. 그렇기 때문에, Profit Sharing Bonus는 이익 환원의 의미가 강하고, 결산상여에 가까운 성격을 가지는 것에 반해, Incentive Bonus는 일본의 보장금 제도에 해당한다.

이러한 경영성과급의 법적 성격과 관련하여 임금(성) 여부가 문제로 될 수 있다. 이에 대해서는 기본상여에 대한 임금(성) 지표에 준하여 판단하면 된다. 다시 말해서 경영성과급의 지급조건을 취업규칙 등에서 명확히 하고 있는 경우에는 노동기준법상의 임금이라고 할 수 있으나, 그 지급자체를 사용자가 임의로 결정할 수 있는 경우에는 임의적·은혜적 급부라고 할 수 있으므로 노동기준법상의 임금이라 볼 수 없다.

다만, 일본에서의 경영성과급의 지급방식은 매우 다양하여, 기본상여처럼 정기적으로 지급하는 경우가 있는가 하면, 특별상여의 형태로 지급하는 경우도 있다. 또한 일본에서는 평균임금 산정 시에 '3개월을 초과하는 기간마다 지급되는 임금'은 제외하도록 노동기준법에서 정하고 있다는 점에 유의할 필요가 있다(동법 제37조 제5항, 동법 시행규칙 제21조). 따라서 일본에서는 상여(경영성과급 포함)를 매월 지급하지 않는 한 평균임금을 비롯하여 할증임금(통상임금)이나 최저임금 산정 시에 상여의 임금(성) 여부는 별로 문제가 되지 않는다.

---

45) 결산상여로 지급하는 경우, 결산일까지 모든 지급 대상자에게 지급액을 통지한 다음, 결산일로부터 1개월 이내에 지급하는 조건을 충족하지 않으면, 당기의 손금(損金)으로 인정되지 않는다.

46) 보장금(報奬金)제도란, 매출액 등의 영업실적에 따라 인센티브를 지급하는 제도를 말한다.

Ⅳ. 비교법적 검토와 시사점

위에서 검토한 바와 같이 일본의 임금법제는 우리나라와 거의 대동소이하나, 실제로 이를 적용함에 있어서는 양국 간의 임금체계의 차이 등으로 인하여 상당히 달리 해석하고 있음을 알 수 있다.

첫째, 임금에 관한 규정을 보면, 일본의 노동기준법은 '노동의 대상'으로 '사용자가 근로자에게 지불하는 것'으로 정의하고 있는데(제11조), 이는 우리나라 근로기준법(제2조 제1항 제5호)이 '근로의 대가'로 '사용자가 근로자에게 지불하는 일체의 금품'과 동일한 뜻으로 해석된다. 다만, 일본에서는 행정실무의 편의상 '노동의 대상'으로서의 임금과 구별되는 것으로 '임의적 · 은혜적 급여', '복리후생 급여' 및 '기업설비 · 업무비'라는 세 개의 개념을 규정한 다음, 상여금을 포함한 급여가 여기에 해당하는 경우에는 노동기준법상의 '임금'에 해당하지 않는 것으로 해석해오고 있다. 하지만, 이 경우에도 단체협약이나 취업규칙 등에서 지급시기 · 금액의 결정방법 등을 정하고 있는 경우에는 임금으로 해석하고 있는데, 이점에서도 우리나라와 크게 다르지 않다.

둘째, 일본의 노동기준법은 해고예고수당이나 휴업수당, 업무상재해보상 등을 산정하기 위해 평균임금에 관한 규정(제12조)을 두고 있는데, 그 산정기준으로 '산정사유가 발생하기 이전의 3개월간에 지불된 임금 총액을 같은 기간의 총일수로 나눈 금액'으로 규정하고 있다. 이 또한 우리나라의 근로기준법상의 평균임금에 관한 규정(제2조 제1항 제6호)과 동일하다. 다만, 평균임금의 산정방식에 있어서는 양국 간에 다소 차이를 보이고 있다. 우선 일본에서는 평균임금은 근로자의 생활보장이 목적이므로 근로자의 통상적 생활임금을 기준으로 산정하며, 임시로 지급된 임금(퇴직금, 사상병수당 등), 3개월 초과한 기간으로 지급되는 임금(상여, 수당 등), 통화이외의 것으로 지급되는 임금 등은 제외하도록 하고 있다(제12조 제4항).[47] 이점에서는 우리나라와 별반 다르지 않다. 그러나 상여금에 대한 평균임금 산정방식에서는 일본에서는 이를 평균임금에서 제외하고 있는데 비해, 우리나라에서는 사유발생일 이전 1년간 받은 총액을 12개월로 나누어 3

47) 상여가 당해 연도의 임금에 포함되어 사전에 확정되어 있는 연봉제의 경우에는 상여도 총액에 포함.

개월에 해당하는 임금을 포함시키는 것이 판례의 입장이다.[48] 참고로 일본에서는 우리나라와는 달리 통상임금 및 최저임금 산정 시에 1개월의 지급주기를 초과하는 임금에 대해서는 산정대상에서 제외하고 있다.[49]

셋째, 상여 및 성과급에 대해서는 양국 모두 이에 대한 명확한 법적 근거를 두고 있지 않으므로, 각종 수당 산정을 둘러싸고 이들에 대한 임금(성) 여부가 종종 문제로 등장한다. 따라서 상여 및 성과급이 임금에 해당되는지의 여부는 단체협약이나 취업규칙, 근로계약 등과 같은 자치규범 및 노사관행 등을 고려하여 개별적으로 판단할 수밖에 없다고 판단된다. 다만 일본에서는 전통적으로 상여를 연 2회(동계 및 하계) 지급하며 생활 보전적 성격 이외에도 공로보상적 성격과 기업성적의 분배의 성격 등이 포함되어 있으므로 전형적인 임금인 급료와는 달리 인식되어 왔다. 그러나 점차 산업화·국제화가 진행되면서 다양한 형태의 상여가 생겨났으며, 최근에는 경영성과급을 지급하는 경우도 늘어나고 있다. 이와 더불어 상여 및 경영성과급에 대한 임금(성) 여부를 둘러싼 문제가 종종 발생하지만, 우리와 같이 크게 문제가 되지는 않는 것 같다. 그 이유는 예를 들어 일본에서는 평균임금을 산정할 때 지급주기가 3개월을 초과하는 임금은 그 대상에서 제외하고 있으므로, 대부분의 일본기업에서 지급하는 상여금(동계 및 하계 2회)은 이 주기를 초과하여 지급하고 있으므로 그다지 문제가 되지 않는다. 이는 통상임금 및 최저임금 산정 시에도 마찬가지인데, 여기서도 1개월 주기를 초과하여 지급하는 임금은 산정 대상에서 제외되므로 상여 및 성과급에 대한 임금(성) 여부를 둘러싼 논쟁이 발생할 여지가 적다. 다시 말해서 일본에서는 상여나 성과급에 대한 지급기준이 취업규칙 등에 명확하게 규정되어 있는 경우, 해석상 임금에 해당하지만 평균임금 산정의 대상에서는 제외된다. 한편 우리나라의 경우에는 최근의 하이닉스 사건[50]에서 노사합의안 등에서 성과급(PI 및 PS)에 대한 지급기준, 지급률 등을 구체적으로 정하고 있다고 하더라도, 그때그때의 상황에 따라 그 지급기준이 변동되는 것이라면 '근로의 대상인 임금'으로 볼 수 없다고 판시한 바 있는데, 이는 어떤 의미에서 일본보다 임금의 개념을 더 좁게 해석하고 있는 것으로 보인다.

---

48) 대법원 1978. 2. 14. 선고 77다3121 판결; 대법원 1984. 4. 11. 선고 87다카2901 판결.
49) 일본 노동기준법 제37조 제5항 및 동법시행규칙 제21조, 최저임금법 제4조 제3항 참조.
50) 수원지방법원 2020. 1. 31. 선고 2019가단50590 판결.

[참고문헌]

권 혁, "임금의 개념으로서 근로 대가성 판단에 관한 소고", 『노동법포럼』, 제28호, 2019.

김유성, 『노동법(Ⅰ)』, 법문사, 2005.

김영문・이상윤・이정, 『임금개념과 평균임금・통상임금의 산정범위』, 법문사, 2004.

김지형, 『노동법해설』, 청림출판, 1993.

박지순・이상익, 『통상임금의 이해』, 신조사, 2013.

이병태, 『최신노동법』, (주)중앙경제, 2008, 690면.

이 정, 『한・일 비교를 통한 임금법제 이론과 실무』, 법문사, 2013.

이철수, 『임금에 관한 법리』, 한국노동연구원, 1993.

이흥재, "대법원의 근로관계 인식에 대한 조명－민주헌정 이후 시민법적 인식으로의 회귀 및 지속의 평가－", 『법학(124호)』, 서울대학교 법학연구소, 2002.

荒木尚志, 『労働法』, 第3版, 有斐閣, 2016.

下井隆史, "賃金の労動力説を批判する", 『季刊労動法』, 97号, 1975.

園部季信, "争議行為と民事上の免責", 『労動法大系3－争議行為』, 1963.

菅野和夫, 『労働法』, 第12版, 弘文堂, 2019.

土田道夫, 『労働契約法』, 有斐閣, 2008.

西谷 敏, 『労働法』, 有斐閣, 2008.

厚生労働省労働基準局賃金時間課 編著, 『平均賃金の解説』, 労働調査会, 2004.

厚生労働省労働基準局編, 『2010(平成22)年版, 労働基準法(下)』.

柳川真佐夫外, 『判例労動法の研究(下巻)』, 1961.

제2장

통상임금에 대한 판례 법리의 재검토

– 정기상여금(대법원 2012. 3. 29. 선고 2010다91046 판결)을 중심으로 –

Ⅰ. 문제의 제기

통상임금은 해고예고수당(근로기준법 제26조), 시간외·야간 및 휴일근로시의 가산임금(동법 제56조), 연차유급휴가수당(동법 제60조 제5항) 등의 산정기준이 된다는 점에서 명확한 법적 판단이 매우 중요하다. 이처럼 노동법상 통상임금이 매우 중요한 개념임에도 불구하고, 근로기준법에 정의규정을 두고 있는 평균임금과는 달리(동법 제2조 6호), 통상임금에 대해서는 본법이 아닌 시행령(제6조)에 정의규정을 두어 법체계상 정합성이 결여되어 있으며, 그 내용 또한 매우 추상적이고 불명확하여 일반인은 물론 노동전문가들조차 정확하게 이해하기 힘든 구조로 되어 있다.

이에 통상임금에 대한 규정의 해석과 적용을 둘러싸고 많은 논의가 전개되어 왔으며, 노동실무에서는 주로 고용노동부의 행정해석이나 판례를 참고하여 개별적 사안에 대응하여 왔다. 하지만 후술하는 바와 같이 통상임금의 범위 및 판단을 둘러싸고 대법원 판례의 입장과 행정해석이 서로 상이할 뿐만 아니라, 판례 또한 법적 안정이나 예측 가능성보다 구체적 사안의 해결에 주안을 두다 보니 통상임금에 대해서만큼 다소 일관성이 부족한 면이 있었음을 부정할 수 없다.[1)]

그 결과, 통상임금의 산정에 관한 판단은 오랜 기간 동안 혼선을 빚어왔으

1) 통상임금 관련 판례의 변천에 대해서는 이철수, “통상임금에 관한 판례법리의 변화－복리후생을 중심으로－”, 『노동법연구』 제17호, 2004 및 김영문·이상윤·이정, 『임금개념과 평균임금·통상임금의 산정범위』, 법문사, 2004, 참조.

며, 그와 관련된 문제들 역시 꾸준하게 제기되어 왔다.[2] 이러한 상황 하에서, 최근 대법원이 「상여금은 통상임금에 해당한다고 볼 여지가 있다」라고 판시한 대상판결이 확정되면서, 소위 '상여금의 통상임금 해당(성)'을 둘러싼 논쟁이 뜨겁게 이슈화되고 있다.[3]

특히, 대상판결은 상여금의 통상임금 해당성에 대한 기존의 해석과 정반대되는 입장을 취하였다는 점에서 그 파장은 실로 막대하다. 왜냐하면 「상여금은 통상임금에 해당하지 않는다.」라는 판결과 행정해석이 지금까지 대법원과 고용노동부의 일관된 태도였기 때문이다.[4] 물론, 해당 판결이 '전원합의체'의 것이 아닌 이상, 향후 상여금의 통상임금 해당성에 대한 또 다른 판결이 나올 가능성도 있을 것이다. 하지만 그 사실 자체가 상여금의 통상임금 해당성에 대한 법적 판단의 불안정성을 내포하고 있다고 볼 수 있다. 뿐만 아니라, 지금까지 많은 기업들이 현행 임금체계에 따라 오랜 기간 동안 업무를 처리하여 왔기 때문에, 새로운 판단구조에 따라 임금제도를 바꾸는 것은 불가능에 가까우리만큼 많은 혼란을 야기할 위험을 동반한다.

이를 입증이라도 하듯, 대상판결 이후 노동계는 벌써부터 '실질임금의 확보'라는 측면에서 '상여금 및 제(諸)수당의 통상임금(화)'을 주장하고 있다. 하지만 그러한 주장은 성과기반 임금제도의 운용을 통해 경영의 유연성을 확보하고자 하는 기업 입장에서는 상당한 리스크로 인식된다. 또한 본 대상판결에 앞서

---

2) 통상임금 문제에 관한 대표적 선행연구로는 박래영, "법정기준임금의 단일화에 관한 연구", 『경제연구』 제9집, 홍익대학교 경제연구소, 1993; 오문완, "임금체계 개편 방향－기준임금 단일화를 중심으로－", 『임금연구』 2000년 겨울호; 이강성, "우리나라 임금체계의 문제점과 개선방안－이원화된 법적 기준 임금제도를 중심으로－", 『임금연구』 2004년 가을 등이 있음.

3) 대상판결에 대한 평석으로는 유성재, "상여금의 통상임금성－대상판결: 대법원 2012. 3. 29. 선고 2010다91046 판결－", (사)이론실무학회 제19회 정기학술대회 자료집, 2012); 이승길, "정기상여금은 통상임금인가", 『창조노사』, 2012년 5월호; 김희성 · 한광수, "정기상여금의 통상임금 해당성에 대한 연구", 『노동법논총』 제25집, 2012. 8 등이 있음.

4) 대법원은 근속수당 및 상여금 관련 통상임금 소송에서 「통상임금이란 정기적 · 일률적으로 소정근로 또는 총 근로시간에 대한 대가로서 1임금 산정 기간에 정하여진 고정급 임금을 의미」하므로(대법원 1996. 2. 9. 선고 94다19501 판결), 「실제의 근무성적에 따라 지급 여부 및 지급액이 달라지는 임금은 고정적인 임금이라 할 수 없어 통상임금에 해당하지 않는다.」는 판단기준을 제시한 이래, 「만 1년 이상 근속한 근로자에게 1년간 정액의 근속수당을 근속연한에 따라 가산하여 지급하기로 한 경우의 근속수당이나 근속기간에 따라 차등 지급하는 상여금의 경우 통상임금에 해당하지 않는다.」라고 판단해 왔다(대법원 1990. 11. 9. 선고 90다카6948 판결; 대법원 1992. 5. 22. 선고 92다7306 판결; 대법원 1994. 10. 28. 선고 94다26615판결; 대법원 2007. 4. 12. 선고 2006다81974 판결 등).

2012년 1월 인천지방법원은 '한국지엠 통상임금 사건'[5]에서 「통상임금에서 말하는 '일률적 지급'이란 '모든 근로자에게 지급되는 것뿐만 아니라 일정한 조건 또는 기준에 달한 모든 근로자에게 지급되는 것'도 포함된다.」고 하여, 정기상여금에 대한 통상임금 판단기준을 완화하는 판결을 하여 이미 파란을 예고한 바 있다. 이러한 측면에서 통상임금 판단의 불명확성으로 인한 노사갈등과 추가임금청구소송 등의 법률 분쟁은 다양한 산업현장에 상당한 리스크로 작용할 것으로 예상되고 있다.[6]

이러한 상황 하에서 대상판결의 내용을 면밀하게 검토한 다음, 상여금의 통상임금 해당성에 관하여 객관적인 시각에서 법률적인 판단을 해석하는 것은 매우 의미 있는 연구라 판단된다. 특히, 본 연구에서는 상여금이 어떻게 인식되고 또 판단되는지, 그리고 상여금을 어떻게 판단하는 것이 적합한지, 종국적으로 상여금을 통상임금으로 보는 것이 타당한지 등에 대해서 비교법적 검토를 포함하여 대상판결에 대한 다각적인 접근을 시도해 보고자 한다.

Ⅱ. 사건개요 및 법적 쟁점

1. 사건개요

사용자(피고)는 대구 소재의 시외버스회사(금아리무진)로 자신의 회사에서 운전기사로 일하는 근로자들(원고)에게 단체협약 및 임금협정(이하, 협약)에 따른 임금으로서 「기본급, 각종 수당, 상여금」을 지급해 왔다.

해당 협약은 경상북도 버스운송사업조합 소속인 피고와 원고들이 속한 경북지역 자동차노동조합과 체결된 것이었다. 협약은 실제 근로시간과 관계없이 1일 근로시간을 12시간(기본근로 8시간과 연장근로 4시간)으로 정하고 그에 해당하는 기본급과 각종 수당을 지급하였다. "기본급"은 기본시급에 「기본근로시간(8시간)

---

5) 인천지방법원 2012. 1. 26. 선고 2011가합6096판결.

6) 대상판결을 계기로 민주노총 산하 금속노조 기아차 지부 2만 8천명, 한국지엠(GM)지부 1만명, 한국노총 자동차노련 소속 버스노동자 1,300여명은 "상여금도 통상임금에 포함시켜 달라"며 지난해에 집단소송을 낸 적이 있으며, 금속노조 현대차지부도 집단소송 준비와 함께 올해 임단협에서 통상임금 문제를 공식적으로 제기할 계획이다(한겨레, "대법 「정기상여금도 통상임금」 첫 판결", 2012. 4. 11).

과 월 근무일수(21일)를 곱한 금액」이다. "각종 수당"은 "기본시급"을 기준으로 산정되었으며, 「연장수당, 야간근로수당, 주휴수당, 월차휴가수당 및 능률수당을 합한 금액」이다.

반면, 상여금의 지급에 대한 단체협약 제27조는 "기본급"을 기준으로, 「6개월 이상 근무시 350%, 3년 이상 근무시 550%, 8년 이상 근무시 650%, 12년 이상 근무시 750%에 해당하는 금액」으로 정하고 있었으며, 상여금은 매달 지급하는 기본급이나 각종 수당과는 달리, 매 분기별로 지급하였다.

【단체협약 제27조】 각 회사는 차량조합원에게 다음에 의한 상여금을 지급한다.

구 분	6개월 이상	3년 이상	8년 이상	12년 이상
비율	350%	550%	650%	750%

1. 상여금 지급은 만근 기본급 기준으로 한다.
2. 상여금 지급은 분기별로 지급하며 매 분기 말까지 재직한 자로 하고, 익월 급여 지급일에 지급한다. 단 퇴직자에 대해서는 월별로 계산 지급한다.
3. 입사일에서 6개월 경과 후 해당분기 지급분부터 지급하되, 6개월 경과 후 최초 해당분기 지급률은 1년 지급률의 1/2을 지급한다.

이에 원고는 상여금이 통상임금에 해당함에도 불구하고, 각종 수당의 산정기준에 포함되지 않았으므로, 기본급에 상여금을 합한 금액에 대한 기본시급을 기준으로 3년간의 각종 수당을 재산정하여 그 차액(분)을 지급해 줄 것을 구하는 소송을 제기하였다.

원심은 「상여금의 지급 여부 및 지급액이 근로자의 실제 근무성적 등에 따라 좌우되는 것으로서 통상임금에 포함되지 않는다」[7]고 하여 원고의 주장을 기각했다. 본 사안은 이와 같은 원심의 결정에 대하여 원고가 대법원에 상고한 사건이다.[8]

---

7) 대구고등법원 2010. 10. 7. 선고 2009다6992 판결.

8) 본 사건에는 "임금"과 관련된 쟁점이 더 있지만, 본고에서는 "상여금"에 관한 쟁점만을 부각시켜 검토하였음을 밝혀둔다.

2. 법적 쟁점 및 의의

본 사건의 법적 쟁점은 크게 상여금은 통상임금에 해당하는지, 만약에 해당한다면 그 법적 근거는 무엇인지, 그리고 통상임금이 가지는 노동법상의 법적 의의는 무엇인지 세 가지로 구분할 수 있다. 이하, 대상 판결의 요지를 각 사안의 법적 쟁점별로 살펴보면 다음과 같다.

(1) 상여금은 통상임금인가

대상 판결은 첫 번째 쟁점에 관하여 「본 사건의 상여금은 통상임금에 해당한다고 볼 여지가 있다」고 하여 상여금에 대한 통상임금을 인정한 다음, 사건을 원심법원에 파기환송하였다.

대법원은 통상임금성을 판단함에 있어서 「소정 근로 또는 총 근로의 대상(対償)으로 근로자에게 지급되는 금품으로서 그것이 정기적·일률적으로 지급되는 것이면 원칙적으로 모두 통상임금에 속한다 할 것이나, 근로기준법의 입법취지와 통상임금의 기능 및 필요성에 비추어 볼 때 어떤 임금이 통상임금에 해당하려면 그것이 정기적·일률적으로 지급되는 것이 아니거나 실제의 근무성적에 따라 지급 여부 및 지급액이 달라지는 것과 같이 고정적인 임금이 아닌 것은 통상임금에 해당하지 아니한다고 할 것인데, 여기서 '일률적'으로 지급되는 것이라 함은 '모든 근로자'에게 지급되는 것뿐만 아니라 '일정한 조건 또는 기준에 달한 모든 근로자'에게 지급되는 것도 포함되고, 여기서 말하는 '일정한 조건'이란 '고정적이고 평균적인 임금'을 산출하려는 통상임금의 개념에 비추어 볼 때 '고정적인 조건'이어야 한다」는 종전의 일반적인 판단기준[9]을 제시하고 있다.

(2) 본 사안에서 상여금을 통상임금으로 보는 이유

대법원은 정기상여금을 통상임금이라고 해석한 다음, 그 법적 근거로 「피고가 1년을 초과하여 계속 근무한 근로자에게 근속연수가 증가함에 따라 일정 금액을 가산하여 1년 근속당 일정금액을 지급한 근속가산금은 근무성적과 상관없

---

9) 이와 같은 견해는 대법원 1993. 5. 27. 선고 92다20316 판결에서 도입된 후, 대법원 2005. 9. 9. 선고 2004다41217 판결 및 대법원 2007. 6. 15. 선고 2006다13070 판결을 거쳐 본 대상판결에 이르기까지 일관된 견해를 유지해 오고 있다.

이 매월 일정하게 지급된 것으로서 정기적·일률적으로 지급되는 고정적인 임금이므로 통상임금에 포함된다는 점」을 들고 있다.

또 대법원은 그 근거에 대하여 「이 사건 상여금은 피고가 6개월을 초과하여 계속 근무한 근로자에게 근속연수의 증가에 따라 미리 정해놓은 각 비율을 적용하여 산정한 금액을 분기별로 지급하는 것으로서, 매월 월급 형태로 지급되는 근속수당과 달리 분기별로 지급되기는 하지만 그러한 사정만으로 통상임금이 아니라고 단정할 수 없다. 나아가 이 사건 단체협약 제27조에 '상여금 지급은 매 분기 말까지 재직한 자로 하고'라고 규정하면서도 곧이어 '퇴직자에 대해서는 월별로 계산 지급한다'고 추가로 규정함으로써 상여금 지급 대상에서 중도퇴직자를 제외한 것으로 볼 수 없으며, 또한 상여금 지급대상에 관한 위 규정의 의미가 기본급 등과 마찬가지로 비록 근로자가 상여금 지급대상 기간 중에 퇴직하더라도 퇴직 이후 기간에 대하여는 상여금을 지급할 수 없지만 재직기간에 비례하여 상여금을 지급하겠다는 것이라면, 이 사건 상여금은 그 지급 여부 및 지급액이 근로자의 실제 근무성적 등에 따라 좌우되는 것이라 할 수 없고, 오히려 그 금액이 확정된 것이어서 정기적·일률적으로 지급되는 고정적인 임금인 통상임금에 해당한다고 볼 여지가 있다」고 설시하고 있다.

요컨대, ① 「본 사건의 상여금은 피고가 원고에게 근속연수의 증가에 따라 미리 정해놓은 각 비율을 적용하여 산정한 금액을 분기별로 지급한 점」을 통상임금의 '정기적'인 판단지표로, ② 「단체협약에 퇴직자에 대해서는 월별로 계산 지급한다는 규정을 두어 중도퇴직자를 상여금의 지급대상으로 하고 있는 점」을 통상임금의 '일률적'인 판단지표로, ③ 「비록 근로자가 상여금 지급대상 기간 중에 퇴직하더라도 재직기간에 비례하여[10] 상여금을 지급하는 점」을 통상임금의 '고정적'인 판단지표로 각각 본 다음, 본 사안의 정기상여금에 대한 통상임금(성)을 인정하는 판단구조를 취하고 있다고 여겨진다.[11]

---

10) 판결문에는 명시되어 있진 않지만, "재직기간에 비례하여"라는 원문의 표현은 "재직기간을 일할로 계산하여"라고 이해할 수 있을 것으로 판단된다. 즉, 상여금의 지급대상자가 중도퇴직을 하게 되더라도, 상여금을 대상기간 중 근로한 날을 일금으로 계산·합산하여 지급할 수 있다는 의미다.

11) 같은 취지: 김희성·한광수, "정기상여금의 통상임금 해당성에 대한 연구", 『노동법논총』 제25집, 2012. 8. 371면.

(3) 통상임금의 노동법적 의미 및 본 사안의 중요성

본 사안에서 대법원은 통상임금의 판단에 대한 종전의 일반 법리를 확인하는 한편, 지급률을 연간 단위로 설정한 다음 매월 또는 분기별로 분할 지급하는 상여금은 통상임금의 범위에서 제외된다고 본 기존 대법원의 판례 및 행정해석을 뒤집은 것으로, 통상임금의 범위를 넓게 인정하였다는 점에서 의미가 있는 대법원 판례라 할 수 있다.[12)]

참고로 기존의 판례는, ① 1개월을 넘는 기간마다 정기 또는 임시로 근무성적 등에 따라 지급되는 점, ② 정기적(매년 4회, 매년 6회)으로 지급된다 하더라도 근속기간에 따라 지급률이 달라지는 점 등 실제의 근무성적에 따라 좌우되게 되어 고정적인 임금이라 할 수 없다고 하면서 통상임금 해당(성)을 부정해 왔다.[13)]

Ⅲ. 통상임금과 상여금에 대한 법적 판단

1. 통상임금에 대한 법적 판단

(1) 통상임금의 개념요소: "정기성, 일률성, 고정성"

근로기준법시행령 제6조 제1항은 「통상임금이란 근로자에게 정기적이고 일률적으로 소정근로 또는 총근로에 대하여 지급하기로 정한 시간급 금액, 일급 금액, 주급 금액, 월급 금액 또는 도급 금액을 말한다」고 규정하고 있다. 다만, 통상임금의 개념요소에 대한 해석은 법원에 의해서 구체화되어 왔다.

대법원은 1996년 판결에서 「소정 근로 또는 총근로의 대상으로 근로자에게 지급되는 금품으로서 그것이 정기적 · 일률적으로 지급되는 것이면 원칙적으로 모두 통상임금에 속하는 임금이라 할 것이나, 근로기준법의 입법취지와 통상임금의 기능 및 필요성에 비추어 볼 때 어떤 임금이 통상임금에 해당하려면 그것

12) 같은 취지: 이승길, "정기상여금은 통상임금인가", 『창조노사』, 2012년 5월호 및 김희성 · 한광수, "정기상여금의 통상임금 해당성에 대한 연구", 『노동법논총』 제25집, 2012. 8.

13) 대표적인 판례로 대법원 1990. 11. 9. 선고 90다타6948 판결; 대법원 1990. 2. 27. 선고 98다카2292 판결; 대법원 1990. 11. 27. 선고 89다카15939 판결 등이 있음.

이 정기적·일률적으로 지급되는 고정적인 임금에 속하여야 하므로, 정기적·일률적으로 지급되는 것이 아니거나 실제의 근무성적에 따라 지급 여부 및 지급액이 달라지는 것과 같이 고정적인 임금이 아닌 것은 통상임금에 해당하지 아니한다.」[14]라고 통상임금의 개념을 설명하였으며, 통상임금의 개념에 대한 대법원의 이러한 입장은 현재까지 유지가 되고 있다.

즉, 통상임금의 개념요소는 "정기성", "일률성", "고정성"으로 일반화되었고, 대법원 역시 「정기적·일률적·고정적 급부라는 통상임금의 개념적 징표」라는 표현을 사용하게 되었다.[15]

좀 더 구체적으로 살펴보면 판례는 정기성을 주기적, 규칙적 지급으로 이해하면서 1임금지급기를 넘더라도 통상임금에 포함된다고 해석한다.[16] 반면, 행정해석은 1임금지급기(통상 1개월)마다 지급되는 것으로 보아 수개월 또는 1년마다 지급되는 것은 통상임금에 해당하지 않는다고 본다.

"일률성"이라는 개념에 대한 설명은 「대법원 1993. 5. 27. 선고 92다20316 판결」에서 이루어졌다. 이 판결에서 대법원은 「통상임금의 정의에서 "일률적"으로 지급되는 것이라 함은 "모든 근로자에게" 지급되는 것뿐 아니라 "일정한 조건 또는 기준에 달한 모든 근로자에게" 지급되는 것도 포함된다고 해석되지만, 여기서 말하는 "일정한 조건"이란 "고정적이고 평균적인 임금"을 산출하려는 통상임금의 개념에 비추어 볼 때 "고정적인 조건"이어야 한다」라고 설시하였다.

통상임금의 고정성과 관련하여 판례는 「근로기준법이 평균임금의 최저한을 보장하고 시간외 근로수당·야간근로수당·휴일근로수당과 같은 할증임금, 해

---

14) 대법원 1996. 2. 9. 선고 94다19501 판결. 이후 판례는 대법원 1996. 3. 22. 선고 95다56767 판결; 대법원 1996. 5. 10. 선고 95다2227 판결; 대법원 1996. 10. 25. 선고 96다5346 판결; 대법원 1996. 12. 6. 선고 96다26671 판결; 대법원 1998. 4. 24. 선고 97다28421 판결; 대법원 1998. 6. 26. 선고 97다14200 판결; 대법원 1999. 7. 13. 선고 99도2168 판결; 대법원 2005. 9. 9. 선고 2004다41217 판결(9건)의 순으로 검색된다(법고을LX 2011 검색결과).

15) 도재형, "통상임금의 판례법리", 『노동법의 존재와 당위(김유성 교수 정년기념 논문집)』, 박영사, 2006, 101면 참조.

16) 상기 대법원 1996. 2. 9. 선고 94다19501 판결 이후 통일한 입장. 하지만 1994년까지만 하여도 대법원은 「실제 근무일수나 수령액에 구애됨이 없이 정기적, 일률적으로 1임금 산정기간에 지급하라고 정하여진 고정급임금(대법원 1994. 10. 28. 선고 94다26615 판결)」이라고 하여 통상임금으로 인정되지 위해서는 1임금 산정기간 마다 지급되어야 했다(유성재, "상여금의 통상임금성－대상판결: 대법원 2012. 3. 29. 선고 2010다91046 판결－", (사)이론실무학회 제19회 정기학술대회 자료집, 2012, 31면).

고예고수당 등을 산정하는 기준이 되는 통상임금을 인정하고 있는 입법취지와 통상임금의 기능 및 필요성에 비추어 볼 때 어떤 임금이 통상임금에 해당하려면 그것이 정기적, 일률적으로 지급되는 고정적인 임금에 속하여야 하므로 실제의 근무성적에 따라 지급 여부 및 지급액이 달라지는 임금은 고정적인 임금이라 할 수 없어 통상임금에 해당하지 않는다」[17]라고 판시한 이후 동일한 입장을 유지하고 있다.

⑵ 법적 판단

정기성이 「지급되는 시기가 일정한 단위로 이루어지는 것」을 의미한다면, 일률성은 「지급되는 대상이 (일정한 조건 또는 기준에 달한) 모든 근로자인 것」이라고 볼 수 있다. 따라서 정기성과 일률성을 갖춘 급여는 일단 임금으로 판단된다.

반면, 고정성은 해당 임금이 통상임금인지 여부를 판단하는 기준이 된다. 고정성은 「임금의 지급액이 변동되지 않는 것」을 의미한다. 따라서 소정 근로 또는 총 근로의 대상으로서의 임금이라고 하더라도, 근로자가 실제로 근무한 연수나 근무성적에 따라 지급 여부 및 지급금액이 달라지는 것은 고정성을 갖는다고 할 수 없으므로 통상임금에 해당하지 않는다고 본다.

고정성은 일률성과 유사한 측면이 없지 않지만, 일률성은 임금지급대상의 비차별성, 동등성 혹은 통일성에 초점을 맞추고 있다는 점에서 차이가 있다. 대상에 따라 차별적으로 지급되는 경우에 비하여 비차별적, 동등하게 지급되는 경우에 지급되는 임금이 고정적일 가능성이 높겠지만 대상에 따라 차별적이라고 하여 고정성이 인정될 수 없는 것은 아니다.[18]

⑶ 비판적 견해

하지만 통상임금에 대한 위와 같은 개념요소에 관하여 비판적인 입장을 제시하는 견해가 있어 왔다.

일률성과 정기성에 관해서는 근기법시행령 제6조 제1항의 규정은 법률(근기법)의 위임을 받지 않은 위임명령으로서 무효이며, 해당 규정이 내용으로 포함

---

17) 상기 대법원 1996. 2. 9. 선고 94다19501 판결.

18) 김기덕, “통상임금 개념요소로서의 고정성”, 『노동과 법』 제6호, 금속법률원, 2006, 193면.

하고 있는 정기성과 일률성의 개념 역시 근로의 대상을 판단하는 실질적인 요건 기준이 아니라는 취지의 견해[19]가 있다.

또한 고정성 역시 근기법의 규정이 통상임금을 판단함에 있어서 고정성이라는 개념요소를 포함하고 있지 않으며,[20] 근기법시행령 역시 마찬가지라는 측면에서의 견해[21]가 있다.

2. 상여금의 통상임금 해당성 판단

(1) 상여금의 개념적 정의(定意)

상여금의 통상임금 해당성 여부를 검토하기에 앞서, 상여금의 정의에 관하여 검색을 해 보았다.

먼저, 국립국어원의 표준국어대사전은 "상여(賞与)"를 ① 「상으로 돈이나 물건 따위를 줌. 또는 그 돈이나 물건」, ② 「관청이나 회사에서 직원에게 정기 급여와는 별도로 업적이나 공헌도에 따라 돈을 줌. 또는 그 돈」이라고 정의하고 있다.

이어 두산백과사전에서는 상여가 "보너스(bonus)"로 검색이 되는데, 그 내용은 다음과 같다. 「상여・성과급(成果給)이라고 한다. 그러나 한국에서 보너스, 상여라고 하는 것은 이와는 성격을 달리하는 것으로서 저임금을 보충하기 위한 생계비 보조적, 임금후불적 의미에서 정기적으로 지급되고 있다. 역사적으로는 봉건적인 관습에 있어서 추석이나 세모(歲暮)의 상여와 인간적 포상 또는 기업에 있어서 회계말 결산시의 이익잉여금 분배의 관습에서 유래를 찾아볼 수 있다. 전에는 사용자측의 일방적인 자의(恣意)에 의하여 시혜적・공로포상적인 이윤분배의 형식을 취하여 직원측에게만 지급된 적도 있었다. 그러나 그 후의 인플레이션으로 인한 생활난으로 노동조합측의 하계수당(夏季手当)・월동자금・기

19) 김영문・이상윤・이정, 『임금개념과 평균임금・통상임금의 산정범위』, 법문사, 2004, 133면 이하, 김기덕, "통상임금의 법리에 관한 새로운 이해", 『노동과 법』 제6호, 금속법률원, 2006, 89면 이하, 유성재, "상여금의 통상임금성－대상판결: 대법원 2012. 3. 29. 선고 2010다91046 판결－", (사)이론실무학회 제19회 정기학술대회 자료집, 2012, 37면 등.

20) 이종수, "통상임금 판단에서 임금의 고정성은 합법적 요건인가", 매일노동뉴스 4863호(2012. 4. 4), 22면.

21) 김기덕, "통상임금 개념요소로서의 고정성", 『노동과 법』 제6호, 금속법률원, 2006, 192면.

말수당 등의 요구에 의하여 생활비 보조적인 것으로 변질되었다. 현재로서는 생활비 가운데 차지하는 위치, 임금근로자의 의식 등 여러 면에서 이미 임금의 일부분으로 정착되었다고 할 수 있다」.

국어사전과 백과사전에서 정의하고 있는 상여금의 개념적 정의는 비슷해 보이면서도 사뭇 다르다. 국어사전은 상여금의 개념을 "정기 급여"와는 다소 차이를 두면서 소위 "성과급"의 의미에 가까운 것으로 풀이하고 있다. 반면, 백과사전은 상여금을 사실상 정기 급여와 동일한 선상에서의 "임금"으로 파악하는 듯하다. 국어사전이 상여금이라는 개념의 본래 언어적 의미에 충실하다고 본다면, 백과사전은 언어적 의미뿐만 아니라 사회적인 인식과 현상도 충분하게 반영하고 있는 것으로 판단된다. 이처럼 국어사전과 백과사전에 나타난 상여금의 개념적 정의는 그 의미가 분명치 않다.

흥미로운 사실은 이처럼 애매모호한 입장이 대법원의 판례에서도 유사하게 나타나고 있다는 점이다. 요컨대, 대법원은 상여금에 대하여 「원칙적으로 상여금은 임금에 해당하지 않는다」[22]고 하면서도, 「예외적으로 상여금이 그 "명목만 상여금"일 경우에는 임금에 해당할 수 있다」[23]라고도 하여 일단 상여금의 "임금 해당성"에 대해서는 실질적인 판단의 원칙을 보여주고 있다.

이처럼 상여금은 언어적, 사회적, 법률적 측면에서 여전히 불확정적인 개념인 것으로 파악된다. 다만 세 가지 측면에서의 개념정의를 종합적으로 검토해보건데, 상여금은 초기 도입단계에서는 임금이 아닌 개념으로 인식되었으나, 점차적으로 법적 개념으로서의 임금에 포섭되어 인식과 판단이 이루어지게 된 것이 아닌가 생각된다. 이는 아무래도 임금체계가 점차 세밀화 되면서, 기업이 근로자에게 지급하여야 할 임금을 "명목상 상여금"으로 설계하여 지급하는 경우를 노동법적으로 제한하려는 시도에서 나타난 결과로 이해가 가능할 것이다.

---

22) "매년 노사합의로 그 구체적인 지급조건이 정해지며 그 해의 생산실적에 따라 지급 여부나 지급률이 달라지는 등 지급사유의 발생이 불확정적이고, 일시적으로 지급되거나 근로자 개인의 실적에 따라 금액이 결정되는 특별상여금이나 성과급은 근로의 대상이 아니어서 임금이 아니다(대법원 2002. 6. 11. 선고 2001다16722 판결, 대법원 2004다. 5. 14. 선고 2001다76328 판결, 대법원 2005. 9. 9. 선고 2004다41217 판결, 대법원 2005. 10. 13. 선고 2004다13755 판결, 대법원 2005. 10. 13. 선고 2004다13762 판결, 대법원 2006. 2. 23. 선고 2005다54029 판결, 대법원 2006. 5. 26. 선고 2003다54322, 53339 판결 등)."

23) "명목은 특별상여금 또는 성과급이지만 계속적·정기적으로 지급되고 그 지급액이 확정되어 있다면 임금에 해당한다(대법원 2006. 5. 26. 선고 2003다54322, 53339 판결)."

(2) 법적 판단

종래에 대법원과 고용노동부는 상여금의 통상임금 해당여부에 대해서는 「상여금은 통상임금에 해당하지 않는다」라는 분명한 태도를 일관되게 유지해 왔다. 상여금이 일률적·정기적인 임금에 해당할 수 있지만, 고정적인 임금으로서 통상임금에는 해당하지 않는다는 의미이다.

예컨대, 대법원의 판례는 「1개월을 넘는 기간마다 정기 또는 임시로 기업의 경영실적, 근로자의 근무성적 등을 감안하여 지급되고 있는 상여금은 통상임금의 산정의 기초가 될 임금에 포함되지 아니한다」,[24] 「상여금은 근로자들이 상여금 지급일까지 근무하였는지 여부와 1년의 근속기간을 충족하였는지 여부 등과 같은 실제 근무성적에 의하여 지급 여부와 지급액이 달라지는 비고정적인 임금이므로 통상임금에 속한다고 할 수 없다」[25]라는 태도를 원칙적으로 견지해 왔다. 고용노동부의 행정해석 또한 「1임금 산정 기간을 넘어 지급된다는 것을 이유로 통상임금에서 제외함」으로써[26] 대법원의 판례와 동일한 결론을 유지해 왔다.

그런데 2012년 3월에 이루어진 대상 판결이 「상여금은 통상임금에 해당한다고 볼 여지가 있다」고 판시를 하여 상여금의 통상임금 해당여부에 대한 기존 대법원의 태도와 정반대의 입장을 취하였다. 비록 대법원의 전원합의체에 의한 결정은 아니지만, 또 그만큼 향후 유사한 사안에 대한 결정의 불확실성을 의미한다는 점에서 이에 대한 논란이 가중되고 있다.

그렇다면 왜, 대법원은 본 사건의 상여금을 통상임금으로 판단할 수 있다고 보았을까? 상여금 또는 통상임금의 법적인 개념이 변화된 것인가, 아니면 본 사안의 상여금이 특수한 성질을 갖는 것인가. 이하에서는 통상임금의 체계에 비추어, 해당 판결의 내용을 통해 좀 더 구체적인 분석을 해 보고자 한다.

---

24) 대법원 1990. 2. 27. 선고 89다카2292 판결.
25) 대법원 2007. 4. 12. 선고 2006다81974 판결.
26) 고용노동부예규 통상임금 산정지침.

Ⅳ. 통상임금의 체계 및 본 판결에 대한 비판적 검토

1. 통상임금 체계에 대한 비판적 검토

(1) 통상임금의 법적 구조

통상임금에 대한 법적 구조를 명확하기 하기 위하여 노동법이라는 전체 틀 내에서 통상임금이 어떠한 체계를 띠고 있으며 구체적으로 어떠한 역할을 하는지에 대해 살펴보기로 한다.

현행 근로기준법은 본법 제2조에서 "임금"(제5호) 및 "평균임금"(제8호)에 대해 정의한 다음, "통상임금"에 대해서는 본법에 두지 않고 동법시행령 제6조에 정의규정을 두고 있다. 평균임금이 휴업수당(제46조), 재해보상금(제78~84조), 감급한도액(제95조), 퇴직금(근로자퇴직급여보장법 제8조 1항)의 산정기초가 되는데 비해, 통상임금은 휴일・연장・야간근로에 대한 가산임금(제56조), 해고예고수당(제26조) 및 각종 유급휴일・휴가 시에 임금의 산정기준이 된다는 점에서 평균임금 못지않게 중요한 역할을 하고 있다.

그럼에도 불구하고 평균임금과는 달리 통상임금에 대해서는 근로기준법에 두지 않고 더구나 아무런 법률의 위임도 없이 동법 시행령에 통상임금의 정의 및 산정 기준을 상세하게 정하고 있는 규정(제6조)은 무효로 볼 수 있으므로 법체계상 문제가 많다.[27)]

그럼에도 불구하고 기존의 판례는 거의 대부분이 시행령 제6조에 근거하여 통상임금에 해당하는지의 여부를 판단하고 있으며, 심지어 재판실무에서는 통상임금의 판단지표로 "정기성・일률성"에 더하여, 심지어 시행령의 정의규정 어디에도 찾아볼 수 없는 "고정성"이라는 새로운 지표를 도입하여 통상임금(성)을 판단하고 있으므로, 사법부에 의한 법형성의 한계를 넘어서는 위법행위란 비판도 제기되고 있다.[28)]

---

27) 이에 대해서는 김영문・이상윤・이정, 『임금개념과 평균임금・통상임금의 산정범위』, 법문사, 2004, 133면 이하 참조. 같은 취지: 김기덕, "통상임금의 법리에 관한 새로운 이해", 『노동과 법』 제6호, 2006, 89면 이하.

28) 김기덕, "통상임금의 법리에 관한 새로운 이해", 『노동과 법』 제6호, 2006, 192면 이하 및 유성재, "상여금의 통상임금성－대상판결: 대법원 2012. 3. 29. 선고 2010다91046 판결－", (사)이

(2) 노동법상의 통상임금의 역할과 위상

한편 평균임금과는 달리 통상임금에 대해서는 본법의 위임도 없이 시행령에서 규정하고 있는 이유로는 근로자의 사정으로 근로를 제공하지 못했을 경우, 평균임금이 턱없이 부족하게 되어 퇴직금 등 수당이 적게 지급되는 것을 방지하기 위하여, 평균임금이 통상임금을 하회하는 경우에는 통상임금을 평균임금에 갈음하게 함과 동시에, 휴일·연장·야간근로에 대한 가산임금 등을 편리하기 산정하기 위하여 도입된 사전적·평가적 도구개념이다.[29] 하지만, 통상적으로 평균임금이 통상임금보다 적은 경우는 매우 예외적임을 감안할 때, 통상임금의 개념은 근로자의 생활보장을 위한 것이라기보다는 가산임금의 산정에 있어 편의를 도모하기 위하여 기능적 수단의 형태로 도입한 개념임이 보다 확실해 진다. 통상임금을 본법에 규정하지 않고 시행령에 규정한 것도 그러한 이유 때문인지도 모른다.

따라서 통상임금은 "임금"이라는 명칭은 사용하고 있지만, 엄밀한 의미에서는 "근로의 대가로 근로자에게 지급되는 금품" 즉, 임금의 본질을 파악하기 위한 판단기준만으로 통상임금을 판단하는 데는 다소 무리가 있다. 다시 말해서 특정 수당이나 상여금 등이 통상임금에 포함되는지의 여부를 판단함에 있어, 임금과 동일한 기준으로 판단하게 되면 통상임금을 규정하고 있는 원래의 취지가 무색하게 될 수 있기 때문이다.

그럼에도 불구하고 판례의 경향을 보면, 대법원은 1996년 전까지는 통상임금에 대해 "소정 근로 또는 총 근로의 대상으로 근로자에게 지급되는 것으로서 정기적·일률적으로 지급되는 것"으로 해석하다가, 1996년 2월 판결 이후부터는 "어떤 임금이 통상임금에 해당하려면 그것이 정기적·일률적으로 지급되는 고정적인 임금에 속하여야 한다"고 함으로써, "정기성·일률성"에 다시 "고정성"을 통상임금의 요건으로 요구해오고 있다.

뿐만 아니라, 대법원은 상여금에 대해서는 이미 언급한 바와 같이 1개월 이

론실무학회 제19회 정기학술대회 자료집, 2012, 13면 이하.

29) 대법원 1996. 3. 22. 선고 95다56767 판결 및 김희성·한광수, "정기상여금의 통상임금 해당성에 대한 연구", 『노동법논총』 제25집, 2012. 8. 393면.

상 단위로 지급할 경우에는 통상임금으로 보지 않다가, 최근에 와서는 태도를 바꾸어 1개월 이상 단위로 지급한다 하더라도 단체협약에 명시되어 있고 지급요건이 정해져 있다면 통상임금으로 간주하는 등, 판단기준에 일관성이 없으며 각종 수당 등을 편리하게 산정하기 위한 도구개념으로서의 사전적·평가적 성격이라는 통상임금의 성격에 배치된다.[30)]

⑶ 통상임금과 협약자치

백번 양보하여, 현행 통상임금법체계 하에서 "정기성·일률성·고정성"을 통상임금의 요건으로 판단하는 판례 법리를 긍정적으로 평가하더라도, 법적 안정성과 예측 가능성을 가진 법리로 평가하기에는 문제가 있다. 다시 말해서, 통상임금을 둘러싼 판례와 행정해석 간에는 여전히 괴리가 심하며, 판례 또한 논리적 일관성이 결여되어 있기 때문이다.

이러한 상황을 반영하여 단체협약 중에는 궁여지책으로 통상임금의 항목 및 범위에 대한 규정을 두고 있는 경우도 산견된다. 이 경우, 단체협약에서 통상임금의 산정에 포함시켜야 할 항목보다 많이 규정하는 경우에는 문제가 되지 않지만, 반대로 통상임금 산정 시에 당연히 포함시켜야 할 항목을 제외하는 경우가 문제로 된다. 이에 대해서는 ① "성질상 근로기준법 소정의 통상임금에 산입될 수당을 통상임금에서 제외하기로 하는 노사 간의 합의는 동법이 정한 기준에 달하지 못하는 근로조건을 정한 계약으로 무효"라고 보는 견해[31)]와, ② "통상임금에 해당하는 특정 금원을 노사합의로 배제하더라도 사회적 합리성이 있는 것이라면 유효하다"고 보는 견해가 있다.[32)]

위의 두 견해는 나름대로 설득력이 있으나, ③ 사견으로는 "협약자치"의 원칙에 입각하여 "노사간 합의가 강행법규에 위반되지 않는 한 유효하다"는 입장이다. 따라서 통상임금 산정기초에 당연히 포함되어야 할 항목을 노사가 배제하는 것은 강행법규에 반하므로 이는 당연히 무효이지만,[33)] 그렇지 않고 근거법령

30) 같은 취지: 김희성·한광수, "정기상여금의 통상임금 해당성에 대한 연구", 『노동법논총』 제25집, 2012. 8. 394면.
31) 김기덕, "통상임금의 법리에 관한 새로운 이해", 『노동과 법』 제6호, 2006, 130면.
32) 김영문·이상윤·이정, 『임금개념과 평균임금·통상임금의 산정범위』, 법문사, 2004, 179면.
33) 이는 판례의 입장이기도 하다(대법원 1992. 5. 22. 선고 92다7306 판결; 대법원 1993. 5. 27. 선고 92다20316 판결; 대법원 1994. 5. 24. 선고 93다5697).

이 없거나 위법성 여부가 애매모호한 경우에는 협약자치 우선의 원칙에 기초하여 노사합의나 노사관행을 존중해줄 필요가 있다고 본다.[34)]

2. 본 판결에 대한 비판적 검토

(1) 사안에 나타난 요건사실의 특징

대법원이 인정한 본 사안의 가장 특징적인 요건사실은 「본 사건의 상여금은 피고가 원고에게 근속연수의 증가에 따라 미리 정해놓은 각 비율을 적용하여 산정한 금액을 분기별로 지급한 점」이라고 판단된다. 대법원이 명시적으로 언급한 바는 아니지만, 대법원은 그와 같은 요건사실에 따라 본 사안의 상여금을 일반적으로 통상임금이라고 해석되는 소위 "장기근속수당"의 성격에 가깝게 해석하는 태도를 보이고 있지 않은가 생각된다.

기존에 대법원은 장기근속수당의 통상임금성이 문제된 사안에서 「장기근속수당이 근로의 양 또는 질에 무관하게 은혜적으로 지급되는 것이 아니라 일정 근속연수에 달한 자에게 실제의 근무성적과는 상관없이 매월 일정액을 지급하여 온 것이고 정기적, 일률적으로 지급되는 고정적인 임금이므로 통상임금에 포함되어야 한다」[35)]고 판시한 바 있다. 또 대법원은 그를 뒷받침하는 근거로서 해당 상여금을 퇴직자에 대해서도 재직기간에 비례하여 "일할 계산"하여 지급한 요건사실을 제시해 왔다.[36)]

장기근속수당이 통상임금이라고 판단한 기존 대법원의 판단기준과 그 결과를 대상 판결의 주된 요건사실에 비추어 볼 때 상당한 유사성이 존재한다. 본 사안의 상여금 역시 근속연수에 따라 매분기별로 일정하게 지급이 되었고, 그 지급액이 근무성적 등에 따라서 달라지지 않았다. 또한 퇴직한 자에 대하여 재

34) 물론 노사합의나 노사관행도 강행법규나 위반되거나 새로운 합의 또는 관행이 생겼을 때는 당연히 효력을 상실하게 됨은 말할 필요도 없다.

35) 대법원 1996. 5. 10. 선고 95다2227 판결, 대법원 2000. 12. 22. 선고 99다10806 판결, 대법원 2002. 7. 23. 선고 200다29370 판결.

36) 물론 대법원이 장기근속수당과 유사한 "근속수당"이나 "정근수당"이라고 하여 무조건 통상임금이라고 판단해 온 것은 아니다. 대법원은 비록 근속수당이나 정근수당이라고 할지라도 "출근일수"나 "징계처분" 등을 기준으로 하여 그 금액이 변동될 수 있는 경우에는, 해당 수당이 "근무성적"에 따라 좌우된다는 점에서 통상임금에 해당하지 않는다고 보고 있다(대법원 1996. 3. 22. 선고 95다56767 판결, 대법원 1996. 5. 10. 선고 95다2227 판결).

직기간에 비례하여 "일할 계산"하여 지급하였다는 점에서 장기근속수당이 통상임금이라고 판단된 기존의 사례와 거의 동일한 사실관계라고 판단된다.

요컨대, 대법원은 본 사안의 상여금의 지급조건을 고려할 때, 실질적인 성격은 장기근속수당에 해당한다고 볼 수 있고 그 금액이 근로자의 근무성적에 따라서 좌우된다는 점을 찾아볼 수 없으므로 고정적인 임금으로서 통상임금에 해당한다고 보는 것이 가능하다고 판단한 것으로 분석이 가능하다. 대상 판결의 상여금이 장기근속수당이라고 일반화 시킬 수는 없지만, 그 실질이 통상임금에 해당하는 장기근속수당의 성격과 내용과 사실상 동일하다는 표현은 가능하다고 생각된다.

⑵ 대법원이 「정기상여금은 통상임금이다」라고 했는가

한편, 본 사안이 언론의 대대적인 보도와 같이, 「정기상여금은 통상임금이다」라고 일반화하여 볼 수 있는가하는 점에 대해서는 다소 의문이 있다. 대법원 판결내용의 어떤 부분을 살펴도 「정기상여금은 통상임금이다」라는 언급은 없기 때문이다.

물론, 대법원이 통상임금으로 볼 수 있다고 판단한 본 사안의 상여금이 "정기적으로 지급된 상여금"인 것은 맞지만, 「그 실질이 장기근로수당의 성격과 내용으로 지급된 상여금은 통상임금에 해당할 수 있다」라고 표현하는 것이 보다 정확한 표현이 아닌가 싶다. 그럼에도 불구하고 본 사안의 판결이 「정기상여금은 통상임금이다」라고 보았다는 태도는 자칫 일률성과 고정성의 요소를 갖추지 못한 상여금까지 모두 통상임금(화)시킬 수 있다는 문제의 여지를 남기게 된다.

본 사건의 상여금이 통상임금으로서의 성격과 내용을 갖는다고 본 대법원의 판단은 법적으로 일견 타당한 것으로 보인다. 그러나 그것은 어디까지나 정기성, 일률성, 고정성이라는 3가지 요건을 갖추었다는 것을 의미하는 것이지, 본건 상여금을 통상임금에 포함시킬 것인가의 여부는 통상임금을 도입하고 있는 원래에 취지에 비추어 보다 면밀하게 따져볼 필요가 있다. 이런 의미에서, 대상 판결을 「정기상여금은 통상임금이다」이라는 명제로 일반화시키는 것은 다분히 성급한 것으로, 법적으로는 타당하지 않은 결과라고 생각한다.

(3) 소 결

통상임금의 개념은 근로기준법 제정 당시에는 존재하지 않다가, 1982년 개정 시에 동법 시행령에 현행규정이 도입되게 되었다. 원래 통상임금은 휴일·연장·야간근로에 대한 가산임금과 같은 각종 수당을 기술적으로 편리하게 산정하기 위하여 도입된 사전적·도구적인 개념이다. 통상임금의 산정 기초에서 일시적·유동적인 것을 제외시키고, 정기성·일률성을 통상임금의 요건으로 하고 있는 점이나, 통상임금에 대해서는 평균임금과는 달리 본법이 아닌 시행령에서 규정하고 있는 점 등은 이를 방증하고 있다.

이러한 입법취지에도 불구하고 세월이 지나면서 상여금의 고정급화 및 연봉제 등의 도입으로 인하여 통상임금에 대한 판단기준이 애매모호해지면서, 임금인상을 면탈할 목적으로 각종 수당의 명목을 바꾸거나 지급기일을 불규칙하게 하는 경우도 종종 발생하였다. 이러한 상황에 대응하기 위하여 대법원은 1996년 판례를 통하여 정기성과 일률성에 다시 "고정성(給)"이라는 요건을 추가하여 통상임금(성)을 판단하고는 있지만, 그 실질은 원래의미의 통상임금(성)에 대한 판단지표라기보다 임금(성)에 대한 판단지표에 더 가깝다.[37] 하지만 이러한 통상임금 판단에 대한 프레임에 대해서는 행정해석과 판례의 입장이 다를 뿐만 아니라, 판례법리 또한 일관성이 결여되어 있어 노동실무에 많은 혼란을 초래하고 심지어는 이를 둘러싸고 법적 분쟁도 끊어지지 않고 있는 실정이다.

이러한 상황 하에서 많은 기업들은 자구책으로 노사합의나 또는 단체협약에 통상임금에 관한 사항을 정하거나, 주무행정기관인 고용노동부의 지침이나 유권해석에 따라 통상임금을 처리하는 관행이 정착되어 있는 경우도 많다. 그럼에도 불구하고 대상판결은 기존 대법원의 판례경향과 고용노동부의 행정해석을 뒤엎는 것으로 기업에 미치는 파급효과가 매우 크리라 생각된다. 따라서 통상임금의 산정을 둘러싼 혼선을 방지하고 불필요한 분쟁을 최소화하기 위해서는 통상임금에 대한 명확한 판단기준을 본법에 명시하는 등 입법적인 해결이 바람직하다. 하지만 입법적 해결까지는 상당한 시간이 소요되므로 당분간은 노동문제 주무

---

37) 같은 취지: 김희성·한광수, "정기상여금의 통상임금 해당성에 대한 연구", 『노동법논총』 제25집, 2012. 8. 396면.

기관인 고용노동부가 제시한 가이드라인을 법원이 수용하든지, 아니면 협약자치의 원칙에 따라 노사간 합의나 노사관행이 강행법규나 사회상규에 반하지 않는 한 이를 존중하는 형태로 해결을 꾀하는 것이 바람직하다고 생각된다.

3. 비교법적 검토

(1) 일본의 사례

통상임금이라는 개념은 우리나라에만 존재하는 독특한 법의 개념이다. 비교법적으로 보더라도, 임금에 대해서는 노동 관련 법제에 별도로 단일의 법 개념을 두고 있는 것이 일반적이다. 특히, 우리나라 근로기준법의 모태가 된 일본의 노동기준법에는 임금에 대한 정의규정(제11조)[38]을 비롯하여, 평균임금(제12조),[39] 임금지급의 4대 원칙(제24조)[40] 등, 우리나라 근로기준법상의 임금 관련규정과 거의 동일한 규정을 두고 있다. 따라서 이하에서는 통상임금에 대해 일본 법제와의 비교법적인 시점에서 검토를 해 보고자 한다.

위에서도 언급한 바와 같이 일본의 노동기준법에는 임금 및 평균임금에 대해서는 우리와 거의 대동소이한 규정을 두고 있으나, 할증임금의 산정기초가 되는 통상임금에 대해서는 우리와는 달리 별도로 정의규정을 어디에도 두고 있지 않다. 다만, 일본은 할증임금의 계산을 위해서 노동기준법시행규칙 제19조 제1항[41]에서 "통상의 노동시간의 임금(通常の労働時間の賃金)"이라는 표현을 사용하고 있을 뿐이다.

일본의 통상적인 임금형태가 임금액이 월에 따라 정해지는 "월급제"였다는

---

38) 제11조(임금) 「이 법률에서 '임금'이라 함은 임금, 급료, 수당 기타 명칭 여하를 불문하고, 노동의 대상으로서 사용자가 노동자에게 지불하는 모든 것을 말한다.」

39) 제12조(평균임금) 「이 법률에서 '평균임금'이라 함은 이를 산정할 사유가 발생한 날 이전 3개월 동안에 그 근로자에게 지불된 임금의 총액을 그 기간의 총 일수로 나눈 금액을 말한다.(이하 생략)」

40) 제24조(임금의 지불)는 임금은 '통화'로 '직접' 근로자에게 '전액'을 '매월 1회 이상 일정한 기일'을 정하여 지불할 것을 규정하고 있다.

41) 제19조제1항 「법 제37조제1항(시간외 및 휴일 및 심야의 할증임금)의 규정에 의한 통상의 노동시간 또는 통상의 노동일의 임금의 계산액은 다음 각호의 금액에 법 제33조(재해 등에 의하여 임시로 필요가 있는 경우의 시간외 노동 등) 혹은 법 제36조제1항(시간 외 및 휴일노동)의 규정에 의하여 연장된 노동시간 혹은 휴일의 노동시간 또는 오후 10시부터 오전 5시까지 노동시간수를 곱한 금액으로 한다.(이하 생략)」

점에서, 일본에서 "통상의 노동시간의 임금"은 월에 따른 임금액을 "월에 있어서 소정근로시간 수"로 나눠서 산출된다. 단, 일본은 할증임금의 산정기초에서 제외되는 임금을 노동기준법규칙에 규정하는 방식으로 "통상의 노동시간의 임금"의 산정을 규율하고 있다. 노동기준법(제37조 제5항)[42] 및 노동기준법시행규칙(제21조)[43]에 따라 할증임금의 산정기초에서 제외되는 임금의 종류는 세 가지로, ① 「가족수당, 통근수당, 별거수당, 자녀교육수당, 주택수당」, ② 「임시로 지급된 임금」, ③ 「1개월을 초과하는 기간마다 지급된 임금」이다. 단, 이와 같은 임금은 명칭 여하를 분문하고 실질적으로 판단된다.[44]

이들 중 ①의 수당을 할증임금의 산정에서 제외시키는 이유는 같은 시간의 시간외 근로에 대해 할증임금이 근로의 내용이나 양과는 관계없이 근로자 개인적인 사정에 따라 달라지는 것은 불합리하다고 해석하기 때문이다. 그리고 ②의 임금은 「임시적・돌발적인 사유에 의하여 지급되는 것 및 결혼축하금 등과 같이 지급요건이 미리 확정되어 있지만, 지급사유의 발생이 불확실함과 동시에 매우 드물게 발생하는 것」[45]으로, 이들은 「통상의 노동시간 또는 노동일의 임금」이 아니므로 제외된다.

특히, 본 사안의 판결과 관련하여 일본에서는 ③ 「1개월을 초과하는 기간마다 지급된 임금」으로서 정근수당이나 근속수당, 성과급 및 상여금 등은 "통상의 노동시간의 임금"의 산정기초에서 제외하는 것이 원칙이다(노동기준법시행규칙 제8조). 그 이유는 그러한 수당으로서의 상여는 계산기술상 할증임금의 기초로 산입이 곤란하다는 점 때문이다.[46]

다만 최근에는 월급제에서 연봉제로 전환하는 경우에 대비하여, 연초에 연봉금액을 결정한 다음 그 일부를 상여금으로서 지급하는 연봉제에 있어서는, 상여

---

42) 第37조(시간외, 휴일 및 심야의 할증임금) 제5항 「제1항 및 전항의 할증임금의 기초가 되는 임금에는 가족수당, 통근수당 기타 후생노동성령으로 정하는 임금은 산입하지 않는다.」

43) 시행규칙 제21조 「법 제37조제5항의 규정에 의하여, 가존수당 및 통근수당 이외에, 다음에서 열거하는 임금은 동조 제1항 및 제4항의 할증임금의 기초가 되는 임금에 산입하지 않는다. 1. 별거수당, 2. 자녀교육수당, 3. 주택수당, 4. 임시로 지불된 임금, 5. 1개월을 초과하는 기간마다 지불되는 임금」

44) 일본의 할증임금 및 그 산정기초에 대해서는 菅野和夫, 「労働法(第9版)」, 弘文堂, 2010, 299－302頁 참조.

45) 昭22.9.13, 発基17号.

46) 菅野和夫, 「労働法(第9版)」, 弘文堂, 2010, 303頁.

는 “임시로 지급된 임금”이라고 할 수 없으므로 할증임금의 산정 기초에서 제외하는 것이 허용되지 않는다.[47] 따라서 예를 들면 연봉액을 17로 나누고 매월 연봉액의 17분의 1을 지급하고, 「상여」라고 하여 연 2회 연봉액의 17분의 2.5를 지급하는 것과 같은 경우에는, 「상여」는 미리 지급액이 확정되어 있다는 점에서 할증임금의 산정기초에 예외적으로 포함시키고 있다. 위의 경우의 「상여」는 「1개월을 초과하는 기간마다 지급된 임금」이므로 원칙적으로 할증임금의 산정 기초에는 포함시키지 않는 것이 원칙이지만, 그렇게 하면 일선 기업들이 연봉제를 악용하여 할증임금을 적게 지급할 가능성이 생기므로 노동문제 주무행정기관인 후생노동성이 이러한 문제점을 개선하고자 연봉제의 경우에는 비록 1개월을 초과하여 상여금을 지급하더라도 이를 할증임금 산정 기초에 포함시키는 유권해석(平成12.3.8, 基収78号)[48]을 내린 바 있다. 다시 말해서 주무행정기관이 연봉제에 따른 새로운 문제해결을 위해 원칙에 대한 예외를 설정한 것이지만, 일본의 사법부는 이러한 후생노동성의 유권해석을 지금까지 존중하기 때문에 노동실무에서 혼선을 빚거나 분쟁이 발생하는 경우는 극히 드물다.

⑵ 시사점

일본에서 소위 “할증임금”에 관한 주된 분쟁사례는 연장근로, 심야근로 및 휴일근로와 같이 근로자에게 추가적으로 발생한 할증임금을 연봉총액에 포함되어 있다는 이유로 회사가 지급하지 않는 경우라고 보여 진다. 일본에서는 우리나라와 같이 각종 수당을 산정하는 기초로 “통상임금”이란 개념을 별도로 법률에서 두지 않고, 할증임금의 산정 기초에서 배제해야 할 수당을 노동기준법(우리나라의 ‘근로기준법’에 해당함) 및 그 시행령에 한정 열거하여 할증임금을 둘러싼 분쟁은 거의 발생하고 있지 않다.

상여금의 통상임금 해당성에 대한 일본의 판단기준은 의외로 심플하다. 우리나라와 같이 정기성, 일률성, 고정성이라는 복잡한 개념요소를 내세우지 않는

47) 平成12.3.8, 基収78号.

48) 이는 후생노동성 노동기준국장이 각 도도부현 노동국장의 질의에 대해 2010. 3. 8. 내린 할증임금 산정에 대한 회신임(소위 질의응답). 일본의 행정기관이 발하는 것 중에는 ‘기수(基収)’이외에, ‘기발(基発)’이나 ‘발기(発基)’라는 것이 있는데 전자는 ‘후생노동성노동기준국장이 각 도도부현 노동국장 앞으로 보내는 통달’을 말하며, 후자는 ‘후생노동성 사무차관이 각 도도부현 노동국장 앞으로 보내는 통달’을 의미한다.

다. 대신 과연 해당 상여금을 할증임금의 산정기초가 되는 임금으로 보는 것이 적합한가라는 본연적인 관점에서, 해당 상여금의 지급시기, 지급방법, 지급액 등이 미리 확정되어 있다면 할증금액의 산정기초로 삼는데 문제가 없다고 본다. 반대로 그렇지 않고 해당 상여금에 관한 내용이 임시적인 것이라면 할증금액의 산정기초로 삼는데 계산기술상 등의 문제가 있으므로 "통상의 근로시간의 임금"이라고 보지 않는다.

다만, 최근에 들어 월급제 대신 연봉제가 보급되면서, 경영성과나 업무실적 등에 따라 지급되는 "성과급"과 달리 연봉액의 결정 당시 그 지급액이 이미 확정되어 있는 "상여금"은 할증임금의 산정기초가 되는 임금으로 보는 것이 일반적인 행정해석이다. 왜냐하면 그러한 상여금은 그 지급액과 지급시기가 확정되어 있다는 점에서 "임시로 지급된 임금"이 아니라 말 그대로 "통상의 근로시간의 임금"이기 때문이다. 또한 이미 확정된 금액으로서의 상여금을 임금에 포함하여 할증임금을 산정하는 것 역시 계산방법상 무리가 없다는 점에서도 그러한 상여금을 할증임금의 산정기초에서 제외하는 것은 합리적인 이유가 아니다.

요컨대, 일본은 통상임금의 산정기초에서 제외되는 임금의 유형을 원칙적으로 유지하되, 그 원칙이 본래의 도입취지와 다르게 악용되는 경우에 대해서는 예외를 허용하는 방식으로 통상임금의 법률 문제를 효과적으로 규율하고 있다. 일본은 상여금의 본래적 의미와 성격을 기본적인 관점으로 유지하면서 상여금이 "통상의 근로시간의 임금"에 해당하는지를 판단하고 있다는 점을 상기할 필요가 있다. 또한, 연봉제와 같은 임금체계의 변천으로 인하여 법적용에 괴리가 생기는 경우에는 주무행정기관이 가이드라인, 지침, 통달 등을 통하여 일정한 해결방향을 제시하게 되면 이를 노사뿐만 아니라 사법부도 존중하는 것이 일반적이다. 다시 말해서 행정해석 및 노사합의가 명백하게 강행법규에 위반하지 않는 이상 사법부가 이를 존중하는 법문화가 정착되어 있다.[49]

그런 관점에서 고용노동부의 행정해석이 "수개월 또는 1년마다 지급되는 것은 통상임금에 해당하지 않는다"고 보고 있는 가운데, 판례가 1임금지급기를 넘

49) 일본의 판례도 노동기준법과 같은 강행법규에 위반하는 노사합의(임금계산방법)는 원칙적으로 인정하지 않지만, 그렇지 않은 합의는 존중하는 것이 판례의 입장이라고 할 수 있다(東京地方裁判所 平21.3.17. 判決).

어 지급이 되더라도 통상임금에 포함된다고 해석하고 있는 현재 우리나라의 상황은 여러 가지 측면에서 아쉬움이 많은 대목이다. 오히려 판례가 행정해석의 입장을 존중하여, “1임금지급기(통상 1개월)를 넘어 지급되는 것은 통상임금에 해당하지 않는다”라는 원칙을 세운 뒤, 해당 임금의 통상임금 해당성 여부를 예외적으로 판단해보는 방식이 법적 안정성의 측면에서는 보다 유용하지 않을까 생각된다. 역시 이에 대해서는 앞서 본 바와 같이 일정한 조건 하에서 통상임금의 산정기초에 제외되는 임금의 유형을 제시하고 있는 일본의 입법방식을 참고할 수 있을 것이다.

Ⅴ. 결 론

결론적으로 본래적 의미의 상여금과 같이 임시로 지급된 임금은 매 시기의 일정한 제수당의 산정을 위해 통상임금에 해당하지 않는다고 보는 것이 임금체계의 유지 측면에서 안정적이고 합리적이라고 생각한다. 그럼에도 불구하고 일본의 연봉제 사례에서도 보듯이, 비록 명목은 상여금이지만 통상임금과 같이 제수당의 산정이 충분히 가능한 소위 “확정임금”으로서의 상여금에 대해서는 통상임금으로서 해석해야 할 필요성이 있다고 보여진다.[50]

본 판결은 상여금의 실질적인 성격과 내용이 “확정임금”에 해당하는 경우, 해당 상여금을 통상임금에 포섭하려고 했다는 점에서 그 의의가 있다고 생각된다. 또한 대법원은 통상임금의 판단기준이 되는 「고정성－임금의 지급액이 변동되지 않는 것」의 의미를 보다 유연하게 해석하여 본 사안의 상여금을 통상임금으로 볼 수 있는 가능성을 열었다고도 평가할 수 있다.[51] 다시 말해서, 상여금의 통상임금 해당성 여부를 그 명목을 기준으로만 판단하는데 머무르지 않고, 해당 상여금의 지급되는 내용과 성격을 보다 실질적이고 구체적으로 판단했다는 점에서 이번 판결의 의미가 있다고 생각된다.

---

50) 이와 유사한 견지에서 통상임금을 “산정시점에서 확정할 수 있는 임금”으로 이해하고, “확정성”을 “고정성을 대체하는 개념”으로 파악하는 것이 타당하다는 견해가 있다(김기덕, “통상임금 개념요소로서의 고정성”, 『노동과 법』 제6호, 금속법률원, 2006, 193면).

51) 김소영, “근속기간에 따른 지급률에 의한 분기별 상여금도 통상임금에 포함된다”, 『월간 노동법률(vol. 254)』, (주)중앙경제, 2012. 7, 73면.

하지만, 본 판결은 상여금의 통상임금 해당성에 대한 기존의 판례 및 행정해석을 뒤집은 것으로서, 법적 안정성이나 예측 가능성의 면에서 보면 분명 문제가 많은 판결이며, 노동실무에 미치는 파장 또한 막대하리라 예상된다. 특히 통상임금에 대한 판례와 행정해석이 서로 다르고, 판례 또한 일관성이 부족한 상황 하에서, 복잡한 통상임금 문제를 해결하기 위한 궁여지책으로 주무행정기관의 유권해석에 따라 노사가 합의로 문제해결을 해 왔다면, 그러한 합의나 노사관행이 강행법규에 반하는 등의 특별한 사정이 없는 한 이를 존중해주는 안정적인 법문화가 아직 자리잡지 못하고 있는 점이 아쉽다.

사회가 다원화되고 고용형태가 다양화되면서, 기업이 지급하는 상여금 또한 매우 다양한 형태로 존재하고 있고, 그 성격과 내용이 모두 통상임금에 해당한다고 보는 것은 다소 성급한 판단이 아닐까 싶다. 또한 그동안 그 실질 여하에 상관없이 상여금은 통상임금이 아니라고 판단해 온 대법원의 태도에 비추어 보았을 때도 법적 안정성을 훼손하는 결과라는 비판도 제기될 수도 있다.

따라서 이제 본격적으로 소위 "진정한 상여금"과 "명목상 상여금(통상임금)"을 구별해 나가되, 과연 그 판단기준과 그에 대한 예측가능성을 어떻게 정밀하게 구축해 나갈 것인지에 대해서 좀 더 심도 있는 고민을 해 볼 필요가 있다. 특히 "고정성"이라는 통상임금의 판단기준에 대한 비판적인 검토가 이루어질 시점이라고 생각한다. 그와 관련하여 통상임금의 가장 큰 활용목적이 각종 수당을 산정하기 위한 것이라는 점에서, 과연 해당 임금이 「"확정임금"으로서 안정적인 산정의 기준이 될 수 있는가」가 중요한 판단기준이 되어야 할 것이다.

물론, 원칙적으로 통상임금에 해당하는 임금을 상여금이라는 명목으로 설계하여 지급하는 노동시장의 관행을 개선해 나가고자 하는 기업 측의 대승적인 노력은 더욱 요청된다고 본다.

[참고문헌]

고용노동부, 『통상임금산정지침』, 노동부예규 제602호, 2009. 9. 25.

김기덕, "통상임금의 법리에 대한 재검토", 『노동과 법(제6호)』, 2006.

김소영, "'근속기간에 따른 지급률에 의한 분기별 상여금'도 통상임금에 포함된다", 『노동법률』, (주)중앙경제, 2012. 7.

김영문 · 이상윤 · 이정, 『임금개념과 평균임금 · 통상임금의 산정범위』, 법문사, 2004.

김유성, 『노동법 I』, 법문사, 2005.

김형배, 『노동법(제20판)』, 박영사, 2011.

김홍영, "상여금의 임금성 여부", 『노동법연구(제21호)』, 2006.

김희성 · 한광수, "정기상여금의 통상임금 해당성에 대한 연구", 『노동법논총(제25집)』, 2012.

도재형, "통상임금의 의의와 범위에 관한 법적 검토", 『노동과 법(제6호)』, 2006.

유성재, "상여금의 통상임금성", (사)노동법이론실무학회 제19회 정기학술대회 자료집, 2012.

이 정, "임금의 법적 성질에 관한 고찰", 『외법논집(제16집)』, 2011.

이승길, "정기상여금은 통상임금인가", 『창조노사』, 2012. 5.

이철수, "통상임금에 관한 판례법리의 변화－복리후생을 중심으로－", 『노동법연구(제17호)』, 2004.

임종률, 『노동법(제9판)』, 박영사, 2011.

菅野和夫, 『労働法(第9版)』, 弘文堂, 2010.

厚生労働省労働基準局 賃金時間課 編著, 『平均賃金の解説』, 労働調査会, 2004.

일본의 통상임금 및 할증임금의 산정법리

– 우리나라 통상임금과의 비교법적 검토를 중심으로 –

Ⅰ. 문제의 제기

통상임금을 둘러싼 논의는 오래되고도 새로운 노동문제이다.[1] 통상임금은 각종 수당의 산정에 있어 그 기초가 될 뿐만 아니라, 퇴직금에도 반영되기 때문에 엄격하게 해석·적용할 필요가 있다. 그럼에도 불구하고 현행법에서는 통상임금에 대한 명확한 개념과 산정 기준을 설정하지 않고 있을 뿐만 아니라, 사법부의 판단과 행정해석이 서로 달라 실무상 많은 혼선을 빚어오고 있다.[2] 이러한 가운데, 2012년에는 정기상여금이 통상임금에 해당되는지의 여부가 문제가 된 사안(소위, 「금아리무진사건」[3])에서 대법원은 「상여금은 통상임금에 해당한다고

1) 통상임금 문제에 관한 선행연구로는 박래영, "법정기준임금의 단일화에 관한 연구", 『경제연구』 제9집, 홍익대학교 경제연구소, 1993; 이철수, "통상임금의 법리", 『노동법연구』 제3호, 1993; 도재형, "통상임금의 범위", 『노동법연구』 제7호, 1998; 오문완, "임금체계 개편 방향 –기준임금 단일화를 중심으로–", 『임금연구』 2000년 겨울호; 김영문·이상윤·이정, 『임금개념과 평균임금·통상임금의 산정범위』, 법문사, 2004; 김기덕, "통상임금제도의 개선방안에 관한 검토" 및 "통상임금 개념요소로서의 고정성", 『노동과 법』, 제6호(2005) 등이 있다.

2) 대법원은 근속수당 및 상여금 관련 통상임금 소송에서 「통상임금이란 정기적·일률적으로 소정근로 또는 총 근로시간에 대한 대가로서 1임금 산정 기간에 정하여진 고정급 임금을 의미」하므로(대법원 1996. 2. 9. 선고 94다19501 판결), 「실제의 근무성적에 따라 지급 여부 및 지급액이 달라지는 임금은 고정적인 임금이라 할 수 없어 통상임금에 해당하지 않는다.」는 판단기준을 제시한 이래, 「만 1년 이상 근속한 근로자에게 1년간 정액의 근속수당을 근속연한에 따라 가산하여 지급하기로 한 경우의 근속수당이나 근속기간에 따라 차등 지급하는 상여금의 경우 통상임금에 해당하지 않는다.」라고 판단해 왔다(대법원 1990. 11. 9. 선고 90다카6948 판결; 대법원 1992. 5. 22. 선고 92다7306 판결; 대법원 1994. 10. 28. 선고 94다26615 판결; 대법원 2007. 4. 12. 선고 2006다81974 판결 등).

3) 대법원 2012. 3. 29. 선고 2010다91046 판결.

볼 여지가 있다」라고 판시하면서, 소위 '통상임금의 성격'을 둘러싼 논쟁이 또다시 수면위로 부상하고 있다.[4)]

돌이켜보면 통상임금제도는 1953년 근로기준법 제정 당시까지 거슬러 올라간다. 하지만 제정법에서는 초과근로수당과 연차유급휴가수당에 대해서만 통상임금을 적용한다는 규정을 두고 있었을 뿐, 통상임금에 대한 개념이나 적용방법에 대해서는 아무런 언급이 없었다. 그 후 1969년에는 모법의 위임도 없이 시행령(제6조)에 시간급 환산 방법에 대한 간략한 내용을 규정한 다음, 1982년에 이르러 「일률성 · 정기성 · 고정성」이라는 징표(徵表)를 도입하여 통상임금에 대한 개념을 정립한 이래 오늘에 이르고 있다.[5)] 그러면 근로기준법에 '임금'에 대한 개념과는 별도로 '평균임금'과 '통상임금'에 대한 규정을 두고 있는 이유는 무엇일까? 그리고 이들은 법적으로 어떠한 상관관계에 있는 것일까?

우선 임금에 대한 개념을 보면, 근로기준법 제2조 제1항 제5호는 「임금이란 사용자가 근로자의 대가로 근로자에게 임금, 봉급, 그 밖에 어떠한 명칭으로든지 지급하는 일체의 금품」이라고 정의하고 있다. 그리고 평균임금에 대해서는 동항 제6호에서 「산정사유가 발생하기 이전 3개월 동안에 근로자에게 지급된 임금 총액을 그 기간의 총일수로 나눈 금액」이라고 한 다음, 동법시행령 제2~5조에 걸쳐 산정 방법에 대해 상세하게 규정하고 있다. 따라서 제6호에서 말하는 평균임금은 제5호의 임금을 전제로 하고 있으므로, 양자의 개념은 기본적으로 동일한 것으로 볼 수 있다.

한편 통상임금에 대해서는 근로기준법 제2조 제2항에서 「평균임금이 그 근로자의 통상임금보다 적을 경우 통상임금액을 평균임금으로 한다」라고만 하고 있을 뿐, 통상임금의 개념에 대해서는 아무런 언급을 하고 있지 않다. 다만, 통상임금에 대해서는 모법과는 별도로 동법 시행령 제6조에서 「법과 이 영에서

---

4) 대상판결에 대한 평석으로는 김영문, "금원의 통상임금 해당성 판단 기준의 비판적 고찰", 『노동법학』, 제43호(2012); 유성재, "상여금의 통상임금성－대상판결: 대법원 2012. 3. 29. 선고 2010다91046 판결－", (사)이론실무학회 제19회 정기학술대회 자료집, 2012; 이정, "통상임금에 대한 판례법리의 재검토", 『노동법학』, 제43호(2012); 이승길, "정기상여금은 통상임금인가", 『창조노사』, 2012년 5월호; 김희성 · 한광수, "정기상여금의 통상임금 해당성에 대한 연구", 『노동법논총』 제25집, 2012. 8; 박지순, "통상임금에 관한 최근 대법원 판결의 의미와 쟁점", 『노동리뷰』(한국노동연구원, 2012. 11) 등이 있다.

5) 통상임금제도의 역사적 변천과정에 대해서는 하갑래, "통상임금제도의 변화와 과제", 『노동법학』, 제44호(2012) 참조.

통상임금이란 근로자에게 정기적이고 일률적으로 소정근로 또는 총 근로에 대하여 지급하기로 정한 금액」을 말한다고 규정하고 있을 뿐이다. 따라서 근로기준법에서 말하는 통상임금이란 구체적으로 무엇을 의미하는지가 문제가 되는데, 지금까지의 학설·판례 및 행정해석은 시행령 제6조에 의거하여 통상임금을 해석·적용해 오고 있다.

그러나 통상임금의 해석기준으로 하고 있는 시행령 제6조는 모법의 위임규정이 없는 것은 별론으로 하더라도, 통상임금에 대한 개념표시가 매우 추상적이고 모호하여 통상임금의 범위와 산정을 둘러싸고 실무상 많은 혼란을 초래하고 있다. 이러한 문제점에 대응하기 위하여 고용노동부는 통상임금의 산정과 관련하여 행정해석지침을 마련한 바 있으며, 기업 실무 레벨에서는 이러한 행정지침에 따라 오랜 기간에 걸쳐 통상임금을 산정하는 관행이 정착되어 왔다. 그런데 이번 대법원의 견해는 행정해석뿐만 아니라 종전의 통상임금에 대한 판례 법리와도 상당한 괴리가 있는 것으로, 이는 법적 안정성이라는 관점에서 상당한 문제가 있을 뿐 아니라, 지금까지 노사합의를 전제로 형성되어온 노사자치의 근간을 흔들게 되어 노사갈등이 증폭되고 있다. 여기서 통상임금과 관련하여 다음과 같은 근본적인 의문이 든다. 즉, 원래 통상임금제도는 근로기준법 제2조 제2항에서 보듯이, 평균임금에 대한 보완 및 각종 법정수당을 산정하는 기준으로 사용하기 위하여 도입된 개념인데, 이를 임금의 한 종류로 파악하는 것이 과연 입법취지에 합당한 것인지, 그리고 과연 이러한 해석기준이 근로기준법의 체계상 정합성과 합리성을 가지는지 하는 점이다.[6]

비교법적으로 보더라도 우리나라처럼 근로기준법에 '임금'에 대한 정의규정과 더불어 '평균임금'과 '통상임금'에 대한 개념을 실정법으로 규정하고 있는 나라는 아직까지 알려진 바 없다. 다만 우리나라 현행 근로기준법의 모태가 되었다고 할 수 있는 일본 노동기준법에 이와 유사한 임금 관련 규정을 두고 있는 것이 유일하다. 즉 일본의 노동기준법에는 임금에 대한 정의규정(제11조)[7]을 비

6) 이에 대해 김영문 교수도 비슷한 의문을 가지고 있다. 김영문 교수는 통상임금은 최저한도의 평균임금을 보장하기 위하여 마련된 근로자보호 입법정책에서 유래된 것으로, 이는 법정수당과 보상금 등을 산정하기 위한 도구(기준)에 불과하며 독자적인 임금이 아니라고 한다. 이에 대해서는 김영문, "금원의 통상임금 해당성 판단 기준의 비판적 고찰", 『노동법학』, 제43호(2012), 139면 이하 참조.

7) 제11조(임금) 「이 법률에서 '임금'이라 함은 임금, 급료, 수당 기타 명칭 여하를 불문하고, 노동

롯하여, 평균임금(제12조),[8] 임금지급의 4대 원칙(제24조)[9] 등 우리나라 근로기준법상의 임금 관련 규정과 거의 동일한 규정을 두고 있다.

하지만, 일본에서는 우리나라와는 달리 '통상임금'의 개념에 대해서는 법으로 규정하지 않고, 할증임금(가산임금)의 산정과 관련하여 '통상임금에 유사한 개념'을 두고 있을 뿐이다. 다시 말해서, 일본에서는 할증임금을 산정함에 있어 그 기초로 하기 위하여 통상임금에 유사한 개념을 사용하고 있지만, 우리나라처럼 「정기성, 고정성, 일률성」이라는 추상적인 개념으로 가산임금 산정에 기초가 되는 통상임금을 파악하지 않고, 할증임금의 기초임금을 산정함에 있어 제외시켜야 할 임금(수당)을 법으로 명확히 규정하고 있는 것이 특징이다. 따라서 일본에서는 통상임금의 개념이나 산정을 둘러싸고 분쟁이 발생할 여지가 거의 없다. 다만, 실제 사례에서 할증임금의 산정을 둘러싸고 다툼이 발생하는 경우도 있는데, 이러한 경우에는 본래 법제도의 취지에서 일탈하여 악용되는 경우에 한하여 주무관청이 행정해석으로 이를 시정・보완하고 있으며, 사법부 또한 이를 존중하는 법문화가 정착되어 있다. 이는 주무행정기관의 유권해석에 따라 장기간에 걸쳐 통상임금을 산정해왔음에도 불구하고, 사법해석으로 종래의 행정해석이 무력화되어 산업 전반에 혼란을 가져오는 우리나라와는 매우 대조적이라 할 수 있다.

이하에서는 위와 같은 문제의식 하에서, 첫째 일본에서는 할증임금 산정 시에 기초로 하고 있는 소위 통상임금에 대한 규정을 두고 있는지, 그 내용은 구체적으로 어떻게 이루어져 있는지에 대해 살펴보고자 한다. 둘째, 일본에서는 할증임금 산정 시에 통상임금의 해석을 둘러싸고 우리나라와 같은 문제점이 발생할 여지가 있는지, 특히 판례와 행정해석 사이에 괴리는 없는지에 대해 검토한다. 마지막으로, 일본법제와의 비교법적인 시각에서 우리나라에 대한 시사점을 도출해 보고자 한다.[10]

의 대상으로서 사용자가 노동자에게 지불하는 모든 것을 말한다.」

8) 제12조(평균임금) 「이 법률에서 '평균임금'이라 함은 이를 산정할 사유가 발생한 날 이전 3개월 동안에 그 근로자에게 지불된 임금의 총액을 그 기간의 총 일수로 나눈 금액을 말한다.(이하 생략)」

9) 제24조(임금의 지불)는 임금은 '통화'로 '직접' 근로자에게 '전액'을 '매월 1회 이상 일정한 기일'을 정하여 지불할 것을 규정하고 있다.

10) 일본의 통상임금에 관한 선행연구로는 노상헌, "일본의 평균・통상임금 법리", 『노동법포럼』,

Ⅱ. 일본의 통상임금의 개념과 할증임금의 산정

1. 총 설

위에서도 언급한 바와 같이 일본의 노동기준법에는 임금 및 평균임금에 대해서는 우리와 거의 대동소이한 규정을 두고 있으나, 할증임금의 산정기초가 되는 통상임금에 대해서는 우리와는 달리 별도로 정의규정을 어디에도 두고 있지 않다. 다만, 시간외 및 휴일·심야근로의 경우에 할증임금과 관련하여, 노동기준법 및 동법 시행규칙에서 「통상의 노동시간 또는 노동일의 임금(通常の労働時間又は労働日の賃金)」이라는 표현을 사용하고 있을 뿐이다(국내의 문헌에서는 이를 편의상 「통상임금」이라고 표현하는 경우가 있다).

통상임금에 관한 규정을 구체적으로 살펴보면, 우선 노동기준법 제37조 제1항은 시간외 근로 및 휴일근로에 대해 「통상의 근로시간 또는 노동일의 임금 계산액의 25% 이상 50% 이하의 범위 내에서 각각 정령으로 정한 비율 이상의 비율로 계산한 할증임금을 지불해야 한다」라고 규정하고 있으며, 심야근로에 대해서는 동조 제3항에서 「통상의 근로시간 임금 계산액의 25% 이상의 비율로 계산한 할증임금을 지불하여야 한다」고 규정하고 있다. 또한 시간외 및 휴일·심야근로의 산정과 관련하여 동법 시행령 제19조 제1항[11]에서도 통상임금에 관한 규정을 두고 있다.[12]

위에서 열거한 법조문으로부터 알 수 있듯이, 할증임금 계산의 기초가 되는 임금은 「근로의 의무가 있는 통상의 근로시간(또는 노동일)의 임금」이다. 여기서 「통상의 근로시간」이라 함은, 「당해 사업장에서 근로자가 근로의무를 지는 시

제3호(2009. 10); 송강직, "한국과 일본의 통상임금 법리", 『동아법학』, 제56호(2012. 8); 이정, "통상임금에 대한 판례법리의 재검토", 『노동법학』, 제43호(2012. 9) 등이 있다.

11) 제19조제1항 「법 제37조제1항(시간외 및 휴일·심야의 할증임금)의 규정에 의한 통상의 노동시간 또는 통상의 노동일의 임금의 계산액은 다음 각 호의 금액에 법 제33조(재해 등에 의하여 임시로 필요가 있는 경우의 시간외 노동 등) 혹은 법 제36조제1항(시간 외 및 휴일노동)의 규정에 의하여 연장된 노동시간 혹은 휴일의 노동시간 또는 오후 10시부터 오전 5시까지 노동시간수를 곱한 금액으로 한다.(이하 생략)」

12) 우리나라에서는 연장·야간근로 및 휴일근로에 대해 통상임금의 100분의 50 이상을 일률적으로 가산하여 지급하도록 규정(근로기준법 제56조)하고 있는데 비해, 일본의 경우에는 할증임금의 산정비율을 일률적으로 정하지 않고 근로시간의 길이 및 시간대에 따라 유연하게 운용하고 있는 것이 특징이다.

간」을 의미하기 때문에, 이를 엄격하게 해석하지 않으면 아니 된다. 따라서 예를 들어 당해 사업장의 소정근로시간이 법정근로시간을 초과하는 경우에는 법정근로시간이 통상의 근로시간이 된다. 또한, 「통상의 노동일」이라 함은, 「당해 사업장에서 근로자가 근로의무를 지는 근로일」을 의미하기 때문에, 이 또한 엄격하게 해석하여야 한다. 따라서 취업규칙 등에서 휴일로 정하고 있는 일요일이나 축일 등은 원칙적으로 근로의 의무가 없는 날이므로, 통상의 노동일에서 제외된다.13)

노동기준법 제37조 제1항은 '시간외 근로'와 '휴일근로'라는 두 가지 근로에 대한 할증임금에 대해 규정하고 있기 때문에, 동조에서는 「통상의 근로시간 또는 노동일의 임금」이라는 표현을 쓰고 있기는 하지만, 결국은 시간당 임금을 산출한 다음 이를 기초로 시간외 근로시간 및 휴일근로시간의 길이에 따라 할증임금액을 계산한다는 점에서는 다를 바 없으므로, 이하에서는 「통상의 근로시간 또는 노동일의 임금」을 편의상 「통상임금」이라는 표현을 쓰기로 한다.

2. 통상임금의 개념

통상임금이란, ① 「당해 근로에 대한 통상의 임금」이란 의미와 ② 「할증임금을 지급해야 할 근로(즉, 시간외 및 휴일 · 심야근로)가 심야가 아닌 소정근로시간 중에 이루어진 경우, 당해 근로에 대해 지불해야 할 임금」이라는 의미를 가진다. 여기서 '심야가 아닌'이란, 심야근로의 경우에는 소정근로시간 중의 근로라 하더라도 25%의 할증임금을 지불해야 하므로 할증임금의 기초임금에 심야의 할증임금이 포함될 우려가 있으므로, 특별히 '심야가 아닌 소정근로시간'이라는 표현을 하고 있는 것이다. 따라서 '심야가 아닌'이라는 표현을 문언에서 삭제하면, 「통상임금이란, 할증임금을 지불해야 할 근로가 소정 근로시간 중에 이루어진 경우에 당해 근로에 대해 지불하기로 되어 있는 임금을 말한다」라고 정의할 수 있다.14)

한편, 소정시간 외의 근로는 소정시간 중의 근로의 연장선에서 이루어지는

---

13) 東京大学労働法研究会,『注釈労働基準法(下巻)』, 有斐閣(2004), 641頁.
14) 厚生労働省労働基準局編,『労働基準法(上)』, 労働法コメンタール(2011), 511頁, 清水和夫, "諸手当の『割増賃金の算定基礎』はこうする",『労務事情』, No.1025(2003.2), 34頁.

경우가 대부분이므로, 양자의 근로의 내용이 다른 경우는 그렇게 많지가 않다. 따라서 예를 들어, 소정근로시간 중에는 '甲작업'에 종사하고 시간 외에는 '乙작업'에 종사하는 경우, 당해 시간 외 근로에 대한 「통상임금」이라 함은 乙작업에 대해 정하고 있는 임금이다. 따라서 할증임금을 지불해야 할 시간에 소위 '특수작업'에 종사한 경우, 특수작업에 대한 소위 '특수작업수당'을 가산하여 지급하도록 되어 있는 때에는 그 특수작업수당도 당연히 통상임금에 포함된다.[15)]

이처럼 소정근로시간 내 및 소정근로시간 외의 근로가 동질인 경우, 위에서 정의한 기준에 비추어 보면 결국 「소정근로시간 중의 근로에 대해 지불하는 임금」이 통상임금이라고 할 수 있겠다. 가족수당 등의 경우에도 소정근로시간 중의 근로에 대해 지불되는 것이기 때문에 통상임금에 해당한다.

따라서 소정근로시간 중의 근로와 소정근로시간 외의 근로가 같은 경우에는 어떤 임금이 할증임금의 기초임금에 해당할지의 여부는, 우선 통상근로시간 중의 임금에 해당하는지의 여부를 판단한 다음, 이에 해당하지 않는 경우에는 할증임금의 기초에 포함시킬 필요가 없으며, 이에 해당하는 경우에는 그 다음 단계인 가족수당 등 노동기준법에서 정하는 「7가지 제외임금(제외수당)」에 해당하는지의 여부를 판단할 필요가 있다.[16)]

3. 통상임금에 해당하지 않는 임금

노동기준법 제37조는 「'통상의 근로시간의 임금(통상임금)'으로서, 가족수당 등 7가지의 임금에 해당하지 않는 것은 할증임금의 계산 기초에 포함시켜야 한다」라고 규정하고 있다. 그리고 시간내 및 시간외 근로가 동일한 경우, '통상의 소정시간의 임금' 즉, 「통상임금」이란 「소정근로시간 중의 근로에 대해 지급하기로 되어 있는 임금」이므로, 기본급은 물론 가족수당, 주택수당, 직무수당 등 거의 대부분의 임금은 통상임금에 해당한다.

그러면 할증임금의 기초가 되는 「통상임금」에 해당하지 않는 임금에는 어떠한 것이 있을까? 여기에 해당하는 것으로서는 위에서 이미 설명한 「시간외・휴

---

15) 昭23.11.23 基発 第1681号.

16) 우리나라의 경우에는 통상임금에 해당하면 연장・야간 및 휴일근로 시의 가산임금 산정의 기초에 무조건 포함되나, 일본의 경우에는 통상임금에 해당된다 하더라도 근로자의 개인적인 사정에 따라 달라질 수 있는 임금(수당) 등은 할증임금 산정 시 기초임금에서 제외하고 있다.

일・심야근로에 대해 지급되는 임금」, 「일숙직수당」, 「연차유급휴가수당」, 그리고 「휴업수당」 등과 같이 근로를 전제로 하지 않는 수당은 '통상의 근로시간에 대한 임금', 즉 「통상임금」에 해당하지 않는다. 이에 대해 보다 구체적으로 검토하면 다음과 같다.

⑴ 시간외・휴일・심야근로에 대해 지급되는 임금

시간외・휴일・심야근로에 대해 지급되는 임금은 「소정근로시간의 근로에 대해 지급되는 임금」이 아니므로 통상임금에 해당되지 않고, 할증임금의 기초에도 포함되지 않게 된다. '심야'라고 하는 시간대에 근로한 것에 대한 임금(심야할증임금)도 통상임금에 해당하지 않으며, 심야근로에 대해 지급되는 임금은 처음부터 통상임금에서 제외된다.

⑵ 일숙직수당

최근에는 거의 없어졌지만, 사무・관리부문의 근로자 등이 통상의 업무와는 달리 교대로 월 수회에 걸친 숙직근무, 월 1회의 일직근무를 함에 따라 지급되는 숙직수당 및 일직수당도 소정근로시간이 아닌 시간외에 이루어지는 일숙직 근무, 휴일에 이루어지는 일숙직 근무에 대해 지급하는 수당이므로, 소정근로시간 중의 근로에 대해 지급되는 임금이 아니므로 「통상임금」에는 해당하지 않게 된다.

⑶ 연차유급휴가수당・휴업수당 등

연차유급휴가의 임금(노동기준법 제39조) 및 사용자의 귀책사유에 의한 휴업의 경우에 지급되는 휴업수당(동법 제26조) 등은, 원래 취업의무가 있는 소정근로시간 중에 일정한 이유에 의하여 근로를 할 수 없는 경우에 특별한 계산방식으로 본래의 임금에 대체하여 보장적으로 지급되는 임금이다.

다시 말해서, 연차유급휴가 및 휴업은 근로에 해당되지 않으므로, 이들에 대한 임금, 수당은 근로에 종사하지 못한 것에 대한 특별보상에 해당하는 임금이다. 따라서 「소정근로시간에 근로한 경우에 지급되는 임금」이 아니므로, 「통상임금」에 해당하지 않는다. 물론, 연차유급휴가를 취득하지 않거나, 또는 휴업을 하지 않고 근로에 종사할 경우, 근로계약상 지급하도록 되어 있는 임금은 「소정근로시간에 근로에 종사한 것에 대해 지급되는 임금」이므로 「통상임금」에 해당한다.

Ⅲ. 할증임금의 산정법리

1. 할증임금의 산정 기준

일본의 통상적인 임금형태가 임금액이 월에 따라 정해지는 "월급제"였다는 점에서, 일본에서 "통상임금"은 월에 따른 임금액을 "월에 있어서 소정근로시간 수"로 나눠서 산출된다. 단, 일본은 할증임금의 산정 기초에서 제외되는 임금을 노동기준법규칙에 규정하는 방식으로 통상임금의 산정을 규율하고 있다.

노동기준법(제37조 제5항)[17] 및 노동기준법시행규칙(제21조)[18]에 따라 할증임금의 산정 기초에서 제외되는 임금의 종류는 세 종류(7가지)로, ① 「가족수당, 통근수당, 별거수당, 자녀교육수당, 주택수당」, ② 「임시로 지급되는 임금」, ③ 「1개월을 초과하는 기간마다 지급되는 임금」이다. 단, 이와 같은 임금은 명칭 여하를 분문하고 실질적으로 판단된다.[19]

이들 중 ①의 수당을 할증임금의 산정에서 제외시키는 이유는 같은 시간외 근로에 대해 할증임금이 근로의 내용이나 양과는 관계없이 근로자 개인적인 사정에 따라 달라지는 것은 불합리하다고 해석하기 때문이다. 그리고 ②의 임금은 「임시적·돌발적인 사유에 의하여 지급되는 것과 결혼축의금 등과 같이 지급요건이 미리 확정되어 있지만, 지급사유의 발생이 불확실함과 동시에 매우 드물게 발생하는 것」[20]으로, 이들은 「통상의 근로시간 또는 노동일의 임금」이 아

17) 第37조(시간외, 휴일 및 심야의 할증임금) 제5항 「제1항 및 전항의 할증임금의 기초가 되는 임금에는 가족수당, 통근수당 기타 후생노동성령으로 정하는 임금은 산입하지 않는다.」

18) 시행규칙 제21조 「법 제37조 제5항의 규정에 의하여, 가존수당 및 통근수당 이외에, 다음에서 열거하는 임금은 동조 제1항 및 제4항의 할증임금의 기초가 되는 임금에 산입하지 않는다. 1. 별거수당, 2. 자녀교육수당, 3. 주택수당, 4. 임시로 지불된 임금, 5. 1개월을 초과하는 기간마다 지불되는 임금」

19) 일본의 할증임금 및 그 산정기초에 대해서는 菅野和夫, 『労働法(第9版)』, 弘文堂, 2010, 299－302頁 참조.

20) 昭22.9.13, 発基 第17号.

니므로 제외된다.

또한 일본에서는 ③ 「1개월을 초과하는 기간마다 지급된 임금」으로서 정근수당이나 근속수당, 성과급 및 상여금 등은 할증임금의 산정 기초에서 제외하는 것이 원칙이다(노동기준법시행규칙 제8조). 그 이유는 그러한 수당으로서의 상여는 통상임금이 아니라는 이유[21] 및 계산기술상 할증임금의 기초로 산입이 곤란하다는 이유 때문이다.[22]

2. 할증임금에 산정 기초에서 제외되는 임금

노동기준법 제37조 제4항은 「할증임금의 기초가 되는 임금에는 가족수당, 통근수당 기타 후생노동성령으로 정한 임금은 산입하지 않는다」라고 하고 있으며, 이를 받아 「후생노동성령으로 정한 임금」에 대해서는 동법 시행규칙 제21에서 「별거수당, 자녀교육수당, 주택수당, 임시로 지급되는 수당, 1개월을 초과하는 기간마다 지급되는 수당」이라고 규정하고 있다.

위에서 나열한 수당은 제한적으로 열거한 것이므로, 이에 해당하지 않는 통상임금은 모두 할증임금의 산정 기초임금에 포함시켜야 한다. 또한, 위에서 열거한 수당을 할증임금의 산정 기초에서 제외할지의 여부에 대해서는 '명칭에 구애되지 않고 실질적으로 판단'하여야 한다는 행정해석을 내린 바 있는데(판례도 행정해석을 수용함),[23] 가령 예를 들어 어떤 수당이 그 '명칭과 실질이 다른 경우'에는 할증임금의 산정 기초에 포함시켜야 한다.

다시 말해서, 가족수당을 비롯한 4종의 수당(통근수당, 별거수당, 자녀교육수당, 주택수당)은 통상임금에는 해당되나 할증임금의 산정 기초에서 제외되는 것이며, 「임시로 지급되는 임금」 및 「1개월을 초과하는 기간마다 지급되는 임금」은 통상임금에 해당되지 않기 때문에 할증임금의 산정 기초에서 제외하고 있는 것이다. 이에 대해 구체적으로 검토하면 다음과 같다.

---

21) 東京大学労働法研究会, 『注釈労働基準法(下巻)』, 有斐閣(2004), 648頁.
22) 菅野和夫, 『労働法(第9版)』, 弘文堂, 2010, 303頁.
23) 昭22.9.13, 発基 第17号; 東京地裁判決, 昭60(ワ)第10774号; 小里機材事件, 昭62.1.30, 東京高裁判決, 昭和62年(ネ)第239号; 同控訴事件, 昭62.11.30, 最高裁第一小法廷判決, 昭63年(オ)第267号; 同上告事件, 昭63.7.14.

(1) 제외되는 5종의 수당

가족수당을 비롯하여, 통근수당, 별거수당, 자녀교육수당, 주택수당의 경우 통상임금에는 해당되나 할증임금의 산정 기초에서 제외시키는 이유는 위에서 이미 서술한 바와 같이, 같은 시간외 근로에 대해 할증임금이 근로의 내용이나 양과는 관계없이 근로자 개인적인 사정에 따라 달라지는 것은 불합리하기 때문에 이를 방지하기 위함인데, 이에 대해 구체적으로 살펴보면 다음과 같다.

1) 가족수당

「가족수당」이라 함은 「부양가족 또는 이를 기초로 하는 가족수당액을 기준으로 산출한 수당」을 말하며, 예를 들어 그 명칭이 물가수당, 생활수당 등이라 하더라도 이러한 수당이 가족수당에 해당하는지의 여부는 부양가족수나 혹은 가족수당액을 기초로 하여 산정한 부분을 포함한 경우에는 당해 수당이나 그 부분은 가족수당으로 간주한다.[24)]

그러나 가족수당이라는 명칭을 사용하고 있더라도, 부양가족의 수에 관계없이 일률적으로 지급하는 수당 및 세대를 부양하고 있는 자에 대해 기본급에 준하여 지급하는 수당은 노동기준법 제36조에서 말하는 「가족수당」에 해당하지 않으며, 또한 부양가족이 있는 자의 경우에 본인에 대해 ○엔, 부양가족 1인에 대해 ○엔과 같은 조건으로 지급함과 동시에 형평상 독신자에 대해서도 일정금액의 수당을 지급하는 경우, 이러한 수당 중에서 「독신자에게 지급하는 부분 및 부양가족이 있는 본인에게 지급하는 부분은 가족수당이 아니다」.[25)]

그리고 가족수당을 지급할지의 여부는 사용자의 재량에 속하므로, 그 지급대상을 배우자와 자식에 한정하는 것은 상관없다. 가족수당의 금액의 경우에도 배우자에 대한 수당을 자식에 대한 수당보다 많이 지급하거나, 또는 자식의 수에 관계없이 예를 들어 두 사람에 한정하는 경우에도, 할증임금의 산정 기준에서 제외해도 무방하다.

---

24) 昭23.11.5, 発基 第231号, 昭22.12.26, 発基 第572号.
25) 昭22.12.26, 基発 第572号.

2) 통근수당

「통근수당」이라 함은 「근로자의 통근거리 또는 통근에 필요한 실제 비용에 따라 산정하는 수당」으로 해석되므로, 통근수당은 원칙적으로 실제 거리에 따라 산정되지만, 일정 금액까지는 거리에 상관없이 일률적으로 지급하는 경우에는 실제거리에 의하지 아니하는 일정 금액 부분은 본조의 통근수당에 해당하지 않으므로, 할증임금의 기초에 포함시켜야 한다.[26]

통근수당을 할증임금에서 제외시키는 이유는, 근로와 직접 관계없는 임금에 의하여 할증임금에 차가 발생하는 것을 방지하기 위한 것이다. 따라서 전체 근로자에 공통되는 것은 차가 발생하지 않으므로, 할증임금의 계산 기초에서 제외되어서는 아니 된다.

3) 별거수당

「별거수당」이라 함은, 일반적으로 '단신부임수당'이라고도 하며, 근무사정에 의하여 어쩔 수 없이 동일세대의 부양가족과 별거하고 있는 자에 대하여 2세대로 나누어짐에 따른 생활비의 증가를 보완하기 위하여 지급하는 수당을 말한다. 별거수당은 위의 가족수당 및 통근수당과 마찬가지로 근로와 직접적인 관계가 희박하고 개인적인 사정에 따라 지급되는 임금이기 때문에 할증임금의 산정 기초에서 제외한다.[27] 그러나 별거수당이라는 명칭 하에 일률적으로 지급하는 경우에는 예외이다.

4) 자녀교육수당

「자녀교육수당」이라 함은, 근로자 자제의 교육비를 보조하기 위하여 지급하는 수당을 말한다. 자녀교육수당 역시 위의 별거수당과 마찬가지로 근로와 직접적인 관계가 희박하고 개인적인 사정에 따라 지급되는 임금이기 때문에 할증임금의 산정 기초에서 제외한다.[28]

---

26) 昭23.2.20, 発基 第297号.
27) 厚生労働省労働基準局編, 『労働基準法(上)』, 労働法コメンタール(2011), 514頁.
28) 厚生労働省労働基準局編, 『労働基準法(上)』, 労働法コメンタール(2011), 514頁.

5) 주택수당

주택수당은 1999년 10월 1일부터 할증임금의 산정 기초에서 제외되게 되었는데, 이 경우의 「주택수당」이라 함은 「주택에 필요한 비용에 따라 산정되는 수당을 의미하며, 수당의 명칭에 상관없이 실질적으로 취급」하도록 되어 있다.[29] 구체적으로는 할증임금의 산정 기초임금에서 제외할지의 판단은 다음 기준에 따라 이루어진다.[30]

① 주택에 필요한 비용이란

할증임금의 산정 기초임금에서 제외되는 주택에 필요한 비용이라 함은, i) 임대주택에 대해서는 「거주에 필요한 주택(이에 부수하는 설비 등을 포함. 이하 동일)의 임차에 필요한 비용」, ii) 자가에 대해서는 「주거에 필요한 주택의 구입, 관리 등을 위하여 필요한 비용」을 말한다.

② 비용에 따른 산정이란

비용에 따라 산정되는 수당이라 함은 「비용에 정율(定律)을 곱한 금액 및 비용을 단계적으로 구분하여 비용이 증가함에 따라 금액이 많아지게 한 것」을 말한다.

③ 주택수당에 해당하는 경우와 해당하지 않는 경우

본조의 「주택에 필요한 비용 이외의 비용에 따라 산정되는 수당 및 주택에 필요한 비용에는 상관없이 일률적으로 정액으로 지급하는 수당」은 본조의 주택수당에는 해당하지 않는다. 통근수당의 범위 및 구체적 예를 「행정통달」[31]에서 열거하고 있는데, 이를 소개하면 다음과 같다.

a. 본조의 주택수당에 해당하는 예

첫째, 주택에 필요한 비용에 일정 비율을 곱한 금액을 지급하도록 되어 있는 경우이다. 예를 들어 임대주택 거주자에 대해서는 임차료의 일정 비율을 지급하고, 자가 거주자에 대해서는 론(융자금액)의 일정 비율을 지급하도록 되어 있는

---

29) 平11.3.26, 基発 第170号.
30) 平11.3.26, 基発 第170号.
31) 平11.3.26, 基発 第170号.

경우는 주택수당에 해당한다.

둘째, 주택에 필요한 비용을 단계적으로 구분하여 비용이 증가함에 따라 금액을 많이 지급하도록 되어 있는 경우이다. 예를 들어 주택임대의 월세가 5~10만엔까지는 2만엔, 월세가 10만엔 이상인 경우에는 3만엔을 지급하도록 되어 있는 경우에는 주택수당에 해당된다.

b. 본조의 주택수당에 해당하지 않는 예

첫째, 주택의 형태마다 일률적으로 정액을 지급하도록 되어 있는 경우이다. 예를 들어 임대주택 거주자에 대해서는 2만엔, 자가 주거자에 대해서는 1만엔을 지급하도록 되어 있는 경우에는 통상임금에 해당하지 않는다.

둘째, 주택 이외의 요소에 따라 일정 비율 또는 정액으로 지급하도록 되어 있는 경우이다. 예를 들어 부양가족이 있는 경우에는 2만엔, 부양가족이 없는 경우에는 1만엔을 지급하게 되어 있는 경우에는 통상임금에 해당하지 않는다.

셋째, 전원에게 일률적으로 정액을 지급하는 경우에는 통상임금에 해당하지 않는다.

(2) 제외되는 2종의 임금

「임시로 지급되는 임금」 및 「1개월 초과하는 기간마다 지급되는 임금」은 위에서 서술한 5개의 수당과는 달리 「통상임금」에 해당하지 않기 때문에 할증임금 산정 기준에서 제외해야 한다고 해석하고 있다. 다시 말해서, 법체계상 노동기준법 제24조의 제2항의 「매월 정기불의 원칙」이 적용되지 않는 임금은 통상임금에 해당하지 않는다고 해석하는 것이다.[32] 물론 「매월 정기불의 원칙」의 예외로 되는 임금을 논리 필연적으로 할증임금의 기초로부터 제외되어야만 하는 것은 아니다. 그러나 이러한 임금은 본래 매월 확실하게 근로자에게 지불되어야 하는 보통의 임금과는 다르다는 의미에서 예외적인 임금 또는 통상임금에는 해당되지 않는 임금이라 할 수 있다.[33]

---

32) 宮島久義, "労働基準法上の賃金", 1954, 468頁; 吾妻光俊編, 『注釈労働基準法』, 青森書院新社(1960), 418頁, 424頁.
33) 吾妻光俊編, 『注釈労働基準法』, 青森書院新社(1960), 425頁.

1) 임시로 지급되는 임금

「임시로 지급되는 임금」이라 함은「임시적 · 돌발적인 사유에 의하여 지급되는 것과 결혼수당 등 지급요건은 미리 확정되어 있지만, 지급사유의 발생이 불확정적이고 비상시에 매우 드물게 발생하는 것」을 말한다.[34] 임시로 지급되는 임금에 해당하는지의 여부는 명칭에 구애되지 않고, 실질적으로 판단할 필요가 있는데,[35] 이에는 ①「지급사유가 임시적 · 돌발적인 사유에 의하여 지급되는 임금」과, ②「지급조건은 확정되어 있지만, 지급사유의 발생이 불확실하고 매우 드문 임금」의 두 종류가 있을 수 있다.

전자인 ①의 경우, 임시적 · 돌발적이라고 하기 위해서는 급작스럽게 설정되었지만, 그 이후에 정기적 · 정례적으로 지급되는 것이어야 된다.[36] 그러나 후자인 ②의 경우, 행정해석이 지급사유 자체가 불확실하고 매우 드문 임금을 제외하는 임금의 취지는 구체적으로는 행정해석이 예시하고 있듯이,「결혼수당」이나 「사상병(私傷病)수당」,[37] 「가료(加療)위로금」,[38] 「퇴직금」,[39] 「경조위로금」 등과 같이 개인적인 사정에 의한 임금으로 가족수당, 통근수당, 별거수당, 자녀교육수당에 해당하지 않는 것을 제외하려는 것이라고 해석된다.

그렇다면,「임시로 지급되는 임금」이란,「지급조건은 확정되어 있지만, 지급사유가 노동과 직접적인 관계가 없는 개인적인 사정에 의하여 매우 드물게 발생하는 임금」이라고 해석할 수 있을 것이다. 이 기준에 따르며, 1개월의 출근성적이 양호한 자에게 지급되는「정근수당」과「개근수당」, 무사고인 자에게 지급되는「무사고수당」과「안정운전수당」, 노동성과나 성적에 대해 직접 지급되는 임금인「증산(생산)장려금」[40]과「증산(생산)수당」[41] 등은 지급사유의 발생이 불확실하더라도「임시로 지급되는 임금」에는 해당하지 않고 할증임금의 기초임금에 포함된다.

---

34) 昭22.9.13, 発基 第17号.
35) 昭22.9.13, 発基 第17号; 西日本新聞社事件, 福岡地判 昭47.1.31, 労判146号, 36頁.
36) 吾妻光俊編,『注釈労働基準法』, 青森書院新社(1960), 426頁.
37) 昭26.12.27, 基収 第3857号.
38) 昭27.5.10, 基収 第6054号.
39) 昭26.12.27, 基発 第841号.
40) 昭22.12.26, 基発 第572号.
41) 昭23.7.31, 基収 第2114号.

「임시로 지급되는 임금」이란 본래 「통상의 근로시간의 임금」에 해당할지의 여부가 매우 애매한 것으로, 노동기준법시행규칙 제21조에서 별도로 규정하지 않더라도 할증임금의 산정 기초에 당연히 포함시키지 않아야 한다고 생각되지만, 동법 시행규칙에서는 이를 다시 확인하는 의미에서 규정하고 있는 것으로 사료된다.[42]

2) 1개월을 초과하는 기간마다 지급되는 임금

「1개월을 초과하는 기간마다 지급되는 임금」은 위에서 이미 언급한 바와 같이 통상임금에 속하지 않으므로 할증임금에서 제외하는 것으로 해석된다.[43] 임금은 원래 매월 1회 이상 지급하지 않으면 아니 된다(노동기준법 제24조 제2항). 그러나 상여 등에 대해서는 매월 지급하는 것은 실정에 맞지 않기 때문에, 노동기준법 제24조 제2항 단서에서 「단, 임시로 지급하는 임금, 상여 기타 이에 준하는 것으로 후생노동성령으로 정하고 있는 임금에 대해서는 그러하지 아니하다」고 규정하고 있다.

위의 규정을 받아, 노동기준법 시행규칙 제8조는 매월 지급하지 않아도 무방한 임금으로써 다음의 3종류를 들고 있다. 즉, ① 1개월을 초과하는 기간의 출근성적에 따라 지급되는 정근수당, ② 1개월을 초과하는 일정기간 계속근로에 대하여 지급되는 근속수당, ③ 1개월을 초과하는 기간에 걸치는 사유에 의하여 산정되는 장려수당 및 성과수당이 바로 그것이다.[44]

다시 말해서, 상여 및 위의 3종류의 수당(임금)은 「1개월을 초과하는 기간마다 지급되는 임금」에 해당하므로, 할증임금의 기초에 포함시킬 필요가 없다. 이들 임금은 위에서 든 「임시로 지급되는 임금」과는 달리, 매월 지급하지는 않지

---

42) 清水和夫, “諸手当の『割増賃金の算定基礎』はこうする”, 『労務事情』, No.1025(2003.2), 39頁.

43) 東京大学労働法研究会, 『注釈労働基準法(下巻)』, 有斐閣(2004), 650頁.

44) 우리나라의 근로기준법 제43조에도 이와 비슷한 내용을 규정하고 있는데, 동조 제2항은 임금은 매월 1회 이상 일정한 날짜를 정하여 지급하여야 하지만, 다만 「임시로 지급하는 임금, 수당, 그 밖에 이에 준하는 것 또는 대통령령으로 정하는 임금」이라고 하고 있으며, 근로기준법 시행령 제23조는 「매월 1회 이상 지급하여야 할 임금의 예외」로, ① 1개월을 초과하는 기간의 출근성적에 따라 지급하는 정근수당, ② 1개월을 초과하는 일정 기간을 계속하여 근무한 경우에 지급되는 근속수당, ③ 1개월을 초과하는 기간에 걸친 사유에 따라 산정되는 장려금, 능률수당 또는 상여금 이외에, ④ 「그 밖에 부정기적으로 지급되는 모든 수당」이라는 규정을 두어, 일본과는 달리 적용대상을 폭넓게 규정하고 있다.

만 근무성적에 따라 정기적으로 지급되는 것이므로 일반적으로는 통상 근로시간의 임금에 해당한다. 또한 가족수당이나 주택수당과 같이 근로자의 개인적인 사정에 의하여 임금이 달라지는 것도 아니다. 따라서 임금의 성격으로는 할증임금의 기초에 포함시켜야 한다는 의견도 있을 수 있다.[45)]

하지만, 정기적으로 지급된다고 하더라도 매월 지급되지 않는 이상 이러한 임금을 통상임금이라 보기 어려우며, 또한 이들 임금을 매월 계산해야 하는 할증임금의 기초에 포함시키는 것은 계산상 매우 곤란한 점도 있다. 따라서 「1개월을 초과하는 기간마다 지급되는 임금」은 위에서 언급한 이유 때문에 할증임금의 기초로부터 제외하고 있는 것이다.[46)]

그리고 본래 할증임금의 기초로 해야 할 임금을 1개월을 초과하는 기간마다 지급함으로써 할증임금의 산정에서 제외할 수 있는가 하는 문제가 발생하지만, 위에서 열거한 임금 이외의 임금은 매월 지급하지 않으면 아니 된다. 따라서 이러한 임금에 속하지 않는 임금은 1개월을 초과하는 기간마다 지급할 수 없으므로, 할증임금의 산정 기초에서 제외할 수 없다. 다시 말하면, 노동기준법상의 「정기불의 원칙」에 대한 예외를 인정한 임금(제24조 제2항 및 동법 시행규칙 제8조)을 제외하고는 매월 임금을 지급해야 함에도 불구하고, 이를 어기고 1개월을 초과하는 기간마다 임금을 지불하는 경우, 이는 노동기준법상의 「매월 정기불 지불의 원칙」(제24조 제2항)에 위반하여 무효로 되며, 동법 시행규칙 제21조 5호에서 말하는 제외임금에 해당하지 않는다고 해석된다.[47)]

또한, 원칙적으로 할증임금의 산정 기초에 포함시켜야 할 수당임에도 불구하고 이를 산입하지 않았다는 이유로 위법시정 권고를 받자 종전에 매월 지급해오던 「무사고수당」과 「출근수당」의 금액을 2배로 하여 2개월마다 지급하기로 한 다음, 이들 수당을 종전과 같이 할증임금 산정 기초에서 제외하기로 한 협약

45) 清水和夫, “諸手当の『割増賃金の算定基礎』はこうする”, 『労務事情』, No.1025(2003.2), 40頁.

46) 우리나라에서 통상임금(성) 여부가 문제가 되고 있는 상여금(기본금 외에 노사간의 합의로 기본급의 일정 비율에 해당하는 금액을 일정 월－예를 들어 1, 3, 6, 9, 12월에 지급하고, 상여금액은 지급일 당시 재직 여부, 징계 여부, 근무일수, 재직기간 등에 따라 금액이 달라짐)은 1개월을 초과하여 지급되므로, 일본의 법령 및 행정해석에 의할 경우 통상임금에 해당되지 않으므로 할증임금의 산정 기초에서 제외된다.

47) 東京大学労働法研究会, 『注釈労働基準法(下巻)』, 有斐閣(2004), 650頁.

은, 노동기준법 第37조의 적용을 회피 및 잠탈한 것으로 무효라고 해석한 바 있다.[48)]

최근에는 월급제에서 연봉제로 전환하는 경우에 대비하여, 연초에 연봉금액을 결정한 다음 그 일부를 상여금으로서 지급하는 연봉제에 있어서는, 상여는 "임시로 지급된 임금"이라고 할 수 없으므로 할증임금의 산정 기초에서 제외하는 것이 허용되지 않는다.[49)] 따라서 예를 들면 연봉액을 17로 나누고 매월 연봉액의 17분의 1을 지급하고, 「상여」라고 하여 연 2회 연봉액의 17분의 2.5를 지급하는 것과 같은 경우에는, 「상여」는 미리 지급액이 확정되어 있다는 점에서 할증임금의 산정 기초에 예외적으로 포함시키고 있다.

위의 경우의 「상여」는 「1개월을 초과하는 기간마다 지급된 임금」이므로 원칙적으로 할증임금의 산정 기초에는 포함시키지 않는 것이 원칙이지만, 그렇게 하면 일선 기업들이 연봉제를 악용하여 할증임금을 적게 지급할 가능성이 생기므로 노동문제 주무기관인 후생노동성이 이러한 문제점을 개선하고자 연봉제의 경우에는 비록 1개월을 초과하여 상여금을 지급하더라도 이를 할증임금 산정 기초에 포함시키는 유권해석(平成12.3.8, 基収78号)[50)]을 내린 바 있다.

다시 말해서 주무행정기관이 연봉제에 따른 새로운 문제해결을 위해 원칙에 대한 예외를 설정한 것이지만, 일본의 사법부는 이러한 후생노동성의 유권해석을 지금까지 존중하기 때문에 노동실무에서 혼선을 빚거나 분쟁이 발생하는 경우는 극히 드물다.

⑶ 기 타

1) 특수작업수당

「특수작업수당」이라 함은, '고공작업수당'이나 '위험작업수당' 등과 같이 특수

---

48) 日本液体運輸事件, 東京地判 昭56.12.3, 労民集32巻 6号, 907頁; 同控訴審, 東京高判 昭58.4.20, 労民集34巻 6号, 250頁.

49) 平成12.3.31, 基収 第78号.

50) 이는 후생노동성 노동기준국장이 각 도도부현 노동국장의 질의에 대해 2000. 3. 8. 내린 할증임금 산정에 대한 회신이다(소위 질의응답). 일본의 행정기관이 발하는 것 중에는 '기수(基収)'이외에, '기발(基発)'이나 '발기(発基)'라는 것이 있는데 전자는 '후생노동성노동기준국장이 각 도도부현 노동국장 앞으로 보내는 통달'을 말하며, 후자는 '후생노동성 사무차관이 각 도도부현 노동국장 앞으로 보내는 통달'을 의미한다.

한 작업에 종사하는 경우에 지급되는 것을 의미하는 것으로, 특수작업수당을 「통상의 근로시간의 임금」이라는 정의에 비추어 보면, 시간내에는 특수작업수당의 대상이 되지 않는 작업에 종사하고, 시간외에는 특수작업수당의 대상이 되는 작업에 종사하는 경우, 그 시간외의 작업을 가령 시간내에 한다고 하면 당연히 특수작업수당이 지급되므로, 그 특수작업수당은 할증임금의 기초에 포함시켜야 한다.

역으로 시간내에 특수작업수당의 대상이 되는 작업에 종사하지만, 시간외에는 특수작업수당의 대상이 되지 않는 작업에 종사하는 경우에는, 특수작업수당은 할증임금의 기초에 포함시켜서는 아니 된다. 따라서 이러한 특수작업수당은 시간외 등에 특수작업수당의 대상이 되는 작업에 종사한 경우에만 할증임금의 기초에 포함시키는 임금이다.

2) 한랭지수당

「한랭지수당」는 일정한 지역에 거주하는 자에 대해 지급하는 수당으로 '연료수당', '신탄(薪炭)수당'이라고도 하는데, 기업에 따라 그 기준이 다른 일종의 '지역수당'이라고도 할 수 있다. 단, 많은 지역에서는 '지역수당'은 월액으로 지급하는데 비해 '한랭지수당'은 년 1회 초가을에 지급하는 것이 일반적이다.

행정해석[51]은 국가공무원에 대해 지급되는 한랭지수당에 대해 이를 「임시로 지급되는 임금」으로 해석하고 있으므로, 할증임금의 산정 기초에는 포함시킬 필요가 없다.

단 한랭지수당과 같은 취지로 지급하고 있다고 생각되는 특정 은행의 「월동(冬営)수당」에 대해서는 「매년 홋카이도는 9월, 홋카이도 이외의 해당지역에서는 10월에 일괄적으로 지급하지만, 전근 기타 사유에 의하여 수급자격의 득실이 생기는 경우 또는 수급액에 변경이 생기는 경우에는, 아직 경과되지 않는 기간에 해당하는 것은 월액으로 반납 또는 추급(追給)」하도록 되어 있기 때문에, 행정해석은 「할증임금의 산정에 있어 그 지급기간 중에 당해 수당의 각 월액을 그 기초가 되는 임금에 포함하여 계산」해야 한다고 하고 있다.[52]

---

51) 昭25.12.19, 基収 第3720号.
52) 昭25.4.25, 基収 第392号.

양자의 차이는 근로자가 전근 등에 의하여 당해 수당의 지급요건에 득실이 생긴 경우에, 이를 월액으로 계산하는 경우에 어떻게 되는지의 문제이다. 월액으로 계산할 수 있는 것은 원래 동계의 지역수당으로서 매월 지불하는 임금으로 해석해야 하며, 대상기간의 당초에 지급하더라도 이는 각각의 월액을 사전에 지급하는 임금으로 보는 것이 행정해석의 입장이다.[53)]

3) 식사수당

「식사수당」은 사원식당이 없는 사업장 근무자에 대해 지급하는 것으로, 할증임금의 산정 기초에 포함시켜야 하지만, '야식대'로 지급하는 식사수당은 할증임금의 산정 기초에 포함시킬 필요가 없다. 이에 대해 구체적으로 살펴보면 다음과 같다.

① 야식대로 지급하는 식사수당의 경우

예를 들어 시간외 근로가 3시간을 초과하는 때에 지급하는 식사수당은 시간외 근로를 하지 않는 한 지급되지 않으므로, 그 취지는 시간외수당과 같다. 다시 말해서, '통상의 근로시간에 근로한 경우에 지급되는 임금'에 해당하지 않으므로 할증임금의 기초에 포함시킬 필요가 없다.

② 사원식당이 없는 사업장 근로자에게 지급되는 식사수당의 경우

본사 등 사원식당이 있는 곳에서는 비교적 염가로 식사를 할 수 있는데 비해, 지점이나 영업소 등 사원식당이 없는 곳에서는 식사대에 대한 부담이 크기 때문에, 이러한 부담을 보전하기 위하여 식사수당을 지급하고 있는 경우가 많다.

일반적으로 복리후생시설을 사용하여 얻는 이익이란 사람에 따라 그 이용도가 다르기 때문에 어느 정도 이익을 얻었는지 산정하기가 곤란하지만, 복리후생적인 의미를 가지고 있다고 하더라도 금전으로 지급하는 경우에는 그 이익이 명확하게 평가된다. 따라서 취지는 복리후생적인 발상에서 출발했지만, 금전으로 매월 지급되고 있다고 한다면 임금으로 평가될 수도 있다.

식사수당은 시간외 근로를 한 경우가 아니라, 통상의 근로를 한 경우에 지급되므로 '통상의 근로시간의 임금'에 해당하며, 또한 가족수당 등 제외되는 7가지

53) 清水和夫, "諸手当の『割増賃金の算定基礎』はこうする", 『労務事情』, No.1025(2003.2), 41頁.

의 임금에도 속하지 않으므로 할증임금의 산정 기초에 포함시켜야 한다.

4) 직책수당

노동기준법 제41조는「감독 또는 관리의 지위에 있는 자(이하,「관리감독자」라고 함)」에 대해서는 근로시간, 휴게 및 휴일에 관한 규정은 적용하지 않도록 규정하고 있다. 다시 말해서, 관리감독자에 대해서는 노동기준법에서 정하는 근로시간 등의 규정이 적용되지 않는 결과, '시간외 근로'의 문제는 발생할 여지가 없고, 당연히 할증임금을 지불할 필요도 없다(단, 심야근로에 대한 할증임금은 예외임).

한편, 기업에 있어서는 이러한 관리감독자의 범위를 가능한 넓게 해석하고 있지만, 실제로 관리감독자의 대상은 상당히 한정되어 있는데, 이에 대한 행정해석의 기본적인 입장은 다음과 같다.

즉,「노동기준법 제41조 제2호의 '감독 또는 관리의 지위에 있는 자'라 함은, 일반적으로는 부장, 공장장 등 근로조건에 결정 기타 노무관리에 대하여 경영자와 일체적인 입장에 있는 자를 의미하며, 명칭에 상관없이 실태에 비추어 판단」하도록 하고 있다.

구체적으로는 ① 기업이 임명하는 직제상의 직책이 모두 이에 해당하지 않을 것, ② 근로시간에 관한 법의 틀을 벗어나 활동할 수밖에 없는 중요한 직책과 책임을 지고 있으며, 실제 근무형태도 근로시간 등의 규제에 적합하지 않는 입장에 있는 자에 한할 것, ③ 직무내용, 직책과 권한, 근무태양의 실태에 기초하여 판단할 것, ④ 기본급, 직책수당 등에 있어서 그 지위에 적합한 대우가 이루어지고 있을 것, ⑤ 관리감독자와 동격 이상의 위치에 있으며, 경영상의 중요사항의 기획입안을 담당하는 스탭(staff)은 이에 해당하는 것으로 볼 것 등의 해석기준[54]을 제시하고 있다. 이와 관련해서는 판례도 다수 있다.

Ⅳ. 결론 및 시사점

위에서 검토한 바와 같이, 일본에서는 우리나라처럼 통상임금에 대한 규정을 별도로 두지 않고, 연장근로나 심야근로 및 휴일근로에 있어서 할증임금을 계산

54) 昭22.9.13, 発基 第17号, 昭63.3.14, 基発 第150号.

하기 위하여 통상임금에 유사한 개념을 두고 있을 뿐이다. 다시 말하면, 일본에서는 「근로자가 통상의 근로시간 및 노동일에 근로할 경우에 당연히 지급받는 임금」을 소위 「통상임금」으로 본 다음, 이를 할증임금의 산정 기초로 삼고 있는 것이다. 다만, 일본에서는 우리와는 달리 통상임금을 모두 할증임금에 포함시키는 것이 아니라 상당 부분 예외를 두고 있다는 점에 유의할 필요가 있다.

다시 말해서, 일본에서는 통상임금(성)의 판단 및 할증임금 산정에 따른 혼선을 피하기 위하여, 노동기준법 및 동법 시행규칙에 할증임금의 기초 산정에서 제외되는 임금을 규정하고 있는 것이 우리나라와는 다르다. 구체적으로는 일본의 경우 「임시로 지급되는 수당」이나 「1개월을 초과하는 기간마다 지급되는 임금」에 대해서는 통상임금에 해당하지 않는다는 이유로 할증임금에서 제외하고 있으며, 그리고 「가족수당, 통근수당, 별거수당, 자녀교육수당, 주택수당」은 통상임금(성)을 부정할 수 없지만, 근로자의 개별적인 사유로 인하여 할증임금(액)이 달라지는 것을 방지하기 위하여 할증임금의 산정에서 제외하고 있는 것이다. 따라서 일본에서 말하는 통상임금은 우리나라의 통상임금과는 그 범위가 다르다. 굳이 비교한다면, 우리나라 통상임금의 카테고리 중에서 '해고예고수당'과 '연차유급휴가수당'을 제외한다면, 일본의 할증임금의 범위와 거의 일치한다고 할 수 있겠다.

일본의 경우에도 노동기준법이 제정된 당시에는 할증임금의 산정을 둘러싸고 분쟁이 발생하는 경우도 적지 않았다. 하지만 후생노동성이 노동실무에서 발생할 수 있는 다양한 분쟁에 대비하여 할증임금 산정에 대한 상세한 해석기준을 마련하여 대응해온 결과, 현재는 할증임금을 둘러싼 분쟁은 거의 발생하지 않는다. 다만, 최근에 월급제 대신 연봉제가 보급되면서 새로운 형태의 분쟁이 발생하는 경우가 있는데, 이에 대해서는 경영성과나 업무실적 등에 따라 지급되는 "성과급"과 달리 연봉(액)의 결정 당시 그 지급액이 이미 확정되어 있는 "상여금"은 할증임금의 산정 기초에 포함시키도록 행정해석을 내린 바 있다. 그 이유는 이러한 상여금은 그 지급액과 지급시기가 확정되어 있다는 점에서 "임시로 지급된 임금"이 아니라 말 그대로 통상임금에 해당하기 때문이다.

이와 같이, 일본에서는 할증임금의 산정 기초에서 제외되는 금원의 유형을 미리 법정화한 다음 기본적인 틀은 유지하되, 이러한 원칙이 본래의 도입취지와 다르게 탈법적으로 악용되는 경우에 한하여 예외적으로 이를 허용(할증임금에 포함)하는 방식으로 대응해나가고 있다. 예를 들어 최근 우리나라에서도 문제가 되고 있는 '정기상여금'의 경우에도, 일본에서는 우선 상여금 본래적 의미와 성격에 입각하여 해당 상여금이 "통상의 근로시간에 대한 임금"에 해당하는지의 여부를 판단한 다음, 할증임금에 포함시킬 것인가의 여부를 결정하게 된다. 또한, 연봉제의 도입으로 인하여 종전의 임금체계와의 사이에 괴리가 발생하여 할증임금의 산정을 둘러싸고 분쟁이 발생하는 경우에는, 주무행정기관인 후생노동성이 가이드라인, 지침, 통달 등을 통하여 일정한 해결방향을 제시하게 되는데, 이러한 행정해석은 노사뿐만 아니라 사법부도 존중하는 것이 일반화되어 있다. 다시 말해서 행정해석 및 노사합의가 명백하게 강행법규에 위반하지 않는 이상 사법부가 이를 존중하는 법문화가 정착되어 있다고 할 수 있다.[55)]

이러한 관점에서 우리나라의 통상임금에 대한 문제점 및 개선방향에 대해 서술한다면 다음과 같이 요약할 수 있겠다. 첫째, 통상임금의 산정을 둘러싸고 끊임없이 분쟁이 지속되는 배경에는 통상임금의 개념에 대한 판단기준이 불명확하기 때문이다. 다시 말하면, 통상임금의 개념표시인 「일률성・정기성・고정성」의 의미가 애매모호하고 가변적이기 때문에 판례와 행정해석이 서로 다르고 학자들 간에도 의견이 대립될 수밖에 없는 구조로 되어 있다. 이에 비해, 일본의 경우에는 할증임금 산정의 기초가 되는 통상임금에 해당하는지의 여부에 대해, 우리나라 판례가 통상임금의 요건으로 제시하고 있는 「일률성・정기성・고정성」이라는 개념 자체가 없으며, 법령과 행정해석에 근거하여 원칙적으로 판단하고 있는 것이 특징이다. 따라서 우리나라의 통상임금의 개념을 둘러싼 분쟁을 해결하기 위해서는 통상임금에 대한 개념을 명확하게 확립하거나 또는 통상임금의 개념에 대한 추상적이고 애매한 규정을 삭제하여 법적 다툼의 소지를 없앤 다음, 일본처럼 행정해석으로 대응하는 것도 하나의 대안이 될 수 있으리라 생각된다.

둘째, 통상임금에 대한 문제를 보다 근본적으로 해결하기 위해서는 입법적인

---

55) 일본의 판례도 노동기준법과 같은 강행법규에 위반하는 노사합의(임금계산방법)는 원칙적으로 인정하지 않지만, 그렇지 않는 합의는 존중하는 것이 판례의 입장이라고 할 수 있다(東京地方裁判所 平21.3.17. 判決).

접근이 가장 바람직하다고 생각된다. 그러기 위해서는 현재 근로기준법 시행령에 있는 통상임금에 관한 개념을 모법으로 이관하든지 아니면 위임규정을 정비하여 법체계상의 정합성을 꾀함과 동시에 임금과의 법적 관계를 분명하게 할 필요가 있다. 다만, 통상임금을 평균임금과 같이 모법의 임금과 동질의 개념으로 설정할 경우에는 통상임금(성)을 둘러싼 논쟁을 불식시킬 수 있는 메리트는 있지만, 각종 법정수당 및 보상금이 상승하게 되어 이는 사용자로 하여금 많은 경제적 부담으로 작용할 수도 있다. 따라서 이러한 경우에 대비하여 산정비율을 낮게 설정하는 등 합리적인 조정이 필요하다고 본다. 또 하나의 방법은 현행 시행령을 정비하여 통상임금의 개념에 관한 법적 개념을 별도로 두지 않고 각종 법정수당이나 보상금 등을 산정할 때에 제외시켜야 할 임금(수당)의 유형을 미리 명확하게 규정해 두는 것도 생각할 수 있다. 이 경우 본고에서 논한 일본의 입법방식은 많은 참고가 될 것이다.

마지막으로, 통상임금을 둘러싼 작금의 분쟁이 입법의 불비에서 비롯된 것임을 감안할 때, 이러한 공백을 메우기 위하여 궁여지책으로 마련된 행정지침에 근거하여 처리해온 노동관행은 존중되어야 한다고 생각한다. 그럼에도 불구하고 판결이 종전의 행정해석을 무력화하여 이를 소급적용하는 것은 법적 안정성과 예측 가능성이라는 점에서 문제가 있으므로 가능한 한 이를 자제하는 것이 옳다고 판단된다. 또한 통상임금 문제 역시 다른 노동문제와 마찬가지로 '노사자치의 원칙' 및 '협약자치의 원칙'을 존중할 필요가 있으며, 법은 법제도가 원래의 취지에 맞지 않게 불법 또는 탈법으로 운용될 때 「전가(伝家)의 보도(宝刀)」와 같은 역할을 하는 것이 바람직하다고 생각한다.

[참고문헌]

고용노동부, 『통상임금산정지침』, 노동부예규 제602호, 2009. 9. 25.

김영문・이상윤・이정, 『임금개념과 평균임금・통상임금의 산정범위』, 법문사, 2004.

김영문, "금원의 통상임금해당성 판단 기준의 비판적 고찰", 『노동법학』, 제43호, 2012.

김유성, 『노동법Ⅰ』, 법문사, 2005.

김기덕, "통상임금의 법리에 대한 재검토", 『노동과 법』, 제6호, 2006.

______, "통상임금의 개념요소로서의 고정성", 『노동과 법』, 제6호, 2006.

______, "통상임금제도의 개선방안에 관한 검토", 『노동과 법』, 제6호, 2006.

김소영, "'근속기간에 따른 지급률에 의한 분기별 상여금'도 통상임금에 포함된다", 『노동법률』, (주)중앙경제, 2012. 7.

김홍영, "상여금의 임금성 여부", 『노동법연구』, 제21호, 2006.

김형배, 『노동법』, 제20판, 박영사, 2011.

김희성・한광수, "정기상여금의 통상임금 해당성에 대한 연구", 『노동법논총』, 제25집, 2012.

노상헌, "일본의 평균・통상임금 법리", 『노동법포럼』, 제3호, 2009.

도재형, "통상임금의 의의와 범위에 관한 법적 검토", 『노동과 법』, 제6호, 2006.

박지순, "통상임금에 관한 최근 대법원 판결의 의미와 쟁점", 『노동리뷰』, 2012. 11.

송강직, "한국과 일본의 통상임금 법리", 『동아법학』, 제56호, 2012.

유성재, "상여금의 통상임금성", (사)노동법이론실무학회 제19회 정기학술대회 자료집, 2012.

이승길, "정기상여금은 통상임금인가", 『창조노사』, 2012. 5.

이 정, "임금의 법적 성질에 관한 고찰", 『외법논집』, 제16집, 2011.

______, "통상임금에 대한 판례법리의 재검토", 『노동법학』, 제43호, 2012.

이철수, "통상임금에 관한 판례법리의 변화－복리후생을 중심으로－", 『노동법연구』, 제17호, 2004.

______, "통상임금에 관한 판례법리의 변화와 정책적 함의", 『노동과 법』, 제6호, 2006.

임종률, 『노동법』, 제9판, 박영사, 2011.

하갑래, "통상임금제도의 변화와 과제", 『노동법학』, 제44호, 2012.
______, 『근로기준법』, 중앙경제사, 2011.

菅野和夫, 『労働法(第9版)』, 弘文堂, 2010.
荒木尚志, 『労働法』, 有斐閣, 2009.
西谷　敏, 『労働法』, 日本評論社, 2008.
山川隆一, 『雇用関係法(第4版)』, 新世社, 2008.
水町勇一郎, 『労働法(第2版)』, 有斐閣, 2008.
荘司芳樹, 『労働基準法』, 新星出版社, 2012.
藤原伸吾, "割増賃金の算定基礎除外賃金", 『賃金事情』, 2481号, 2006.
厚生労働省労働基準局 賃金時間課 編著, 『平均賃金の解説』, 労働調査会, 2004.
労務管理セミナー, "一定定額の住宅手当は割増賃金の算定基礎に", 『労働基準広報』, 2007. 7.
清水和夫, "諸手当の『割増賃金の算定基礎』はこうする", 『労務事情』, No.1025, 2003.
イシザキ信憲編著, 『賃金規制・決定の法律実務』, 中央経済社, 2012.
野田　進, "ヒューマン・リソース(HR)と法ー割増賃金の算定", 『NBL』, No.868, 2007.
______, "自動車運転労働者の時間外割増賃金の算定", 『労働法律旬報』, No.1065, 1983.
別冊ジュリスト, 『労働判例百選』, 有斐閣.
東京大学労働法研究会, 『注釈労働基準法(下巻)』, 有斐閣, 2004.

제3편

정년연장과 취업규칙 변경

제1장 정년연장에 따른 노동법상의 쟁점과 과제

제2장 임금체계 개편과 취업규칙 변경

제3장 일본의 정년연장과 계속고용

제1장

정년연장에 따른 노동법상의 쟁점과 과제

– 임금 및 고용형태를 중심으로 –

Ⅰ. 문제의 소재

우리나라에서도 60세 정년제 시대가 시작되었다. 국회는 2013. 4. 30. 본회의에서 '정년 60세'를 의무화하는 '고용상 연령차별금지 및 고령자고용촉진법에 관한 법률'(이하 '고령자법')의 개정안을 통과시켰다. 현행법에서는 60세 정년이 권고사항으로 되어 있지만, 2016. 1. 1. 부터는 300명 이상의 대기업과 공공부분을 시작으로 점진적으로 의무화되게 되었다.

이처럼 60세 정년제를 도입하게 된 배경에는 유례없이 빠르게 진행되고 있는 고령화와 고용불안, 노인층 빈곤 위험에 그 원인이 있다. 특히 최근 들어 저출산의 영향으로 고령화 속도는 점점 가속화되고 있음에도 불구하고, 많은 근로자들이 '정년제'라는 이름하에 50대 초중반에 기업을 은퇴하고 있는 실정이다.[1] 직장생활을 영위하는 근로자에게 있어 은퇴란 필연적인 것이지만, 우리나라의 경우에는 여러 가지 문제를 동반하고 있다. 첫째, 평균수명이 점점 늘어나 '인간 100세 시대'가 도래되고 있음에도 불구하고 상당수의 기업은 아직도 종전의 55~59세 정년제를 유지하고 있어 균형 잡힌 삶을 설계함에 있어 미스매치 현상이 발생하고 있다. 둘째, 은퇴자들의 상당수는 국민연금을 비롯한 공적연금의

1) 통계청의 「인구주택총조사결과」에 의하면, 우리나라의 65세 이상의 노인이 차지하는 비율을 보면, 2000년에 이미 7%를 넘어서서 '고령화사회'(aging society)로 진입한 이래, 2018년에는 14%에 도달하게 되어 '고령사회'(aged society)로, 그리고 2026년에는 20%를 초과하여 '초고령사회'(super aged society)로 진행될 것으로 예상되고 있다. 이러한 고령화 속도는 최근 저출산과 맞물려 유례를 찾을 수 없을 정도로 빠르게 진행되고 있다. 이러한 고령사회의 진행으로 인하여 고령자 고용 및 소득보장이 사회적 쟁점이 되고 있다.

수혜를 받지 못하고 있으며, 또한 그나마 국민연금을 수령하는 경우에도 점점 수급연령이 상향 조정됨에 따라 은퇴 후 당분간 소득에 공백이 생길 가능성이 있으며, 은퇴한 고령자가 재취업을 하기도 매우 어려운 실정이다.

고령자법이 위와 같은 현실을 고려하여 60세 정년제를 도입하게 된 취지에 대해서는 대체로 공감하며 매우 긍정적이라 평가할 수 있다. 하지만 60세 정년제를 도입해야 하는 기업의 입장에서 보면, 정년연장에 따른 인사노무관리 및 배치전환 등과 같은 법제도적인 문제에서 코스트에 대한 부담을 완화하기 위한 임금체계의 개선 등과 같은 현실적 문제에 이르기까지 많은 문제들이 산적해 있다.

본고에서는 위와 같은 문제의식을 기초로 하여 60세 정년제가 연착륙하기 위해서 요구되는 법제도상의 문제점과 과제에 대해 검토하고자 한다. 구체적으로는 우선, 60세 정년제 도입의 주된 내용과 의의에 대해 살펴본 다음, 정년제 도입에 따른 문제와 과제에 대해 주로 노동법적 관점에서 검토한 후 이에 대한 해결책을 제시하고자 한다.

Ⅱ. 정년법제의 내용 및 의의

1. 정년제의 법적 성질

'정년제'란 근로자가 일정 연령에 도달했을 때 근로계약이 종료하는 제도를 말한다. '정년제'는 정년에 도달하기 전에 퇴직이나 해고가 각별히 제한되지 않는다는 점에서 기간을 정한 근로계약과도 다르다. 이런 의미에서 '정년제'란 근로계약의 종료사유에 관한 약정이라고 할 수 있는데, 여기에도 이론적으로는 두 종류가 있을 수 있다. 첫째는, 정년에 도달했을 때 당연히 근로계약이 종료하는 것으로 이를 흔히 '정년퇴직'이라고 한다. 둘째는, 정년에 도달했을 때 해고의 의사표시를 함으로써 근로계약을 종료시키는 것으로, 이를 '정년해고'라고 한다.[2] 양자는 모두 정년에 도달하게 되면 근로계약관계가 종료된다는 점에서는 공통되지만, 후자인 정년해고의 경우에는 정년은 해고의 사유에 불과하므로 원

2) 菅野和夫,『労働法(第10版)』, 2012, 533頁 이하.

칙적으로 해고법제가 적용된다는 점에서 차이가 있다. 하지만 정년제를 실무상 해고로 취급하는 경우는 거의 없고 대개 정년퇴직으로 해석하는 것이 일반적이다. 이에 대해 대법원도 근로자의 정년은 근로관계의 자동소멸사유이고, 이러한 퇴직처리는 법률상 당연히 발생한 퇴직의 사유 및 시기를 공적으로 확인하여 알려주는 '근로계약 종료의 확인(관념의 통지)'에 불과할 뿐, 근로자의 신분을 상실시키는 해고처분과 같은 새로운 형성적 행위가 아니라고 판단한 바 있다.[3]

우리나라의 경우, 이번에 고령자법에서 60세 정년제를 의무화하기 이전까지는 정년에 대한 아무런 법적 규제를 두고 있지 않았다. 고령자법에서는 사업주로 하여금 근로자의 정년을 60세 이상으로 정하도록 규정하고 있었지만(제19조), 이는 어디까지나 노력규정에 불과하기 때문에 60세 정년을 강제하는 법적 효력이 없었다. 따라서 공무원을 제외한 대부분의 사기업에서는 정년을 노사자율에 맡겨왔기 때문에 취업규칙이나 단체협약에서 정한 정년에 도달하게 되면 당연 퇴직을 하게 되는 것이 관행으로 정착되어 있다. 여기서 한 가지 의문이 생기는데, 그것은 근로자가 일정 연령에 도달하게 되면 직장으로부터 획일적·강제적으로 배제하는 정년제가 법적으로 유효한지의 여부이다. 이에 대해서 정년제는 근로자의 자발적 퇴직의 원칙과 평등대우의 원칙에 반하고, 급속한 저출산·고령화에 따른 고령자의 고용촉진 및 연금 재정의 안정화라는 정책적 요청에 반한다는 점에서 불합리한 제도라는 비판도 있다.[4] 장기적인 안목에서 보면 미국이나 영국처럼 정년제를 금지 또는 폐지하는 것이 바람직하겠지만, 아직 우리나라의 경우에는 임금체계가 연공급적인 성격이 강하게 남아 있고 고령자 개인의 능력이나 적격성 등을 평가하여 퇴직자를 선별하는 것보다는 연령을 기준으로 획일적으로 배제하는 것이 더 합리적이고 공정하다는 노사 간 인식에 비추어 볼 때, 당분간은 정년제의 유효성을 인정할 수밖에 없다고 생각된다.[5] 대법원[6] 및 헌법재판소[7]는 '55세 정년제의 신설'과 '법관에 대한 정년제의 신설'에

---

3) 대법원 2008. 2. 9. 선고 2007다85997 판결.

4) 박종희 외, 『고령자고용과 정년제의 법적 과제』, 한국법제연구원, 2003.

5) 같은 취지: 김형배, 『노동법(제21판)』, 박영사, 2012, 712면 및 임종률, 『노동법(제10판)』, 박영사, 2012, 535면.

6) 대법원은 취업규상의 '55세 정년제 신설 조항'의 유효성이 다투어진 '건설공제조합사건'에서 "정년을 만 55세로 정한 것이 사회적 일반 통례에서 벗어난 불합리한 제도로 볼 수 없는 것이므로, 위 정년제의 신설이 근로자의 기존 근로조건상의 기득권을 침해하는 근로조건의 변경이라고 볼

대해 법적 유효성을 인정하고 있다.

2. 법적 정년제의 도입과 그 의미

위에서 언급한 바와 같이 2013. 4. 30. 국회 본회의에서 60세 정년을 골자로 하는 고령자법 개정안이 통과됨으로써 본격적인 법정 정년 60세 시대를 맞이하게 되었다. 개정법(제19조)에 의하면 '사업주는 근로자의 정년을 60세 이상으로 정하여야 하며, 근로자의 정년을 60세 미만으로 정한 경우에는 정년을 60세로 정한 것'으로 간주하도록 하여, 종래의 노력규정을 의무규정으로 전환하였다. 이 규정은 강행규정이므로 정년을 60세 이하로 설정하고 있는 기존의 취업규칙이나 단체협약은 정년을 60세 이상으로 변경할 필요가 있으며, 그렇지 않으면 정년규정에 위반되어 무효로 됨과 동시에 동법상의 정년 60세 규정이 적용되게 된다(제2항).

하지만, 모든 기업이 일시에 정년연장을 추진하게 되면 산업현장에 상당한 혼란이 초래될 가능성이 예상되기 때문에, 고령자법은 60세 정년제를 연착륙시키기 위하여 두 가지 조치를 취하고 있다.

첫째, 기업규모 등을 고려하여 2016. 1. 1.부터 단계적으로 시행하도록 경과규정을 두고 있다. 구체적으로는 상시 근로자 300명 이상인 대기업과 공공기관·지방공사·지방공단이 우선적으로 적용 대상이 되며, 상시 근로자 300명 미만인 중소기업과 국가·지방자치단체는 1년 후인 2017. 1. 1.부터 적용받게 된다.

둘째, 정년연장에 따른 기업의 경제적 부담을 완화하기 위하여 임금체계의 개편 등을 규정하고 있다. 고령자법(제19조의2)에 의하면, '정년을 연장하는 사업 또는 사업장의 사업주와 근로자의 과반수로 조직된 노동조합(근로자의 과반수로 조직된 노동조합이 없는 경우에는 근로자의 과반수를 대표하는 자를 말한다)은 그 사업 또는 사업장의 여건에 따라 임금체계 등 필요한 조치를 할 것'을 규정하고

수 없다'고 판시한 바 있다(대법원 1978. 9. 12. 선고 78다1046 판결).

7) 헌법재판소는 법관에 정년을 규정한 법원조직법의 위헌 여부가 다투어진 사건에서 '노령화에 따른 업무능력의 효율성을 제고하고 사법인력의 신진대사를 촉진하여 조직의 활성화를 꾀하기 위하여 정년을 설정한 것은 헌법에 위배되지 않는다'고 판시한 바 있다(헌법재판소 2002. 10. 31. 선고 2001헌마557 결정).

있으며(제1항), 이때 '고용노동부장관은 필요한 조치나 임금체계 개편 등을 한 사업 또는 사업장의 사업자나 근로자에게 고용지원금이나 임금체계 개편 등을 위한 컨설팅 등 필요한 지원'을 할 수 있도록 규정하고 있다(제2항, 제3항).

Ⅲ. 주요국의 입법사례

정년제도와 관련하여 주요 선진국들의 입법사례를 살펴보면, 정년을 폐지한 나라가 있는가 하면, 정년 및 고용을 연장하거나 법으로 규제하는 나라로 대별될 수 있다. 전자의 예로서는 미국과 영국을 들 수 있으며, 후자의 예로서는 독일, 프랑스, 일본 등을 들 수 있다. 이하에서는 이들 5개국에 대해 검토하고자 한다.

1. 미 국

미국에서는 고용상의 연령차별에 대해 법으로 금지하고 있는 것이 특징이다. 구체적으로는 '고용상의 연령차별금지법(Age Discrimination in Employment Act: ADEA)'은 20인 이상의 근로자를 사용하는 사업자는 연령을 이유로 40세 이상인 자에 대해서는 차별을 금지하고 있다.[8] 하지만 미국에서도 이 법이 1967년 제정될 당시에는 40~65세를 적용대상으로 하고 있었으나, 1978년에는 '강제정년법(Mandatory Retirement Act: MRA)'이 제정되어 적용대상 연령상한을 65세에서 70세로 상향 조정되었고, 1986년 법 개정 시에는 70세 연령 상한마저 폐지함으로써 실질적으로 정년제가 없는 국가로 되었다. ADEA에 반하는 연령을 이유로 차별을 받은 자는 연방기관인 '고용기회평등위원회(EEOC)'에 연령차별에 대한 구제신청을 할 수 있다.

이처럼 미국에서는 ADEA에 의하여 특정 연령에 도달한 것을 이유로 강제퇴직을 시킬 수 없는 것이 원칙이지만, 일부 직종의 경우－예를 들어 주・지방정부의 경찰과 소방관, 연방교정공무원, 연방교통공무원, 연방교통감독관, 민간항공조종사 등의 경우에는 안전상의 이유 등으로 정년제도가 유지되고 있다. 또한

8) 미국의 정년제에 대해서는 조용만, "정년연장의 법적 과제", 『노동정책연구』 제12권 제3호(2012); 유각근, "미국의 연령차별 금지법", 『미국헌법연구』 제22권 제3호(2011) 등을 참조하였다.

65세 이상으로 퇴직 직전 2년 동안 경영간부직이나 고위 정책결정직에 고용되어 연간 44,000달러 이상의 퇴직연금을 수급할 수 있는 권리를 가진 자에 대해서는 강제퇴직이 허용된다.

이처럼 미국은 정년제를 폐지했음에도 불구하고 고령자들의 임금과 퇴직연금에는 생각만큼 기업들의 경제적 부담이 적은 것으로 알려지고 있다. 그 이유는 미국의 경우에는 채용과 해고가 비교적 용이할 뿐만 아니라 개방형 내부노동시장 체제와 직무급 임금체계로 되어 있어 노동시장의 효율성이 지나치게 손상될 위험이 적기 때문이라고 한다.[9]

2. 영 국

영국의 경우에도 미국과 같이 고용상의 연령차별을 금지하고 있으며, 2010년 '평등법(Equality Act 2010)'에 의하여 2011년부터 종전의 65세 정년제는 폐지되었다. 따라서 영국에서는 특정 연령에 달한 것을 이유로 강제퇴직을 시키는 경우에는 '불공정해고' 또는 '연령차별'에 해당할 수 있다.[10]

영국에서는 19세기 후반 또는 20세기 초 산업화 단계에서 이미 65세 정년이 산업화의 상징물처럼 존재하여 왔지만, 역사적으로는 정년연령에 대한 명확한 기준이 존재하지 않았다. 그러다가 1971년에 '노동관계법(Industrial Relation Act)'에서 남성근로자의 경우에는 65세, 여성근로자의 경우에는 60세에 달하거나 '일반적(normal)' 정년연령에 이르게 된 경우에는 해고에 따른 보상을 받지 못한다고 규정하게 되었다. 그 이후 1996년에 '고용권리법(Employment Right Act)'이 '65세 정년' 혹은 '일반적 기본퇴직연령(Default Retirement Age)'까지 보호된다고 명시한 바 있다. 하지만 정년에 대한 기준은 법적인 명시보다는 대부분 고용주와 근로자간의 합의에 의하거나 또는 '일반적' 규칙에 의존하여 왔기 때문에 고령자들에 대한 권리보호에는 한계가 있었다.

정년제를 둘러싼 논의는 1997년 신노동당이 집권하면서 능동적 복지의 일환으로 정년제 폐지와 함께 고용차별에 대한 시정을 통하여 고령근로자들의 권리

---

9) 이승계, "정년연장과 인적자원관리 전략", 『임금연구』 제21권 제2호(2013).

10) 영국의 정년제에 대해서는 심재진, "한국과 영국의 연령차별금지법의 비교", 『노동법학』 제35권(2010); 최영준, "영국정년제도의 변화: 배경과 함의", 『국제노동브리프』 2010년 10월호; 구미영, "영국 평등법 개정의 주요 내용", 『국제노동브리프』 2011년 3월호 등을 참조하였다.

보호를 꾀하게 되었다. 그 결과 2006년에는 '고용평등(연령)규칙(Employment Equality(Age) Regulation 2006)'에 따라 65세를 기본퇴직연령(의무정년)으로 하고, 65세 미만에서의 퇴직을 이유로 한 해고에 대해서는 불공정 해고 및 차별로 규정하였다.

그럼에도 불구하고 고용시장에서는 65세가 되면 실질적으로 퇴직하는 관행 및 연령차별은 여전히 남아 있었다. 이에 2010년에 집권한 보수당과 자유당의 연립정부는 평등법을 개정하여 기존의 여러 차별금지법들을 통합(Equality Act 2010)하여, 기업운영에 필요한 예외적인 경우[11]를 제외하고는 원칙적으로 기본퇴직연령 65세를 폐지하기로 함으로써 실질적 정년제의 폐지를 실현하게 된 것이다.

3. 독 일

독일의 경우에는 대체로 단체협약에서 65세 정년을 규정하고 있었으나, 1992년 연금개혁법 발효 이후 연방노동법원에서 단체협약에 의한 65세 일률 정년제를 무효라고 판단함으로써, 결과적으로 연금보험법에 의한 연금 수급개시연령이 사실상 정년의 역할을 하고 있다.[12] 그리고 독일은 2007년에 '연금수급개시연령조정법(RV−Altersgrenzenanpassungagesetz)' 개정을 통하여 종전의 다양한 조기은퇴정책을 폐지하는 대신 연금수급연령을 65세에서 67세로 점진적으로 연장함과 동시에 실업으로 인한 조기노령연금의 수급개시연령도 기존의 60세에서 63세로 상향 조정하였다. 연금수급 개시연령의 연장은 결과적으로 고령자들의 실제적 정년(취업기간)을 연장시키는 효과를 가져 가져왔다. 이처럼 독일의 정년제도는 연금제도와 밀접하게 연동되어 있음을 알 수 있다.

그리고 2007년에는 고령자들의 고용연장을 반영하여 일명 '이니셔티브 50 플러스(Initiave 50 Plus)'라고 일컬어지고 있는 '고령자고용기회개선법(Gesetz zur Verbesserung der Beschäftigungschancenälter Menschen)'을 시행함과 동시에

11) 기업운영의 효율성과 필요성 등 경제적 요소가 입증되는 경우를 비롯하여, 개인의 건강, 복지, 안전, 긴급구조 업무나 항공관제 업무 등과 같이 업무수행에 특정한 훈련 조건이 있는 경우 등이 이에 해당한다.

12) 독일의 정년제에 대해서는 조성혜, "독일의 고령자 고용촉진법제", 『노동법학』 제29호(2009); 최홍기, "고령사회에서의 고령자 고용정책", 『노동연구』 제21집(2011)을 참조하였다.

12~18개월 실업급여를 수급한 다음 조기에 은퇴하도록 유도하여 종전의 '58세 규정(사회법전 제3편 제428조)'은 폐지하였다. 고령자고용기회개선법의 주요 내용을 보면, ① 전 직장과 새 직장의 임금차액 보전, ② 사업주에 대한 고령자고용 장려금의 지원, ③ 고령자고용 시 기간제 근로계약의 요건 완화, ④ 직업능력개발의 지원 등 고령자고용을 촉진하기 위한 내용이 중심을 이루고 있음을 알 수 있다. 특히 독일에서는 고령자고용에 대한 실효성을 담보하기 위하여 여러 가지 법적 규제를 하고 있는데, 이 중에서 주요한 것들을 살펴보면 다음과 같다.[13)]

첫째, 독일의 '해고제한법(Kündigungsschutzgests)'은 '사용자에 의한 해고가 일신상의 사유, 행태상의 사유 또는 긴박한 경영상의 필요에 의한 것이 아니면 부당하다'고 규정하고 있다(제1조 제2항). 또한 '긴박한 경영상의 필요에 의하여 해고대상자를 선정할 때에 근속기간이나 연령, 부양가족 수 및 중증장애 요소를 충분히 고려하지 않은 경우에는 이를 부당하다'고 규정하고 있다(제1조 제3항). 따라서 단순히 고령을 이유로 해고를 하는 경우에는 부당한 것으로 간주된다.

둘째, 독일에서는 고령자들이 노동시장에 쉽게 재진입할 수 있도록 금전적 보전을 해주고 있는 것이 특징이다. 다시 말해서 고령자가 일단 퇴직한 후 새로운 취업을 하고자 할 때에, 종전의 근무경력을 반영하여 이에 상응하는 임금을 요구하는 경우 사실상 재취업이 어렵다. 이에 독일 정부는 이러한 고령자들이 재취업을 하기 쉽도록 하기 위하여 종전 직장의 임금과 새로이 취업하는 직장의 임금과의 차액을 보전해주는 정책을 시행하고 있다.

셋째, 고령자들이 가령으로 인하여 전일제근로보다는 시간제근로를 희망하는 경우에는 탄력적 근로시간제를 활용하여, 근로시간의 감소로 인한 소득 감소분을 연금으로 보완하도록 하여 고령자들의 풍요롭게 노후생활을 할 수 있도록 하고 있다. 예를 들어 55세 달한 고령자가 '고령자단시간근로제도(Altersteilzeit)'에 의하여 근로시간을 단축한 경우에는 연금수급연령에 도달할 때까지 근로시간의 단축으로 인한 임금차액부분을 보상해주고 있는 것이 특징이다.

넷째, '기간제법'[14)]상의 고령자에 대해 근로계약을 요건을 완화하여 고용촉진

---

13) 독일의 고령자 고용 촉진 정책에 대한 부분은 주로 조성혜, "독일의 고령자 고용촉진법제", 『노동법학』 제29호(2009)를 참조하였다.

을 꾀하고 있는 점이다. 이법은 당초에는 58세 이상의 고령자에 대해서는 아무런 제한 없이 5년 동안 기간제계약을 체결할 수 있도록 하고 있었으나, 고령자에 대한 고용을 보다 촉진하기 위하여 소위 '하르츠(Hartz) 입법'을 통하여 2006. 12. 31.까지 52세까지 낮추도록 하였다. 그러나 유럽재판소는 2005. 11. 12. '망골트(Mangold) 사건'에서 위 독일 기간제법상의 52세 연령제한규정은 '유럽연합지침'에 반한다는 판단이 내려지면서 수정되어, 현재는 '기간제계약을 체결하기 이전에 4개월 이상 미취업상태'이고 '전직단축근로수당'을 지급받았거나 '공적인 고용촉진훈련에 참가한 경우'에 '5년까지 기간제계약의 체결이 허용되는 것'으로 완화되었다(기간제법 제14조 제3항).

위에서 열거한 사항 이외에도 고령자들의 고용을 촉진시키기 위하여 고령자들의 직업능력개발에 많은 노력을 기울이고 있는데, 이러한 직업능력개발에 소용되는 비용은 '연방고용공단(Bundesagentur für Arbeit)' 또는 '잡 센터(Job Center)'가 전적으로 부담하게 되며, 지원 요건은 사용자가 직업능력개발 기간 동안 임금을 계속적으로 지급하는 것이다.

4. 프랑스

프랑스의 경우에도 정년에 대해서는 법으로 규제하고 있다.[15] 종전에는 근로자가 일정한 연령에 달하면 근로계약이 자동적으로 종료하는 소위 정년을 예정한 단체협약이나 근로계약을 판례상 인정해 왔다. 그러나 노동법은 1987. 7. 30.부터 이러한 판례의 입장을 부정하고 있다. 즉 단체협약이나 근로계약에 근로자가 일정 연령에 달하거나 또는 퇴직연금을 수급하는 것을 이유로 근로계약을 자동적으로 종료한다는 규정을 두더라고 법적으로 무효가 된다(노동법전 L.1237－4조 제2항).

---

14) 이 법의 정식 명칭은 '단시간근로 및 기간제근로계약법(Gesetz über Teilzeitarbeit und befristete Arbeitsvertäge; Teilzeit－ und Befristungsgesetz; TzBfG)'이다. 이 법은 단시간근로자 및 기간제근로자들에 대한 고용상의 부당한 차별과 고용을 촉진하기 위하여 제정된 법으로, 2000. 12. 21. 종전의 '고용촉진법(Beschäftigungsförderungsgesetz; 1996)'을 폐지하고 제정된 법이다.

15) 프랑스의 정년제에 대해서는 조용만, "정년연장의 법적 과제", 『노동정책연구』 제12권 제3호, 2012; 손영우, "프랑스의 퇴직연금제도 개혁과 퇴직연령 연장", 『국제노동브리프』 8(9), 2010을 참조하였다.

한편, 1987년 법은 근로자의 연령과 관련하여 근로계약의 종료방식을 새로이 창설하였는데, 이는 '사용자 주도의 퇴직(mis á la retraite)'이다. 이것은 법적으로 해고에 해당하는 것이 아니고, 사용자가 사회보장법전에서 정한 퇴직연금을 전액 수령할 수 있는 연령에 도달한 근로자에 대해 근로관계를 종료할 수 있음을 의미한다(노동법전 L.1237－5조 제1항). 2003년 이전에는 60세에 달한 근로자를 대상으로 사용자 주도의 퇴직이 가능하였으나, 2003년 이후부터는 65세 미만의 근로자를 대상으로 한 사용자 주도의 퇴직이 금지되었으며, 2008년에는 더욱 사용자의 권한을 제한하여 70세 미만의 근로자에 대해서는 사용자가 일방적으로 퇴직시킬 수 없도록 규정하였다.

프랑스의 경우 현행법상 인정되는 퇴직은 두 종류가 있다. 첫째는 70세 이상의 근로자에 대해 사용자가 일방적으로 근로계약을 종료하는 것이다. 둘째는 70세 미만의 근로자로서 퇴직연금 전액을 수령할 수 있는 65세 이상의 근로자에 대해 사용자는 당해 근로자가 69세가 될 때까지 매년 1회 소정 절차에 따라 서면으로 퇴직을 제안할 수 있다. 이때 근로자가 사용자의 제안을 수령하게 되면 근로관계는 종료하게 되며, 이 경우에 사용자는 근로자에게 법정수당을 지급할 의무가 있다(노동법전 L.1237－5조 제7항~제9항, L.1237－7조).

5. 일 본

일본은 2013년 4월부터 '65세 정년 또는 고용'을 의무화하는 법의 시행에 들어갔다.[16] 1994년에 '60세 정년제'를 도입한 이래 20년 만에 다시 정년을 사실상 5년 더 늘린 것이다. 이와 같이 일본이 정년 및 고용을 연장하게 된 배경에는 급속하게 진행되고 있는 고령사회에 대응하기 위함이다.[17] 일본의 노령후생연금의 보수비례부분의 지급개시연령이 2013년 4월부터 상향 조정되기 때문에, 현시점에서 60세에 달한 자가 은퇴하게 되면 당분간 연금을 받지 못하기 때문

16) 일본의 정년제에 대한 문헌으로는 노상헌, "정년연장에 관한 논의와 평가", 『노동법논총』 제28집(2013) 및 이정, "일본의 '65세 법정 정년제'의 도입배경과 주된 내용", 『노동법률』(2013)이 있다.

17) 일본의 전체 인구는 2013년 4월 현재 약 1억3천만 명으로 집계되고 있으나, 2055년에는 출생률의 감소로 인하여 9천만 명으로 줄어들게 되고, 고령화율(전체 인구 중에 65세 이상의 인구가 차지하는 비율)은 2010년의 23.0%에서 2055년에는 40%를 초과할 것으로 예상하고 있다.

에 사실상 '무연금, 무수입'상태에 놓일 수밖에 없는 구조로 되어 있었다. 이에 일본정부는 2012년 8월에 소위 '고연령자 등의 고용의 안정 등에 관한 법률(이하, 고령자고용안정법)'을 개정하여 연금수급 때까지 공백이 발생하지 않도록 65세까지 고용을 의무화하도록 한 것이다.

일본은 고령자의 고용안정 및 정년퇴직자 등에 대한 취업기회를 확보하고 고용을 촉진하기 위하여 1971년에 고령자고용안정법을 제정한 이래, 2004년 6월에는 65세까지 안정적인 고용을 확보하기 위하여 사업주로 하여금 ① 정년을 상향 조정할 것, ② 계속고용제도를 도입할 것(단, 과반수노조 또는 근로자과반수대표와의 서면협정으로 계속고용제도의 대상이 되는 고령자에 관한 기준을 정한 다음, 이 기준에 의하여 제도를 도입하는 것도 가능), ③ 정년에 대한 정함을 폐지할 것 중, 어느 하나를 선택하도록 하는 소위 '고령자 고용확보조치'를 취한 바 있다(동법 제9조 1항).

한편 일본의 노령후생연금은 위에서 언급한 바와 같이, 정액부분의 수급개시연령이 2001년 4월 이후 점차적으로 상향 조정되어 2013년 4월부터는 65세로 완결됨과 동시에, 같은 해 4월부터 비례부분의 지급개시연령조차 상향 조정되어 60세에 은퇴자들이 무연금·무수입 상태에 빠질 수밖에 없는 구조로 되어 있다. 이에 일본정부는 2012년 8월에 고령자고용안정법의 일부를 개정하여 '고용에서 연금'으로의 연착륙을 꾀하기 위하여 65세까지 정년 또는 고용을 연장하는 제도를 도입하게 되었는데, 그 주된 내용을 간추려 보면 다음과 같다.

첫째, 개정 고령자고용안정법은 사업주로 하여금 65세까지 고용을 확보하기 위하여 ① 정년을 상향 조정할 것, ② 계속고용제도를 도입할 것, ③ 정년에 대한 규정을 폐지할 것 중 어느 하나를 선택하도록 하고 있다는 점에서는 종전과 동일하지만, 65세까지 고용을 보다 안정적으로 확보하기 위하여 개정법에서는 계속고용의 대상자를 한정하는 기준을 노사가 협정으로 정할 수 있도록 한 구조를 폐지하여, 희망자 전원을 계속 고용하도록 의무화한 점이 가장 두드러지는데, 노사 간의 의견대립이 가장 심했던 부분이기도 하다.[18] 따라서 종전에는

18) 우선 노동계는 노사협정에서 정한 기준에 의하여 계속고용자를 선별할 수 있도록 하는 종전의 규정은 자칫 65세까지 안정적으로 고용을 확보하려고 하는 입법의 취지에 반할 수도 있다는 점에서 폐지를 주장하였다. 이에 비해, 경영계는 노령후생연금의 보수비례부분의 지급개시연령의 근로에 따른 문제는 사회전체의 문제이므로 종합적으로 대응할 필요가 있으며, 기업의 고용확보

가령 60세에 정년인 근로자가 퇴직한 이후에도 계속하여 근로를 원하는 경우, 사업주는 노사협정에서 정한 기준에 근거하여 선별할 수 있었지만, 개정법 하에서는 사업주는 선별의 재량이 없으므로 정년 후에도 계속적으로 일하기를 원하는 근로자에 대해서는 원칙적으로 전원에 대해 65세까지 고용할 의무가 발생하는 것이다.[19]

둘째, 개정법에서는 계속고용제도의 대상자를 고용하는 기업의 범위를 당해 근로자를 직접 고용하는 사업주뿐만 아니라, 특수한 관계에 있는 사업주까지 확대하고 있다. 이는 경영계의 주장을 받아들인 것으로, 개정 고령자고용안정법 제9조 제2항에 의하면 「계속고용제도에는 사업주가 특수관계사업주(당해 사업주의 경영을 실질적으로 지배하는 것이 가능한 관계에 있는 사업주, 기타 당해 사업주와 특수한 관계에 있는 사업주로서 후생노동성령으로 정한 사업주를 말함)와의 사이에 당해 사업주가 고용한 고령자로서 정년 후에도 고용을 희망하는 자를 정년 후에 당해 '특수 관계 사업주'가 계속하여 고용할 것을 약속하는 계약을 체결하고, 당해 계약에 의하여 당해 고령자의 고용을 확보하는 제도를 포함한다.」라고 규정하여, 정년을 맞은 고령자의 계속고용을 자사뿐만 아니라 그룹 내의 다른 회사(모회사를 비롯하여, 자회사 및 관련회사 등)까지 넓힐 수 있도록 하고 있다. 여기서 '자회사'라 함은 의결권이 과반수를 가지고 있는 등 지배력이 미치는 기업을 말하며, '관련회사'라 함은 의결권의 20% 이상을 가지고 있는 등 영향력을 행사할 수 있는 기업을 말한다. 이 경우, 계속고용에 대한 사업주 사이의 계약은 필요하다.

셋째, 개정법은 고령자에 대한 고용을 안정적으로 확보하기 위하여 고령자고용확보조치를 실시하고 있지 않는 기업에 대해서는 후생노동대신이 위반한 사업주에 대해 필요한 지도 및 조언을 실시할 수 있으며(동법 제10조 제1항), 지도

만으로 문제해결에 접근하게 되면 기업이 활력을 잃게 될 뿐만 아니라 결과적으로 청년층을 포함한 고용 전반에 악영향을 미칠 우려가 있기 때문에 노사협정에 의한 기준을 유지할 것을 주장하였다. 그러나 정부 측은 고용의 공백 없이 확실하게 연금으로 이행할 수 있도록 하기 위해서는 노사협정에 의한 기준설정을 폐지하는데 의견이 모아져 최종적으로 개정법에 반영되게 되었다.

19) 다만, 이미 2013. 3. 31.까지 계속고용제도의 대상자에 대한 기준을 노사협정으로 정하고 있는 경우에는 경과규정을 두어, 2016. 3. 31.까지는 61세 이상, 2019. 3. 31.까지는 62세 이상, 2022. 3. 31.까지는 63세 이상, 2025. 3. 31.까지는 64세 이상의 근로자에 대해 적용할 수 있도록 적용을 유예하고 있다.

후에도 개선이 보이지 않는 기업에 대해서는 고용확보조치위무에 관한 권고를 할 수 있고(동조 제2호), 이러한 권고에도 불구하고 법률 위반이 시정되지 않는 경우에는 이를 공표할 수 있도록 규정하고 있다(동조 제3항).

넷째, 개정법에서는 계속고용의 대상자 기준을 폐지한 후, 동제도의 원활한 운용을 꾀하기 위하여 노사쌍방이 알기 쉽도록 '고령자확보치의 실시 및 운용에 관한 지침'을 정하도록 하고 있으며(제9조 제3항), 이 규정에 의하여 마련된 지침의 주된 내용은 계속고용제도에 대해 유의할 사항이 대부분이다. 예를 들면, ① 계속고용제도를 도입하는 경우에는 희망자 전원을 대상으로 할 것, ② 취업규칙에서 정한 해고 및 퇴직사유(연령에 관한 것은 제외)에 해당하는 경우에는 계속고용을 하지 않을 수도 있다는 점, ③ 취업규칙에서 정한 해고·퇴직사유를 계속고용을 하지 않는 사유로 해고·퇴직의 규정과는 별도로 취업규칙에서 정하는 것도 가능하다는 점, 또한 해고사유 또는 퇴직사유와는 다른 운영기준을 설정하는 것은 개정법의 취지를 몰각할 위험이 있으므로 유의할 것, ④ 단, 계속고용을 하지 않기 위해서는 객관적으로 합리적인 이유가 있고, 사회통념상 상당하다고 인정되어야 한다는 점에 유의할 것 등에 대해 서술하고 있다.

위 지침에서 보듯이, 취업규칙에서 정한 해고 및 퇴직사유(연령에 관한 것은 제외)에 해당하는 경우에는 계속고용의 대상에서 제외할 수 있으므로, 일견 희망자 전원에 대해 65세까지 고용보장이 어렵지 않는가 하는 의문이 생길 수도 있다. 하지만, 이는 역설적으로 취업규칙에서 정한 해고 및 퇴직사유에 해당하지 않는 경우에는 당연히 계속고용이 보장되며, 이를 거부하기 위해서는 '객관적 합리성 및 사회적 상당성'이라는 소위 '해고권남용법리'에 따른 정당성이 요구된다(이 부분은 노동계약법 제16조로부터 인용한 것으로 추측됨).

6. 소 결

위의 비교법적 검토에서 보듯이, 외국의 정년제도는 각국의 고용환경과 노사관계 및 고용 관련 법제의 차이에 따라 상이한 특징을 보이고 있다. 예를 들어 일정 연령에 달한 근로자에 대한 강제퇴직을 연령차별로 보아 정년을 폐지한 경우(미국, 영국)가 있는가 하면, 법으로 정년 및 고용을 연장하거나 이를 규제하는 경우(프랑스, 독일, 일본)가 대표적이다.

한편, 우리나라의 경우에는 위에서도 언급했듯이, 장기적으로는 정년제를 금지 또는 폐지하는 방향이 옳겠지만, 아직까지는 임금체계가 연공급적인 성격이 강하게 남아 있으므로 일률적 정년제가 더 합리적이고 공정하다는 노사 간 인식이 강하다. 따라서 정년을 당장 폐지하기보다는 정년제를 공적 연금의 수급연령과 연계하여 규제하는 방법이 더 효율적이라 생각된다. 특히, 일본의 노사관계 및 노동 관련 법제는 우리나라와 매우 유사하므로, 우리나라의 정년연장에 따른 문제점을 해결함에 있어 시사점이 풍부하다고 판단된다.

Ⅳ. 정년연장에 따른 주요 법적 쟁점과 과제

위의 외국법제의 사례에서도 보듯이, 고령자들의 고용문제 및 정년연장을 기업차원에서만 해결하기에는 한계가 있으므로 많은 국가에서는 고령사회에 대비하여 고령자들의 고용을 촉진하기 위하여 정부차원에서 다양한 고용정책을 실시하고 있음을 확인하였다.

우리나라에도 고령자고용 및 정년연장과 관련하여 연공서열적 임금체계가 가장 큰 장애가 되고 있다고 판단하고 임금체계의 개편 및 고령자고용에 따른 금전적 보상을 중심으로 논의가 진행되어 왔다. 하지만 고령자고용 문제에 보다 효율적으로 대응하기 위해서는 이들 이외에도 고령자에 대한 배치·전환을 비롯하여 교육훈련, 탄력적 근로시간제 및 경이한 업무로의 전환배치 등 다양한 접근이 필요하다고 생각된다. 이하, 이 문제에 대해 검토하고자 한다.

1. 정년연장의 고용형태

고령자법은 법정 정년을 60세 이상으로 해야 한다는 원론적인 규정을 두고 있을 뿐, 정년연장에 따른 고용형태를 어떻게 해야 할 것인가에 대해서는 아무런 언급을 하고 있지 않다. 이는 일본에서 65세까지 고용을 확보하기 위하여 사업주로 하여금 ① 정년을 상향 조정할 것, ② 계속고용제도를 도입할 것, ③ 정년에 대한 규정을 폐지할 것 중 어느 하나를 선택하도록 다양한 옵션을 두고 있는 입법적 태도와는 사뭇 다르다.[20] 따라서 우리나라에서는 회사를 신규로 설립하는 경우에는 별론으로 하더라도 기존의 정년을 연장하는 경우에 연장되는 부분의 고용관계를 어떻게 설정할 것인지는 원칙적으로 노사가 자율적으로 선택할 수 있다. 따라서 예를 들어 현재 55세 정년제를 도입하고 있는 기업이 고령자법에 따라 정년을 55세에서 60세로 연장하는 경우, 연장되는 부분의 고용형태를 어떻게 설정할 것인가가 문제가 될 수 있다.

이에 대해서는 ① 임금체계 및 근속에 따른 호봉체계 등 기존의 근로조건을 그대로 유지한 채 정년만 연장하는 방법, ② 정년 후 계속적 고용의 연속성을 인정하면서도 임금체계의 개편을 동반하는 방법, ③ 기존의 정년(55세)에서 일단 종전의 근로계약관계를 종료하여 퇴직금 등을 정산한 다음, 60세까지는 새로운 고용형태(촉탁 등) 및 임금체계 하에서 고용하는 방법 등이 있을 수 있다.

근로자의 입장에서 보면, 위의 방법 중 ①의 경우와 같이 근로조건은 그대로 유지한 채 정년만 연장하는 방법이 가장 유리하겠으나, 기업으로서는 상당한 재정적 부담이 수반되기 때문에 기업은 대개 ②③을 선호할 것으로 예상된다.[21] 이에 대해 고령자법은 정년을 연장하는 사업주와 근로자의 과반수로 조직된 노동조합(또는 근로자 과반수를 대표하는 자)은 '임금체계 개편 등 필요한 조치'를 하여야 한다는 추상적 규정만을 두고 있을 뿐이다(제19조의2 제1항). 이 규정에 따르면, 정년연장에 따른 임금체계 개편 등의 의무를 사용자 및 노동조합(또는 근로자 과반수 대표자)에게 부여하고 있으므로, 노사는 자율적으로 취업규칙이나 단체협약을 개정하여 임금체계 등을 개편하도록 노력하여야 한다.

여기서 문제는 노사가 정년연장을 위한 임금체계 등의 개편에 합의를 하지

---

20) 우리보다 한발 앞서 '60세 정년제'를 도입한 일본에서는 1994년에 '60세 정년제'를 도입한 지 20년 만인 2013년 4월부터 '65세까지 정년 또는 고용 연장'을 의무화하는 법의 시행에 들어갔다. 일본의 「고령자 등의 고용의 안정 등에 관한 법률(高齢者等の雇用に安定等に関する法律)」 제9조(고령자 고용확보조치)에 의하면, '정년을 정하고 있는 사업주는 ① 당해 정년의 연장, ② 계속고용제도(현재 고용하고 있는 고령자가 희망할 때에는 당해 고령자를 그 정년 후에도 계속하여 고용하는 제도)의 도입, ③ 당해 정년규정의 폐지 중 하나를 선택할 수 있도록 하고 있다.

21) 일본에서는 기존의 법정 정년인 60세에 도달하면, 일단 고용관계를 종료하여 퇴직금 등을 모두 청산한 후 65세까지 1년 단위의 촉탁의 형태로 계속적으로 고용하는 경우가 대부분이라고 한다. 일본의 후생노동성이 2011년 6월에 실시한 고령자에 대한 고용상황에 대한 조사를 보면, 상시 근로자 31명 이상 기업의 경우 95.7%가 이미 65세까지 고용확보조치를 실시하고 있으며, 미실시 기업은 4.3%에 불과한 것으로 나타나고 있다. 이미 고용확보조치를 실시하고 있는 기업의 경우, 정년규정을 폐지한 기업은 2.8%, 정년을 상향 조정한 기업은 14.6%에 불과한데 비해, 계속고용제도를 도입한 기업이 82.6%로 압도적으로 많은 것으로 나타나고 있다.

못한 경우, 기존의 임금체계는 그대로 유지되는지, 그리고 임금체계의 변경과 관련되는 근로조건의 변경도 가능한지의 여부이다. 전자에 대해서는 정년규정의 해석상 이론의 여지가 없겠지만, 후자에 대해서는 '임금체계 등 필요한 조치'라는 포괄적 규정에 비추어 부정하기 어렵다고 본다. 그렇다면 60세까지 고용을 전제로 하는 한 종전의 정년이 도래된 시점에서 퇴직금을 일단 중간 정산한 다음, 나머지 기간에 대해서는 새로운 임금체계 하에서 고용을 연장하는 것도 가능할 것이다.[22] 단, 이 경우에는 근로계약을 반복·갱신하여 2년을 초과하더라도 고령자에 해당되기 때문에 '기간의 정함이 없는 근로계약'으로 간주되지는 않는다(기간제법 제4조 제1항 4호).

또한 고령자에 대한 60세 정년제의 실효성을 높이기 위해서는 일본과 같이 일정 연령 이후의 고령자에 대해서는 자기가 소속해 있는 회사뿐만 아니라 모기업이나 자회사(子会社), 협력회사 등과 같이 자사와 인사경영상 밀접한 관계에 있는 기업으로의 배치·전환 또는 전직을 허용하는 것도 검토할 필요가 있다. 이 중에서 전직(특히 전적)의 경우에는 근로계약상의 신분변동을 초래하기 때문에 이를 둘러싸고 노사 간에 분쟁이 발생할 소지가 있으므로 일본과 같이 입법적으로 해결하는 것도 하나의 방법이라 생각된다.

2. 재고용과 해고

위에서 검토한 정년연장의 고용형태와 관련하여 또 하나 문제가 되는 것은 모든 근로자에 대하여 60세까지 무조건 정년을 보장해야 하는 것인지, 아니면 일정한 요건에 미달하는 자에 대해서는 기존의 정년(예를 들어 55세) 이후의 재고용을 거부하거나 또는 해고할 수 있는지의 여부이다.

전자의 경우, 예를 들어 사용자가 기존의 정년에 이미 도달한 근로자와 60세까지 정년을 연장하는 계약을 체결하기에 앞서, 종전의 업무태도나 건강상태 등을 고려하여 근로자를 선별하여 계약을 체결할 수 있는지가 문제로 될 수 있다. 이와 관련하여 이미 많은 기업들이 기존의 정년이 도래한 이후에도 근로자

22) 기존의 퇴직금 중간정산제도는 2012. 7. 26.부터 폐지하였으나, 근로자퇴직급여 보장법 시행령(제3조)에서는 임금피크제를 실시하여 임금이 줄어드는 경우에는 퇴직금 중간 정산을 허용하고 있다.

가 원하는 경우에 특별한 결격사유가 없는 한 60세까지 촉탁의 형태로 재고용한다는 내용이 단체협약이나 취업규칙에 명문 또는 관행으로 확립되어 있는 경우도 있는데, 이러한 규정이나 관행은 고령자법상의 60세 정년규정에 어긋나지 않는지의 여부이다. 이에 대해서는 사용자가 임의로 기준을 정하여 재고용의 대상자를 자의적으로 선별하는 것(포지티브방식)은 법의 취지에 반하므로 허용이 되지 않는다. 이에 비해, 모든 근로자에 대해 60세 정년제의 적용을 전제로 하면서 현저하게 업무능력이 결여되거나 건강상태가 좋지 못한 근로자를 대상에서 제외시키는 것(네거티브방식)은 반드시 법의 취지에 반한다고 생각하지 않는다는 반론도 있을 수 있다. 하지만, 이러한 경우에도 60세 정년제를 의무화하고 있는 고령자법의 취지에 비추어 근로계약의 갱신은 사실상 해고에 해당하므로, 근로기준법 제23조의 해고의 요건(정당한 이유)을 갖춘 경우에만 허용된다. 아울러 정년을 60세 이하로 규정하고 있는 취업규칙이나 단체협약 등은 법에 위반되므로 60세 이상으로 상향 조정하는 것이 바람직하다.

후자의 경우, 60세에 도달하지 않는 근로자에 대해 연령을 이유로 해고하는 것은 60세 정년법제에 위반하여 허용되지 않지만, 그 외의 사유로는 해고하는 것은 무방하다. 예를 들어, 업무태도가 현저하게 불량하거나 건강상의 이유로 정상적인 업무에 종사하기 어려운 경우에는 해고가 가능함은 물론이다. 물론 이 경우에도 해고의 정당성은 종국적으로 근로기준법상의 해고규정(제23조)에 따라 판단되어야 할 것이다. 또한 사업주는 근로자가 고령자법에서 금지하는 연령차별행위에 대한 진정, 자료제출, 답변 · 증언, 소송, 신고 등을 하였다는 이유로 근로자에게 해고 등 불리한 처우를 할 수 없으며(동법 제4조의8), 이에 반하는 경우에는 2년 이하의 징역 또는 1천만 원 이하의 벌금에 처하게 된다(동법 제23조의3).

3. 임금체계의 개편

정년연장과 관련하여 이해 관계당사자 사이에 가장 첨예하게 의견이 대립되는 부분은 아마도 임금체계를 어떻게 설정할 것인가에 관한 부분일 것이다. 이에 대해 고령자법(제19조의2)은 '정년을 연장하는 사업 또는 사업장의 사업주와 근로자의 과반수로 조직된 노동조합(근로자의 과반수로 조직된 노동조합이 없는 경우에는 근로자의 과반수를 대표하는 자를 말한다)은 그 사업 또는 사업장의 여건에 따라 임금체계 개편 등 필요한 조치를 하여야 한다'는 포괄적이고 추상적으로만 규정하고 있다. 따라서 여기서 말하는 '임금체계 개편 등'이 무엇을 의미하는지가 명확하지 않고 노사 간 의견이 대립하고 있다. 이와 관련하여 지금까지 논의된 내용들을 종합해 보면, 정년연장의 전제로서 임금삭감을 동반하는 임금피크제의 도입 여부가 쟁점의 핵심이 되고 있는 듯하다. 우선 사용자 측에서는 정년연장은 생산성 하락과 인건비 증대로 상당한 기업부담으로 작용하기 때문에 정년연장의 전제로 임금삭감을 전제로 한 임금피크제의 도입을 포함한 임금체계의 개편을 주장한다. 이에 비해 근로자 측에서는 임금삭감을 전제로 한 임금피크제의 도입에는 원칙적으로 반대하는 입장이다. 또한 임금피크제의 도입 등 임금체계의 개편에 대해서는 노사 당사자뿐만 아니라 학자들 사이에도 견해가 대립되고 있어 향후 상당한 진통이 예상된다.[23)]

임금피크제가 무엇인지에 대한 명확한 개념이 존재하는 것은 아니다. 지금까지 소개된 임금피크제는 크게 '정년연장형'과 '정년보장형' 두 종류로 나뉜다. 정년연장형은 정년에 도달하기 이전 일정한 시점부터 임금을 삭감하는 대신 정년을 연장하여 전체적으로 기업이 부담해야 하는 임금총량을 비슷하게 하는 임금제도를 말하며, 이는 주로 일본의 기업이 고령사회에 대비하면서 한편으로는 연공서열식 임금체계에 따른 기업의 재정적 부담을 경감하기 위하여 도입·운영하고 있는 제도이다. 이에 비해 정년보장형은 단체협약이나 취업규칙에서 정하고 있는 정년을 보장해주는 대신에 일정한 연령부터 임금을 삭감하는 제도인데 실제로 임금삭감을 동반한다는 점에 있어 정년연장형과 다르며, 이 제도는 우리나라의 많은 기업들이 구조조정 및 인건비 절감의 수단으로 도입·활용된 측면이 강하다.[24)]

한편, 고령자법은 '정년을 연장하는 사업의 사업주와 노동조합 또는 근로자

---

23) 노동법학자 중에서 임금체계의 개선이나 임금피크제의 도입을 전제조건으로 한 정년연장에 반대하는 견해로는 조용만, "정년연장의 법적 과제", 『노동정책연구』 제12권 제3호(2012), 19면이 있으며, 역으로 찬성하는 견해로는 이승길, "고령자 고용촉진법에 따른 임금피크제에 관한 소고", 『임금체계 개편에 따른 법적 과제』(2013년 한국노동법학회 추계학술대회 자료집), 77면이 있다.

24) 이에 대해서는 박종희, "임금피크제의 허와 실", 『노사관계연구』 제14권 제2호(2004), 33면 이하 참조.

과반수를 대표하는 자는 임금체계의 개편 등을 하여야 한다'는 의무조항을 두고 있을 뿐, 구체적으로 임금체계를 어떻게 개편해야 할지에 대해서는 아무런 언급을 하고 있지 않으며, 또한 노사 당사자가 이를 이행하지 않는 경우 임금체계의 개편을 강제할 방법이 없다. 결국 노사 당사자가 정년연장에 따른 부담을 최소한으로 하면서 60세 정년제가 연착륙할 수 있도록 노사가 합의로 임금체계를 개편하는 것이 바람직하지만, 근로자 측에서 동의하지 않는 경우에는 사용자 측에서 취업규칙을 변경하여 임금피크제의 도입을 강행할 가능성을 배제하기 어렵다. 그러나 이 경우도 기존의 임금체계의 개편에 대해 근로자 측이 자기에게 불리하다고 주장하는 경우에는 취업규칙의 불이익 변경에 해당하므로 사용자는 당해 취업규칙을 변경함에 있어 해당 사업 또는 사업장에 근로자의 과반수로 조직된 노동조합이나 근로자의 과반수의 동의가 필요하다. 따라서 과반수 노동조합이나 근로자 과반수의 동의를 얻지 못하는 경우에는 실질적으로 임금피크제의 도입을 포함한 임금체계의 개편은 어렵게 된다. 물론 임금피크제 도입 등과 같은 임금체계의 개편이 연공급적인 성격이 아직 강하게 남아있는 현실[25]과 점점 심화되고 있는 고령사회에 대비하여 고령자들의 고용을 안정적으로 확보하기 위한 정책적 배려에 의한 것이라면 '사회통념상 합리성'이 인정되어 근로자의 집단적 의사결정방식에 의한 동의 없이도 변경할 수 있는 여지도 있다. 하지만 지금까지 취업규칙의 불이익변경과 관련하여 사회통념상 합리성이 인정된 사례가 거의 없을 뿐만 아니라, 이를 사용자 측에서 입증하는 것도 현실적으로 그리 만만치가 않다.

또한 기업이 임금피크제를 어렵게 도입하였다 하더라도 적용대상자에게 적합한 직무 및 직종개발을 하지 않으면 과거 경험으로 보아 정착하기 어려울 뿐만 아니라 자칫하면 '동일노동 동일임금'에도 반할 소지가 있으므로 새로운 임금체계의 적용자에게 적합한 직종 또는 직무를 지속적으로 개발하여 고령자 고용을 촉진시키고 유지할 필요가 있다.[26]

---

25) 한국노동연구원이 임금의 연공성을 국제 비교한 자료에 의하면, 우리나라 관리·사무·기술직 근속 1년 미만 근로자의 임금수준을 100으로 했을 때 근속연수 20년 이상인 근로자의 임금수준이 218.0으로 나타나고 있다. 이는 프랑스(131.0), 독일(126.9), 영국(101.7) 등 유럽에 비해 월등히 높고 임금의 연공성이 크다고 하는 일본(214.7)보다도 높다(『매일경제』 2013. 11. 6).

26) 고용노동부의 실태조사에 의하면, 임금피크제를 도입·운용하는 과정에서 나타난 문제점을 유형별로 보면, ① 임금피크제 도입대상자의 사기 및 생산성 저하(37.1%), ② 능력자도 일정 연

4. 근로조건의 변경과 변경해지고지

인간은 고령화가 진행됨에 따라 체력적인 열세 등으로 젊었을 때에 비해 노동생산성이 감소하는 것이 일반적인 현상일 것이다. 물론 고령자라 하더라도 종사하는 직종에 따라 또는 건강상태에 따라 다소 개인적인 차는 있을지언정 이를 부정하기는 어렵다. 이러한 이유 때문에 기업은 대체로 고령자의 정년연장에 소극적일 수밖에 없으며, 또한 과거 IMF 경제위기 시에 보았듯이 기업이 불가피하게 구조조정을 해야 할 경우에는 고령자들을 우선적으로 해고의 대상으로 삼고 있는 것이다. 고령자법이 60세 정년을 의무화함에 따라 공기업을 비롯한 일부 기업에서는 정년법제가 효력을 발휘하겠지만, 상당수의 민간 기업에서는 기존의 정년마저 지켜지지 않고 있는 현실을 감안할 때 과연 60세 정년의 법제화가 얼마만큼 실효성이 있을지 의문이다. 이러한 상황을 고려해 볼 때 고령자의 능력을 고려하여 이에 맞게끔 근로조건을 합리적으로 변경할 수 있는 제도적 장치가 보완된다면 정년연장에 따른 조기퇴직 등의 부작용을 한층 줄일 수 있으리라 판단된다. 현행법제 하에서 우선 생각할 수 있는 것이 취업규칙이나 단체협약을 통하여 근로조건의 변경하는 것이다. 하지만, 양자 모두 집단적 근로조건의 변경을 전제로 한 것일 뿐 아니라 근로자 측의 동의가 없으면 근로조건을 변경하기가 어렵다는데 한계가 있다. 그 다음에 배치전환을 통하여 개별적 근로조건을 변경하는 방법도 생각할 수 있으나, 이 역시 절차가 번거로울 뿐만 아니라 해당 근로자가 배치전환을 정당화시킬만한 업무상의 필요성이 없는 한 인정되기 어렵다. 그렇다고 해서 기업이 업무능력이 다소 떨어지는 고령자를 쉽게 해고할 수 있는 것도 아니다. 해고 대상 근로자에게 이렇다 할 비리나 과실이 있음을 회사가 입증하지 않는 한 근로기준법이 요구하는 해고요건의 높은 허들을 넘기가 어렵기 때문이다.

이러한 점을 고려할 때, 독일 등에서 이용되고 있는 '변경해지고지 제도(Änderungskündigung)'를 근로조건 변경의 대안으로 활용하는 것도 고려해 볼

령에 도달하면 무조건 임금피크제의 적용대상이 됨(33.3%), ③ 임금피크제 대상자에게 적합한 직무 및 직종 개발의 어려움(32.4%), ④ 임금삭감에 따른 소득감소를 우려하여 근로자들이 반대함(31.4%), ⑤ 인건비 절감효과 미흡(27.6%)의 순으로 나타나고 있다(고용노동부, 『임금피크제 실태조사』, 2008).

만하다. 이 제도는 변경된 근로조건으로 근로관계를 지속하기 위한 목적으로 하는 해고의 의사표시인데, '기존 근로관계의 종료'와 '변경된 근로관계의 계속적 청약'이라는 서로 다른 두 개의 법률행위를 통합하여 하나의 법률상 개념으로 완성한 것이다.[27] 변경해지고지의 방법으로는 ① 근로조건의 변경을 신청하면서 이를 수용하지 않을 경우에는 근로계약을 해지하는 것과, ② 새로운 근로조건 하에서의 재고용을 신청하면서 이를 수용하지 않을 경우에는 근로계약을 해지하는 것 등 여러 가지가 있을 수 있다. 변경해지고시는 사용자가 일방적으로 근로조건을 변경하는 것이 아니라 근로자의 승낙을 전제로 하고 있다는 점에서 사용자가 일방적으로 취업규칙의 변경을 통하여 변경된 근로조건을 강요하는 것을 보완할 수 있다. 또한 변경해지고지 제도 하에서는 근로자가 근로계약을 유지하기 위하여 변경된 근로조건에 대해 이의를 유보한 채 일단 이를 수용한 다음, 최종적으로는 사법부의 판단을 통하여 정당성을 확인하는 절차를 거친다는 점에 있어서, 변경된 근로조건과 해고 중 어느 하나를 선택해야만 하는 극단적 상황에서 완충기능을 할 수 있으리라 기대된다. 다만, 변경해지고지 제도는 자칫 구조조정의 방편으로 악용될 가능성이 있으므로 고령자들의 고용을 촉진 또는 유지하기 위해서만 활용될 수 있도록 규제할 필요가 있다.

5. 시간선택제의 활용 가능성

정년연장과 관련하여 최근 공무원을 중심으로 논의되고 있는 '시간선택제 근로자제도'를 고령자들의 고용에 활용하는 것도 검토해볼 필요가 있다. 이 제도는 주로 육아 때문에 직장을 그만 둔 여성근로자들을 일 · 가정의 양립을 꾀하면서 다시 산업현장으로 유도하기 위한 목적으로 근로자와 사업주가 협의를 통하여 대략 주 20시간(하루 4시간)의 범위 내에서 업무특성 및 근로자 개인의 필요에 따라 오전, 오후, 야간, 격일 등 다양하게 근무시간대를 선택할 수 있도록

---

27) 독일의 해고제한법 제2조에서는 '변경해지고지 제도(Änderungskündigung)'라는 제목 하에 사용자가 근로관계를 해지하고 근로자에게 그 해지와 관련하여 변경된 근로조건으로 근로관계의 계속을 청약한 경우, 근로자가 근로조건의 변경이 사회적으로 정당하지 않은 것이 아니라는 유보 하에 승낙할 수 있으며, 사용자에 대한 유보는 해지기간 내에 늦어도 해고가 이루어진 날로부터 3주 이내에 표시하여야 한다고 규정하고 있다. 독일의 변경해지고지 제도에 대해서는 김성권, "독일 변경해지제도에 대한 소고", 『노동법논총』 제24집(2012) 참조.

하는 제도를 말한다.[28] '시간선택제 근로자'란 '1주 동안의 소정근로시간이 그 사업장에서 같은 종류의 업무에 종사하는 통상 근로자의 1주 동안의 소정근로시간에 비하여 짧은 근로자'를 의미한다는 점에서 현행 '기간제 및 단시간근로자 보호 등에 관한 법률(이하 '기간제법'이라 함)' 제2조 제2호 및 근로기준법 제2조 제1항 제8호의 규정에 의한 단시간근로자와 같은 개념이라 할 수 있다. 다만, 기간제법상의 단시간근로자는 기본적으로 비정규직을 전제로 하고 있는 것에 비해 시간선택제 근로자는 근무시간에 비례하여 승진, 보수 등이 이루어지고 정년이 보장된다는 점에서 다소 차이가 있다.[29]

이 제도는 근로자의 자발적 선택에 의하여 고용이 안정되고 근로조건에 있어서 차별이 없으며 근로조건을 비롯하여 사회보험, 사내복지, 교육훈련, 승진(승급)에서 정규직과 차별을 두지 않고 무엇보다도 정년이 보장된다는 의미에서 고령자들의 정년연장 및 퇴직준비 등에 활용할 여지가 높다고 판단된다. 특히 시간선택제는 근로자의 입장에서는 가령(加齡)으로 인한 정신적・육체적 한계를 보완함과 동시에 다소 여유로운 직장생활을 영위할 수 있다는 장점이 있으며, 기업의 입장에서도 정년연장으로 인한 기업의 재정적 부담을 완화시킬 수 있다는 장점이 있어 활용가능이 충분히 있다고 생각된다. 다만, 시간선택제는 근로시간 단축에 따라 적용 대상자에 대한 임금조정이 불가피하기 때문에 근로자 측에서 이에 부정적일 수도 있으며, 사용자 또한 단시간근로자에게 정규직과 동일한 복리후생 등을 요구하게 되면 동 제도의 도입에 소극적일 수도 있으므로, 향후 노사 간의 이해관계가 상충하는 부분에 대한 '균등처우 및 비례보호의 원칙'에 입각하여 적절하게 조정함과 동시에 이 제도의 도입취지와 내용 및 효과 등에 대한 충분한 설명을 통하여 노사 간에 공감대를 형성하는 것이 무엇보다 중요한다고 생각된다. 따라서 시간선택제를 효율적으로 이용하기 위해서는 독일처럼 고령자의 경우에는 정년 또는 연금수급연령에 도달할 때까지 근로시간 단

---

28) 정부가 현재 공무원을 대상으로 추진하고 있는 시간선택제에 대한 개념은 아직까지 정립되어 있지 않다. 본고에서 말하는 시간선택제란 행정안전부가 현재 일반직공무원을 대상으로 실시하고 있는 시간선택제의 개념을 인용한 것이다(http://www.mospablog.net/11811029).

29) 공무원 중에는 이미 시간선택제로 근무를 하는 경우도 있다. 하지만 이들은 본인의 필요에 따라 시간선택제 근무를 신청하여 근무하게 된 전일제 공무원이거나 시간선택제 계약직공무원으로 채용된 경우이다. 따라서 처음부터 시간선택제로 근무할 것을 예정하여 신규채용되는 '시간선택제 일반직 공무원제도'는 도입되지 않은 상태이다(http://www.mospablog.net/11811029).

축으로 인한 임금차액분을 보상 또는 지원해주는 것도 검토할 필요가 있다.

6. 경이한 업무로의 배치전환 및 고용지원금

정년연장으로 인한 고령자고용을 보다 실효성 있게 하기 위해서는 고령자가 개인적 사정(건강상태 등)으로 종전보다 경이한 업무로의 전환을 요구하는 경우에는 사업주는 특별한 사정이 없는 한 이를 수용하도록 할 필요가 있다.

현행 근로기준법은 임산부를 보호하기 위하여 '임산부의 요구가 있는 경우에는 사용자로 하여금 쉬운 종류의 근로'로 전환하도록 하는 규정을 두고 있으며(제74조 제5항), 이에 위반할 시에는 2년 이하의 징역 또는 1천만원 이하의 벌금에 처하도록 하고 있다(제110조 제1호). 고령자의 경우에도 임산부에 준하여 보호할 필요성이 있으므로 고령자법에 이를 제도화할 필요가 있다고 생각된다.

아울러 고령자를 고용하는 기업에 대한 고용지원금 지급을 확대하는 것도 필요하다. 고령자지원금은 신규로 고령자를 채용하는 경우뿐만 아니라, 정년 후 재고용이나 정년연장의 경우에도 그 대상으로 하며, 특히 임금피크제 등과 같은 임금체계의 개편으로 임금이 줄어드는 경우에는 이에 대한 금전적 보상을 하여 산업현장에서 정년연장이 연착륙할 수 있도록 할 필요가 있다.

Ⅴ. 결 론

최근 우리나라에서도 신정부의 국정과제로 정년연장이 또다시 이슈로 등장하고 있다. 현재 진행 중인 우리나라의 고령화 추세를 반영한다면, 우리도 하루속히 60세 정년제가 연착륙할 수 있도록 후속조치에 대해 심도 있게 고민해야 할 때이다. 하지만, 사업주에게만 정년연장을 강요하는 하는 것은 우리에 앞서 60세에서 65세 정년제를 도입한 일본의 경험에서 보듯이 자칫 기업의 경쟁력을 저하시키고, 청년들과 일자리를 둘러싸고 세대 간 갈등을 유발할 수도 있으므로 신중한 접근이 필요하다. 특히 우리나라에서는 일본과는 달리 단체협약이나 취업규칙 등에서 정년을 정하고 있음에도 불구하고 실제로는 정년이 지켜지지 않는 경우가 다반사이므로 설사 '65세 정년제'가 도입된다 하더라도 얼마나 실효성이 있을지는 의문이다. 따라서 일본의 경우를 타산지석으로 삼아 두 마리의 토끼를 잡을 수 있도록 합리적으로 제도를 설계할 필요가 있다.

본고에서는 60세 정년시대를 맞아 예상되는 법적 쟁점과 문제점에 대해 주로 노동법적 관점에서 검토를 하였는데, 이를 요약하면 다음과 같다.

첫째, 60세 정년제를 정착시키기 위해서는 고령자의 고용형태 및 근로조건을 유연하게 운용할 필요가 있다. 구체적으로는 정년연장에 따른 기업의 경제적 부담을 고려하여 임금피크제를 비롯하여, 퇴직금 중산청산, 자회사 등과 같은 관련기업으로의 배치전환, 시간선택제의 등의 제도를 적극적으로 활용할 필요가 있다.

둘째, 고용형태 및 근로조건에 있어 유연성을 추구하다보면 자칫 고령근로자들의 삶의 질이 저하될 우려가 있으므로, 고용형태의 변경이나 근로시간 단축 등으로 인하여 감소되는 소득분에 대해서는 이를 보상하는 제도 설계가 필요하다. 또한 고령근로자들에게 적합한 직무 및 직종을 개발하고, 경우에 따라서는 직업훈련을 통하여 새로운 환경에 적응할 수 있도록 지원할 필요가 있다.

마지막으로 우리나라의 고령화 속도를 감안할 때 정년 60세의 법정화는 매우 시의적절한 입법이라고 생각한다. 그러나 우리나라의 경우에는 위에서 검토한 선진국과는 달리 정년연장에 대한 체계적이고 치밀한 준비 없이 입법을 하였기 때문에 많은 문제와 과제가 산적해 있음은 지적한 바와 같다. 만시지탄이지만 위에서 지적한 부분에 대한 법제도적 보완이 시급하다. 아울러 유래 없는 스피드로 진행되고 있는 고령사회 및 평균수명의 연장에 대비하여 60세 정년제에 안주하지 말고 65세 또는 그 이상까지 일할 수 있도록 미리 준비할 필요가 있다. 인간 100세 시대가 재앙이 아닌 축복이 되기 위해서는 정년연장은 이미 선택사항이 아니라 필수사항이 되었다.

[참고문헌]

강희원, “정년제에 대한 법적 재고”, 『경희법학』, 제47권 제4호, 2012.

고준기, “기업의 정년제를 둘러싼 법적 쟁점”, 『기업법연구』, 제17집, 2004.

구건서, “정년연장 법제화의 해석상 쟁점과 기업의 대응”, 『임금연구』, 제21권 제3호, 2013.

구미영, “영국 평등법 개정의 주요 내용”, 『국제노동브리프』, 2011. 3월호.

김성권, “독일 변경해지제도에 대한 소고”, 『노동법논총』, 제24집, 2012.

김정한, “임금피크제 도입실태 및 정책과제”, 『노동리뷰』, 2008. 3월호.

노동부, 『정년 및 임금피크제 도입현황과 과제』, 2010.

노상헌, “정년연장에 관한 논의와 평가”, 『노동법논총』, 제28집, 2013.

박종희 외, 『고령자고용과 정년제의 법적 과제』, 한국법제연구원, 2003.

박종희, “임금피크제의 허와 실”, 『노사관계연구』, 제14권 제2호, 2004.

박준성, “포스코의 정년연장형 임금피크제 사례”, 『산업관계연구』, 제22권 제4호, 2012.

방하남 외, 『베이비붐 세대의 근로생애와 은퇴과정 연구』, 한국노동연구원, 2011.

손영우, “프랑스의 퇴직연금제도 개혁과 퇴직연령 연장”, 『국제노동브리프』, 2010.

심재진, “한국과 영국의 연령차별금지법의 비교”, 『노동법학』, 제35권, 2010.

유각근, “미국의 연령차별 금지법”, 『미국헌법연구』, 제22권 제3호, 2011.

이 정, “일본의 ‘65세 법정 정년제’의 도입배경과 주된 내용”, 『노동법률』, 2013.

이기한, “정년제의 법제화 논의에 대한 법적 타당성 연구”, 『노동법학』, 제36호, 2010.

이승계, “정년연장과 인적자원관리 전략”, 『임금연구』, 제21권 제2호, 2013.

이승길, “고령사회에서의 정년연장 법제화에 관한 연구”, 『서강법률논총』, 제2권 제1호, 2013.

이철수, “고령자 고용과 정년제의 법적 과제”, 『노동법연구』, 제15호, 2013.

조성혜, “독일의 고령자 고용촉진법제”, 『노동법학』, 제29호, 2009.

조용만, “정년연장의 법적 과제”, 『노동정책연구』, 제12권 제3호, 2012.

최영준, “영국정년제도의 변화: 배경과 함의”, 『국제노동브리프』, 2010. 10월호.

Ascheid/Preis/Schimdt, kündigungsrecht, 2. Aufl., 2004

Adomeit, kündigung und kündigungsshutz im Arbeitsverhältnis, 1962

Blanpain, Roger, and Hanami, Tadashi(eds.)(1994) Employment Security, Peeters.

Christopher Osam, Butterworths Employment Law Guide, Butterworths, 1996.

David Lewis/Malcolm Sargeant, Essentials of Employment Law, 6th. ed., 2000.

D. J. Lockton, Employment Law 4th ed. Palgrave Macmillan, 2003.

Erich Suter, The Employment Law Checklist, 5th. ed.,1992.

Hanau/Adomeit, Arbeitsrecht, 11. Aufl., 1994

H.Collins et al., Labour Law Text and Materials, Hart Publishing, 2001.

Hanau/Adomeit, Arbeitsrecht, 2000.

J. Bowers, Textbook on Labour Law 8th ed., Oxford University Press, 2004.

John Bowers, Termination of Employment, 2nd. ed., 1988.Office.

Ostheimer/Wiegand/Hohmann, Der ehrenamtliche Richter beim Arbeits－und Sozialgericht, 8. Auflage, 1991.

Jean Pélissier/Alain Supiot/Antoine Jeammaud, Droit du travail, 20 éd., 2000.

Mark A. Rothstein/Lance Liebman, Employment Law－cases and materials, 4th. ed., 2000.

Mémo social 2004, Ed. liaisons.

OECD, Employment Outlook, June, 1999.

Steven D Anderman, Labour Law: Management decisions and workers' rights, utterworths, 1993.

Zöllner/Loritz, Arbeitsrecht, 5.Auflage, 2000.

荒木尚志,『労働法(第2版)』, 有斐閣, 2013.

大内伸哉,『労働保護法の展望』, 日本労働研究雑誌, 470号, 1999.

奥田香子,『整理解雇の事案類型と判断基準』, 日本労働法学会誌, 98号, 2001.

唐津博,『長期雇用慣行の変容と労働契約法理の可能性』, 日本労働法学会誌, 87号, 1996.

小嶌典明, "第4章 2. 内部労働市場と関わる法",『労働移動・労働市場に関する

機能研究報告』, Works研究所, Vol.3(http://www.works－i.com/pdf.wt_repo03c.pdf), 2000.
大内伸哉,『労働保護法の展望』, 日本労働研究雑誌, 470号, 1999.
下井隆史,『労働基準法(第3版)』, 有斐閣, 2001.
菅野和夫,『労働法(第10版)』, 弘文堂, 2012.
諏訪康雄,『整理解雇をめぐる法的問題について』, 中央労働時報, 956号, 1999.
土田道夫,『解雇権濫用法理の法的正当性』, 日本労働研究雑誌, 491号, 2001.
西谷敏,『労働組合法(第3版)』, 有斐閣, 2012.
藤原稔弘,『整理解雇法理の再検討』, 日本労働研究雑誌, 491号, 2001.
村中孝史,『人事制度の多様化と解雇の必要性判断』, 季刊労働法, 196号, 2001.
山川隆一,『雇用関係法(第2版)』, 新世社, 2010.
李　鋋,『解雇紛争解決の法理』, 信山社, 2000b.
水町勇一朗,『労働法(第2版)』, 有斐閣, 2008.
和田肇,『整理解雇法理の見直しは必要か』, 季刊労働法, 196号, 2001.
島田陽一, “フランスの解雇規制の概要”,『世界の労働』, 50巻 7号, 2000.
野田進,『労働契約の変更と解雇』, 信山社, 1997.
小宮文人,『英米解雇法制の研究』, 信山社, 1992.
中窪裕也,『アメリカ労働法』, 弘文堂, 1995.
樋口美雄,『雇用と失業の経済学』, 日本経済新聞社, 2001.
八代尚宏,『雇用改革の時代』, 中公新書, 1999.
毛塚勝利, “賃金処遇制度の変化と労働法学の課題”,『日本労働法学会誌』, 89号, 1997.
日本労働研究機構,『「雇用をめぐる法と経済」研究報告書』, 2001.
藤川久昭, “変更解約告知をめぐる法的状況”,『日本労働法学会誌』, 88号, 1996.

임금체계 개편과 취업규칙 변경

– 취업규칙 변경법리에 관한 비교법적 검토를 중심으로 –

Ⅰ. 들어가는 말

국회는 2013. 4. 30. 본회의에서 '고용상 연령차별금지 및 고령자고용촉진에 관한 법률'(이하 '고령자법') 개정을 통하여 정년 60세 제도를 도입하였다. 우리나라가 정년 60세제를 도입하게 된 배경에는 유례없이 빠르게 진행되고 있는 고령사회에 대응하는 한편, 근로자의 고용안정과 생산 가능 인구 부족현상에 대비하기 위하여 그동안 자율적으로 정해오던 정년을 60세로 연장함과 동시에 노사에게 임금체계 개편의무를 법제화하였다. 2016년부터는 300명 이상 사업장과 공기업에 대해, 그리고 2017년부터는 300인 미만의 사업장과 중앙 지자체 정부기관에 대해서도 점진적으로 의무화되게 되었다.

따라서 지금까지는 기업이 임의로 정해온 정년을 법정 정년제의 도입에 맞추어 60세로 연장하는 한편, 임금체계 개편을 위해 단체협약을 비롯하여 취업규칙, 근로계약을 새로 체결하거나 변경하여야 한다. 특히 우리나라의 경우에는 연공서열형 임금체계를 기본으로 하는 기업이 많기 때문에, 정년연장에 따른 코스트의 부담을 줄이고 신규고용을 창출하기 위해서는 임금체계의 개편이 불가피하다.[1] 이는 후술하듯이 우리와 비슷한 경험을 한 일본의 경우를 보면 더욱 분명해진다.

---

1) 한국노동연구원이 임금의 연공성을 국제 비교한 자료에 의하면, 우리나라 관리·사무·기술직 근속 1년 미만 근로자의 임금수준을 100으로 했을 때 근속연수 20년 이상인 근로자의 임금수준이 218.0으로 나타나고 있다. 이는 프랑스(131.0), 독일(126.9), 영국(101.7) 등 유럽에 비해 월등히 높고 임금의 연공성이 크다고 하는 일본(214.7)보다도 높다(『매일경제』2013. 11. 6).

그럼에도 불구하고 임금체계 개편을 둘러싸고 노사의 의견이 극심하게 대립하고 있다.[2] 임금체계의 개편은 중요한 근로조건에 대한 변경을 가져오므로 노사가 합의를 통하여 실현하는 것이 가장 바람직하다. 하지만, 현행 고령자법은 60세 정년제의 도입과는 달리, 임금개편에 대해서는 이를 강제하고 있지 않아, 법개정으로 인한 정년연장을 기득권으로 생각하는 노동계는 임금삭감을 동반하는 소위 '임금피크제'의 도입에 원천적으로 반대하고 있다. 이에 기업은 취업규칙 변경을 통하여 임금체계의 개편을 꾀하고 있으나, 노동단체는 취업규칙을 불이익하게 변경하는 것에는 동의할 수 없다고 하여 노사 간 갈등이 계속되고 있다.

이에, 본고에서는 위와 같은 문제의식을 기초로 하여 임금체계 개편을 위한 법적 쟁점과 과제에 대해 검토하고자 한다. 구체적으로는 첫째, 임금체계 개편과 고용형태에 알아본 다음, 둘째, 임금피크제 도입을 위한 취업규칙 변경이 불이익 변경에 해당되는지, 이 경우 사회통념상 합리성이 인정되는지에 대해 검토한다. 그리고 마지막으로는 우리와 비슷한 경험을 한 일본과의 비교법적 관점에서 우리가 안고 있는 문제의 해결에 대한 시사를 얻고자 한다.

Ⅱ. 임금체계 개편을 위한 법적 쟁점과 과제

현행 고령자법(제19조의2)에 의하면, 「정년을 연장하는 사업 또는 사업장의 사업주와 근로자의 과반수로 조직된 노동조합(근로자의 과반수로 조직된 노동조합이 없는 경우에는 근로자의 과반수를 대표하는 자)은 그 사업 또는 사업장의 여건에 따라 임금체계 개편 등 필요한 조치를 할 것」을 규정하고 있으며(제1항), 이때 「고용노동부장관은 필요한 조치나 임금체계 개편 등을 한 사업 또는 사업장의 사업자나 근로자에게 고용지원금이나 임금체계 개편 등을 위한 컨설팅 등 필요한 지원」을 할 수 있도록 규정하고 있다(제2항, 제3항).

이와 같이 고령자법은 임금체계 개편 등을 노사에게 의무화하고 있으나, 이

---

2) 고용노동부는 2015. 5. 28. 임금체계 개편을 위한 '취업규칙 변경 가이드라인'을 마련한 뒤 이에 대한 공정회를 개최할 계획이었지만, 한국노총 및 민주노총은 이를 "정부의 노동시장 구조 개편 강행을 위한 요식행위"라고 하면서 강하게 반발하여 무산된 경위가 있다.

는 강행규정이 아닌 만큼 노사합의를 거치지 않는 한 이를 실현하기 어렵다. 물론 과반수 노조나 근로자가 취업규칙 불이익 변경에 반대하는 경우에도 '사회통념상 합리성'이 인정되면 변경된 취업규칙의 효력을 인정하는 판례법리가 유지되고 있지만, 이 법리는 강행법규의 적용을 배제하는 예외적인 해석인 만큼 매우 엄격하게 해석하고 있는 게 현실이다. 이에 정부는 임금피크제 도입에 대한 가이드라인을 마련하여 취업규칙의 변경에 대한 판단기준을 제시했지만, 이 역시 노동계의 거센 반발에 부딪히면서 답보상태에 빠져 있다.[3)]

이하에서는 정년제의 도입 및 임금체계의 개편을 위해 취업규칙을 변경하는 경우, ① 이것이 '취업규칙의 불이익 변경'에 해당되는지, ② '사회통념상 합리성'이 인정되는지에 대해 검토하고자 한다. 다만, 정년연장에 따른 고용형태의 변경은 임금체계의 개편과 불가분의 관계에 있으므로, 취업규칙의 변경 문제에 대해 본격적으로 논하기 전에 임금체계 개편과 고용형태에 대해 개략적으로 언급하고자 한다.[4)]

1. 임금체계 개편과 고용형태

현행 고령자법은 정년을 60세 이상으로 해야 한다는 원론적인 규정만 두고 있을 뿐, 이에 따른 고용형태를 어떻게 해야 할 것인가에 대해서는 아무런 언급을 하고 있지 않다. 노사자율에 맡기고 있는 것이다. 우리에 앞서 정년을 순차적으로 연장해온 일본의 경우에는, 65세까지 고용을 확보하기 위하여 사업주로 하여금 ① 정년을 상향 조정할 것, ② 계속고용제도를 도입할 것, ③ 정년에 대한 규정을 폐지할 것 중 어느 하나를 선택하도록 다양한 옵션을 두고 있는데, 이는 우리의 입법태도와는 사뭇 다르다.[5)] 따라서 우리나라에서는 새롭게 회사를 설립하는 경우를 제외하고 기존의 정년을 60세로 연장하는 경우, 연장되는 부

---

3) 임금피크제에 대한 노사정위원회에서의 논의에 대해서는 김동배, "노동시장개혁 쟁점정리－정년연장", 『노동리뷰』(2015. 4) 참조.

4) 향후 고령자고용문제에 보다 효율적으로 대응하기 위해서는 본고에서 다룬 쟁점 이외에도 고령자에 대한 배치 · 전환을 비롯하여 교육훈련, 탄력적 근로시간제 및 경이한 업무로의 전환배치 등 다양한 접근이 필요하다고 생각된다. 이에 대해서는 이정, "정년연장에 따른 노동법상의 쟁점과 과제", 『산업관계연구』 제24권 제1호(2014) 참조.

5) 이에 대해서는 노상헌, "정년연장에 관한 논의와 평가", 『노동법논총』 제28집(2013) 및 이정, "정년연장에 따른 노동법상의 쟁점과 과제", 『산업관계연구』 제24권 제1호(2014) 참조.

분에 대해 어떠한 고용형태를 선택할 것인가의 문제는 임금체계 개편을 어떻게 할 것인가에 직결되기 때문에 매우 중요하다.

이에 대해서는 ① 임금체계 및 근속에 따른 호봉체계 등 기존의 근로조건을 그대로 유지한 채 정년만 연장하는 방법, ② 정년 후 계속적 고용의 연속성을 인정하면서도 임금체계의 개편을 동반하는 방법, ③ 기존의 정년에서 일단 종전의 근로계약관계를 종료하여 퇴직금 등을 정산한 다음, 60세까지는 새로운 고용형태(촉탁 등) 및 임금체계 하에서 고용하는 방법 등이 있을 수 있다.[6)]

이들 중에서 근로자의 입장에서 보면 ①의 경우와 같이 근로조건은 그대로 유지한 채 정년만 연장하는 방법이 가장 유리하겠으나, 기업으로서는 상당한 재정적 부담이 수반되기 때문에 기업은 대체로 ②③을 선호하는 것으로 나타나고 있다.[7)] 특히 ②③의 경우에는 임금체계의 개편이 동반되므로 근로자집단의 동의를 받기가 쉽지 않다.

이처럼 노사가 정년연장에 따른 고용형태 및 임금체계 개편 등에 합의를 하지 못한 경우, 기존의 임금체계는 그대로 유지되는지, 그리고 임금체계의 변경과 관련되는 다른 근로조건의 변경(배치전환, 전직 등)도 가능한지의 여부이다. 전자에 대해서는 정년규정의 해석상 이론의 여지가 없겠지만, 후자에 대해서는 '임금체계 등 필요한 조치'라는 포괄적 규정에 비추어 부정하기 어렵다고 본다.[8)]

---

6) 일본에서는 1994년에 '60세 정년제'를 도입한 지 20년 만인 2013년 4월부터 '65세까지 정년 또는 고용연장'을 의무화하는 법의 시행에 들어갔다. 일본의 「고령자 등의 고용의 안정 등에 관한 법률(高齢者等の雇用に安定等に関する法律)」 제9조(고령자 고용확보조치)에 의하면, '정년을 정하고 있는 사업주는 ① 당해 정년의 연장, ② 계속고용제도(현재 고용하고 있는 고령자가 희망할 때에는 당해 고령자를 그 정년 후에도 계속하여 고용하는 제도)의 도입, ③ 당해 정년규정의 폐지 중 하나를 선택할 수 있도록 하고 있다.

7) 일본에서는 기존의 법정 정년인 60세에 도달하면, 일단 고용관계를 종료하여 퇴직금 등을 모두 청산한 후 65세까지 1년 단위의 촉탁의 형태로 계속적으로 고용하는 경우가 대부분이라고 한다. 일본의 후생노동성이 2011년 6월에 실시한 고령자에 대한 고용상황에 대한 조사를 보면, 상시 근로자 31명 이상 기업의 경우 95.7%가 이미 65세까지 고용확보조치를 실시하고 있으며, 미실시 기업은 4.3%에 불과한 것으로 나타나고 있다. 이미 고용확보조치를 실시하고 있는 기업의 경우, 정년규정을 폐지한 기업은 2.8%, 정년을 상향 조정한 기업은 14.6%에 불과한데 비해, 계속고용제도를 도입한 기업이 82.6%로 압도적으로 많은 것으로 나타나고 있다.

8) 고령자에 대한 60세 정년제의 실효성을 높이기 위해서는 일본과 같이 일정 연령 이후의 고령자에 대해서는 자기가 소속해 있는 회사뿐만 아니라 모기업이나 자회사(子会社), 협력회사 등과 같이 자사와 인사경영상 밀접한 관계에 있는 기업으로의 배치·전환 또는 전직을 허용하는 것도 검토할 필요가 있다. 이 중에서 전직(특히 전적)의 경우에는 근로계약상의 신분변동을 초래하기 때문에 이를 둘러싸고 노사 간에 분쟁이 발생할 소지가 있으므로 일본과 같이 입법적으로

그렇다면 60세까지 고용을 전제로 하는 한 종전의 정년이 도래된 시점에서 퇴직금을 일단 중간 정산한 다음, 나머지 기간에 대해서는 새로운 임금체계 하에서 고용을 연장하는 것도 가능할 것이다.[9]

2. 임금피크제 도입을 위한 취업규칙의 변경

(1) 취업규칙 불이익 변경의 해당 여부

위에서 언급한 바와 같이 임금체계의 개편은 중요한 근로조건에 대한 변경을 가져오는 만큼 노사가 합의를 통하여 원만하게 해결하는 것이 바람직하다. 그러나 노사가 임금체계 개편을 위해 최선을 다했음에도 불구하고 합의에 이르지 못한 경우, 취업규칙의 변경을 통하여 임금피크제를 도입할 수 있는지, 또한 그러한 경우 불이익 변경에 해당하여 과반수 노조나 과반수 근로자들의 동의가 필요한지가 문제로 된다(근로기준법 제94조).

이에 관해서는 어떠한 조건의 임금피크제를 도입하느냐에 따라 달라질 수 있으므로 일률적으로 판단하기는 곤란하지만 대체로 다음과 같은 견해가 있을 수 있다.[10]

첫째, 현재 우리나라의 많은 기업들이 60세 정년제 실시에 앞서 도입하려고 하는 임금피크제의 경우, 위에서 말한 '정년보장형'과 '정년연장형' 중에서 어디에 해당하는지에 따라 불이익 변경에 대한 해석이 달라질 수 있다.[11] 이에 대해서는 현행 고령자법의 개정으로 이미 정년이 60세로 연장되었기 때문에 이를 전제로 한 임금피크제의 도입은 정년보장형에 해당한다고 보는 견해와, 정년연

해결하는 것도 하나의 방법이라 생각된다.

9) 기존의 퇴직금 중간정산제도는 2012. 7. 26.부터 폐지하였으나, 근로자퇴직급여 보장법 시행령(제3조)에서는 임금피크제를 실시하여 임금이 줄어드는 경우에는 퇴직금 중간 정산을 허용하고 있다. 단, 이 경우에는 근로계약을 반복・갱신하여 2년을 초과하더라도 고령자에 해당되기 때문에 '기간의 정함이 없는 근로계약'으로 간주되지는 않는다(기간제법 제4조 제1항 4호).

10) 참고로 임금피크제의 도입 등 임금체계의 개편에 대해서는 노사 당사자뿐만 아니라 학자들 사이에도 견해가 대립하고 있다. 노동법학자 중에서 임금체계의 개선이나 임금피크제의 도입을 전제조건으로 한 정년연장에 반대하는 견해로는 조용만, "정년연장의 법적 과제", 『노동정책연구』 제12권 제3호(2012), 19면이 있으며, 역으로 찬성하는 견해로는 이승길, "고령자 고용촉진법에 따른 임금피크제에 관한 소고", 『임금체계 개편에 따른 법적 과제』(2013년 한국노동법학회 추계학술대회 자료집), 77면이 있다.

11) 임금피크제의 개념에 대해서는 정숙희, "정년연장과 임금피크제", 『노동법포럼』 제15호(2015. 7) 참조.

장을 전제로 노사가 사업이나 사업장의 여건을 고려하여 임금체계를 개편할 것을 규정하고 있는 고령자법(제19조의2)의 취지에 비추어 '정년연장형'으로 보는 견해가 있을 수 있다. 따라서 전자의 경우에는 기존의 임금체계에 비해 임금피크제의 도입으로 임금이 줄어드는 경우에는 불이익 변경으로 볼 수 있는데 비해, 후자의 경우에는 새롭게 도입되는 임금피크제의 내용(감액 폭과 시기 등)에 따라 달라질 수 있으므로 일의적으로 불이익 변경이라 할 수 없을 것이다.[12)]

둘째, 임금피크제를 도입하는 경우에도 정년이 연장되는 기간에 한하여 새로운 임금체계를 설계하는 방식과 기존의 정년부터 임금체계를 변경하는 방식이 있을 수 있다. 다시 말해서, 전자의 경우로는 어떤 회사의 정년이 55세인 경우에 55세까지는 기존의 임금체계를 그대로 유지한 채, 56세부터 60세까지 기간에 대해서만 새로이 임금피크제를 도입하는 방식이다. 이에 대해서는 고령자법의 입법취지를 기존의 근로조건의 유지를 전제로 법정 정년제를 규정한 것으로 해석하면 불이익 변경에 해당할 수도 있다. 하지만, 고령자법(제19조의2)은 노사가 기업의 여건을 고려하여 임금체계 개편 등을 하도록 규정하고 있는 점에 비추어 반드시 기존의 근로조건의 유지를 전제로 한 것이라고 해석하는 것은 무리다. 따라서 기존에 정하지 아니한 내용을 보충·추가하는 것이라면 당초 근로조건을 정한 바가 없어 취업규칙의 변경이 아닌 작성 또는 제정에 해당하는 것으로 해석될 여지도 있다.[13)] 이 견해는 취업규칙의 불이익 변경을 '근로자가 가지고 있는 기득의 권리나 이익을 박탈하여 불이익한 근로조건을 부과하는 것'으로 해석하는 판례[14)]의 견해에 비추어 볼 때 일견 설득력이 있다. 그러나 기존의 정년인 55세 이전부터 임금피크제를 도입하는 경우에는 기득의 권리 및 이익에 관계되므로 불이익 변경에 해당하는지 여부는 여러 가지 요소를 종합적으로 판단해야 할 것이다.

결론적으로 임금피크제의 도입이 불이익 변경에 해당되는지는 법정 정년제

12) 이에 대해서는 정년 60세 규정을 수용하기 위하여 현재의 정년을 60세로 연장하면서 임금피크제를 도입하는 경우는 60세 정년이－장차 보장될 예정이라 하더라도－확보된 근로자 입장에서는 임금피크제가 추가적으로 수반되는 것이므로 이를 일종의 정년보장형 임금피크제의 유형으로 보는 견해(박종희, "임금피크제와 취업규칙 변경절차에 관한 법적 검토", 『노동법포럼』 제15호(2015. 7), 32면)도 있다.

13) 고용노동부, "「취업규칙 변경의 합리적 기준과 절차」 공청회자료집(2015. 6)", 5면.

14) 대법원 1993. 1. 26. 선고 92다49324 판결; 대법원 2005. 11. 10. 선고 2005다21494 판결 등.

를 도입한 고령자법(제19조의2)의 취지를 어떻게 해석할 것인지에 따라 달라질 수 있으며, 또한 임금피크제의 구체적인 내용이 어떠한지에 따라서 유·불리의 여부가 달라질 수 있음에 유의할 필요가 있다. 따라서 고령자법에 따라 법정 정년제를 도입하는 경우, 노조의 동의 없이도 임금피크제를 도입할 수 있다는 견해는 오해의 소지가 있다.

(2) 사회통념상 합리성의 존재 여부

임금피크제의 도입과 관련하여 또 하나 문제가 되는 것은 취업규칙의 불이익 변경에 대한 사회통념상의 합리성이 인정되는지의 여부이다. 현행 근로기준법은 취업규칙을 불리하게 변경하는 경우, 과반수 노조나 또는 근로자 과반수의 동의를 요하는 규정을 두고 있으므로, 이에 반하는 취업규칙은 원칙적으로 그 효력이 부인된다(위반시 벌금 500만원). 이러한 강행규정이 있음에도 불구하고, 판례는 '취업규칙을 근로자에게 불이익하게 변경하는 경우에도 그것이 당해 조항의 법적 규범성을 시인할 수 없을 정도로 사회통념상 합리성이 있는 변경에 해당하는 때에는 근로자 집단의 동의를 받지 않은 경우에도 변경의 효력을 인정'하는 예외적인 판례법리를 형성해 오고 있다.

한편, 위 판례법리의 전개과정을 보면, 대법원은 초기에는 정년제를 신설하고 퇴직금을 누진제에서 단수제로의 변경하는 등 근로조건을 저하시키는 경우에도 사회통념상의 합리성이 인정되면 불이익한 변경이 아니라는 논리구조를 취하였다.[15] 그러나 1989년 근로기준법 개정시에 취업규칙 불이익 변경에 근로자 집단의 동의절차가 규정된 이후에는 사회통념상 합리성 여부를 불이익 여부의 판단과 구분하여 비록 불이익 변경에 해당한다 해도 사회통념상 합리성이 있으면 과반수 노조 또는 근로자의 동의를 받지 않아도 변경된 취업규칙의 효력을 인정하는 쪽으로 바뀌었다.[16] 다만 판례는 사회통념상 합리성의 판단과 관련해서는, 취업규칙의 변경의 필요성 및 내용의 양면에서 보아 근로자가 입게 될 불이익의 정도를 고려하더라도 당해 규정의 법적 규범성을 시인할 수 있을 정도가 되어야 하며, 그 구체적인 판단기준은 ① 취업규칙 변경으로 근로자가

---

15) 대법원 1978. 9. 12. 선고 78다1046 판결.
16) 대법원 2001. 1. 5. 선고 99다70846 판결, 대법원 2002. 6. 11. 선고 2001다16772 판결 등.

입게 되는 불이익의 정도, ② 사용자측의 취업규칙 변경 필요성의 내용과 정도, ③ 변경 후 취업규칙 내용의 상당성, ④ 대상 조치 등을 포함한 다른 근로조건의 개선상황, ⑤ 노동조합 등의 교섭경위와 노동조합이나 다른 근로자의 대응, ⑥ 동종 사항에 관한 국내 일반적인 상황 등을 종합적으로 고려하여야 한다고 설시하였는데, 이러한 판단구조는 거의 정착되어 있다고 할 수 있다.[17)]

이러한 판례법리는 후술하는 바와 같이 일본 최고재판소가 1968년에 '슈보크버스사건(秋北バス事件) 및 1997년에 다이시은행사건(第四銀行事件)'서 판시한 취업규칙의 판단기준을 그대로 답습한 것으로 판단되나, 우리나라의 경우에는 일본과는 달리 1989년 근로기준법 개정시에 이미 취업규칙 불이익 변경시에는 과반수 노조 또는 근로자의 동의가 필요하다는 규정이 명문화되어 상황이 달라졌음에도 불구하고, 법원이 계속적으로 종전의 법리를 유지하는 것은 강행법규의 적용을 비켜가는 것은 일종의 사법적 일탈이며 법체계상으로도 모순된다.[18)] 대법원도 이를 의식해서인지 최근의 판결에서는 사회통념상의 합리성을 판단함에 있어 위에서 열거한 ①~⑥항목을 종합적으로 고려하여 판단할 것을 전제로 하면서도, '다만, 취업규칙을 불리하게 변경하는 경우에는 그 동의를 받도록 한 근로기준법을 사실상 배제하는 것이므로 제한적으로 엄격하게 해석하여야 한다'는 입장을 취하고 있다.[19)] 그 결과, 사용자의 일방적인 취업규칙의 불이익 변경에 대해 사회통념상의 합리성을 이유로 이를 인정한 사례는 수건에 불과한 것이 현실이다.

이와 같은 판례법리의 연장선상에서 볼 경우, 현재 논의되고 있는 임금피크제의 도입에 대해서는 사회통념상의 합리성이 인정될 수 있을까? 이에 대해서는 고령자법의 입법취지를 비롯하여 정년 연장에 따른 기업의 재정・인력채용 부담 등을 고려할 때, 임금피크제의 도입 등 임금체계를 개편할 고도의 필요성이 일반적으로 인정되므로, 사용자가 임금체계를 합리적이고 적정하게 설계하고 이를 근로자집단의 동의를 받기 위해 최선을 노력을 다한 이상, 비록 동의를 받지 못했다 하더라도 사회통념상 합리성이 인정될 여지가 있다는 것이 정부의 견해

17) 대법원 2005. 11. 10. 선고 2005다21494 판결 등에서도 동일한 판단구조를 원용하고 있다.
18) 이에 대해서는 사법권의 한계를 넘어서는 것이라는 비판이 있다. 상세한 것은 임종률, 『노동법』 2015, 356면; 김형배, 『노동법』 2015, 312면 이하 참조.
19) 대법원 2010. 1. 28. 선고 2009다32362 판결.

이다.[20] 이와 같은 정부입장의 배경이 된 것 중의 하나가 '사정변경의 원칙'인데, 이는 고령자법 제정당시에는 예상하지 못한 고령화문제에 대응하기 위해서는 임금체계의 개편도 사회통념상의 합리성을 가질 수 있다는 입장이다.[21] 그러나 이러한 정부의 견해에 대해서는, 고령자법의 제정 당시인 1992년부터 이미 정년 60세 노력의무를 규정하고 있었을 뿐만 아니라, 2013년에 정년 60세 의무규정을 도입한 이래 3년 가까이 유예기간을 두었으므로 사정변경의 원칙이 적용될 여지가 없다는 것을 이유로 비판적인 견해도 있다.[22]

결론적으로 취업규칙의 변경에 의한 임금피크제의 도입이 사회통념상의 합리성이 인정될지의 여부는 위에서 이미 언급한 바와 같이 임금피크제의 내용을 어떻게 설계할 것인지, 근로자집단과 성실하게 교섭을 했는지의 여부 등에 따라 달라질 수 있지만, 고령자법이 고령사회에 대비하여 노사가 합리적이고 적정하게 임금체계를 개편하도록 의무를 규정하고 있을 뿐만 아니라, 임금피크제의 도입에 대해 근로자의 압도적 다수인 72.8%가 그 필요성에 대해 공감하고 있는 점에 비추어 볼 때[23] 사회통념상의 합리성이 인정될 여지가 있음을 부정하기 어렵다.

Ⅲ. 비교법적 검토 – 일본사례

우리나라 근로기준법에서 규정하고 있는 취업규칙에 관한 내용은 일본 노동기준법상의 취업규칙을 참고하여 규정한 것으로, 내용면에서도 매우 흡사하다. 뿐만 아니라 취업규칙의 불이익 변경에 대한 판단에서도 과거 일본의 최고재판소 판례를 원용한 결과 판단기준 또한 매우 비슷하다. 따라서 이하에서는 일본

---

20) 고용노동부, "「취업규칙 변경의 합리적 기준과 절차」공청회자료집(2015. 6)", 9면.

21) 권 혁, "정년연장에 따른 임금체계개편과 취업규칙 변경법리", 『노동법포럼』 제15호(2015. 7), 9면 이하.

22) 박종희, "임금피크제와 취업규칙 변경절차에 관한 법적 검토", 『노동법포럼』 제15호(2015. 7), 36면 이하.

23) 한국고용노사관계학회가 리서치랩에 의뢰하여 근로자 1,000명을 대상으로 임금피크제에 관한 인지도를 조사한 결과 72.8%가 이의 도입이 필요하다고 응답했다. 이 조사는 고용노동부가 기업의 임금피크제 도입을 지원하기 위해 한국고용노사관계학회, 인사관리학회, 인사조직학회 등 3대 학회 및 민간 컨설팅 전문기관 등과 공동으로 구성한 60세+정년 서포터즈가 주요 업종의 임금피크제 도입 현황을 파악하기 위해 실시했다.

의 취업규칙의 내용과 불이익 변경의 판단기준에 대해 검토한 다음, 비교법적 관점에서 우리나라의 문제점과 개선책에 대해 모색을 하고자 한다.[24)]

1. 취업규칙의 의의와 법적 규제

일본의 경우, 다수의 근로자를 사용하는 기업에서 근로조건을 공평하고 통일되게 설정함과 동시에, 직장규율을 규칙으로서 명확히 정하는 것이 효율적인 사업경영을 위해 필수 불가결기 때문에 취업규칙을 제정하여 운용하고 있다. 노동조합이 있는 기업에서는 노동조합과의 단체교섭을 통하여 단체협약으로 근로조건을 정하는 경우도 많지만, 이 경우에도 비조합원을 포함한 전체 종업원에게 적용될 근로조건을 집합적으로 처리한다는 점에서 의의가 있으며, 노동조합이 존재하지 않는 많은 기업에서는 취업규칙이 노동관계의 내용을 정하는 거의 유일한 준칙이 된다.[25)]

이처럼 취업규칙은 기업현장에서 매우 중요한 기능을 하고 있기 때문에, 일본의 노동기준법은 사용자가 일방적으로 정하는 취업규칙(동법 제9장)에 대해 일정한 법적 규제와 함께 효력을 부여하고 있다.[26)] 예를 들어, 동법은 ① 근로자의 권리·의무를 명확화하기 위해 이를 성문화하여 근로자에게 주지시킬 것, ② 규칙내용에 대해 일정한 한계를 설정함과 동시에, 이 한계가 준수되도록 행정적인 감독을 실시할 것, ③ 이 감독을 위해 그것을 감독관청에 신고하도록 할 것, ④ 작성과정에서 근로자의 의견을 반영시킬 것 등을 규정하고 있으며, 그 외 취업규칙의 작성 및 변경절차 등도 대동소이하다.

---

24) 이하의 내용은 이정·박종희·하갑래, “취업규칙 분석 및 제도개선 방안 연구”, 고용노동부 연구보고서(2009)를 참고하였음.

25) 일본의 노동조합 조직률은 1970년대에 35.4%로 피크에 달했으나, 그 후 점점 감소하여 2003년에는 19.6%로 처음으로 20%를 밑돌게 되었으며, 2007년 현재 18.1%로 70년대에 비해 절반 수준으로 떨어졌다(日本厚生労働省, 『厚生労働白書』 참조).

26) 실제로 기업현장에서는 ‘취업규칙’이란 명칭 이외에, ‘공장규칙’이나 ‘종업원규칙’이라는 형식으로 존재하는 경우도 있지만, 그 법적 효력에서는 명칭을 불문한다.

2. 취업규칙의 불이익변경

일본에서도 취업규칙의 효력과 관련하여 가장 논의가 많은 부분은 역시 사용자가 취업규칙 규정을 근로자에게 불리하게 변경한 경우 또는 불리한 규정을 취업규칙에 신설한 경우, 이에 반대의사를 표명한 근로자를 구속할 수 있는지의 여부이다.

이 점에 대해 취업규칙을 법규범으로 보는 견해는 논리적으로 근로자가 이에 구속될 수 있다는 결론에 도달하기 쉽다. 그러나 법규범설을 지지하는 많은 학자들은 이 논리적 귀결을 피하기 위하여, ① 취업규칙은 근로자의 기득권을 침해할 수 없다는 견해, ② 취업규칙은 보호법 원리의 참된 실현을 추구할 때만 일방적 변경이 허용된다는 견해 등과 같은 논법을 이용하였다.

한편 취업규칙을 계약으로 보는 견해에 의하면, 그 논리적 귀결로서 불이익한 조항을 신설하거나 기존의 조항을 불리하게 변경하는 경우, 근로자가 이에 명시적 또는 묵시적으로 동의하지 않으면 구속하지 않는다고 주장해 왔다.

이에 대해 일본 최고재판소는 취업규칙의 법적 성질에 대해 「새로운 취업규칙의 작성 또는 변경으로 기득권을 박탈하거나 근로자에게 불리한 근로조건을 일방적으로 부과하는 것은 원칙적으로 허용되지 않는다. (중략) 하지만, 근로조건의 집합적 처리, 특히 그 통일적이고 획일적인 결정을 원칙으로 하는 취업규칙의 성질에 비추어 해당규칙조항의 내용이 합리적인 한, 개개인 근로자가 이에 동의하지 않았다는 것을 이유로 그 적용을 거부하는 것은 허용되지 않는다.」라고 하였다.[27)]

다시 말해서, 일본 최고재판소(대법정)는 취업규칙의 불리한 변경은 원칙적으로 구속력이 없으나, 근로조건을 통일되게 처리해야 한다는 요청에 비추어 합리성이 있는 변경이라면, 이에 반대하는 근로자도 구속된다는 입장을 분명히 한 것이다. 그러나 이러한 최고재판소의 판단은 법규범설이나 계약설의 논리에 합치하는 것이 아니었기 때문에, 이러한 견해를 지지하는 학설로부터 많은 비판을 받았다.

한편, 기업과 근로자간의 계속적 근로관계에서는 새로운 경영환경에 적응하

---

27) 秋北버스(バス)事件, 最大判 昭43.12.25, 民集 22券 13号, 3459頁.

면서 기존의 근로관계를 더욱 존속·발전시키기 위해서는 일정한 범위 내에서 근로조건을 변경할 필요가 있다. 민법의 계약이론에서는 그러한 경영의 유연성은 근로계약의 해지(해고)에 의해 담보되지만, 현행 일본의 노동법체계에서는 '해고권의 남용법리'에 의해 해고가 엄격히 제한되기 때문에, 이러한 근로자의 이익을 충분히 배려하면서 해고를 대신할 만한 근로조건의 변경법리를 모색할 필요가 있었다. 이러한 문제를 해결하기 위하여 의도된 것이 위 최고재판소의 판결로 이해할 수 있다. 이에 대해 일본 노동법학계의 최고의 권위자라 할 수 있는 스게노 카즈오(菅野和夫) 동경대학 명예교수는 '법규범설 및 계약설의 결점을 극복한 고심작(苦心作)'으로 평가하고 있다.[28)]

이와 같은 일본 최고재판소의 입장은 그 이후의 유사한 사안에 그대로 답습되어, 불리하게 변경된 취업규칙의 구속력의 여부에 대해서는 불이익 변경의 합리성의 유무에 따라 판단한다고 하는 법리가 실무상 정착되게 되었다.

이러한 가운에, 학설도 노동시장 및 기업환경의 변화를 인식하면서 취업규칙을 통한 근로조건의 합리적 변경의 필연성에 공감하고, 이에 대한 정당성을 부여하기 위하여 다양한 법리를 모색하려는 움직임이 활발히 전개되었다. 그러던 중, 2007년 말에 제정된 「노동계약법」은 변경된 취업규칙의 구속력과 관련하여 종전에 최고재판소가 제시한 불이익 변경에 대한 합리성 판단기준을 명시함으로써, 이 문제는 새로운 국면을 맞이하게 되었다.

3. 노동계약법상의 취업규칙

(1) 노동계약법과 취업규칙의 효력

일본에서는 수년간 논의되어 오던 「노동계약법」이 2007년 11월에 제정되어, 2008년 3월 1일부터 시행되게 되었다.[29)] 노동계약법은 노동관계에 있어 취업규칙의 역할과 기능이 매우 중요하다는 판단 아래, 근로계약에 대한 법적 효력과 함께, 취업규칙에 대한 판례법상의 법리를 그대로 수용하여[30)] 취업규칙의 법적

28) 이정(역), 『일본노동법』, 법문사(2007), 118면.

29) 일본 노동계약법의 성립배경 및 그 주된 내용에 대해서는 송강직, "일본 근로계약법 소고", 『노동법논총』 제13집(2009) 및 이정, "일본 노동계약법의 성립배경 및 주된 내용·논점에 관한 연구", 『외법논집』, 제32집(2008), 135면 이하 참조.

30) 노동계약법안에 대한 국회심의에서 정부와 여당 그리고 야당 사이에 노동계약에 대한 취업규칙

효력에 대해서 명확하게 규정하고 있다.

아울러 취업규칙의 법적 효력을 정함에 있어, 노동기준법상의 취업규칙에 대한 규제와 연계하여 합리적인 룰(rules)을 정비하려고 노력하였다. 또한 종전의 노동기준법상의 취업규칙의 최저기준효과(제93조)는 순수하게 근로계약에 대한 취업규칙의 효력을 규정한 것(민사적 효력)이므로 노동계약법으로 편입되었다.

그 결과 취업규칙을 둘러싼 종전의 논의는 취업규칙의 법적 성질을 법규범으로 볼 것인가 아니면 계약으로 볼 것인가가 출발점이 되었는데, 노동계약법제의 제정으로 인하여 적어도 취업규칙의 법적 효력에 대한 논의는 일단락 짓게 되었다.[31] 다시 말해서 노동계약법이 취업규칙의 법적 효력에 대한 종전의 최고재판소 판례를 명문화함으로써, 취업규칙을 법규범으로 이해하든 또는 계약으로 이해하든 상관없이 양자의 견해를 수정한 노동계약법상의 법적 효력규정을 인정하지 않을 수 없게 된 것이다.

하지만 후술하는 바와 같이 노동계약법은 어디까지나 취업규칙의 효력을 합의원칙에서 출발하고 있을 뿐만 아니라, 합리적인 취업규칙에 대해서 근로자와 사용자간에 개별적인 특약이 없는 경우에 한하여 근로계약의 내용을 규율할 수 있도록 규정하고 있기 때문에[32], 기본적으로는 계약설의 입장에 있다고 이해할 수도 있다.[33]

⑵ 합의에 의한 근로조건 변경원칙과 취업규칙

노동계약법 제8조에서 제11조까지 근로조건 변경원칙 및 이에 대한 예외규정을 명확하게 정하고 있는데, 이에 대해 좀 더 구체적으로 살펴보면 다음과 같

의 효력 부분에 대해 "판례법리를 가감 없이 그대로 입법화하는 것이 기본입장"임을 확인한 바 있다(2007년 11월 20일 『参議院厚生労働委員会』. 菅野和夫, 『労働法』, 弘文堂(2008), 108頁, 각주12를 재인용함).

31) 菅野和夫, 『労働法』, 弘文堂(2008), 108頁.

32) 노동계약법 제6조(근로계약의 성립)는 「근로계약은 근로자가 사용자에게 사용되어 근로하고, 사용자가 이에 대하여 임금을 지급할 것에 대하여 근로자와 사용자가 합의함으로써 성립한다.」고 한 다음, 동법 제7조는 「근로자와 사용자가 근로계약을 체결하는 경우에는 사용자가 합리적인 근로조건을 정하고 있는 취업규칙을 근로자에게 주지시킨 경우에는 근로계약의 내용은 그 취업규칙에서 정한 근로조건에 의한 것으로 한다. 다만 근로계약에 있어 근로자와 사용자가 취업규칙의 내용과 다른 근로조건에 합의한 부분에 대하여는 제12조에 해당하는 경우를 제외하고는 그러하지 아니하다.」라고 규정하고 있다.

33) 같은 취지: 菅野和夫, 『労働法』, 弘文堂(2008), 108頁.

다.[34)]

우선, 노동계약법 제8조(근로계약 내용의 변경)는 "근로자와 사용자는 합의로 근로계약의 내용인 근로조건을 변경할 수 있다."라고 하여, 동법 제3조 1항에서 규정하고 있는 「합의에 의한 근로조건 변경원칙」을 구체적으로 확인한 다음[35)], 동법 제9조(취업규칙에 의한 근로계약 내용의 변경)는 「사용자는 근로자와 합의 없이 취업규칙을 변경함으로써 근로자에게 불이익하게 근로계약의 내용인 근로조건을 변경할 수 없다. 다만 다음 조의 경우에는 그러하지 아니하다.」라고 하여, 그 예외를 인정하고 있다.

그 다음, 동법 제10조는 「사용자가 취업규칙에 의하여 근로조건을 변경한 경우, 변경 후의 취업규칙을 근로자에게 주지시키고, 취업규칙에 의한 변경이 근로자가 받는 불이익의 정도, 근로조건 변경의 필요성, 변경 후의 취업규칙 내용의 상당성, 노동조합 등과의 교섭상황 그 밖의 취업규칙의 변경에 관계된 사정에 비추어 합리적인 경우에는 근로계약의 내용인 근로조건은 그 변경 후의 취업규칙에 정한 바에 의한다. 다만 근로계약에서 근로자와 사용자가 취업규칙의 변경에 의해서는 변경되지 아니하는 근로조건으로 합의한 부분에 관하여는 제12조에 해당하는 경우를 제외하고 그러하지 아니하다.」라고 하여, 전조의 「합의에 의한 근로조건 변경의 원칙」에 대한 예외로써 종전의 최고재판소 판례 법리를 그대로 명문화한 다음, 개별적 특약이 있는 경우에는 취업규칙의 합리적 변경 법리가 미치지 않음을 명확히 하고 있다(동조 단서).

---

34) 동법 제8조 및 제9조의 제목은 '근로계약의 변경'으로 되어 있지만, 이 규정들의 내용을 자세히 살펴보면 근로조건의 변경에 대한 내용을 규정하고 있음을 알 수 있다(그 내용에 대해서는 후술함).

35) 노동계약법 제3조(근로계약의 원칙)는 「① 근로계약은 근로자와 사용자가 대등한 입장에서 합의에 근거하여 체결, 변경하여야 한다. ② 근로계약은 근로자와 사용자가 취업의 실태에 따라 균형을 고려하면서 체결, 변경하여야 한다. ③ 근로계약은 근로자와 사용자가 일과 생활의 조화에도 배려하면서 체결, 변경하여야 한다. ④ 근로자와 사용자는 근로계약을 준수함과 동시에 신의에 좇아 성실히 권리를 행사하고 의무를 이행하여야 한다. ⑤ 근로자와 사용자는 근로계약에 의거하여 권리를 행사함에 있어 이를 남용하여서는 아니 된다.」라고 하여, 근로계약은 '당사자가 대등한 입장에서 합의'로 '취업의 실태 및 일과 생활의 조화를 배려'하면서, '신의성실의 원칙' 및 '권리남용의 원칙'에 따라 행사하여야 함을 명시하고 있다.

4. 취업규칙에 의한 근로조건의 변경

(1) 노동계약법 제10조의 의의

노동계약법 제10조는 사용자가 취업규칙을 변경함으로써 근로조건을 불리하게 변경하는 경우, ① 변경된 후의 취업규칙을 근로자에게 주지시킬 것, ② 당해 취업규칙의 변경이 합리적일 것의 두 가지 요건을 충족하면, 동법 제8조 및 제9조의 합의를 통한 근로조건 변경의 예외로써 변경된 취업규의 내용이 새로운 근로조건으로 된다고 하여, 종전의 취업규칙의 합리적 변경에 대한 판례법상의 법리를 명문화하였다.

취업규칙을 통한 근로조건 변경에 대한 룰을 입법화한 것은 다음과 같은 점에서 그 의의를 가진다고 할 수 있다.[36]

첫째, 종전에는 취업규칙의 불이익한 변경을 둘러싸고 ① 근로자의 개별적 동의가 필요하다고 주장하는 견해(고전적 계약설)와, ② 취업규칙을 합리적으로 변경하는 한, 근로조건의 통일적·집합적 처리를 위하여 근로자의 개별적인 동의 없이도 가능하다고 한 판례법상의 견해가 병존하고 있었는데, 노동계약법은 후자인 판례법상의 법리를 명문화함으로써, 취업규칙의 불이익 변경을 둘러싼 룰을 투명하게 일원화하였다는 점에 의의가 있다.

둘째, 취업규칙의 합리적 변경에 대한 판례법상의 법리를 둘러싼 논쟁에 대해, 기본적으로는 계약법적인 입장에 있음을 확인하면서도(제9조), 예외적으로 근로조건을 통일적·집단적으로 처리하기 위하여 실무상 이미 정착된 판례법상의 법리를 명문화함으로써, 이를 둘러싼 법리적 논쟁이 일단락되게 되었다는 점에 의의가 있다.

위에서도 이미 언급하였듯이 '취업규칙의 합리적 변경'에 대해서는, 취업규칙을 법규범으로 보는 견해(법규범설)에 의하든 아니면 이를 계약으로 보는 견해(계약설)에 의하든 법적·논리적 약점이 있었다. 이러한 가운데 판례는 독자적인 판단기준을 전개하기에 이르렀는데, 최근의 학설 중에는 고용보장을 전제로 근로자에 대한 해고가 제한되고 있다는 점(고용의 안정)과 계속적·조직적 근로

---

36) 이 점에 대해서는 荒木尚志＝菅野和夫＝山川隆一, 『詳説・労働契約法』, 弘文堂(2008), 118頁 이하 및 荒木尚志, 『労働法』, 有斐閣(2009), 325頁 이하를 참조함.

계약관계에서 근로조건의 변경은 필요하다는 점(고용의 유동화)에 비추어, 양자에 대한 절충 또는 조정의 법리로써 취업규칙의 불이익 변경에 대한 판례법상의 법리의 타당성을 긍정하려는 경향마저 나타나게 되었다.[37]

이러한 가운데 노동계약법은 제16조[38]에서 고용안정과 관련하여 「해고권 남용법리」를 규정함과 동시에, 동법 제10조에서 그 동안 판례를 통하여 형성되어 온 「취업규칙에 의한 합리적인 변경법리」를 명문화함으로써, 소위 일본형(日本型) 고용정책을 법적으로 확인하였다고 평가할 수 있겠다.[39]

셋째, 근로조건의 변경문제를 집합적·통일적 근로조건의 변경법리인 「취업규칙의 합리적 변경법리」에 전면적으로 의존하지 않고, 취업규칙에 의해서는 변경할 수 없는 개별 특약의 효력을 전면적으로 인정함으로써 계약법리가 발전할 수 있는 영역을 확보하였다는 점에 의의가 있다(동법 제10조 단서).

취업규칙의 합리적 변경법리에 대해서는 그 대상범위가 반드시 명확하지 않았으나, 학설상으로는 집단적 근로조건의 변경법리 및 개별적 근로조건의 변경법리에 대한 비교법적인 분석과 일본의 근로조건의 변경에 관한 판례를 분석한 다음, 취업규칙법리의 사정거리는 집단적·통일적 변경의 경우에 한정되며, 개별특약에 의한 근로조건에 대해서는 적용대상에서 제외해야 한다는 견해가 제시된 바 있다. 이러한 점에서, 노동계약법 제10조는 근로조건의 변경에 유연성을 가져올 수 있는 취업규칙 변경법리의 사정거리를 근로조건의 안정과의 균형을 가지도록 계약법리와 조정을 신중히 고려하여 규정한 것이라는 평가도 있다.[40]

⑵ 변경된 취업규칙의 효력

취업규칙의 변경에 의한 근로조건 변경이 효력(구속력)을 가지기 위해서는 ① 취업규칙 변경이 불이익한 변경에 해당할 것, ② 당해 취업규칙을 근로자에게 주지시킬 것, ③ 취업규칙 변경이 합리적일 것 등의 3가지 요건을 충족시켜

37) 荒木尚志＝菅野和夫＝山川隆一,『詳説・労働契約法』, 弘文堂(2008), 119頁.
38) 노동계약법 제16조(해고)는 「해고는 객관적으로 합리적인 이유를 결여하고 사회통념상 상당하다고 인정되지 아니하는 경우에는 그 권리를 남용한 것으로 무효로 한다.」고 규정하고 있다.
39) 荒木尚志,『労働法』, 有斐閣(2009), 326頁.
40) 荒木尚志＝菅野和夫＝山川隆一,『詳説・労働契約法』, 弘文堂(2008), 119頁; 荒木尚志,『労働法』, 有斐閣(2009), 326頁.

야 하며, 이러한 요건을 합의로 배제할 수 없다고 해석되고 있다.[41)]

예를 들어 취업규칙 변경이 이에 대한 합리성 여부와는 상관없이 구속력을 가진다는 내용을 포괄적으로 합의하더라도 이러한 합의의 효력은 부인되며, 합리성이 결여된 채 취업규칙을 변경하는 경우에는 근로자에 대한 구속력이 없다.[42)] 또한 노동계약법 제10조의 요건을 충족하고 있는지에 대한 주장과 이에 대한 입증책임은, 취업규칙의 변경으로 근로조건이 변경되었음을 주장하는 사용자가 져야 한다.

1) 불이익 변경에 해당할 것

노동계약법 제10조는 제9조의 단서조항에 의하여, 취업규칙의 변경을 통한 근로조건의 불이익한 변경은 허용되지 않는다는 제9조 본문에 대한 예외를 규정한 것이므로, 제10조의 근로조건 변경에 대한 룰은 근로조건의 불이익한 변경에 해당할 것을 전제로 하고 있다고 해석된다.[43)] 취업규칙 변경이 객관적으로 유리한 변경인 경우에는 동법 제12조[44)]에 의하여 근로자의 동의여부와는 상관없이 유리하게 변경된 취업규칙이 근로계약을 규율하게 된다.

위의 '불이익 변경'과 관련하여 구체적으로 어떠한 변경이 이에 해당하는지가 문제로 될 수가 있다. 예를 들어 사용자가 일방적으로 임금을 삭감하거나 근로시간을 연장하는 경우와 같이 불이익 변경이 명백한 경우에는 별로 문제가 되지 않으나, 문제는 이러한 실질적인 불이익 변경 여부가 명료하지 않는 경우이다. 이에 대해 일본의 최고재판소는 실질적인 불이익의 유무는 변경의 합리성(상당성)에서 고려하며, 재판실무에서는 대체로 신구(新旧) 취업규칙을 외형적으로 비교해 볼 때 불이익한 것으로 간주될 수 있는 변경이 이루어진 경우에는

---

41) 岩出誠, 『早わかり労働契約法』, 2008, 55頁.

42) 다만 근로자가 취업규칙 변경 자체에 합의를 한 경우에는, 노동계약법 제10조가 아니라 제8조 내지는 제9조의 문제로 처리할 수 있으므로 특별히 문제가 되지는 않는다(菅野和夫, 『労働法』, 弘文堂(2008), 113頁 이하).

43) 菅野和夫, 『労働法』, 弘文堂(2008), 115頁; 荒木尚志, 『労働法』, 有斐閣(2009), 327; 山川隆一, "労働契約法の制定—意義と課題", 『労研』, 第576号(2008), 11頁. 한편, 노동계약법 제10조에서 말하는 근로조건의 변경에는 불이익한 변경뿐만 아니라 유리한 변경도 포함되어 있다는 견해도 있다(土田道夫, 『労働契約法』, 有斐閣(2008), 512頁).

44) 노동계약법 제12조(취업규칙에 위반되는 근로계약)는 「취업규칙에서 정한 기준에 미달하는 근로조건을 정한 근로계약은 그 부분에 대해서는 무효로 한다. 이 경우 무효가 된 부분은 취업규칙으로 정한 기준에 의한다.」라고 하여 취업규칙의 '직접적 효력'과 '보충적 효력'을 규정하고 있다.

불이익 변경으로 보려는 경향이 있다.[45)]

취업규칙의 변경으로 인하여 실질적으로 불이익을 초래하는지에 대한 판단은 결코 용이하지 않으며, 불이익 변경을 초래할 가능성에 그치는 경우도 적지 않다. 그러나 이러한 근로조건 변경제도의 구속력 그 자체에 대해서는 판단을 하지 않을 수가 없기 때문에, 불이익의 가능성을 포함한 실직적인 불이익의 정도에 대해서는 후술하는 취업규칙의 합리적 변경법리에서 이를 판단하는 것이 적절하다고 생각한다.[46)]

취업규칙의 변경에는 기존의 취업규칙 조항을 변경하는 경우뿐만 아니라, 취업규칙에 새로이 규정을 만들어 근로조건을 변경하는 경우도 이에 포함된다. 또한 취업규칙의 변경으로 근로조건을 변경하는 경우에는 종전의 취업규칙상의 근로조건을 새로운 취업규칙으로 변경하는 경우뿐만 아니라, 근로계약상 합의된 근로조건 및 이미 근로계약의 내용으로 된 노사관행상의 근로조건을 취업규칙을 통하여 변경하는 경우에도 포함된다고 보아야 한다.[47)]

2) 변경된 취업규칙을 근로자에게 주지시킬 것

노동계약법 제10조는 취업규칙을 변경한 다음 이를 근로자에게 주지시킬 것을 요건으로 하고 있다. 주지시킨 취업규칙에 대해 근로자가 합의한 경우에는, 동법 제9조의「근로자와 합의 없이」취업규칙상의 근로조건을 변경하는 경우에 해당하지 않으므로 제10조의 적용을 받지 않게 된다. 이 경우에는 제8조(내지는 제9조의 반대해석)의 합의에 의한 근로조건 변경으로 그 효력이 인정된다. 또한 사업장에 주지하지 않고 개별적으로 변경된 취업규칙을 제시하여 근로자의 합의를 얻은 경우에도 제8조의 합의에 의한 근로조건 변경으로 간주된다. 제10조는 이러한 근로자의 개별적 합의가 없는 경우에 근로조건 변경에 대한 룰을 정한 것이다.[48)]

---

45) 荒木尚志＝菅野和夫＝山川隆一,『詳説・労働契約法』, 弘文堂(2008), 121頁.
46) 荒木尚志,『労働法』, 有斐閣(2009), 328頁.
47) 荒木尚志,『労働法』, 有斐閣(2009), 329頁.
48) 노동계약법의 입법과정에서 취업규칙이 변경된 이후의 효력과 관련하여, '주지' 이외에 '의견청취' 및 '신고의무'를 효력발생요건으로 하려는 논의가 있었다. 하지만, 변경된 취업규칙이 사업장에 주지된 경우, 가령 근로자들이 이에 대해 별다른 이의를 제기하지 않고 근로에 종사하는 경우에는, 의견청취 및 신고의무를 충족하지 않았음에도 불구하고 노동계약법 제8조의 묵시적인 동의가 있었던 것으로 간주될 가능성이 있다. 그렇게 되면 취업규칙 변경에 대한 합리성 판단

3) 취업규칙의 변경내용이 합리적일 것

취업규칙 변경이 구속력을 가지려면 「변경된 내용일 합리적인 경우」에 한한다. 합리성 판단에 대해서는, 위에서도 수차례 언급한 바와 같이 오랜 판례법리가 축적되어 현재는 일반적으로 다음과 같은 판례법리가 확립되어 있다.

일본의 최고재판소는 '합리성 판단에 대한 총결산'이라고 할 만한 「第四銀行事件」[49]에서 ① 취업규칙의 변경으로 근로자가 입게 될 불이익의 정도, ② 사용자가 취업규칙을 변경해야 할 필요성의 내용 및 정도, ③ 변경된 취업규칙 내용의 상당성, ④ 대상조치(代償措置) 및 기타 관련되는 다른 근로조건의 개선상황, ⑤ 노동조합 등과의 교섭경위, ⑥ 다른 노동조합이나 종업원의 대응, ⑦ 동종 사항에 관한 일본사회의 일반적 상황 등 7가지 요소를 종합적으로 고려하여 '합리성' 여부를 판단해야 한다고 했다.

노동계약법 제10조는 이러한 판례법상의 판단기준에 따라 ⑴ 근로자가 입게 될 불이익의 정도(위의 ①), ⑵ 근로조건 변경의 필요성(위의 ②), ⑶ 변경된 취업규칙 내용의 상당성(위의 ③④⑦), ⑷ 노동조합 등과의 교섭상황(위의 ⑤⑥), ⑸ 기타 취업규칙 변경에 관련된 사정 등 5개 항목으로 판단기준을 요약·정리하여 규정하였다. 따라서 종래의 취업규칙 변경에 대한 '합리성'의 판단기준은 제10조에서 제시하고 있는 항목에 대한 해석에도 기본적으로 적용된다고 본다. 이에 대해 좀 더 구체적으로 살펴보면 다음과 같다.[50]

① 「근로자가 입게 될 불이익의 정도」

이는 당해 취업규칙 변경으로 인하여 근로자 개개인이 입게 될 불이익의 정도를 말하며, 실질적으로 불이익이 발생했는지의 여부와는 상관없이 불이익 변경을 보다 넓게 인정하나, 취업규칙 변경에 의한 근로조건 변경은 노동계약법

(제10조)과는 상관없이 근로자들이 이에 구속되게 되므로, 이는 근로조건의 집단적·통일적 처리라는 취업규칙의 구속력 판단에 적절하지 못할 뿐만 아니라 근로자보호에도 도움이 되지 않는다. 따라서 입법 시에는 의견청취 및 신고의무를 효력요건으로 규정하지 않고, 취업규칙의 합리성 여부를 판단함에 있어 하나의 고려사항(요소)로 하는 것이 보다 바람직하다는 정책적 배려가 있었다고 보여 진다(荒木尚志＝菅野和夫＝山川隆一, 『詳説·労働契約法』, 弘文堂(2008), 124頁).

49) 第四銀行事件, 最二小判 平成9. 2. 28,『民集』第51巻 2号, 705頁.

50) 이에 대해서는 荒木尚志＝菅野和夫＝山川隆一,『詳説·労働契約法』, 弘文堂(2008), 125頁 이하 및 荒木尚志,『労働法』, 有斐閣(2009), 331頁 이하를 주로 참조함.

제10조의 합리성 심사에 구속되게 된다. 따라서 실질적으로 불이익이 발생하지 않았거나 또는 불이익이 발생할 가능성만이 존재할 경우에는 '불이익의 정도가 낮은 경우'로 고려하게 된다.

② 「근로조건 변경의 필요성」

이는 사용자가 현재 근로조건을 유지하지가 곤란한 것을 의미한다. 필요성에는 정도의 차가 있으며, 변경된 내용의 상당성과 비교형량(比較衡量)하여 합리성 여부를 판단하게 된다.

③ 「변경된 취업규칙 내용의 상당성」

이는 근로자가 입게 될 불이익 이외에 변경된 취업규칙 내용 그 자체의 상당성, 경과조치의 유무 · 내용, 대상조치 기타 관련된 다른 근로조건의 개선상황, 동종 사항에 관한 일본사회의 일반적 상황 등, 변경된 내용에 대한 사회적 상당성이 여기에 해당한다.

④ 「노동조합 등과의 교섭상황」

이는 당해 취업규칙을 변경함에 있어 노동조합 측과 어떠한 절차가 이루어졌는지를 의미한다. '노동조합 등'에는 다수노조, 소수노조, 노사위원회, 과반수대표 및 기타 근로자를 대표하는 자, 근로자 집단 등이 이에 포함되며, 이들과의 교섭상황 전부가 고려 대상으로 된다.

이에 대해 「노동법제연구회 보고서」[51] 및 「후생노동성 노동정책심의회 노동조건분과회 보고서」[52]에서는 과반수 노동조합이나 노사위원회의 합의 · 결의가 있는 경우에는 합리성이 있는 것으로 추정하는 내용의 제안이 있었으나, 판례법리를 그대로 입법화한다는 취지에서 최종적으로는 노동조합 등과의 교섭상황은 합리성 판단의 한 요소로 고려하는 쪽으로 입법이 이루어졌다.[53]

---

51) 生労働省労働基準局, 『今後の労働契約法制の在り方に関する研究会報告書』(座長・菅野和夫教授・現日本中央労働委員会・会長), 2005, 30頁.

52) 生労働省労働政策審議会労働条件分科会, 『労働契約法制及び労働時間法制の在り方について(案)』, 2006; 荒木ほか, 『契約法』, 262頁.

53) 취업규칙 변경에 대해 과반수 노동조합이 합의한 경우, 이러한 취업규칙 변경은 합리성이 있는 것으로 간주될까? 이 문제에 대해 일본의 최고재판소는 전술한 「第四銀行事件(1997)」에서 "다수노조와 합의를 한 경우, 변경된 취업규칙의 내용은 노사 간의 이익조정이 이루어진 결과로써 합리성이 있는 것으로 일단 추정할 수 있다."고 설시하여, 다수노조와의 합의(교섭)는 다른 요소와는 달리 변경된 취업규칙에 대한 합리성을 추측할 수 있다는 견해를 제시한 바 있는데, 그

⑤ 「기타 취업규칙 변경에 관련된 사정」

이는 위에서 나열한 4가지 요소 이외에 취업규칙 변경의 합리성 판단에 영향을 줄 수 있는 것을 말한다. 노동계약법 제11조에서 언급하고 있는 취업규칙 변경 시의 의견청취 및 신고의무는 '노동조합 등과의 교섭상황'이나 '취업규칙 변경에 관련된 사항'으로써, 합리성 여부를 판단함에 있어 고려해야 할 사항이다.

(3) 변경된 취업규칙의 적용범위 및 예외

1) 계약내용의 변경효력

변경된 취업규칙의 내용이 합리적이며 근로자에게 주지시킨 경우, 노동계약법 제10조 단서조항의 '개별 특약'이 없는 한 근로계약의 내용으로 된다. 다시 말해서 취업규칙에 의한 근로조건의 변경에 '동의하지 않은 근로자'나 또는 '이에 반대한 근로자'도 변경된 취업규칙상의 근로조건에 관한 규정이 적용되게 된다.[54)]

이러한 효과는 재판실무에서 이미 확립된 법리를 수용하여 제정된 노동계약법 제10조에 의하여 발생하는 특수한 효력으로, 취업규칙의 법적 성질로부터 당연히 도출되는 것은 아니다. 또한 동조는 취업규칙의 법적 성질을 결정짓는 규정 또한 아니다. 노동기준법은 이러한 필요성에서 특별히 제93조에서 취업규칙의 강행적 효력과 보충적 효력을 부여하고 있지만, 이로부터 취업규칙의 법적 성질이 정해지는 것이 아님과 마찬가지이다.[55)]

후 유력한 견해로 주장되고 있다. 한편, 일본의 최고재판소는 위 판결 이후 「みちのく銀行事件(2000)」에서 다수노조와의 합의가 있었음에도 불구하고 취업규칙 변경에 대한 합리성을 부정하였기 때문에, 이러한 입장은 부정되었다고 보는 견해와 이 견해에 대한 비판론도 제기되고 있다(이에 대한 상세한 것은 荒木尚志, "就業規則の不利益変更と労働条件", 『労働判例百選』(第7版), 58頁). 이러한 논의는 노동계약법 제10조의 해석을 둘러싸고도 여전히 계속될 것으로 예상된다. 다시 말해서 변경된 취업규칙의 합리성 여부에 대해서는 위에서 제시한 5가지 요소를 종합적으로 고려함에 있어 다수노조와의 교섭상황을 중시하여 판단할 가능성도 충분히 있을 수 있으며, 향후 집단적·통일적 근로조건의 변경을 논하는 이상, 당해 변경이 집단적 노사관계에 있어 어떠한 영향을 미칠 것인지를 고려하여 판단하는 것이 오히려 자연스러울지도 모른다(菅野和夫, 『労働法』, 弘文堂(2008), 117頁; 荒木尚志, 『労働法』, 有斐閣(2009), 333頁).

54) 노동계약법 제10조에 의한 취업규칙 변경의 구속력(기존 근로자에 대한 변경의 구속력)과 취업규칙 자체의 유효성과는 별개의 문제이다. 예컨대 변경된 취업규칙이 제10조의 합리성을 결하여 기존 근로자에 대한 구속력이 부정되더라도 당해 취업규칙 그 자체가 '무효'로 되는 것이 아니다. 이러한 취업규칙도 주지의 요건을 구비한 경우에는 신규로 채용된 근로자와의 관계에서는 동법 제7조의 효과(계약내용의 보충) 및 제12조의 효과(최저기준효력)를 가진다.

2) 계약내용 변경효력의 예외–개별 특약

변경된 취업규칙의 적용과 관련하여, 노동계약법 제10조 단서조항은 “근로자와 사용자가 취업규칙의 변경에 의해서는 변경되지 아니하는 근로조건으로 합의한 부분에 관하여는 제12조(취업규칙에 위반하는 근로계약)에 해당하는 경우를 제외하고는 그러하지 아니하다.”라고 하여, 소위 개별 특약이 있는 경우에는 변경된 취업규칙이 적용되지 않음을 명시하고 있다.

이렇게 취업규칙 적용에 대한 예외규정을 두고 있는 이유는, ① 취업규칙의 합리적 변경법리가 근로조건의 집단적·획일적 변경을 위한 룰로써 전개되어온 점, ② 개별 특약에 의하여 합의된 근로조건 변경에 대해 취업규칙법리의 적용을 인정한 예가 없다는 점, ③ 직장생활에서 자기결정권을 존중해야 할 필요성 등을 고려하여, 명문으로 취업규칙의 합리성 변경법리의 사정거리를 명확히 함으로써, 계약자유의 원리가 기능할 수 있는 영역을 확보한 것이다. 이러한 근로조건에 대해서는 근로자 개인의 동의 없이는 변경할 수 없다.

예를 들어 사용자가 취업규칙을 변경하여 전국에 배치전환이 가능케 하는 조항을 신설한 경우, 이 조항이 객관적으로 합리적이고 근로자에게 주지시키면 모든 근로자가 이에 구속되게 된다. 하지만, 사용자와 근로자가 취업규칙 변경으로는 할 수 없는 근로조건으로써 ‘근무지 한정’과 같은 특약을 체결한 경우에는 변경된 취업규칙이 적용되지 않는다.

5. 노동계약법 제정의 의의 및 우리나라에 대한 시사

(1) 노동계약법 제정의 의의

모두에서도 언급했듯이, 일본기업에서 취업규칙이란 ‘소법전’이라 할 수 있을 만큼 직장 내 근로조건 및 복무규율에 대해 상세하게 규정하고 있다. 이에 노동기준법은 취업규칙에 대해 일정한 효력(강행적 효력과 보충적 효력)을 부여함과 동시에 법적 규제(취업규칙에 대한 작성의무 및 변경절차 등)를 해왔다.

하지만 노동현장의 근로관계는 매우 복잡할 뿐만 아니라 시시각각으로 변화

55) 荒木尚志,『労働法』, 有斐閣(2009), 334頁.

를 거듭하고 있기 때문에 노동기준법상의 제한된 규정만으로는 적절히 대응할 수가 없었다. 특히 기업을 둘러싼 고용환경이 급격하게 변화하는 상황에서 고용관계를 계속적으로 유지하기 위해서는 어떤 형태로든 근로조건을 변경할 수밖에 없었고, 이러한 과정에서 생겨난 것이 바로 취업규칙의 변경법리이다.

취업규칙의 변경에 대해서는 취업규칙의 법적 성질을 법규범으로 해석하는 입장과 계약으로 보는 입장으로 나뉘어 다양한 견해가 제시되었지만, 어느 견해도 논리적 약점이 있었다. 그러던 중에 일본 최고재판소는 변경된 취업규칙의 내용이 객관적으로 합리성이 있으면 그 효력을 인정하는 법리를 새롭게 제시하면서, 취업규칙 변경을 둘러싼 논의는 혼미상태에 빠졌다. 그러나 일본 최고재판소는 위 견해를 일관되게 지지해온 결과 적어도 재판실무상에는 판례법리가 확립되기에 이르렀다.

노동계약법의 제정은 첫째, 이러한 종전의 판례법상의 법리를 명문화함으로써 그동안 취업규칙의 법적 성질을 둘러싼 논의에 종지부를 찍었다는 점에서 가장 큰 의의가 있다고 할 수 있겠다.

둘째, 취업규칙의 불이익 변경을 둘러싸고 그동안 애매모호한 상태로 남아 있던 취업규칙 변경에 대한 합리성 판단기준과 적용범위 등에 대한 룰을 투명하게 하였다는 점을 높이 평가할 수 있을 것이다.

셋째, 노동계약법 내에 「해고권 남용법리」를 명문화하여 고용의 안정(security)을 도모함과 동시에, 「취업규칙에 의한 합리적인 변경법리」도 함께 명문화하여 고용의 유연성(flexibility)을 꾀함으로써, 소위 일본형(日本型) 고용정책(employment policy)을 법적으로 확인하였다고 평가할 수 있겠다.

(2) 우리나라에 대한 시사

위에서는 취업규칙에 의한 근로조건 변경에 대하여 주로 일본의 법제 및 판례를 중심으로 검토하였다. 우리나라의 근로기준법에서도 취업규칙에 대해 여러 가지 규정을 두고 있는데, 일본의 취업규칙 제도를 그대로 도입한 결과 상당부분 유사한 내용으로 되어 있음은 서두에서 언급한 바와 같다.

그러나 우리나라의 경우에는 취업규칙을 불리하게 변경하는 경우, 과반수 노동조합 또는 근로자 과반수의 동의를 요구하는 강행규정을 두고 있다는 점에서 일본과는 결정적으로 다르다. 우리나라 근로기준법이 이처럼 ‘집단적 동의조항’을 두고 있는 이유는 사용자가 이미 정한 근로조건을 일방적으로 저하시키는 것을 방지하기 위한 것으로 해석된다. 이러한 우리나라 법체계는 일견 근로자 보호 차원에서 보면 긍정적인 면도 있으나, 새로운 고용환경에 능동적으로 대처해야 하는 현실적인 차원에서 보면 부정적인 면도 있다. 본고에서는 문제제기 차원에서 일본법제와의 비교법적인 시각을 통하여 얻을 수 있는 몇 가지 시사점만 지적 하고자 한다.

첫째, 우리나라의 경우에는 취업규칙을 통한 근로조건 변경절차가 너무 경직되어 있어, 급변하는 고용환경에 유연하게 대응하기 어렵다는 점이다. 물론 일본 내에서도 취업규칙의 합리적 변경법리의 입법화에 대해서는 ‘계약원리에 대한 사형선고’라는 비판[56]도 있지만, 적어도 해고를 통한 구조조정보다는 취업규칙의 합리적 변경을 통한 해결이 보다 경제적이고 효율적이라는 점이 설득력을 얻고 있다. 우리나라에서도 일본처럼 고용의 안정화 차원에서 해고를 제한함과 동시에 취업규칙을 통한 합리적인 근로조건의 변경을 인정함으로써, 고용에 대한 안정성과 유연성에 대한 조화를 꾀할 필요가 있다고 생각한다.

둘째, 우리나라에서는 취업규칙의 변경에 대한 유·불리 여부를 법해석상 근로자 측에서만 판단하게 되어 있기 때문에, 근로자 측에 불리한 변경은 물론이고 심지어는 사용자와 근로자 양측에 유리한 변경까지 노동조합이나 근로자가 반대하는 한 취업규칙을 통한 근로조건 변경은 원천적으로 차단되게 되는 결과를 초래할 수도 있다. 이러한 불합리한 점을 시정하기 위해서는 취업규칙의 유·불리에 대해서는 노사 양측이 보다 객관적인 관점에서 평가할 수 있도록 제도를 정비하거나 법리를 개발할 필요가 있다고 생각한다.[57]

셋째, 취업규칙 변경 시의 동의주체를 둘러싸고 취업규칙을 계약으로 볼 것인가(계약설) 아니면 법규범으로 볼 것인가(법규범설)에 따라 그 해석이 달라질 수 있다. 즉, 전자의 경우에는 취업규칙의 적용을 받게 될 모든 근로자(비조합원

---

56) 労働法学者有志の声明文, “禍根を残す就業規則変更法理の成文化”, 『労旬』 1639·1640号 (2007), 5頁.

57) 취업규칙의 불이익 변경에는 실제로 여러 가지 요소가 혼재·교차하는 경우가 많다. 따라서 모든 경우의 수를 종합적으로 고려하여 유·불리를 판단하기란 지난한 일이다. 따라서 일본과 같이 불이익 변경 여부를 ‘사회통념상 합리성’에 포함시켜 종합적으로 판단하는 것도 하나의 해결 방안이 될 수 있으리라 생각된다.

포함)가 명시적·묵시적으로 동의를 하거나 또는 노동조합에 위임을 한 경우에만 취업규칙의 불이익 변경이 가능하며, 후자의 경우에는 집단적 동의가 필요하지 않다. 후자의 관점에서 보면, 취업규칙의 불이익 변경에 집단적 동의를 요구하는 근기법 제94조 1항 단서는 법리적으로 모순된다고 할 수 있다.

다만, 근로자의 과반수로 조직된 노동조합이 취업규칙의 불이익 변경에 동의한 경우에는 단체협약의 일반적 구속력(노조법 제35조)의 법리에 따라 이를 긍정할 수 있는 여지도 있다. 하지만 단체협약의 일반적 구속력에 대해서는 그 입법취지를 둘러싸고 의견이 대립하고 있을 뿐만 아니라,[58] 근로자의 과반수로 조직된 다수노조가 동의한 경우에 일반적 구속력으로 인하여 다수노조의 취업규칙이 소수노조에게도 그대로 적용된다고 한다면, 경우에 따라서는 다수노조에 의한 소수노조의 약체화(弱体化)를 합법화하는 불합리한 결과를 초래할 수 있으므로, 복수노조가 병존하는 경우를 상정하여 이에 대한 해결책도 함께 모색할 필요가 있다.

Ⅳ. 맺음말

위에서는 현재 우리사회에서 핫이슈가 되고 있는 정년연장에 따른 임금체계의 개편을 둘러싼 문제에 대해 비교법적 관점에서 검토를 하였다. 마지막으로, 본고의 비교법적 연구를 통하여 얻은 시사점에 대해 요약하여 정리하면 다음과 같다.

첫째, 위에서도 언급했듯이, 우리나라 근로기준법상의 취업규칙에 관한 규정 및 불이익 변경법리는 일본의 노동기준법 및 판례법리의 영향을 받아 성립되어 내용면에서 매우 유사하다. 그러나 우리나라는 1989년 근로기준법 개정시에 취업규칙의 불이익 변경시에는 과반수 노조 또는 과반수 근로자의 동의를 받도록 하는 소위 집단적 동의절차를 규정하면서 법제와 판례 사이에 괴리가 발생하기

58) 단체협약의 일반적 구속력과 관련하여 가장 쟁점이 많은 부분은 하나의 기업 내에 소수노조가 존재할 경우, 이들에 대해서도 단체협약의 일반적 구속력을 인정할 것인가이다. 이에 대해 우리나라에서는 아직까지 복수노조가 허용되고 있기 않아서인지 아직까지 본격적인 논의가 없으나, 복수노조가 병존하고 있는 일본에서는 학설·판례가 긍정설과 부정설로 대립하고 있다. 이에 대한 보다 상세한 내용은 이 정(역), 『일본노동법』, 법문사(2007), 556면 이하 참조.

시작하였다. 그 결과 취업규칙의 불이익 변경에 대해서는 집단적 동의를 원칙으로 하면서도, '사회통념상의 합리성'을 가지는 경우에는 이를 허용한다는 취지의 판례법리가 형성되면서, 사법적 해석이 강행법규에 우선하는 법체계상의 모순이 유지되고 있는 형국이다. 물론 사법부에서도 이러한 점에 착목하여 사회통념상의 합리성을 매우 예외적이고 한정적인 것으로 해석하고는 있으나, 이러한 법제도상의 모순에 대해서는 조속한 입법적 해결이 필요하다고 판단된다.[59]

둘째, 다양한 근로형태의 근로자를 사용하는 기업에서 근로조건을 공평하고 통일되게 설정함과 동시에, 직장규율을 규칙으로서 명확히 정하는 것이 효율적인 사업경영을 위해 필수 불가결기 때문에 취업규칙을 제정하여 운용하고 있다. 노동조합이 있는 기업에서는 노동조합과의 단체교섭을 통하여 단체협약으로 근로조건을 정하는 경우도 많지만, 이 경우에도 비조합원을 포함한 전체 종업원에게 적용될 근로조건을 집합적으로 처리한다는 점에서 의의가 있으며, 노동조합이 존재하지 않는 많은 기업에서는 취업규칙이 노동관계의 내용을 정하는 거의 유일한 준칙이 된다. 이처럼 취업규칙은 기업현장에서 매우 중요한 기능을 하고 있기 때문에, 우리나라나 일본에서는 사용자가 일방적으로 정하는 취업규칙에 대해 가능한 한 '노사대등의 원칙'을 반영하여 노사가 자율적으로 근로조건을 정할 수 있도록 여러 규정을 두고 있다. 그 중의 하나가 근로자의 집단적 동의 절차인데, 이는 우리나라나 일본의 경우에는 유럽처럼 종업원대표제 등을 통하여 근로조건을 결정할 수 있는 구조가 아니기 때문에 취업규칙 변경절차에 근로자들의 참여 절차를 규정한 것은 매우 의미가 있다. 그러나 우리나라의 경우에는 취업규칙을 불리하게 변경하는 경우, 과반수 노동조합 또는 근로자 과반수의 동의를 요구하는 강행규정을 두고 있다는 점에서 일본과는 결정적으로 다르다. 우리나라 근로기준법이 이처럼 '집단적 동의조항'을 두고 있는 이유는 사용자가 이미 정한 근로조건을 일방적으로 저하시키는 것을 방지하기 위한 것으로 해석된다. 이러한 우리나라 법체계는 일견 근로자 보호 차원에서 보면 긍정적인 면도 있으나, 새로운 고용환경에 능동적으로 대처해야 하는 현실적인 차원에서

59) 취업규칙 불이익변경의 경우, 1987년의 근로기준법 개정 이전처럼 사회통념상 합리성이 인정되는 경우에는 불이익한 변경이 아닌 것으로 간주하는 것이 오히려 법체계상의 정합성이 있으며, 현행 법리상의 모순도 해결할 수 있으리라 생각한다.

보면 부정적인 면도 있으므로, 일본처럼 근로자집단의 동의 여부를 사회통념상의 합리성 판단의 요소로 해석하는 절충안을 모색할 필요가 있다. 차제에 집단적 동의방식에 대해서도 자칫 소수노조나 무노조 사업장의 근로자들의 의견수렴이 합리적이고 원활히 이루어질 수 있도록 제도적인 개선책을 강구할 필요가 있다고 판단된다.

셋째, 과거 일본에서도 취업규칙의 불이익 변경문제가 이슈화된 적이 있는데, 주로 기업의 인수·합병으로 인하여 각기 상이한 근로조건(정년 및 퇴직금을 포함한 임금 관련 규정 등)의 통일화 과정에서 주로 문제가 되었다. 이에 비해 우리나라에서는 고령자법의 개정으로 인한 법정 정년제의 도입을 둘러싸고 노사 간 의견이 격렬하게 대립하고 있다. 일본의 경우에도 우리나라에 앞서 고령사회에 대비하기 위하여 정년을 65세로 점진적으로 연장한 경험이 있음에도 불구하고 우리나라와는 대조적으로 취업규칙 불이익 변경문제가 이슈화되지 않았다. 그 배경에는 일본에서는 법적으로 정년 및 고용을 연장하기 이전에, 기업레벨에서 노사가 자율적·선제적으로 정년 또는 고용을 연장할 수 있도록 충분히 협상의 여지를 두고 법정 정년을 연장하였기 때문이라 판단된다. 우리나라의 경우에는 일본과는 대조적으로 정치적 타협이 선행하는 형태로 법정 정년제를 도입함으로써, 노사가 자율적으로 각 사업장의 특성에 맞게끔 임금체계의 개편을 포함한 근로조건을 변경할 수 있는 협상의 여지를 박탈한 것이 작금의 취업규칙의 불이익 변경을 둘러싼 분쟁의 시발점이 되었다고 생각된다. 그럼에도 불구하고 법정 60세 정년제가 정착되기도 전에 이미 정치권에서는 법정 정년을 65세로 늘려야 한다는 주장이 제기되고 있다. 만시지탄이지만, 향후에는 정년연장에 앞서 노사가 협상을 통하여 자율적으로 합리적인 근로조건을 변경할 수 있도록 배려할 필요가 있다고 생각한다.

[참고문헌]

강희원, “정년제에 대한 법적 재고”, 『경희법학』, 제47권 제4호, 2012.

고준기, “기업의 정년제를 둘러싼 법적 쟁점”, 『기업법연구』, 제17집, 2004.

구건서, “정년연장 법제화의 해석상 쟁점과 기업의 대응”, 『임금연구』, 제21권 제3호, 2013.

구미영, “영국 평등법 개정의 주요 내용”, 『국제노동브리프』, 2011. 3월호.

권 혁, “정년연장에 따른 임금체계개편과 취업규칙 변경법리”, 『노동법포럼』, 제15호, 2015.

김동배, “노동시장개혁 쟁점정리－정년연장”, 『노동리뷰』, 2015. 4.

김영문, 『취업규칙에 관한 연구』, 고려대 석사학위논문, 1982.

김정한, “임금피크제 도입실태 및 정책과제”, 『노동리뷰』, 2008. 3월호.

김형배, 『노동법』 제24판, 박영사, 2015.

노광표, “공공기관과 정년연장: 임금피크제 수용성을 중심으로”, 『한국고용노사관계학회 학술대회자료집』, 2015. 1.

노동부, 『정년 및 임금피크제 도입현황과 과제』, 2010.

노상헌, “정년연장에 관한 논의와 평가”, 『노동법논총』, 제28집, 2013.

도재형, “임금 체계 개편의 법적 쟁점과 과제”, 『임금체계 개편의 쟁점과 과제』(2014년 춘계 공동 학술대회 자료집), 한국노동법학회·한국고용노사관계학회·한국노동경제학회, 2014.

박종희, “임금피크제의 허와 실”, 『노사관계연구』, 제14권 제2호, 2004.

______, “임금피크제와 취업규칙 변경절차에 관한 법적 검토”, 『노동법포럼』, 제15호, 2015.

박준성, “포스코의 정년연장형 임금피크제 사례”, 『산업관계연구』, 제22권 제4호, 2012.

박지순, “고용 및 노동관계법의 주요 쟁점”, 『산업관계연구』, 제23권 제1호, 2013.

방하남 외, 『베이비붐 세대의 근로생애와 은퇴과정 연구』, 한국노동연구원, 2011.

손영우, “프랑스의 퇴직연금제도 개혁과 퇴직연령 연장”, 『국제노동브리프』, 2010.

송강직, “일본 근로계약법 소고”, 『노동법논총』, 제13집, 2009.

이기한, “정년제의 법제화 논의에 대한 법적 타당성 연구”, 『노동법학』, 제36호,

2010.
이승계, “정년연장과 인적자원관리 전략”, 『임금연구』, 제21권 제2호, 2013.
이승길, “취업규칙법제에 관한 입법론적 고찰”, 『노동법연구』, 제8호, 1999.
이승욱, “노사협의회 의결사항의 효력”, 『노동법학』, 제9호, 1999.
이장원, “정년연장과 임금체계 개편방향, 『노동리뷰』, 2014. 2.
이 정, “일본의 ‘65세 법정 정년제’의 도입배경과 주된 내용”, 『노동법률』, 2013.
______, “정년연장에 따른 노동법상 쟁점과 과제”, 『산업관계연구』, 제24권 제1호, 2014.
______, “일본 노동계약법의 성립배경 및 주된 내용 · 논점에 관한 연구”, 『외법논집』, 제32집, 2008.
이 정(역), 『일본노동법』, 법문사, 2007.
이 정 · 박종희 · 하갑래, “취업규칙 분석 및 제도개선 방안 연구”, 연구보고서, 2009.
이철수, “고령자 고용과 정년제의 법적 과제”, 『노동법연구』, 제15호, 2013.
______, “정년연장에 따른 법적 쟁점과 해결 방안”, 『정년 60세 시대: 법률적 쟁점과 기업의 인사노무관리전략』, 서울대학교 고용복지법센터심포지움 자료집, 2014.
정숙희, “정년연장과 임금피크제”, 『노동법포럼』, 제15호, 2015. 7.
임종률, 『노동법』, 제13판, 박영사, 2015.
조용만, “정년연장의 법적 과제”, 『노동정책연구』, 제12권 제3호, 2012.
하갑래, “새 정년제도의 쟁점과 법리의 형성”, 『노동법학』, 제49호, 2014.
홍승욱, “취업규칙 또는 단체협약에 의한 근로조건의 불이익변경과 양자의 관계”, 『검찰 통권』, 제115호, 2004.

荒木誠之, “就業規則の効力”, 石井亨編, 『労働法大系(5)』, 1973.
荒木尚志 · 菅野和夫 · 山川隆一, 『詳説 · 労働契約法』, 弘文堂, 2008.
________, 『労働契約法』, 有斐閣, 2008.
荒木尚志, 『労働法』, 有斐閣, 2009.
________, “就業規則の不利益変更と労働条件”, 『労働判例百選(第7版)』,

李　鋌,『解雇紛争解決の法理』, 信山社, 2001.
______,『整理解雇と雇用保障の韓日比較』, 日本評論社, 2002.
大内伸哉,『労働条件変更法理の再構成』, 有斐閣, 1999.
片岡　昇,『労働法(1)(2)』, 有斐閣, 1993.
王能君,『就業規則の法理』, 信山社, 2002.
毛塚勝利, "採用内定・試用期間", 日本労働法学会編,『現代労働法講座(10)』(労働契約・就業規則).
厚生労働省労働基準局,『今後の労働契約法制の在り方に関する研究会報告書』(座長・菅野和夫教授・現日本中央労働委員会・会長), 2005.
厚生労働省労働政策審議会労働条件分科会,『労働契約法制及び労働時間法制の在り方について(案)』, 2006.
小西国友,『解雇と雇用契約の終了』, 有斐閣, 1995.
今後の労働契約法制の在り方に関する研究会,『報告書』, 2005.
菅野和夫,『労働法』第10版, 弘文堂, 2012.
________,『新・雇用社会の法』, 有斐閣, 2002.
土田道夫,『労働契約法』, 有斐閣, 2008.
中窪裕也, "労働契約の意義と構造", 講座21世紀の労働法(第4巻),『労働契約』, 日本労働法学会編, 有斐閣, 2000.
中窪裕也＝野田進＝和田肇,『労働法の世界(第5版)』, 有斐閣, 2003.
西谷　敏,『労働法における個人と集団』, 有斐閣, 1992.
________,『労働法』, 日本評論社, 2008.
野川忍＝山川隆一,『労働契約の理論と実際』, 中央経済社, 2009.
野田　進,『労働契約の変更と解雇』, 信山社, 1997.
法学者有志の声明文, "禍根を残す就業規則変更法理の成文化",『労旬』1639・1640号, 2007.
水町勇一郎, "労働契約の成立過程と法", 講座21世紀の労働法(第4巻)『労働契約』, 日本労働法学会編, 有斐閣.
三宅正男,『就業規則』法律学体系 ＜法学理論編＞, 1952.
山川隆一, "労働契約法の制定—意義と課題",『労研』, 第576号, 2008.
和田　肇,『労働契約の法理』, 有斐閣, 1990.

제3장

일본의 정년연장과 계속고용

Ⅰ. 들어가며

일본은 2013년 4월부터 '65세 정년 또는 고용 연장'을 의무화하는 법의 시행에 들어갔다. 1994년에 '60세 정년제'를 도입한 지 20년 만에 다시 정년을 5년을 더 늘린 것이다. 이와 같이 일본이 정년 또는 고용을 연장하게 된 배경에는 급속하게 진행되고 있는 고령사회에 대응하기 위함이다. 일본의 전체 인구는 2013년 4월 현재 약 1억3천만 명으로 집계되고 있으나, 2055년에는 출생률의 감소로 인하여 9천만 명으로 줄어들게 되고, 고령화율(전체 인구 중에 65세 이상의 인구가 차지하는 비율)은 2010년의 23.0%에서 2055년에는 40%를 초과할 것으로 예상하고 있다.

이러한 가운데 일본의 노령후생연금의 보수비례부분의 지급개시연령이 2013년 4월부터 상향 조정되기 때문에, 현시점에서 60세에 달한 자가 은퇴하게 되면 당분간 연금을 받지 못하기 때문에 사실 상 '무연금, 무수입'상태에 놓일 수밖에 없는 구조로 되어 있었다. 이에 일본정부는 2012년 8월에 소위 '고령자고용안정법(정식명칭은 「고연령자 등의 고용의 안정 등에 관한 법률」이나, 본고에서는 편의상 「고령자고용안정법」이라 함)'을 개정하여 연금수급 때까지 공백이 발생하지 않도록 65세까지 고용을 의무화하도록 한 것이다.

일본의 65세 정년 또는 고용 연장제도의 도입을 둘러싸고, 일본의 대표적인 사용자단체인 '경단련'(「일본경제단체연합회」)은 단계적인 도입과 기업에 대한 선택적 도입을 주장한 데 비해, 노동자단체인 '연합'(「일본노동조합총연합회」)은 원칙적으로 찬성하여, 노사의 의견이 서로 대립하였으나, 일본정부는 이 문제를 더 이상 노사자치에만 의존할 수 없다고 판단하여 고령자고용안정법의 개정에 착수하게 되었다. 이하, 이에 대해 구체적으로 살펴보고자 한다.

Ⅱ. 개정법의 주된 내용

일본은 고령자의 고용안정 및 정년퇴직자 등에 대한 취업기회를 확보하고 고용을 촉진하기 위하여 1971년에 고령자고용안정법을 제정한 이래, 2004년 6월에는 65세까지 안정적인 고용을 확보하기 위하여 사업주로 하여금 ① 정년을 상향 조정할 것, ② 계속고용제도를 도입할 것(단, 과반수노조 또는 근로자과반수대표와의 서면협정으로 계속고용제도의 대상이 되는 고령자에 관한 기준을 정한 다음, 이 기준에 의하여 제도를 도입하는 것도 가능), ③ 정년에 대한 규정을 폐지할 것 중, 어느 하나를 선택하도록 하는 소위 '고령자 고용확보조치'를 취한 바 있다(동법 제9조 1항). 이와 관련하여 후생노동성이 2011년 6월에 실시한 고령자에 대한 고용상황에 대한 조사를 보면, 상시 근로자 31명 이상 기업의 경우 95.7%가 이미 65세까지 고용확보조치를 실시하고 있으며, 미실시 기업은 4.3%에 불과한 것으로 나타나고 있다. 이미 고용확보조치를 실시하고 있는 기업의 경우, 정년의 정함을 폐지한 기업은 2.8%, 정년을 상향 조정한 기업은 14.6%에 불과한데 비해, 계속고용제도를 도입한 기업이 82.6%로 압도적으로 많은 것으로 나타나고 있다. 또한 계속고용제도를 도입한 기업 중, 희망자 전원을 대상으로 제도를 도입한 기업은 43.2%인데 비해, 노사협정에 의한 기준에 의하여 도입한 기업이 56.8%로 더 많은 분포를 보이고 있다. 하지만, 상기 조사에서는 상시 종업원 31명 이상의 기업만을 대상으로 하고 있으나, 상시 종업원 30명 이하의 기업이 전체 기업의 3할을 차지하고 있다는 점에 비추어 미실시 기업은 4.3%보다는 훨씬 더 많은 것으로 판단된다.

한편 일본의 노령후생연금은 위에서 언급한 바와 같이, 정액부분의 수급개시연령이 2001년 4월 이후 점차적으로 상향 조정되어 2013년 4월부터는 65세로 완결됨과 동시에, 2013년 4월부터 노령후생연금의 보수비례부분의 지급개시연령의 상향 조정되기 시작하기 때문에, 60세에 은퇴한 자들의 경우에는 당분간 무연금 · 무수입 상태에 빠질 수 있는 구조로 되어 있다. 이에 일본정부는 2012

년 8월에 고령자고용안정법의 일부를 개정하여 '고용에서 연금'으로의 연착륙을 꾀하기 위하여 65세까지 정년 또는 고용을 연장하는 제도를 도입하게 되었는데, 그 주된 내용을 간추려 보면 다음과 같다.

1. 계속고용제도의 대상자를 한정할 수 있는 구조의 폐지

개정 고령자고용안정법은 사업주로 하여금 65세까지 고용을 확보하기 위하여 ① 정년을 상향 조정할 것, ② 계속고용제도를 도입할 것, ③ 정년에 대한 규정을 폐지할 것 중 어느 하나를 선택하도록 하고 있다는 점에서는 종전과 동일하지만, 65세까지 고용을 보다 안정적으로 확보하기 위하여 개정법에서는 계속고용의 대상자를 한정하는 기준을 노사가 협정으로 정할 수 있도록 한 구조를 폐지하여, 희망자 전원을 계속 고용하도록 의무화한 점이 가장 두드러지는데, 노사 간의 의견대립이 가장 심했던 부분이기도 하다.

우선 노동계는 노사협정에서 정한 기준에 의하여 계속고용자를 선별할 수 있도록 하는 종전의 규정은 자칫 65세까지 안정적으로 고용을 확보하려고 하는 입법의 취지에 반할 수도 있다는 점에서 폐지를 주장하였다. 이에 비해, 경영계는 노령후생연금의 보수비례부분의 지급개시연령의 근로에 따른 문제는 사회전체의 문제이므로 종합적으로 대응할 필요가 있으며, 기업의 고용확보만으로 문제해결에 접근하게 되면 기업이 활력을 잃게 될 뿐만 아니라 결과적으로 청년층을 포함한 고용 전반에 악영향을 미칠 우려가 있기 때문에 노사협정에 의한 기준을 유지할 것을 주장하였다. 그러나 정부 측은 고용의 공백 없이 확실하게 연금으로 이행할 수 있도록 하기 위해서는 노사협정에 의한 기준설정을 폐지하는데 의견이 모아져 최종적으로 개정법에 반영되게 되었다.

따라서 종전에는 가령 60세에 정년인 근로자가 퇴직한 이후에도 계속하여 근로를 원하는 경우, 사업주는 노사협정에서 정한 기준에 근거하여 선별할 수 있었지만, 개정법 하에서는 사업주는 선별의 재량이 없으므로 정년 후에도 계속적으로 일하기를 원하는 근로자에 대해서는 원칙적으로 전원에 대해 65세까지 고용할 의무가 발생하는 것이다. 다만, 이미 2013. 3. 31.까지 계속고용제도의 대상자에 대한 기준을 노사협정으로 정하고 있는 경우에는 경과규정을 두어, 2016. 3. 31.까지는 61세 이상, 2019. 3. 31.까지는 62세 이상, 2022. 3. 31.까지는 63세 이상, 2025. 3. 31.까지는 64세 이상의 근로자에 대해 적용할 수 있도록 적용을 유예하고 있다.

2. 계속고용제도의 대상자를 고용하는 기업범위의 확대

개정법에서는 계속고용제도의 대상자를 고용하는 기업의 범위를 당해 근로자를 직접 고용하는 사업주뿐만 아니라, 특수한 관계에 있는 사업주까지 확대하고 있다. 이는 경영계의 주장을 받아들인 것으로, 개정 고령자고용안정법 제9조 제2항에 의하면 「계속고용제도에는 사업주가 특수관계사업주(당해 사업주의 경영을 실질적으로 지배하는 것이 가능한 관계에 있는 사업주, 기타 당해 사업주와 특수한 관계에 있는 사업주로서 후생노동성령으로 정한 사업주를 말함)와의 사이에 당해 사업주가 고용한 고령자로서 정년 후에도 고용을 희망하는 자를 정년 후에 당해 특수관계사업주가 계속하여 고용할 것을 약속하는 계약을 체결하고, 당해 계약에 의하여 당해 고령자의 고용을 확보하는 제도를 포함한다.」라고 규정하여, 정년을 맞은 고령자의 계속고용을 자사뿐만 아니라 그룹 내의 다른 회사(모회사를 비롯하여, 자회사 및 관련회사 등)까지 넓힐 수 있도록 하고 있다. 여기서 '자회사'라 함은 의결권이 과반수를 가지고 있는 등 지배력이 미치는 기업을 말하며, '관련회사'라 함은 의결권의 20% 이상을 가지고 있는 등 영향력을 행사할 수 있는 기업을 말한다. 이 경우, 계속고용에 대한 사업주 사이의 계약은 필요하다.

3. 의무위반 기업에 대한 기업명의 공표 규정의 도입

개정법은 고령자에 대한 고용을 안정적으로 확보하기 위하여 고령자고용확보조치를 실시하고 있지 않는 기업에 대해서는 후생노동대신이 위반한 사업주에 대해 필요한 지도 및 조언을 실시할 수 있으며(동법 제10조 제1항), 지도 후에도 개선이 보이지 않는 기업에 대해서는 고용확보조치위무에 관한 권고를 할 수 있고(동조 제2호), 이러한 권고에도 불구하고 법률위반이 시정되지 않는 경우에는 이를 공표할 수 있도록 규정하고 있다(동조 제3항).

위에서 언급한 후생노동성(2011. 6)의 조사에 의하면, 법에서 65세까지 고용확보조치를 실시하도록 규정하고 있음에도 불구하고 미실시 기업이 4.3%(6,000

사)에 달하는 것으로 나타났다. 이에, 30인 이하의 사업장의 경우에는 조사 대상에서 제외되고 있으며, 또한 실시가 불투명하기 때문에 중소기업에 대해서는 그다지 효력이 크지 않으리란 우려의 목소리도 있었다. 특히 노동계에서는 고령자고용안정법은 사업주와 근로자의 권리의무관계가 아니라, 행정과 사업주의 고용관리상의 의무를 규정한 행정지도법이기 때문에 근로자가 고용확보조치를 청구할 수 있는 권리(사법상의 효과)를 규정한 법정비가 필요하다는 주장을 했다. 하지만 이에 대해서는 경영계가 강력하게 반대하여, 최종적으로는 고용확보조치를 이행하지 않는 기업에 대해서는 기업명을 공표하는 방향으로 개정이 이루어졌다.

4. 고령자고용확보조치의 실시 및 운용에 관한 지침

개정법에서는 계속고용의 대상자 기준을 폐지 한 후, 동제도의 원활한 운용을 꾀하기 위하여 노사쌍방이 알기 쉽도록 '고령자확보치의 실시 및 운용에 관한 지침'을 정하도록 하고 있으며(제9조 제3항), 이 규정에 의하여 마련된 지침의 주된 내용은 계속고용제도에 대해 유의할 사항이 대부분이다. 예를 들면, ① 계속고용제도를 도입하는 경우에는 희망자 전원을 대상으로 할 것, ② 취업규칙에서 정한 해고 및 퇴직사유(연령에 관한 것은 제외)에 해당하는 경우에는 계속고용을 하지 않을 수도 있다는 점, ③ 취업규칙에서 정한 해고·퇴직사유를 계속고용을 하지 않는 사유로 해고·퇴직의 규정과는 별도로 취업규칙에서 정하는 것도 가능하다는 점. 또한 해고사유 또는 퇴직사유와는 다른 운영기준을 설정하는 것은 개정법의 취지를 몰각할 위험이 있으므로 유의할 것, ④ 단, 계속고용을 하지 않기 위해서는 객관적으로 합리적인 이유가 있고, 사회통념상 상당하다고 인정되어야 한다는 점에 유의할 것 등에 대해 서술하고 있다.

위 지침에서 보듯이, 취업규칙에서 정한 해고 및 퇴직사유(연령에 관한 것은 제외)에 해당하는 경우에는 계속고용의 대상에서 제외할 수 있으므로, 일견 희망자 전원에 대해 65세까지 고용보장이 어렵지 않는가 하는 의문이 생길 수도 있다. 하지만, 이는 역설적으로 취업규칙에서 정한 해고 및 퇴직사유에 해당하지 않는 경우에는 당연히 계속고용이 보장되며, 이를 거부하기 위해서는 '객관적 합리성 및 사회적 상당성'이라는 소위 '해고권남용법리'에 따른 정당성이 요구된다(이 부분은 노동계약법 제16조로부터 인용한 것으로 추측됨).

Ⅲ. 나오며

위에서 언급한 바와 같이, 일본이 법개정을 통하여 정년 또는 고용을 60세에서 65세로 상향 조정한 배경에는 급속히 진행되고 있는 고령화에 따른 노인층의 '빈곤문제'와 '고용불안'이라는 두 마리 토끼를 잡으려는 속셈이 깔려 있다. 후생연금의 지급개시 연령이 올해 4월부터 단계적으로 상향 조정됨에 따라 60세 정년이후 연금이나 수입이 없는 상태가 발생하지 않도록 함과 동시에, 일할 능력과 의욕이 있는 고령자들에게 65세까지 안정적으로 고용이 보장된다는 점에서 이번의 법개정은 긍정적으로 평가할 수 있다.

최근 우리나라에서도 신정부의 국정과제로 정년연장이 또다시 이슈로 등장하고 있다. 현재 진행 중인 우리나라의 고령화 추세를 반영한다면, 우리도 하루속히 정년연장문제에 대해 심도 있게 고민해야 한다. 하지만, 사업주에게 정년연장을 의무화하는 하는 것은 일본의 경영계가 우려하듯이, 자칫 기업의 경쟁력을 저하시키고, 청년들과 일자리를 둘러싸고 세대 간 갈등을 유발할 수도 있으므로 신중한 접근이 필요하다. 특히 우리나라에서는 일본과는 달리 단체협약이나 취업규칙 등에서 정년을 정하고 있음에도 불구하고 실제로는 정년이 지켜지지 않는 경우가 다반사이므로 설사 '65세 정년제'가 도입된다 하더라도 얼마나 실효성이 있을지는 의문이다. 따라서 일본의 경우를 타산지석으로 삼아 두 마리의 토끼를 잡을 수 있도록 합리적으로 제도를 설계할 필요가 있다.

[참고문헌]

総務庁統計局, 『国勢調査』/厚生労働省, 『人工動態統計』/国立社会保障・人口問題研 究所, 『日本の将来推計人工(2006年12月推計)中位推計』.

中山慈夫, 『改正高齢法早わかり』, 経団連出版, 2013.

新谷真人, "65歳雇用の意義を考える", 『労働法律旬報』, 1988号, 2013.

柳沢　武, "新しい継続雇用法制", 『労働法律旬報』, 1988号, 2013.

藤富健一, "高年齢者雇用安定法の改正法案に至る論議経過について", 『労働調査』 2012年 5月号, 4頁以下.

第45回~第49回労働政策審議会職業安定分科会雇用対策基本問題部会議事録.

<참고사이트>

https://www.city.inagi.tokyo.jp/kurashi/shigoto/koureisyanokoyounoannteitounikan/files/kaisei.pdf

http://www.mhlw.go.jp/kyujin/hwmap.html

파견과 도급

제1장

도급과 파견의 구별기준에 관한 법리

Ⅰ. 문제제기

고용형태가 다양화되면서 기간제와 같은 직접고용은 물론 파견이나 도급과 같은 간접근로 또한 노무공급의 하나로 정착되어가고 있다. 그 중에서도 특히 하도급은 종전에는 주로 조선이나 자동차와 같은 제조업이나 건설업을 중심으로 이용되어 왔으나, IMF위기 이후에는 고용의 유연성 확보 및 코스트 절감 차원에서 전자, 유통, 방송, 청소, 경비 등과 같은 서비스업종에 이르기까지 전방위로 확산되고 있는 추세에 있다.[1)]

한편, IMF 이후에 근로자파견법이 제정되어 도급과 파견과의 구별이 애매해지게 되면서, 양자를 둘러싸고 위장도급 및 불법파견을 둘러싼 분쟁이 끊임없이 발생하고 있다. 이에 정부는 도급과 파견을 구분하기 위한 고시와 지침을 제정하고 행정감독을 통하여 이러한 문제를 해결하고자 많은 노력을 기울여왔지만, 여전히 이를 둘러싼 법적 분쟁은 끊임없이 발생하고 있다. 도급 중에서도, 특히 사내하도급을 둘러싸고 발생하는 위장도급 및 불법파견 관련 법적분쟁을 보면, 대개 다음과 같은 두 가지 쟁점을 둘러싸고 다투는 경우가 많다.

하나는 하청회사가 원청회사로부터 독립하여 독자적인 경영권과 인사권을 행사하는지의 여부이며, 다른 하나는 하청근로자들이 원청회사의 조직에 편입되어 원청회사로부터 실질적으로 지휘·명령권을 받았는지의 여부이다. 이에 대해 최근 대법원의 주목할 만한 판결들이 속속 나오고 있음에도 불구하고, 대법

1) 업종별 사내하도급 현황을 보면, 조선이 61.3%로 가장 높고, 철강이 43.7%, 사무판매서비스 21.1%의 순서로 나타나고 있다(고용노동부, 『사내하도급실태조사』, 2010).

원 판단에 일관성이 결여되어 있을 뿐만 아니라 하급심 판결에서는 유사한 사안임에도 불구하고 서로 다른 결론이 도출되는 등, 도급과 파견의 구분을 둘러싼 판례법리가 법실무상으로 정착하고 있지 못한 듯하다. 이처럼 도급과 파견을 둘러싸고 법적 분쟁이 끊임없이 발생하고 있는 배경에는 도급과 파견에 대한 구별기준이 명확하지 못한다는 데에도 기인하지만, 사내하도급 근로자와 원청기업의 직영근로자 간의 임금이나 복리후생 등의 근로조건상의 격차문제가 근저에 있음을 부인할 수 없는 사실이다.[2]

이하에서는 위와 같은 문제의식 하에서, 첫째 도급과 파견의 구별을 둘러싸고 제기되고 있는 법적 쟁점들에 대한 법원의 판단기준에 대해 분석한 다음, 과연 이러한 판례법리가 도급과 파견을 둘러싼 문제해결에 어느 정도 실효성이 있는지, 그 한계는 무엇인지에 대해 검토하고자 한다.[3] 둘째, 도급과 파견 문제의 근원이라고 할 수 있는 원·하청근로자 간의 격차문제 해소와 관련하여, 기존의 노동법적 해결방법 이외에 공정거래법의 적용을 통해 해결할 수 있는 여지는 없는지에 대해 시론적 차원에서 검토해 보고자 한다.

Ⅱ. 도급과 파견의 구분에 대한 판례의 변천

1. 묵시적 근로계약관계의 성립 여부

최근 일련의 대법원 판례에서 나타나고 있는 사내하도급과 근로자파견관계와의 판단 메커니즘을 보면, 다음과 같은 일련의 패턴을 보이고 있는 것이 특징이다. 우선 ① 사내하도급업체의 「독립성(또는 독자성)」을 판단하여 그것이 부정되면 「묵시적 근로계약관계」의 법리에 따라 하도급 근로자와 도급업체 사이에 직접적인 근로관계의 성립을 인정한다. ② 사내하도급업체의 독립성이 인정되

---

2) 이에 대한 상세한 분석으로는 권혁, “하청근로자에 대한 노동법적 보호의 허와 실”, 『법학연구』 제55권 제4호·통권82호(2014)를 참조하기 바람.

3) 도급과 파견의 구분에 대한 학술논문으로는 박지순, “파견과 도급의 구별에 관한 법리”, 『안암법학』 제38호, 안암법학회(2012); 한광수, “사내하도급과 근로자파견의 구별기준과 법적 효과의 문제”, 『노동법논총』 제31권(2014); 이상희, “사내하도급 및 파견 규율 현황과 과제에 관한 연구”, 『노동법논총』 제32권(2014); 박수근, “사내파견고용의 실태와 법적 쟁점”, 『노동법학』 제40호(2011) 등이 있다.

면 묵시적 근로계약관계 법리에 따른 직접적인 근로관계의 성립은 부정되고, 「파견관계」인지 「도급관계」인지의 문제로 넘어간다. ③ 파견과 도급의 구별은 「지휘명령권」의 기준을 적용하여 구체적인 사건에서 도급업체가 사내하도급 근로자에 대해 지휘명령을 하였는지에 따라 구별한다. ④ 도급업체의 지휘명령권 행사가 인정되면 파견관계로, 인정되지 않으면 도급관계로 판단하는 구조이다.[4)]

(1) 현대미포조선사건(대법원 2008)[5)]

사내하도급사건에서 대법원이 묵시적 근로계약관계의 성립을 인정한 대표적인 사례는 인사이트코리아사건[6)]과 현대미포조선사건[7)]이다. 이 중에서 후자인 현대미포조선사건에서 대법원은 「사내하도급에 있어서 하청업체 소속 근로자가 원청회사의 근로자로 볼 수 있으려면, 하청업체는 사업주로서의 독자성이 없거나 독립성을 결하여 원청회사의 노무대행기관과 동일시할 수 있는 등 그 존재가 형식적, 명목적인 것에 지나지 아니하고, 사실상 당해 피고용인은 원청회사와 종속적인 관계에 있으며, 실질적으로 임금을 지급하는 것도 원청회사이고, 또 근로제공의 상대방도 원청회사이어서 당해 피고용인과 원청회사 간에 묵시적 근로계약관계가 성립되어 있다고 평가할 수 있어야 한다」라고 하여, 원론적인 기준을 제시하였다.

본 사안의 경우에는 사내협력업체가 형식적으로는 원청업체와 도급계약을 체결하고 소속 근로자들로부터 노무를 제공받아 자신의 사업을 수행한 것과 같은 외관을 갖추었다 하더라도 ① 실질적으로는 업무수행의 독자성이나 사업경영의 독립성을 갖추지 못한 채 피고회사의 일개 사업부서로 기능하거나 노무대행기관의 역할을 수행하였을 뿐인 점, ② 원청업체가 근로자들로부터 종속적인 관계에서 근로를 제공받은 점, ③ 원청업체가 임금을 포함한 제반 근로조건을 정하고 있었던 점에 비추어, 직접 원청업체가 근로자들을 채용한 것과 같은 묵시적인 근로계약관계가 성립되어 있다고 판단하였다.[8)]

---

4) 김영문, "사내하도급 근로자와 원청기업의 노동력 제공관계", 『노동법률(제232호)』, (주)중앙경제, 2010. 9, 36－37면; 이정, "사내하도급 근로자에 대한 파견근로의 판단", 『월간노사FOCUS(통권 제42호)』, 2010. 11, 32면 참조.
5) 대법원 2008. 7. 10. 선고 2005다75088 판결.
6) 대법원 2003. 9. 23. 선고 2003두3420 판결.
7) 대법원 2008. 7. 10. 선고 2005다75088 판결.

(2) 현대자동차사건(대법원 2010)[9)]

현대자동차사건에서도 대법원은 위의 현대미포조선사건에서와 같이 묵시적 고용관계의 성립여부에 대한 판단기준과 관련하여 「원고용주에게 고용되어 제3자의 사업장에서 제3자의 업무에 종사하는 자를 제3자의 근로자라고 할 수 있으려면, 원고용주는 사업주로서의 독자성이 없거나 독립성을 결하여 제3자의 노무대행기관과 동일시할 수 있는 등 그 존재가 형식적, 명목적인 것에 지나지 아니하고, 사실상 해당 피고인은 제3자와 종속적인 관계에 있으며, 실질적으로 임금을 지급하는 자도 제3자이고, 또 근로제공의 상대방도 제3자이어서 해당 피고요인과 제3자간에 묵시적인 근로계약관계가 성립되어 있다고 평가될 수 있어야 한다.」라고 전제한 다음, 본 사건에서 원고들과 고용계약을 체결한 참가인의 하청업체들은 사업주로서의 독자성이 없거나 독립성을 상실하였다고 볼 수 있을 정도로 그 존재가 형식적·명목적인 것으로 보기 어렵다는 점에서 원고들과 참가인 사이에 묵시적 근로계약관계의 성립을 부인하였다.

본 사건이 경우, 현대미포조선사건 비교할 때 내용적으로 뚜렷한 차이가 없음에도 불구하고 정반대로 묵시적 근로계약관계를 부인한 이유로는, 원고용주가 채용·승진·징계 등의 인사노무관리를 직접 행사했다는 점을 중시하여 업무수행의 독자성과 사업경영의 독립성을 인정한 것으로 판단된다. 다시 말해서, 본 사안에서 원청업체가 실질적으로 지휘명령권을 행사한 점과 임금 등의 근로조건을 사실상 결정한 점은 인정되지만, 하청업체가 인사노무관리상의 자율성을 어느 정도 행사할 수 있었기 때문에, 사업주로서의 독자성과 독립성을 상실한

8) 이러한 판단의 근거로서 ①과 관련해서는 원청업체가 채용·승진·징계 등의 인사노무관리에 대한 실질적인 행사를 한 점, 하청업체가 사업자 등록명의를 가지고 근로소득세의 원천징수, 소득신고, 회계장부 기장 등의 사무를 처리하였으나 원청업체가 제공하는 사무실에서 이루어지고 독자적인 장비를 보유하지 않았으며, 소속 근로자의 교육 및 훈련에 필요한 시설을 구비하지 못한 점, ②와 관련해서는 출근·조퇴·휴가·연장근무 등 근태상황의 점검과 작업량·작업방법·작업순서, 수급업무 외의 업무지시, 작업물량이 없을 경우 교육, 타부서 업무지원 등 노무제공에 관한 직접 또는 파견업체 책임자를 통하여 지휘명령을 한 점, ③과 관련해서는 시간단위의 작업량 단가로 기성대금 산정, 다른 부서 업무지원, 안전교육 및 직무교육에 대한 보수지급, 상여금·퇴직금의 직접지급, 직영근로자 노조와의 단체협약에 따른 임금액 결정, 퇴직금·사회보험료를 기성대금과 함께 지급한 점 등 임금의 결정·지급 및 제반 근로조건에 실질적인 영향력을 행사한 점 등을 들고 있다.

9) 대법원 2010. 7. 22. 선고 2008두4367 판결.

소위 원청회사의 노무대행기관에 불과하다고 보기 어렵다는 판단을 한 것이라고 본다.[10)]

사내하도급 관련 사건에서 묵시적 근로계약관계를 인정한 사례가 매우 적기 때문에 묵시적 근로계약관계의 성립 여부에 대한 판단기준을 일률적으로는 제시할 수 어렵다. 하지만, 위에서 검토한 판례를 중심으로 조심스럽게 개인적인 소견을 제시한다면, 현대미포조선사건에서와 같이 '업무수행상의 독자성'과 '사업경영상의 독립성'을 모두 상실한 경우에는 사업주의 실체가 부정되어 묵시적 근로계약관계의 성립이 인정되기 쉽지만, 현대자동차사건과 같이 이 중 하나라도 충족하고 있으면 사업주로서의 실체를 인정하여 묵시적 근로계약관계의 성립을 부정하려는 경향이 있는 것 같다.[11)] 이후의 사례에서도 명확하지는 않으나, 대체로 이러한 판단기준에 비추어 사업주의 실체 유무를 판단하고 있는 듯하며, 현대미포조선사건 이후로는 하청업체의 실체를 부정하여 묵시적 근로계약관계를 인정한 사례는 거의 보이지 않는다.[12)]

2. 파견법의 적용 여부

사내하도급 관련 사건에서 법적 분쟁이 가장 집중되는 곳은 도급이 사실상 파견에 해당되는지의 여부이며, 법적 쟁점 또한 가장 대립하고 있는 부분이기도 하다. 도급과 파견을 구별하기 위한 판단기준으로 가장 중요한 것은 원청회사가 하청근로자들에 대해 직접 노무지휘권을 행사했는지의 여부이다. 재판실무에서는 위의 지휘권행사를 상위지표로 하고, 여러 가지 하위 기준을 설정하여 그 기준을 충족하는지의 여부를 개별 사례에 적용하여 종합적으로 판단하는 구조가 어느 정도 정착되어 있다고 할 수 있다.[13)] 하지만, 재판실무에서는 이러한 판단

---

10) 본 사안의 경우, 실질적으로 현대미포조선과 사안이 대동소이함에도 불구하고 정반대의 결론을 내린 대법원 판단에 대해서는 충분한 설시가 부족하다는 비판적 견해도 있다. 조경배, “현대자동차 사내협력업체 불법파견(위장도급) 사건 판례 평석”, 『노동법연구』 29호(2010).

11) 이는 우리나라 사내하도급의 실태를 보면, 상당수가 원청업체에 종속된 영세기업으로 사업주로서의 독자성 및 독립성을 구비하기가 어려울 뿐만 아니라, 독자적인 기술이나 물적 설비를 구비하기가 어렵다는 현실을 반영한 것이 아닌가 하는 생각이 든다.

12) 사내하도급 관련 사건에서 묵시적 근로계약관계의 성립을 인정한 최근 판례로는 현대자동차사건(서울중앙지법 2014. 9. 18. 선고, 2010가합112481, 2010가합112528[병합] 판결) 등이 있을 정도이다.

13) 김영문, “도급과 파견의 구별기준”, 『노동판례백선』 박영사(2015), 216면.

기준을 일관성 있게 원용하지 못하여 동일하거나 유사한 사안임에도 불구하고 결론을 달리하는 등 혼선이 발생하고 있는 게 현실이다. 따라서 이하에서는 2015년 2월에 나온 현대자동차사건과 KTX 여승무원사건을 기준으로 하여 그 이전·이후의 판례법리가 어떻게 변천해 왔는지에 대해 몇몇 사례를 통해 검토해 보고자 한다.

(1) 현대자동차사건(대법원 2010)[14)]

본 사건에서 대법원은 위에서 이미 검토한 바와 같이 사내하청근로자들과 원청업체간의 '묵시적 근로계약관계의 성립'은 부인했지만, 하청근로자들의 근로관계가 파견에 해당되는지에 대해서는 원심과는 달리 업무도급계약을 부정하고 근로자파견관계에 있다고 판단하였다. 하지만, 이 사건에서 대법원은 파견과 도급을 구별하는 판단기준을 명확하게 제시는 하지 않은 채 주로 인사권과 노무지휘권을 중심으로 여러 징표들을 근거를 종합하여 도급이 아니라 파견근로(위장도급)에 해당한다고 설시하였다.

위 사건에서 대법원이 도급과 파견을 구별하는 징표로 ① 하청근로자들이 컨베이어벨트 좌우에 원청업체 근로자들과 혼재·배치되어 작업한 점, ② 원청업체 소유의 생산 관련 시설 및 부품, 소모품 등을 사용한 점, ③ 원청업체가 미리 작성하여 교부한 부품의 식별방법과 작업방식 등을 각종 작업지시 등에 의해 원고들은 단순, 반복적인 조립업무를 수행한 점, ④ 하청업체 고유 기술이나 자본 등이 업무에 투입된 바가 없는 점, ⑤ 원청업체가 하청업체 소속 근로자들에 대한 일반적인 작업배치권과 변경결정권을 행사한 점, ⑥ 원청업체가 직영근로자와 마찬가지로 하청근로자들이 수행할 작업량과 작업방법, 작업순서 등을 결정한 점, ⑦ 원청업체는 하청근로자들을 직접 지휘하거나 또는 사내 하청업체의 현장관리인에게 구체적으로 작업지시를 하기도 했는데, 하청업체 현장관리인이 하청근로자에게 구체적인 지휘명령권을 행사했다 하더라도 업무의 특성상 도급인이 결정한 사항을 전달한 것에 불과하거나, 그러한 지휘명령이 도급인 등에 의해 통제되어 있는 점, ⑧ 원청업체는 하청근로자들에 대해서도 직영근로자와 동일하게 근로시간, 휴게시간 등을 부여한 점, ⑨ 직영근로자가 산

---

14) 대법원 2010. 7. 22. 선고 2008두4367 판결.

재·휴직 등의 사유로 결원이 발생하는 경우에는 하청업체 근로자로 하여금 그 결원을 대체하게 한 점, ⑩ 하청업체를 통하여 하청근로자들에 대한 근태상황, 인원현황 등을 파악·관리한 점 등을 열거한 다음, 근로자파견관계에 해당한다고 판결했다.

이 사건 이전에도 하급심 판결에서 파견과 도급의 구별이 문제가 된 사례가 없지는 않았지만, 대법원이 파견법 제2조 제1호의 '근로자파견'의 정의에 관한 해석과 관련하여 파견과 도급을 가르는 주요 요소들을 열거한 다음, 원·하청 간의 도급관계를 근로자파견관계(위장도급)에 해당된다고 판단한 최초의 대법원 판례라는 점에서 의의가 있다.

⑵ 현대자동차사건(대법원 2012)[15]

본 건은 위 현대자동차사건의 파기환송판결(대법원 2010. 7. 22. 선고 2008두4367 판결) 및 원심판결(서울고법 2011. 2. 10. 선고 2010누23752 판결)에 대한 확정판결인데, 여기서 대법원은 "하청근로자는 하청업체에 고용된 후 원청업체 사업장에 파견되어 원청업체로부터 직접 노무지휘를 받는 근로자파견관계에 있다"고 하여, 기존의 환송판결 및 원심판결의 결론이 거의 그대로 유지되었다.

위 판결에서 가장 중요한 쟁점은 사내하도급에서 원청업체와 하청근로자 사이의 '근로자파견관계'가 인정되는 판단기준의 문제이다. 그와 관련하여 대상판결에서 주목할 점은 환송판결이나 원심판결에서 주요하게 다루어진 '묵시적 근로계약관계'의 성립여부는 직접적으로 다루어지지 않았다는 점이다. 원심판결은 하청근로자의 묵시적 근로계약관계의 성립 주장에 대하여 "하청기업이 사업주로서 독자성이 없거나 독립성을 상실하였다고 볼 수 있을 정도로 그 존재가 명목적인 것이거나 형식적인 것으로서 참가인과 원고 사이에 직접적인 근로계약관계가 성립된 것으로 볼 수 없다"는 이유로 묵시적 근로계약관계의 성립을 부정하였다. 대상판결은 원심판결의 판단을 기초로 '하청업체의 실체성'이 인정된다는 점에서 '원청업체의 지휘명령권의 행사' 여부를 집중적으로 검토한 다음, 다음과 같은 근거로 근로자파견관계가 성립한다고 판단하였다.

다시 말해서 파견법 위반과 관련해서 ① 원청업체 근로자들과의 혼재 여부

15) 대법원 2012. 2. 23. 선고 2011두7076 판결.

및 원청업체의 작업배치권과 변경결정권의 행사 여부, ② 원청업체의 작업지시서에 의한 업무수행 여부, ③ 원청업체의 직·간접적 지시 여부 및 근태상황 및 인원현황 관리 여부, ④ 원청업체 근로자 결원시 하청근로자의 대체 여부, ⑤ 원청업체의 근로시간 관련 사항 결정 여부, ⑥ 원청업체 소유의 생산 관련 시설 및 부품, 소모품 등의 사용 여부, ⑦ 하청업체의 고유기술, 자본 등의 업무 투입 여부 등을 종합하여 파견여부를 판단하여야 한다고 하여, 종전의 환송판결 및 원심판결의 판단구조를 그대로 답습하고 있다.[16)]

(3) 인천공항공사사건(대법원 2013)[17)]

이 사건은 인천공항공사의 특수경비업무에 종사하는 하청근로자들의 근로가 묵시적 근로계약관계를 성립하는지와 그리고 근로자파견에 해당되는지의 여부가 쟁점이 되었다. 본 건에서 대법원은 묵시적 근로계약관계에 대해서는 이를 부정했지만, 근로자파견관계에 대해서는 다음과 같은 이유로 이를 인정하였다.

구체적으로는 원고용주가 ① 특수경비업의 특성 및 관련 법령에 따라 경비원인 하청근로자들에 대해 지휘·감독권을 행사해 온 점, ② 독자적으로 경비원들에 대한 인사관리를 해 온 점, ③ 용역대금의 결정 및 비용 등을 부담해 온 점, ④ 기업실체(사무실 무상대여, 보안검색장비의 대여, 교육훈련 등) 등을 종합적으로 판단한 다음, 경비원인 하청근로자들이 원청업체로부터 직접 지휘·감독을 받는 근로자파견관계에 있다고 보기에는 부족하다고 판단하였다.

다만, 본 사건에서 특이한 점은 파견에 해당하는 지의 여부를 판단함에 있어 ①의 '특수경비'라는 업무의 특성이 상당부분 고려되었다는 점이다. 다시 말해서, 특수경비제도는 1998년에 기획예산처가 국가중요시설에 대한 경비의 효율성을 제고하기 위하여 도입된 제도로, 업무의 성격상 특수경비업자의 자격, 직무범위, 의무, 교육, 무기사용방법에 이르기까지 엄격하게 법으로 규정하고 있는 것이 특징이다. 예를 들어 경비업법에 의하면, ① 시설경비 등을 도급받아 행하고자 하는 법인은 경비업무를 특정하여 대통령령이 정하는 경비인력·자본금·시설 및 장비를 갖추어 그 법인의 주사무소의 소재지를 관할하는 지방경찰

16) 이 사건의 판단프레임은 그 다음 해의 GM대우자동차사건(대법원 2013. 2. 28. 선고 2011도34 판결)에서도 거의 그대로 원용되고 있음을 알 수 있다.
17) 대법원 2013. 7. 25. 선고 2012다79439 판결.

청장의 허가를 받을 것(제4조), ② 특수경비원은 국가중요시설의 경비책임자 및 시설주의 감독을 받을 것(제14조 제1항), ③ 특수경비원은 직무를 수행함에 있어 시설주의 명령에 복종할 것(제15조 제1항) 등을 규정하고 있다.

따라서 본 사건에서 경비원들이 직무를 수행함에 있어 시설주인 원청회사(공항공사)와 관할 경찰서장 및 소속 상사의 직무상 명령에 복종하여야 하고, 소속 상사의 허가 또는 정당한 사유 없이 경비구역을 벗어나서는 아니 되며(경비업법 제15조 제1, 2항), 만약 국가 중요시설의 기능 마비 등 정상적 운영을 해치는 장해를 일으킨 경우에는 고의범뿐만 아니라 과실범까지 처벌을 받고, 정당한 사유 없이 무기를 소유한 채 배치된 경비구역을 벗어나는 경우에는 형사처벌까지 받게 되는데(경비업법 제28조 제2항), 이는 특수경비업무의 방호 공백을 막고 원활한 경비업무수행을 위하여 국가공무원 복무규정과 유사하게 복종의무 및 직장이탈금지의무를 규정한 것이다.

이러한 점에 비추어 볼 때, 원청회사 소속 감독관이 이 사건 경비업무를 감독하고 원고용주의 현장대리인을 통하여 이 사건 경비원들에게 지시 및 시정사항을 전달하는 것은 위와 같은 특수경비업무의 특성상 원청회사가 경비업법의 규정에 따른 시설주로서의 지휘·감독권을 적법하게 행사한 것으로 대법원은 판단한 것 같다.

⑷ 현대자동차사건(서울중앙지법 2014)[18]

이 사건의 특징은 원청업체와 1, 2차 하청업체 사이에도 실질적·묵시적 근로자파견관계가 성립한다고 판단한 점이 특징인데, 그 주요 논거를 보면 다음과 같다.

첫째, 법원은 원청업체와 하청업체가 체결한 도급계약에 1, 2차 하청업체가 수행하는 업무와 범위에 아무런 내용이 없는 등 도급계약으로서의 목적과 기한이 명확하지 않으며, 원청업체가 하청업체에 지급하는 도급계약에 대한 일의 보수(기성금)가 '일의 완성'이 아닌 '노동력 제공 자체에 대한 대가(근로시간 수에 따라 지급)'로 주어진다고 보아, 컨베이어벨트 시스템과 같은 공정은 노무도급에 부적합하다는 판단을 하고 있는 듯하다.

---

18) 서울중앙지법 2014. 9. 18. 선고 2010가합112481, 2010가합112528[병합] 판결.

둘째, 종전의 대법원판례(대법원 2010. 7. 22. 선고 2008두4367 판결)에서는 컨베이어벨트 좌우에 원고용주의 직영근로자들과의 혼재배치 등을 파견으로 판단하는 주요 징표로 본 것에 비해, 본 건에서는 컨베이어벨트 공정뿐만 아니라 조립공정에서 다소 벗어나 있는 출고, 포장, 보전 등에 대해서도 연속된 공정으로 간주하여 파견으로 보았으며, 심지어는 원청업체에 의한 안전보건관리까지 파견의 요소로 보아, 사실상 자동차 조립공정에 대한 도급을 전면적으로 부정하는 판결을 내린 바 있다.

셋째, 본 사건에서는 이처럼 '실질적 지휘감독권의 행사'의 인정범위를 종전에 대법원이 제시한 것보다 더 넓게 해석함과 동시에, 실질적인 법률관계가 없는 제2차 밴드에 이르기까지 '묵시적인 파견근로관계'라는 법리구성을 통하여 사실상 '묵시적 근로계약간계의 성립'과 같은 결론을 도출하는 시도를 하고 있으며, 직접 고용의무규정이 적용되는 경우에는 다수의 의견과는 달리 임금차액분에 상응하는 손해배상을 직접적으로 언급한 점이 특징적이다.[19]

⑸ 현대자동차사건(대법원 2015)[20]

이 사건은 일련의 현대자동차 사내하도급 관련 사건의 결정판이라 할 수 있을 정도로, 파견과 도급의 구분 기준에 대해 이전보다 구체적인 판단기준을 제시하고 있다. 이를 인용하면 다음과 같다.

> 「원고용주가 어느 근로자로 하여금 제3자를 위한 업무를 수행하도록 하는 경우 그 법률관계가 위와 같이 파견법의 적용을 받는 근로자파견에 해당

---

19) 본 판결에서는 개정 파견법에 의하여 직접 고용의무 규정이 적용되는 피고들에 대하여 원청업체가 직접 고용을 하였더라면 지급했을 임금만큼의 금액을 손해배상금액으로 산정하였다. 그러나 근로계약관계가 의제되는 고용간주규정과 달리, 직접고용의무규정은 원청업체에게 직접고용을 이행할 의무만 부여될 뿐 근로계약관계가 의제되지 않고, 미이행 시 그에 따른 과태료가 부과될 뿐이다. 법원이 원청업체에게 직접 고용의무이행을 강제할 수 없다는 것이 법조실무계의 다수의견이다. 그럼에도 불구하고 대상판결이 직접고용의무 미이행의 경우에 임금차액분을 손해배상으로 산정한 것은 사실상 원청업체에게 직접고용의무의 이행을 강제한 것과 다를 바 없는 결론이다. 불법파견을 행한 원청업체가 직접고용의무를 미이행할 경우에 실질적인 규제력을 어떻게 확보할 수 있는지는 분명히 중요한 문제이다. 그럼에도 개정 파견법이 직접고용의무 미이행에 대한 규제수단으로 과태료 부과를 규정하고 있는 이상, 사실상 법원이 직접고용의무 이행을 강제하는 것과 같은 손해배상액을 인정하는 것에는 신중한 접근이 필요하다.

20) 대법원 2015. 2. 26. 선고 2010다93707 판결.

하는지는 당사자가 붙인 계약의 명칭이나 형식에 구애될 것이 아니라, 제3자가 당해 근로자에 대해 직·간접적으로 그 업무수행 자체에 관한 구속력 있는 지시를 하는 등 상당한 지휘·명령을 하는지, 당해 근로자가 제3자 소속 근로자와 하나의 작업집단으로 구성되어 직접 공동 작업을 하는 등 제3자의 사업에 실질적으로 편입됐다고 볼 수 있는지, 원고용주가 작업에 투입될 근로자의 선발이나 근로자의 수, 교육 및 훈련, 작업·휴게시간, 휴가, 근무태도 점검 등에 관한 결정 권한을 독자적으로 행사하는지, 계약의 목적이 구체적으로 범위가 한정된 업무의 이행으로 확정되고 당해 근로자가 맡은 업무가 제3자 소속 근로자의 업무와 구별되며 그러한 업무에 전문성·기술성이 있는지, 원고용주가 계약의 목적을 달성하기 위해 필요한 독립적 기업조직이나 설비를 갖추고 있는지 등의 요소를 바탕으로 그 근로관계의 실질에 따라 판단해야 한다.」

위에서 보듯이 대법원은 본 판결에서 도급과 파견을 구분하는 기준에 대해, 계약이 명칭이나 형식에 구애되지 않고 ① 원청회사가 업무수행에 관하여 구속력 있는 지시를 하는 등 상당한 지휘·명령을 하였는지 여부, ② 원·하청 근로자가 공동 작업을 하는 등 원청회사의 사업에 실질적으로 편입되었는지 여부, ③ 하청기업이 근로자 선발 및 근무조건(근로자 수, 교육 및 훈련, 작업·휴게시간, 휴가, 근무태도 점검 등)에 관한 실질적 결정권을 가지는지의 여부, ④ 원·하청 근로자의 업무가 구분되고 전문성과 기술성이 있는지의 여부, ⑤ 하청기업이 독립적 기업조직이나 설비를 갖추고 있는지의 여부 등의 요소를 바탕으로 그 근로관계의 실질을 판단해야 한다는 판단기준을 제시하였다.

이로써 그 동안 파견과 도급의 구분을 둘러싸고 불명하고 일관성이 없어 보이던 기준들이 상당부분 구체적으로 명확성을 가지게 되었다고 할 수 있다. 이러한 판단기준은 대법원이 같은 날 선고한 KTX여승무원사건에서도 그대로 인용하고 있으며, 이후의 하급심판례에서도 그대로 답습되고 있다. 물론 이 사건에서 대법원이 제시한 판단기준에 대해서는 위에서 제시한 5개의 지표를 요건으로 해석할 것인지 아니면 요소로 해석할 것인지 등을 포함한 여러 가지 문제가 있지만, 그럼에도 불구하고 대법원이 파견과 도급의 구분에 대하여 일치된 판단기준을 제시했다는 점에서 의의가 있다고 할 수 있다.

⑹ KTX여승무원사건(대법원⑴⑵ 2015)[21]

본 사건에서도 원청회사인 KTX와 하청근로자인 여승무원 사이에 묵시적 근로계약관계 및 파견근로관계가 성립하는지의 여부가 쟁점이 되었는데, 원심은 이를 인정하였으나, 상고심인 대법원에서는 원심과는 반대로 이를 모두 부정하였다. 파견과 도급에 관한 지금까지의 판례를 보면, 주로 조선이나 자동차와 같은 제조업분야에 관한 것들이 주류를 이루고 있는데 비해, 대상판결은 서비스업에 대한 파견－도급여부를 판단한 최초의 대법원 판결이라는 점에 주목할 만하다.

위의 KTX사건⑵에서는 동 사건⑴에서와 같이 사내하청근로자들과 원청회사 사이에 묵시적 근로계약관계가 성립하였는지의 여부에 더하여, 원청회사가 사내하청근로자들에 대해 업무상 직·간접적인 지휘·명령권을 행사하여 실질적으로 그들을 지배했는지의 여부, 즉 파견근로계약관계의 성립 여부가가 쟁점이 되었는데, 대상판결은 이를 모두 부정하였다. 대상판결의 의의로는 다음과 같이 2가지 정도를 들 수 있겠다.

첫째, KTX사건⑴과 ⑵는 거의 동일한 사안에 대해 서로 엇갈린 결론을 내린 원심⑴과 ⑵의 판단을 바로잡아 사법적 판단의 혼란을 종식시켰다는데 의의가 있다.

둘째, 대상판결은 비록 KTX에 한정된 사안이기는 하지만, 파견과 도급을 구별하는 판단지표로 원·하청근로자 사이에 업무가 구분되어 있는지의 여부와 하청업체가 경영권 및 인사권을 독립적으로 행사한 점 등의 기준을 명확하게 제시한 점을 들 수 있는데, 이는 향후 유사한 분쟁해결에 있어 중요한 판단기준이 되리라 생각된다.

셋째, 본 판결은 위에서도 언급한 바와 같이 서비스업에 대한 파견－도급여부를 판단한 최초의 대법원 판결이라는 점에 주목할 만하며, 특히 판결⑴은 “KTX여승무원의 업무와 열차팀장의 업무를 분리하여 도급형식으로 위탁하는

21) 대법원 2015. 2. 26. 선고 2011다78318 판결(이하 KTX사건⑴); 대법원 2015. 2. 26. 선고 2012다96922 판결(이하 KTX사건⑵).

것은 도급인의 업무영역과 수급인의 업무영역이 상호 혼재되어 도급계약의 성질상 허용되지 않는다."고 판시한 원심과는 달리, KTX여승무원의 업무와 같은 서비스업에 있어 노무도급을 정면으로 인정하여 노무도급을 둘러싼 논쟁을 불식시켰다는 점에서 의의가 있다.

넷째, KTX사건(2)에서는 '도급인이 위탁업무의 이행확인과 감수를 위해서 한 확인절차' 및 '서비스의 균질적인 수행을 위한 매뉴얼의 제공' 등에 대해서는 위탁협약에 따른 도급인의 고유의 권리로 인정하였는데, 이는 제한적이나마 노무도급에 따른 지휘권(소위, 도급지시권)을 인정했다는 점에서 같은 날에 나온 현대자동차사건(E)과는 다른 특징을 가지고 있다고 평가할 수 있다.

Ⅲ. 최근 대법원판결을 통해서 본 판례법리의 구조 및 문제점

위에서도 언급한 바와 같이 2015. 2. 26. 현대자동차사건과 KTX여승무원사건(이하, KTX사건)과 같은 주목할 만한 3개 판결이 동시에 나오면서, 그 동안 도급과 파견의 구별을 둘러싸고 주장되어 온 여러 가지 기준들이 보다 구체적으로 명확하게 되었다고 평가할 수 있다. 이와 관련하여 최근의 대법원판례를 중심으로 묵시적 근로계약관계의 성립 여부 및 도급과 파견의 구별기준에 대한 중요한 논점과 문제점을 정리하면 다음과 같다.[22)]

1. 묵시적 근로계약관계 성립의 판단기준

위장도급이나 불법파견 관련 사안에서 하도급근로자가 '묵시적 근로계약관계의 성립'을 이유로 원청기업의 근로자로서의 지위를 주장하는 경우가 종종 있다. 이에 대해 대법원은 이미 현대미포조선사건(대법원 2008. 7. 10. 선고 2005다75088 판결)과 현대자동차사건(대법원 2010. 7. 22. 선고 2008두4367 판결) 등에서 "원고용주에게 고용되어 제3자의 사업장에서 제3자의 업무를 수행하는 사람을 제3자의 근로자라고 하기 위해서는, 원고용주가 사업주로서의 독자성이 없거나 독립성을 결하여 제3자의 노무대행기관과 동일시할 수 있는 등 그 존재가 형식

22) 도급과 파견의 구분과 관련하여, 종전의 판례의 유형에 대해서는 전형배, "대법원 판례의 위장도급 유형 판단기준", 『노동법학』 제36호(2010) 참조.

적·명목적인 것에 지나지 아니하고, 사실상 당해 피고용인은 제3자와의 종속적인 관계에 있으며 실질적으로 임금을 지급하는 주체가 제3자이고 근로제공의 상대방도 제3자이어서, 당해 피고용인과 제3자 사이에 묵시적 근로계약관계가 성립하였다고 평가할 수 있어야 한다"고 하여, 묵시적 근로계약관계의 성립을 인정할 때 필요한 기준은 명확하게 제시한 바 있다.

이와 관련하여 최근 일련의 도급과 파견 관련 대법원 판례를 보면, 우선 하청업체의 독립성 여부를 판단한 다음, 독립성이 부정되면 묵시적 근로계약관계의 성립을 인정하는 한편, 그렇지 않고 독립성이 인정되는 경우에는 묵시적 근로계약관계가 성립할 여지가 없으므로 다음 단계인 '지휘명령권'의 기준을 적용하여 파견에 해당되는지 여부를 판단하는 경향이 있음은 위에서 언급한 바와 같다.

KTX사건(1)과 (2)에서도 대법원은 종전의 판례 법리를 인용하여 이를 전제로 하청근로자들과 원청회사와의 사이의 묵시적 근로계약관계의 성립 여부를 구체적으로 검토한 다음, 묵시적 근로계약관계의 성립을 각각 부정하였다. KTX사건의 원심(1)과 (2)가 같은 사안에 대해 서로 다른 정반대의 판단을 내렸음에 비해, 상고심에서는 하청근로자들과 원청회사 사이에 묵시적 근로계약관계의 성립을 모두 부정함으로써 상이한 법적 판단에 따른 혼란을 일단 봉합한 것은 평가할 만하다. 하지만, 항소심인 원심에서 입증방법에 다소 차이가 있다는 점을 고려한다 하더라도 같은 법원이 동일한 사안에 대해 서로 다른 판단을 하게 되었는지에 대해서는 여전히 의문이 남는다. 이와 관련하여 원심판결의 내용을 구체적으로 검토해 보면 다음과 같다.[23]

(1) 도급대상의 유무에 대한 판단

KTX사건(1)의 원심은 우선, ① KTX여승무원의 업무와 열차팀장의 업무와 구분이 명확하지 않아 도급이 허용되지 않는다는 것을 명시한 다음, ② 사업주로서의 독자성 및 인사권이 결여된 것을 이유로, 여승무원들과 원청회사 사이의 묵시적 근로계약관계의 성립을 부정하였다.

23) 이하에서 인용하는 내용은 필자가 월간잡지(『노동법률』 제287호, 2015년 4월호)에 기고한 것을 가필한 것이다.

여기서 원심이 KTX 여승무원의 업무가 도급의 대상이 될 수 없는 근거로 제시한 내용을 인용하면, "위탁협약에 따를 경우, KTX여승무원은 KTX의 여객운송과 관련한 매우 광범위한 업무를 수행하고, 그 중에는 승객의 안전과 관련된 업무도 포함되어 있는 등 원청회사 소속인 열차팀장의 업무내용과 KTX여승무원의 업무내용 중 서로 명확히 구분되지 않거나 공통되는 업무가 존재하므로, 열차팀장과 KTX여승무원은 상호 공동업무 수행자의 지위에서 벗어날 수 없다. 따라서 KTX 승객서비스업무 중 KTX여승무원의 업무를 열차팀장의 업무와 분리하여 이를 도급형식으로 위탁하는 것은 도급인의 업무영역과 수급인의 업무영역이 혼재되어 도급계약의 성질상 허용되지 않는다"라고 하여, 도급인과 수급인이 업무구분이 명확하지 않을 뿐만 아니라, 서로 혼재되어 있는 것을 이유로 도급업무의 대상이 될 수 없다고 판단하였다.

이에 비해 대법원은 KTX사건(1)에서 ① 위탁협약에 의하면, KTX 운행과 관련하여 승무분야 업무를 '안전 부분'과 '승객서비스 부분'으로 구분하여, 전자는 열차팀장이 담당한데 반해 후자는 KTX여승무원이 담당하도록 되어 있었던 점, ② 열차팀장의 업무와 KTX여승무원의 업무가 동일한 공간 내에서 수행되고 서로 협조할 여지가 전혀 없는 것은 아니지만, 열차팀장이 차량 전부를 순회·감시하면서 안전업무를 수행한데 반하여, KTX여승무원은 이와 별도로 담당 구간을 순회하면서 승객응대 등의 업무를 독자적으로 수행한 점, ③ 위탁협약에 의하면, 화재 등의 비상사태가 발생할 경우 KTX여승무원도 열차팀장의 지시를 받아 화재진압 및 승객대피 등의 활동에 참여하게 되어 있었지만, 이는 이례적인 상황에서 응당 필요한 조치에 불과하고 KTX여승무원의 고유 업무에서 차지하는 비중도 낮은 점 등을 근거로, 원심과는 정반대로 KTX여승무원의 업무도 도급의 대상이 됨을 분명히 하였다.

또한 KTX사건(1)에서는 묵시적 근로계약관계의 성립을 판단하기에 앞서, 우선 도급의 대상이 되는지의 여부를 판단하는 구조를 취하고 있는 것이 특이하다. 이는 KTX사건(2)가 KTX여승무원의 업무가 도급의 대상이 되는지에 대해서는 언급하지 않고, 곧바로 원고용주가 사업주로서의 독자성 또는 독립성이 있는지의 여부에 대해서만 판단하는 구조와 매우 대조적이다. 물론 KTX사건(1)은 원심의 주장에 대해 판단하는 형식을 취하고 있기는 하지만, 그렇다고 하더라도 이는 마치 도급의 대상이 되는 업무와 그렇지 않은 업무를 구분한 다음, 도급의 대상이 되지 않는 업무에 대해서는 묵시적 근로계약관계 또는 파견근로계약에 해당하는 것으로 해석할 수 있는 오해의 소지가 있다. 왜냐하면, 파견의 경우에는 대상 업무를 근로자파견법에서 이를 엄격하게 제한하고 있는데 비해, 도급의 경우에는 대상 업무를 제한하는 규정이 특별히 없기 때문이다. 그럼에도 불구하고 대상판결은 서비스제공도 도급의 대상이 됨을 분명히 함으로써, 소위 노무도급의 허용을 둘러싼 시비를 불식시켰다는데 그 의의가 있다.

⑵ 사업주로서의 독립성 여부에 대한 판단

도급관계에 있어서 하청근로자와 원청회사 간의 묵시적 근로계약관계를 인정하기 위해서는 원고용주가 사업주로서의 독립성 또는 독자성을 가지는지의 여부를 중심으로 판례법리가 형성되어 있음은 위에서 언급한 바와 같다. KTX 사건에서도 종전의 판례를 원용하여 "원고용주가 사업주로서의 독자성이 없거나 독립성을 결하여 제3자의 노무대행기관과 동일시할 수 있는 등 그 존재가 형식적 · 명목적일 것"이 요구된다는 것을 전제로, KTX사건⑴⑵의 경우에는 원고용주가 원청회사와 체결한 위탁협약에 따라 독립적으로 KTX 승객서비스업을 경영하고 KTX여승무원에 대한 인사권도 독자적으로 행사하였다고 인정되므로 하청근로자들과 원청회사 사이에 묵시적 근로계약관계를 부정하였다.

이로써 사업주로서의 독자성 여부를 둘러싸고 항소심에서 서로 상반되는 견해를 제시했던 KTX사건의 원심⑴⑵와는 달리, 상고심인 KTX사건⑴⑵에서는 대법원이 일치된 판단기준을 제시하여 사법부의 자기모순을 극복했다는 점에서는 의미가 있다. 하지만, 그럼에도 불구하고 원심에서 보듯이 사안을 보는 시각에 따라 같은 사안을 두고 서로 다른 법적판단이 이루어질 가능성을 완전히 배제할 수는 없다는 점이다.[24] 이와 관련하여, KTX사건⑴을 중심으로 좀 더 구체적으로 검토해보면 다음과 같다.

---

24) 같은 취지: 권혁, "하청근로자에 대한 노동법적 보호의 허와 실", 『법학연구』 제55권 제4호 · 통권82호(2014), 7면 이하.

1) 경영권의 독립성

KTX사건(1)의 원심은 원고용주의 사업주로서의 독립성 또는 독자성과 관련하여 이를 '경영권의 독립성'과 '인사권의 독립성'으로 구분하여 검토한 다음, 본 사안의 경우에는 이 모두를 결하고 있다고 판단하였다.

우선 '경영권의 독립성'에 대해 원심은 ① 원고용주의 원래 사업 내용이 KTX여승무원의 업무와는 관련이 없는 점, ② 원고용주의 임원진은 원청회사 출신으로 구성되어 있었으며, 원고용주가 원청회사의 자회사인 점, ③ 원청회사가 KTX여승무원의 임금 세부항목과 액수를 특정하여 원고용주에게 지급하고 원고용주의 일반관리비나 이윤도 산정한 점, ④ 원청회사가 위탁업무 수행에 필요한 시설과 장비를 원고용주에게 무상으로 대여한데 반하여, 원고용주는 KTX여승무원의 업무를 위한 별도의 물적 시설이나 장비를 갖추지 못하였던 점 등에 비추어, 원고용주는 KTX여승무원의 업무에 관하여 사업주로서의 독자성 내지 독립성이 결여되어 있다고 판단하였다.

이에 비해, 본건 상고심에서 대법원은 '경영상의 독립성'과 관련하여 ① 원고용주가 원청회사의 유관단체이거나 자회사라는 사실은 각 위탁협약의 진정성을 위심하게 하는 사유가 될 수도 있으나, 각자의 사업만큼은 원청회사 측과 독립하여 영위한 것으로 보이는 점, ② 원고용주사가 자체적으로 세운 임금지급 기준에 따라 KTX여승무원에게 직접 지급한 임금의 액수는 위탁협약 도급금액 결정 기준에서 정한 것과는 차이가 있는 점,[25] ③ 원고용주는 KTX 승무사업본부나 승무본부를 따로 설치하고 원청회사로부터 사무실을 임차하는 한편, KTX 여승무원의 제복과 휴대용 가방 등의 자재를 직접 구입하여 배부하기도 한 점, ④ 원고용주가 KTX여승무원의 업무를 위하여 필요한 업무를 위하여 필요한 시설과 장비를 미리 새로 구입하는 대신 원청회사 측에서 확보하고 있던 시설과 장비를 활용하기로 한 것도 비용과 효율측면에서 수긍이 갈 만한 조치인 점 등

25) 이와 관련하여 KTX사건(1)은 "원심은 Y사 측에서 임금 세부항목이나 액수를 특정하고 철도유통 등의 일반관리비나 이윤도 산정한 점을 지적하고 있는데, 이는 단가산출 등 도급금액 산정의 근거를 분명히 하기 위한 차원일 수도 있다"고 하여, 도급단가를 책정하기 위해서는 도급인이 수급인의 임금이나 이윤 등에 관한 사항을 구체적으로 산정해도 무방하다는 의미로 해석될 여지도 있다. 하지만, 이는 노무도급에 있어 임률도급을 전제로 한 것이라 하더라도 오해의 소지가 있으므로 검토의 여지가 있다.

에 비추어 경영상의 독립성을 긍정하였다.

이처럼 KTX사건(1)과 그의 원심판결은 같은 사안에 대해 서로 다른 결론을 도출하고 있다. 이는 입증사실에 대한 인정부분이 다소 다른 점을 고려한다 하더라도, 어떻게 동일한 사안에 대해 정반대의 해석과 결론이 도출될 수 있는지가 명확하지 않다. 다시 말해서, 위의 대상판결에서 설시한 취지에 입각한다 하더라도, 독립성의 판단기준을 어떻게 평가할지의 여부는 이를 보는 입장에 따라 가변적이고 주관적일 수 있음을 부정할 수 없다.[26]

2) 인사권의 독립성

위 사건의 원심은 '인사권의 독립성'에 대해서도 ① 원고용주가 KTX여승무원들을 채용할 때 채용인원 등에 관하여 원청회사 측과 긴밀히 협조하고 채용면접관으로 원청회사 측 소속 직원인 강사들이 직무교육을 수시로 실시한 점, ② 원청회사 관련 규정상 열차팀장이 KTX여승무원의 업무 수행 확인 및 평가를 시행하도록 되어 있는 반면에, KTX여승무원에 대한 감독업무를 수행하는 원고용주의 책임자는 KTX에 거의 승차하지 않는 점, ③ 원청회사가 KTX여승무원에 대한 시정사항을 통보하고 그 시정요구에 따라 원고용주가 징계처분을 한 뒤 원청회사가 작성하고 배포한 'KTX 승무원 서비스 매뉴얼'에는 KTX여승무원의 복장과 메이크업 등에 관하여 세부적인 사항이 명시된 점 등에 비추어, KTX여승무원에 대한 인사노무관리의 실질적인 주체는 원청회사라고 하였다.

이에 비해 대법원은 '인사권의 독립성'에 대해서도 ① 원고용주는 '고속철도 승무원 운용지침' 등을 마련하여 이에 근거하여 KTX여승무원의 채용 · 승진 · 직급체계를 결정하였고, 자체 교육계획을 수립하여 직접 교육 및 근무평가를 실시한 점, ② 이 과정에서 원청회사 소속 직원 일부가 채용면접관으로 참여하거나 KTX여승무원이 원청회사의 위탁교육을 받은 적이 있다고 하더라도, 그러한 사실은 원고용주가 채용 및 교육의 주체라는 점을 부인하는 근거로 삼기에는 부족해 보이는 점, ③ 열차팀장이 KTX여승무원의 업무 수행을 확인하도록 되어 있는 것은 KTX여승무원에 대한 업무상 감독이라기보다는 위탁협약의 당사

26) 같은 취지: 강성태, "사내하도급근로자와 도급인의 근로관계성립(묵시적 근로관계)", 『노동판례백선』, 박영사, 2015, 212면.

자가 보유한 권리의 행사로서 KTX 승객서비스업무가 위탁협약의 내용에 맞추어 제대로 이행되는지를 확인하고 감수하는 절차라고 이해할 수 있고, 원고용주가 원청회사의 시정요구에 따라 징계처분을 한 사실만으로는 원고용주가 독자적으로 인사권을 행사하였다는 점을 부인하기 어려운 점, ④ 원청회사 측이 확정하는 열차운행표는 KTX의 운행 내용만을 제공할 뿐, KTX여승무원의 구체적인 출퇴근 시간이나 승무시간, 배차순서는 원고용주가 작성하는 승무교번표를 통하여 비로소 확정된 점, ⑤ 'KTX 승무원 서비스 매뉴얼' 등의 제공 역시 원청회사가 위탁협약 당사자의 지위에서 업무의 표준을 제시하여 KTX 승객서비스업무가 균질적으로 수행되도록 노력해 달라고 원고용주에 주문하는 취지로도 볼 수 있는 점 등을 근거로 사업주로서의 인사상의 독립성도 인정하였다.

여기서도 위의 경영상의 독립성 부분에서 언급한 것과 똑같은 의문이 생긴다. 다시 말해서, 원심에서는 원청회사를 하청근로자들에 대한 인사노무관리의 실질적인 주체로 본 반면에, 상고심에서 대법원은 원고용주의 채용·면접이나 업무수행과정에 직접 관여한 사실은 인정하면서도, 이는 어디까지나 원고용주가 주체적으로 인사권을 행사했다는 점에 방점을 두고 있는데, 이 역시 보는 시각에 따라 평가가 달라질 수 있는 여지를 남기고 있다.

2. 도급과 파견의 구별기준

도급과 파견을 구별하기 위한 판단기준으로 가장 중요한 것은 원청회사가 하청근로자들에 대해 직접 노무지휘권을 행사했는지의 여부이다.[27] 재판실무에서는 위의 지휘권행사를 상위지표로 한 다음, 기타 여러 가지 하위 기준을 설정하여 그 기준을 충족하는지의 여부를 개별 사례에 적용하여 종합적으로 판단하는 구조가 어느 정도 정착되어 있음은 이미 언급한 바와 같다.

KTX사건(2)도 기본적으로는 종전의 판례법리와 궤를 같이 하고 있다고 할 수 있다. 그러나 대상판결에서는 노무지휘권이라는 상위개념을 설정하여 그 성립 여부를 여러 가지 하위지표를 통하여 판단해온 종전의 경우와는 달리, 판단지표를 병렬적으로 나열하고 있는 것이 특징이다. 다시 말해서 대상판결은 도급과 파견을 계약이 명칭이나 형식에 구애되지 않고 ① 원청회사가 업무수행에

27) 이에 대해서는 대법원 2012. 2. 23. 선고 2011두7076 판결 참조.

관하여 구속력 있는 지시를 하는 등 상당한 지휘·명령을 하였는지 여부, ② 원·하청 근로자가 공동 작업을 하는 등 원청회사의 사업에 실질적으로 편입되었는지 여부, ③ 하청기업이 근로자 선발 및 근무조건(근로자 수, 교육 및 훈련, 작업·휴게시간, 휴가, 근무태도 점검 등)에 관한 실질적 결정권을 가지는지의 여부, ④ 원·하청근로자의 업무가 구분되고 전문성과 기술성이 있는지의 여부, ⑤ 하청기업이 독립적 기업조직이나 설비를 갖추고 있는지의 여부 등의 요소를 바탕으로 그 근로관계의 실질을 판단해야 한다는 일반론을 제시한 다음(이는 2015. 2. 26. 선고한 현대자동차사건의 판단구조와 같음), 본 사안의 경우에는 "KTX 여승무원의 업무와 열차팀장의 업무가 구분되어 있었으며 KTX여승무원에 대한 원청회사의 구속력 있는 지휘·명령이 없었고 KTX여승무원의 구체적인 업무수행 방식 등에 관한 결정 권한을 원고용주가 행사이기 때문에 근로자파견관계에 해당하지 않는다고 판시하였다.[28]

여기서 한 가지 의문이 생긴다. 그것은 대상판결이 도급과 파견을 구별하는 기준으로 위에서와 같이 5개의 지표를 제시한 다음, "각 요소를 바탕으로 판단" 해야 한다고 설시한 것과 관련하여, 5개의 지표를 '요건'으로 해석할 것인지 아니면 '요소'로 해석할 것인지의 문제이다. 다시 말해서, 위의 5개 지표를 보면 ①②는 근로자파견에 해당하는 징표로 해석되는 반면, ③④⑤는 원고용주의 독립성에 관한 것으로 도급에 해당하는 징표로 보인다. 따라서 위의 판단법리에 따를 경우, ①②의 기준과 ③④⑤의 기준을 비교형량하여 판단하여야 하는지, 아니면 5가지 지표를 종합적으로 고려하여 판단해야 하는지가 명확하지 않다. 대상판결의 문맥을 보면, 명확하지는 않으나 후자의 견해에 가까운 듯하다. 다시 말해서 5개 지표에 대해 개별적으로 판단한 다음, 이를 모두 충족하고 있기 때문에 도급에 해당한다는 결론에 이르고 있다.

이러한 논리는 대상판결과 같은 날에 선고된 현대자동차사건(대법원 2015. 2. 26. 선고 2010다93707 판결)에서도 그대로 원용되고 있는데, 아래 도표에서 보듯이 대법원은 KTX판결과 마찬가지로 5개의 지표를 전제로 한 다음, 실제 판단

28) 대법원은 최근에 현대자동차사건(대법원 2015. 2. 26. 선고 2010다106456 판결)에서도 대상판결과 동일한 판단기준을 제시한 다음, 각 요건을 충족하지 못하므로 불법파견에 해당한다고 판시한 바 있다.

에서는 5개 지표를 모두 충족하고 있지 못하기 때문에 파견에 해당한다는 결론을 도출하고 있다.

〈표〉 현대자동차 · KTX 여승무원 불법파견 관련 대법원 판결 내용 비교

판단 기준	현대차 판결 사실관계 판단	KTX 판결 사실관계 판단
① 업무지휘 · 명령권 행사주체	• **현대차**가 하청근로자에 대한 **작업배치·변경결정권 행사**(작업량과 작업 방법, 작업 순서, 작업속도 등을 결정)	• **철도공사(원청)가 아닌 철도유통 등(하청)**이 승무교번표를 편성하여 그에 의거 KTX 여승무원을 배치하고 승무일정의 변경 내지 조정 여부를 결정
	• **현대차**가 **시업과 종업시간, 휴게시간, 연장 및 야간근로, 교대제, 작업속도** 등을 결정	• **철도유통(하청)**이 출근상황, 근무시간, 휴게시간 등 근무내용을 직접 관리
	• **현대차**가 하청근로자들에게 **작업 지휘·명령권 행사**(직접 지시 또는 간접지시)	• **열차팀장(철도공사소속)**이 KTX 여승**무원(철도유통소속)**에게 지시하거나 KTX 여승무원을 감독하는 일은 거의 없었던 점
② 원 · 하청 근로자 공동작업	• **같은 조**에 배치되어 **공동작업**	• 열차팀장(원청)과 여승무원(하청) **업무의 내용과 영역은 구분됨**
③ 근로자 선발, 근무조건 결정 권한	• 현대차가 **정규직**의 산재, 휴직 등 **결원**이 발생하는 경우 하청 근로자로 하여금 그 결원을 **대체**케 함	• **철도유통 등(하청)이** KTX 여승무원을 **직접 채용** • 하청 **자체 계획과 기준**에 따라 KTX 여승무원에 대한 **교육 및 근무평가**를 실시하고 그 결과에 따라 **인센티브 지급**
	• 하청 근로자들에 대한 **근태상황, 인원현황** 등을 **파악**하는 등 하청 근로자를 실질적으로 관리	• **철도유통 등(하청)**이 채용 · 복무 · 보수 · 해고에 관한 내용이 포함된 '고속철도승무원 운용지침'을 제정하고 징계처분 등 KTX 여승무원에 대한 **인사권을 직접 행사**
④ 업무의 내용(원 · 하청 근로자의 업무와 구별/업무의 전문성 · 기술성 유무)	• 하청의 **전문적인 기술**이나 근로자의 **숙련도**가 요구되지 않음 • 현대차가 **미리 작성**한 **작업지시표** 등에 의하여 **단순, 반복적인 업무** 수행	• 승무분야 업무를 **안전과 관련된 부분**은 공사 측 소속 열차팀장이 직접 업무를 수행, **승객서비스 부분** 여승무원의 담당

⑤ 하청의 독립적 조직 · 설비 유무	• 하청의 **고유기술·자본 투입 없음** • **현대차**가 **제공**한 **시설 및 도구**를 이용하여 작업	• **철도유통 등(하청)**은 **독립적**으로 **사업영위** • **승무사업본부 등을 별도 설치, 사무실을 임차**하고, **승무원 제복 등 자재를 직접 구입** 사용

다시 말해서 위 두 대법원 판례를 보면, 파견인지 도급인지에 대한 결론을 미리 내놓은 다음, 5개 지표를 결론에 부합하도록 논리구성을 하고 있는 듯하다. 하지만, 대상판결의 사실관계에서 보듯이 대부분의 사건에서는 도급요소와 파견요서가 서로 교착되어 있는 경우가 일반적이므로, 대상판결과 같이 'all or nothing'적인 판단이 가능할지는 의문이다.

Ⅳ. 비판과 과제

최근 들어 주목할 만한 대법원 판결 3개가 같은 날에 선고되면서 묵시적 근로계약관계의 성립여부 및 도급과 파견의 구별에 대한 판단기준이 어느 정도 확립되었다고 평가할 수도 있다. 하지만, 그럼에도 불구하고 여전히 다음과 같은 몇 가지 의문이 생긴다.

1. 사법적 혼란의 종언?

위에서 검토한 바와 같이 최근에 도급과 파견의 구분에 관한 일련의 대법원 판례가 나오면서 양자의 구별을 둘러싼 사법적 혼란은 일단락된 것처럼 보인다. 하지만, 도급과 파견의 구별에 대한 판단은 보는 시각에 따라 매우 주관적일 수 있다는 점에서는 여전히 문제점이 해소되지 않고 있다. 왜냐하면 도급이나 파견 관련 사건의 경우, 도급(적) 요소와 파견(적) 요소가 공존하고 있는 경우가 많은데, 그럼에도 불구하고 도급과 파견 중 양자택일을 해야 하기 때문이다. 이는 KTX사건의 원심(1)(2)가 동일한 사안에 대해 결론을 달리하고 있는 것만 보아도 짐작할 수 있다.

뿐만 아니라, 위의 대법원 판결 이후의 하급심에서도 여전히 사법적 혼란은 불식되지 않고 있다. 예를 들어 위의 일련의 대법원 판결이 있고 나서부터 2개월 후에 나온 한국타이어사건[29]과 금호타이어사건[30]을 보면, 작업공정상 거의 유사한 사안임에도 불구하고 전자에 대해서는 도급, 후자에 대해서는 파견으로 판단하여 정반대의 결론이 도출되고 있다. 특히 이들 두 사건에서는 최근 대법원이 제시한 도급과 파견의 판단기준을 그대로 답습하면서도 결론을 달리하고 있다는 점에서 전합판결 이후의 통상임금의 전철을 밟게 되지는 않을지 우려된다.

2. 도급지시권의 허용범위?

위의 KTX사건에서 보듯이 대법원이 노무도급을 정면으로 인정한 부분에 대해서는 평가할 만하나, 문제는 노무도급에 따른 지휘권을 어느 정도까지 인정할 것인지에 대한 기준이 불분명하다는 점이다. 이에 대해서는 명확한 법규정도 판례법리도 정착되어 있지 않지만, 일반적으로 도급인은 수급인이 계약내용에 부합하게 급부이무를 이행하도록 지시할 권한을 가진다고 해석된다. 다시 말해서 도급인의 지시권은 수급인의 노무의 결과물에 대한 소유권 등의 권리가 도급인에게 귀속되는 것이므로, 그에 이해 관계를 가지는 도급인에게 일정 한도에서 지시할 수 있다고 보는 것이다. 이와 관련하여 민법에 명시적인 규정은 존재하지 아니하나, 민법 제669조가 '목적물의 하자가 도급인의 지시에 기인한 때에는 수급인이 하자담보책임을 지지 않는다'고 규정하여 도급인의 지시권을 전제로 하고 있다.

대법원은 위의 KTX 사건에서는 '도급인이 위탁업무의 이행확인과 감수를 위해서 한 확인절차' 및 '서비스의 균질적인 수행을 위한 매뉴얼의 제공' 등에 대해서는 위탁협약에 따른 도급인의 고유의 권리로 인정한 반면, 같은 날에 선고한 '현대자동차사건(2015)'에서 노무도급에 따른 지휘권을 전혀 인정하지 않았는데, 왜 두 사건을 달리 판단했는지에 대해서는 아무런 설시도 없어 여전히 의문으로 남는다. 두 사건의 경우, 작업공정에서 다소 차이가 있다 하더라도, 열차

29) 서울중앙지법 2015. 4. 17. 선고 2014가합550098 판결.

30) 광주고등법원 2015. 4. 24. 선고 2012나4830 판결. 본건의 경우, 초심(광주지방법원 2012. 7. 26. 선고 2011가합926 판결)은 도급으로 보아 파견법의 적용을 부정한데 비해, 항소심에서는 초심과는 정반대로 파견에 해당한다고 판단하였다. 참고로 초심에서는 종전의 현대자동차사건(대법원 2010. 7. 22. 선고 2008두4367 판결)에서의 판단기준을 원용한데 비해, 항소심에서는 최근의 KTX사건 및 현대자동차사건(2015)의 판단기준을 그대로 답습하고 있다.

와 공장이라는 제한된 공간에서 원·하청이 서로 혼재되어 유기적으로 업무를 수행하고 있다는 점에서는 공통점도 있다. 그럼에도 불구하고 전자는 진정도급으로 본 반면에, 후자에 대해서는 불법파견으로 본 것은 '컨베이어 시스템'이라는 자동차조립공정의 특수성에 방점을 둔 판단이 아닌가 하는 생각이 든다.

3. 도급문제 해결을 위한 새로운 모색?

위에서 제기한 도급과 파견을 둘러싼 문제는 파견법 제정 당시부터 끊임없이 제기되어 온 테제 중의 하나이다. 이에 대한 해결책으로서는 도급과 파견의 구별기준을 명확하게 하여 소모적인 분쟁을 미연에 방지하는 것이 가장 현명한 것임은 두말할 필요도 없다. 하지만 위에서 검토한 바와 같이 최근에 대법원이 일련의 판결을 통하여 도급과 파견에 대한 구별기준을 제시했음에도 불구하고 하급심에 따라 견해를 달리하는 등 벌써부터 재판실무상 혼란이 야기되고 있다.

한편, 도급과 파견의 구별을 둘러싼 분쟁을 해결위한 수단으로 파견의 대상범위를 확대하여야 한다는 주장이 재계로부터 꾸준히 제기되고 있다. 하지만, 이에 대해서는 노동계가 원칙적으로 반대하고 있을 뿐만 아니라, 파견의 대상을 확대한다고 하더라도 2년이라는 사용기한 때문에 그 효과 또한 매우 제한적일 수밖에 없다고 생각된다.

마지막으로 위에서 제기한 하도급문제는 원·하청근로자간의 근로조건 등에 있어 격심한 차이에서 오는 것이라 생각하고, 이러한 문제를 보다 근본적으로 해결하기 위해서는 공정거래 차원에서 그 해결책을 모색하는 것이 하나의 대안이 되지 않을까 생각한다. 특히 우리나라의 경우, 압축적인 경제성장을 하는 과정에서 하도급의 활용비중이 증가하게 되었고, 그 과정에서 대기업인 원청기업과 중소기업인 하청기업 간의 상호 협력적 관계가 성립되지 못하고 계약서 미교부, 부당한 단가인하, 대금의 부당한 감액 등과 같은 불공정거래행위가 만연하기 시작했다. 이에 우리나라는 1984년에 「하도급거래 공정화에 관한 법률」(이하, 하도급법)을 제정하여 원사업자의 '부당한 하도급대금의 결정을 금지'하는 등 불공정하도급거래행위를 시정하고 경제적 약자인 수급사업자의 이익보호를 꾀하고 있다.

특히, 하도급법에서는 하도급업자에 대한 원사업주의 부당한 거래행위에 대해 구체적으로 열거한 다음(제4조 제2항)[31], 이를 위반하는 원사업주에 대해서는 공정거래위원회가 시정권고 뿐만 아니라 또는 과징금부과, 영업정지, 입찰제한, 고발 등의 시정조치를 할 수 있게 되어 있다. 이와 같이 현행 하도급법을 적극적으로 활용하여 원・하청 간의 불공정거래 행위만이라도 개선한다면, 기존의 도급・파견을 둘러싼 논쟁도 상당부분 해소될 수 있으리라 생각한다.[32]

---

31) 하도급법 제4조(부당한 하도급대금의 결정 금지)

① 원사업자는 수급사업자에게 제조 등의 위탁을 하는 경우 부당하게 목적물 등과 같거나 유사한 것에 대하여 일반적으로 지급되는 대가보다 낮은 수준으로 하도급대금을 결정(이하 "부당한 하도급대금의 결정"이라 한다)하거나 하도급 받도록 강요하여서는 아니 된다. <개정 2013.5.28>

② 다음 각 호의 어느 하나에 해당하는 원사업자의 행위는 부당한 하도급대금의 결정으로 본다. <개정 2013.5.28>

1. 정당한 사유 없이 일률적인 비율로 단가를 인하하여 하도급대금을 결정하는 행위
2. 협조요청 등 어떠한 명목으로든 일방적으로 일정 금액을 할당한 후 그 금액을 빼고 하도급대금을 결정하는 행위
3. 정당한 사유 없이 특정 수급사업자를 차별 취급하여 하도급대금을 결정하는 행위
4. 수급사업자에게 발주량 등 거래조건에 대하여 착오를 일으키게 하거나 다른 사업자의 견적 또는 거짓 견적을 내보이는 등의 방법으로 수급사업자를 속이고 이를 이용하여 하도급대금을 결정하는 행위
5. 원사업자가 일방적으로 낮은 단가에 의하여 하도급대금을 결정하는 행위
6. 수의계약(隨意契約)으로 하도급계약을 체결할 때 정당한 사유 없이 대통령령으로 정하는 바에 따른 직접공사비 항목의 값을 합한 금액보다 낮은 금액으로 하도급대금을 결정하는 행위7. 경쟁입찰에 의하여 하도급계약을 체결할 때 정당한 사유 없이 최저가로 입찰한 금액보다 낮은 금액으로 하도급대금을 결정하는 행위
7. 경쟁입찰에 의하여 하도급계약을 체결할 때 정당한 사유 없이 최저가로 입찰한 금액보다 낮은 금액으로 하도급대금을 결정하는 행위
8. 계속적 거래계약에서 원사업자의 경영적자, 판매가격 인하 등 수급사업자의 책임으로 돌릴 수 없는 사유로 수급사업자에게 불리하게 하도급대금을 결정하는 행위

32) 다만, 우리나라의 경우, 하도급법 위반에 대한 제재가 너무 엄격하다는 비판이 제기되고 있는 만큼, 하도급 관행이 필요이상으로 위축되지 않도록 하기 위하여 일본과 같이 공정거래위원회를 통한 '시정권고'를 원칙으로 하는 등의 개선책을 강구할 필요가 있다고 생각한다.

[참고문헌]

강성태, “사내하도급근로자와 도급인의 근로관계성립(묵시적 근로관계)”, 『노동판례백선』, 박영사, 2015.

권영한, “‘파견과 도급의 구별’이라는 틀의 재검토”, 『노동법연구』, 제30호, 2011.

권 혁, “하청근로자에 대한 노동법적 보호의 허와 실”, 『법학연구』, 제55권 제4호, 통권82호, 2014.

김기선, “근로자파견과 도급의 판단: 독일에서의 논의를 중심으로”, 『노동법연구』, 제31호, 2011.

김상호, “프랑스의 파견제 및 사내하청의 규율에 관한 연구”, 『강원법학』, 제33호, 2011.

김영문, “도급과 파견의 구별기준”, 『노동판례백선』, 박영사, 2015.

노상헌, “파견 및 사내하도급근로에 관한 일본의 노동법리와 쟁점”, 『노동법연구』, 제19호, 2005.

박수근, “사내파견고용의 실태와 법적 쟁점”, 『노동법학』, 제40호, 2011.

박지순, “파견과 도급의 구별에 관한 법리”, 『안암법학』, 제38호, 안암법학회, 2012.

송강직, “일본 근로자파견과 위장도급의 쟁점”, 『노동법연구』, 제29호, 2010.

이상희, “사내하도급 및 파견 규율 현황과 과제에 관한 연구”, 『노동법논총』, 제32권, 2014.

이 정, “사내하도급 근로자에 대한 파견근로의 판단”, 『월간노사 FOCUS』, 통권 제42호, 2010.

조경배, “현대자동차 사내협력업체 불법파견(위장도급) 사건 판례 평석”, 『노동법연구』, 제29호, 2010.

조성혜, “사내하도급과 근로관계”, 『노동법학』, 제39호, 2011.

조임영, “근로자파견관계의 판단방식과 기준”, 『노동법연구』, 제22호, 2007.

전형배, “대법원 판례의 위장도급 유형 판단기준”, 『노동법학』, 제36호, 2010.

최석환, “위장도급을 둘러산 일본 노동법의 대응”, 『노동법연구』, 제31호, 2011.

최은배, “위장도급의 판단: 파견과 도급의 준별”, 『노동법연구』, 제31호, 2011.

한광수, “사내하도급과 근로자파견의 구별기준과 법적 효과의 문제”, 『노동법논총』, 제31집, 2014.

일본의 도급과 파견의 판단기준

– 사내하도급을 둘러싼 문제와 정책과제 –

Ⅰ. 들어가며

일본에서 도급(일본에서는 이를 '請負'라고 함)은 여러 산업현장에 다양한 형태로 존재하여 왔다. 통상적으로 지칭하는 도급은 조선, 철강, 화학, 건설 등 전통적인 산업분야에서 최근에는 빌딩관리, 민간방송 및 정보·사무처리 등 전 방위로 확대되고 있다. 도급은 법적으로는 업무의 완성을 목적으로 하는 민법상의 도급계약이 이용되는 경우가 일반적이지만, 그 이외에 위임계약 내지 업무위탁 교육이라는 형태로 이루어지는 경우도 있다.

도급의 경우, 하청기업이 원청기업(발주기업)과는 별도로 자신의 사업장에서 제품이나 부품을 생산하여 이를 발주기업에 납품하는 전형적인 형태가 있는가 하면, 건설업이나 조선업에서는 하청근로자들이 건축물이나 선박이 위치하는 원청기업의 특정 장소에서 다양한 작업에 종사하는 경우도 있다. 후자의 경우를 흔히 '사내하도급'(일본에서는 이를 '構内請負'라고 함)이라고 하는데, 이는 자기가 소속하고 있는 기업이 아닌 다른 기업에서 노무를 제공하고 있다는 점에서 근로자파견과 매우 흡사하다. 파견은 근로자파견법의 규제를 받는다는 점에 있어 민법상의 도급이나 업무위탁과는 엄격히 구분되어야 하지만, 사내하도급과 파견을 구분하기란 그렇게 간단하지 않다. 이에 주무행정관청은 '도급과 파견을 구별하는 기준을 마련하여 대응하고 있지만, 그럼에도 불구하고 위장도급 내지 불법파견 문제가 완전히 불식되지 않고 있는 것도 사실이다.

이하에서는 위와 같은 문제의식을 가지고, 일본에서는 도급(특히 사내하도급)과 파견을 어떻게 구분하고 있는지에 대해 검토해보고자 한다.[1] 구체적으로는 첫째, 도급의 실태 및 문제점에 대해 살펴본 다음, 도급에 대한 법적 규제의 내용에 대해 검토한다. 둘째, 도급과 파견의 구별기준에 대해 행정지침과 행정해석 그리고 판례를 통한 사법해석을 분석한 다음, 양자의 공통점과 차이점에 대해 고찰해보고자 한다. 마지막으로 일본과 비슷한 고민을 하고 있는 우리나라에 대한 시사점을 제시하고자 한다.[2]

Ⅱ. 사내하도급의 실태와 문제점

1. 사내하도급의 실태

일본에서 사내하도급의 현황을 알 수 있는 통계는 존재하지 않는다. 다만, 직접제조공정에 종사하는 사내하도급 근로자의 규모에 관해서는 후생노동성의 「파견노동자실태조사(派遣労働者実態調査)」로부터 짐작할 수 있을 따름이다.

「2009년도 파견노동자실태조사[3]」에 의하면 직접제조공정에 종사하는 사내하도급 근로자의 수는 2008년 10월 현재 약 69.1만 명이며, 이 중에 제조업에 종사하는 자가 약 53.8만 명으로 가장 많고 기타 서비스업과 도·소매업에 종사하는 자가 각각 약 1.5만 명, 정보통신업에 종사하는 자가 약 1.3만 명의 순으로 나타나고 있다.

---

1) 본고에서는 도급과 파견의 판단기준에 포커스를 맞춘 만큼, 경비용역이나 청소용역과 같이 특정업무를 독립적으로 도급받아 수행하는 소위 '아웃소싱'은 검토대상에서 제외하였다.

2) 일본의 도급과 파견에 대한 선행연구로는 노상헌, "파견 및 사내하도급근로에 관한 일본의 노동법리와 쟁점", 『노동법연구』, 제19호(2005), 송강직, "일본 근로자파견과 위장도급의 쟁점", 『노동법연구』, 제29호(2010), 최석환, "위장도급을 둘러싼 일본 노동법의 대응", 『노동법연구』, 제31호(2011) 등이 있다.

3) 동 조상에서 조사대상 사업소는 일본표준산업분류에 근거한 14대산업에 속하는 상용 근로자 5인 이상을 고용하고 있는 민간 사업소 가운데에서 추출한 것으로서 대상사업소의 수는 16,123개이다.

〈표〉 산업별 하도급근로자가 존재하는 사업소에서의 제조 작업에 종사하는 근로자의 수

(단위: 명)

산 업	직접제조공정에 종사하는 하도급근로자의 수	남	여
총수	691,128	544,495	146,633
광업	395	381	13
건설업	86,336	85,687	650
제조업	538,128	414,535	123,593
소비관련제조업	68,767	49,685	19,082
소재관련제조업	280,577	227,088	53,489
기계관련제조업	188,784	137,762	51,022
전기・가스・열공급・수도업	1,023	968	55
정보통신업	13,376	11,878	1,498
운수업	8,625	7,074	1,551
도・소매업	15,285	13,492	1,793
금융・보험업	41	–	41
부동산업	–	–	–
음식점, 숙박업	2,951	842	2,109
의료, 복지업	5,771	1,362	4,409
교육, 학습지원업	50	16	34
복합서비스업	3,608	1,307	2,301
기타 서비스업	15,539	6,952	8,586

한편 「2004년도 파견노동자실태조사」를 보면, 2004년도에 제조업의 직접생산공정에서 사내하도급에 종사하는 근로자는 2004년 8월 현재 약 85.6만 명이었는데 비해,[4] 2008년 10월 현재 53.8만 명으로 약 31만 명(약 36%) 가량이 감소했음을 알 수 있다.[5] "2009년도 파견근로자실태조사"의 조사 시점이 경기의 하강국면이기는 하였으나 아직 미국발 경제위기가 본격적으로 일본에 영향을

4) 이 중, 소비관련제조업에 106.4천명, 소재 관련 제조업에 245.2천명, 기계관련제조업에 514.0천명이 종사하고 있었다.

5) 「2004년도 파견노동자실태조사」에서는 제조업의 사내하도급에 종사하는 근로자에 관한 사항만을 보여주고 있다.

미치기 시작한 단계는 아니었다는 점을 감안할 때 이러한 큰 폭의 감소는 경기의 하강국면에 의한 고용의 저하만으로 설명할 수 없다.

다만, 이러한 큰 폭의 감소의 요인으로서 2004년 3월부터 제조업에 대한 근로자파견이 허용되었다는 점도 생각해 볼 수 있을 것이다. 후생노동성이 매년 집계하는 "근로자파견사업의 사업보고서"에 의하면 2005년 6월 1일 현재 제조업에 파견된 근로자수는 6.5만 명에 지나지 않았으나 2008년 6월 1일 현재에는 56만 명으로 큰 폭으로 증가하였다[6]. 이에 대해서 종래의 제조업에서의 사내하도급을 근로자파견이 대체하는 효과를 가져왔다는 것을 실증한 연구는 존재하지 않지만, 제조업에서의 사내하도급 근로자의 수의 큰 폭의 감소에 제조업에 대한 근로자파견의 허용이 큰 영향을 미쳤다는 시각에서의 연구결과가 있다.[7]

사내하도급 실태에 대해 업종별로 구체적으로 살펴보면 다음과 같다.[8]

(1) 건설・조선업

사내하도급이 전통적으로 가장 많이 이용되고 있는 분야 중의 하나가 건설업과 조선업이다. 이러한 분야에서는 건조(建造)하는 건물이나 선박이 크기 때문에 다수의 노동력이 필요하게 된다. 그리고 원청기업의 경기변동에 대한 대응이나 코스트 절감 등의 관점에서, 하청기업의 이용이 증대해왔다. 건설산업인재확보・육성추진협의회(建設産業人材確保・育成推進協議会)가 설치한 연구회 보고에 의하면, 건설업계에서는 원청기업이 외부의 하청기업 등을 이용하는 비율은 1960년대 후반부터 서서히 상승하여, 2000년대에는 60%를 초과하기에 이르렀다.[9] 또, 조선업에서는 해양정책연구재단(Ship & Ocean 재단)이 2003년에 발표한 조사보고에 의하면, 주요 조선소에서의 사외근로자에 대한 의존비율은 60%를 초과한 것을 나타나고 있다.[10]

---

6) 미국발 경제위기가 본격적인 영향을 미치기 시작한 2009년도에는 제조업에의 파견근로자의 숫자는 25만 명으로 전년도 대비 54.4% 격감하였다.
7) 고용노동부, 『외국의 사내하도급 파견 현황 및 제도 실태조사』, 2010, 108면.
8) 이하 내용은 山川隆一, "日本における下請け構造と労働法上の問題点", 『外法論集』, 第37巻第1号(2013)를 주로 참조하였다.
9) 建設産業人材確保・育成推進協議会, 『教育訓練施設の在り方に関する研究会報告書』, 2003, 4頁.
10) シップ・アンド・オーシャン財団, 『造船技能開発センター構想調査』, (http://nippon.zaidan.info/seikabutsu/2003/00149/contents/0002.htm).

또한 건물이나 선박의 건조현장에는 다양한 내용의 직종이 필요하다. 예를 들어 건설의 경우, 건물의 건축뿐만 아니라 내장, 전기공사 등이 포함되고, 조선의 경우도 선박의 조립뿐만 아니라, 용접이나 도장 등도 포함된다. 이 때문에 다양한 기업이 하청기업으로서 참가하며, 또한 동시에 이러한 기업들이 기업의 업종과 규모의 관점에서 수차례에 걸친 중첩적인 구조를 이루는 경우를 자주 볼 수 있다.

이러한 건설업이나 조선업의 중층적인 하청구조는 현재에도 많이 존재하고 있지만, 최근에는 관심의 대상이 되는 경우가 상대적으로 적고, 특히 조선업에 대해서는 포괄적인 실태조사는 그다지 보이지 않는다. 이에 대하여, 건설업에 관해서는 국토교통성(国土交通省)의 위탁으로 2006년에 재단법인 건설경제연구소가 조사한 보고서에 따르면, 조사대상 건설업자 가운데, 2차 하청업자가 23.5%, 3차 이하의 하청업자가 5.6%라고 되어 있다.[11] 한편, 노동조합인 전국건설노동조합총연맹이 발표한 조사보고(2008년)가 있는데, 이에 의하면 2차 하청업자가 18.0%, 3차이하의 하청업자가 7.2%로 나타나고 있다.[12]

(2) 제조업

제조업에서도 대기업이 제품의 최종적인 조립을 하고, 여기에 사용하는 부품의 제조 등을 중소규모의 하청기업이 행하는 사례는 이전부터 많이 볼 수 있었다. 그러나 최근 문제가 되고 있는 것은 건설업이나 조선업 등과 마찬가지로, 발주기업의 공장 등에서 하청기업의 종업원이 작업을 하는 이른바 사내하도급의 경우이다(단, 제조업에서는 건설업이나 조선업과는 달리, 중층적인 하청구조는 그다지 보이지 않는 것 같다). 이러한 사내하도급도 건설이나 조선과 마찬가지로, 발주기업의 경기변동에 대한 대응이나 코스트 절감 등의 요청을 바탕으로 1990년대 후반부터 특히 두드러지게 되었다.

과거에는 제조업에서의 근로자 파견이 금지되어 있었기 때문에, 사외근로자가 사내에서 작업을 행하는 경우에는 도급이라는 형태에 가까워지지 않을 수

---

11) 全国建設労働組合総連合, 『建設産業の重層下請け構造に関する調査・研究報告書』, 2008, 15면.
12) 全国建設労働組合総連合, 『建設産業の重層下請け構造に関する調査・研究報告書』, 2008, 3면.

없었는데, 2004년에는 제조업에 대한 파견금지가 해제되었기 때문에, 파견근로자의 수도 증가하고 있다. 총무성(総務省) 조사에 따르면, 제조업에서의 도급근로자나 파견근로자의 수는, 1996년에는 48만 9,000명이었지만, 2006년에는 102만 8,000명으로 2배 이상 증가했다.[13] 이러한 제조업에서의 사내하도급이나 근로자파견은 일본의 경기가 좋을 때는 그다지 문제가 되지 않았지만, 후술하는 바와 같이 미국의 리먼 브러더스(Lehman Brothers)의 파산을 계기로 경기가 급격히 악화되면서 발주기업이 도급기업 내지 파견기업과의 거래를 중단함으로써, 그 결과 도급근로자나 파견근로자가 해고되어 대량실업문제가 사회적 이슈가 되었다.

⑶ 개인도급 · 개인업무위탁

이상은 주로 기업 간의 도급에 관한 것이지만, 이와는 달리 특히 건설업에서는 고액인 기계 등이 필요하지 않는 업무가 있다. 이러한 경우에는 개인이 업무를 도급받아 특정 업무에 종사하는 이른바 '일인사업자(一人親方)'라는 도급형태가 있으며, 주로 도급의 중층하청구조의 말단 등에서 볼 수 있다. 이러한 개인도급 내지 개인업무위탁은 건설업 이외에서도 볼 수 있는 것으로, 과거에는 TV 요금의 수금인 등의 사례가 있었지만, 최근에는 가정에 이용되는 전기제품이나 부엌 등의 수리업 등에서도 개인업무위탁의 사례를 볼 수 있다(단, 이러한 개인업무위탁의 실태는 통계 등에서는 반드시 명확히 드러나지 않는다).

2. 사내하도급의 문제점

사내하도급을 이용하는 최대의 목적은 하청업체가 가진 기술적 노하우를 활용하기 위한 측면도 있지만, 주로 경기변동에 능동적으로 대응하기 위한 목적 내지 코스트를 절감을 위한 목적으로 하도급을 이용하고 있는 것으로 나타나고 있다. 그 결과 사내하도급을 둘러싸고 여러 가지 문제가 발생하고 있는데, 이를 요약해 보면 다음과 같다.[14]

---

13) http://www.mhlw.go.jp/new－info/kobetu/roudou/gyousei/anzen/dl/1003－3d.pdf(후생노동성(厚生労働省)의 지침에서의 소개).

(1) 상대적으로 열악한 근로조건

사내하도급 근로자의 경우, 원청기업 근로자에 비해 근로조건이 상대적으로 열악하다는 점을 지적할 수 있다. 물론, 원청기업 및 하청기업과의 관계에 따라서는 수주의 안정을 기대할 수 있는 점 및 기술 지도를 받을 수 있는 점 등의 장점도 있을 수 있지만, 불공정한 도급계약에 의해 열학한 근로조건을 강요당하는 경우가 많다. 예를 들어, 도급대금의 저액화에 따른 하청기업의 이익저하, 도급대금의 지급지연, 추가・변경의 주문에 대한 대금미지급 등은 그 대표적인 문제이다. 이러한 문제에 대응하여 기업 간 거래자체에 대하여 중소기업 보호의 관점에서 일정한 규제를 하고 있다.

예를 들면, 「하청대금지불방지법(下請支払防止法)」에서는 제조업이나 건설업의 도급관계에서 도급대금지급의 신속화와 지급조건의 서면화 등을 규정하고 있다(제2조의 2 및 제3조). 또한, 「건설업법(建設業法)」에서는 건설업자가 수주한 건설공사를 일괄하여 다른 업자에게 다시 하청을 주는 것(이를 일본에서는 '마루나게'(丸投げ)라고 한다)을 금지하고 있는데(제22조), 이는 수차례의 도급과정에서 자신들은 공사를 행하지 않고 하도급업체로부터 부당이득을 챙기는 소위 '중간착취'를 방지하기 위함이다.

(2) 고용불안

사내하청기업의 경우, 근로자를 장기에 걸쳐 기간의 정함이 없는 계약으로 고용할 재정상의 여력이 부족하다는 점과, 발주가 줄어든 경우의 리스크에 대응할 필요가 있는 점 등에서 기간제근로를 선호하는 경향이 있다. 예를 들면, 2005년에 후생노동성이 실시한 「노동력수급제도에 대한 앙케이트조사(労働力需給制度についてのアンケート調査)」에 의하면, 하청기업에 고용되어 타사에서 일하는 근로자의 53.3%가 '기간의 정함이 있는 근로계약을 체결하고 있다고 응답하고 있다.[15] 이러한 기간제고용은 기간이 만료되면 계약이 당연히 종료된다는

---

14) 본고의 내용은 山川隆一, "日本における下請け構造と労働法上の問題点", 『外法論集』, 第37巻 第1号(2013)를 주로 참고하여 정리하였다.

15) http://www.mhlw.go.jp/bunya/koyou/haken－shoukai01(III－9 도급근로자 조사 중, 표9를 참조).

점에서 근로자의 입장에서 보면 고용이 불안정하다. 뿐만 아니라, 이러한 경우에는 장기고용을 전제로 한 기술 및 업무교육 등의 교육훈련을 받을 기회도 불충분하여 커리어 형성을 통한 정규직으로 전환할 수 있는 기회가 거의 없다는 점을 들 수 있겠다.

(3) 위장도급문제

일본의 경우, 2004년부터 제조업에 대해서도 파견을 허용하고 있지만, 그 이전까지는 제조업에 파견이 허용되지 않았기 때문에 주로 도급을 이용하여 왔다. 하지만, 파견이 허용된 후에도 파견기간에 대한 제한 때문에[16] 이를 피하기 위하여 파견과 도급을 반복적으로 이용하는 소위 '회전문식 고용'이 생겨나면서 파견과 도급의 혼용에서 오는 다양한 법률문제가 발생하고 있다.[17]

예를 들어 노동자파견법과의 관계에서는 도급의 형식을 취하면서, 원청기업이 현실적으로는 하청기업의 근로자에 대하여 지휘명령을 하는 경우가 종종 있다. 이러한 취업형태는 객관적으로는 근로자파견에 해당되지만, 하청기업은 노동자파견법상의 허가나 신고를 하지 않는 등 다양한 법률 위반이 발생하게 된다. 이러한 취업형태를 당사자가 의도적으로 행하고 있는 경우에 '위장도급'이라고 하며, 이에 대하여 어떠한 법적 대응이 가능한지가 문제가 된다.

(4) 고용관리책임의 불명확함의 문제

사내하도급의 경우, 하청기업의 근로자가 원청기업의 근로자와 같은 사업장에서 근로에 종사하게 되어 지휘명령 계통이 병존하게 되는 경우도 종종 있다. 특히 건설업과 조선업 등에서와 같이 하청기업의 수가 많은 중층하청의 현장에

---

16) 일본에서의 근로자파견에 대해서는 소프트웨어 개발이나 사무기기조작 등, 일정한 전문적 내지 특수한 업무에 대해서는 특히 파견근로자의 수용기간을 제한하지 않는 한편, 제조나 판매, 일반사무 등 그 이외의 업무에 대해서는, 일정기간(최장 3년)까지만 파견을 허용하는 제도로 되어 있다(노동자파견법 제40조의 2). 이에 비해, 파견기간이 1일(일용파견) 등 너무 짧은 경우에는 파견기업이 고용주로서의 책임을 다하기 어렵기 때문에 산업재해 등의 문제가 발생하기 쉽다. 그래서 2012년의 노동자파견법의 개정으로, 30일 이내의 단기간의 근로자파견은 일정한 전문업무를 제외하고는 금지하기에 이르렀다.

17) 본고에서 언급한 후생노동성의 조사에 의하면, 조사대상인 파견근로자의 39.7%가 사실상 기간의 정함이 있는 근로자가 될 수밖에 없는 '등록형 파견근로자'이기 때문에 도급근로자와 마찬가지로 고용불안의 문제를 안고 있다.

대해서는 이러한 현상이 한층 더 두드러지게 나타나고 있다.

이처럼 지휘명령이나 고용관리가 혼재하는 경우, 어느 기업이 근로자의 안전위생상의 관리를 해야 하는지가 불명확하게 될 뿐만 아니라, 기업 및 근로자 상호간에 커뮤니케이션(의사소통)이 원활하지 못하여 산업재해가 발생하기 쉽다. 예를 들어 조선업의 하청현장에서, 어떤 하청기업이 위험한 작업을 하고 있음에도 불구하고 다른 하청기업이 이러한 사실을 통보받지 못한 채 위험한 작업이 이루어지고 있는 현장에서 근접한 장소에서 작업을 하다가 재해를 입는 사례가 대표적이다. 최근에는 2011년의 동일본(東日本)대지진 직후에 발생한 후쿠시마(福島) 원자력발전소사고에 대한 대응에서, 원자력발전소 관련 근로자의 대부분이 하청근로자라는 것이 판명되고, 그 근로자들의 안전관리가 충분하지 못했던 사례를 볼 수 있었다.[18)]

(5) 개별적 도급 및 업무위탁과 근로자성

건설현장에서의 일인사업자 등의 개별적 도급(개인도급), 혹은 가정전기제품의 수리 등에 대한 개별적 업무위탁이 이루어진 경우, 개별적 도급인이나 개별적 업무위탁자는 주문자나 위탁자에 비하여 교섭력이 약한 것이 일반적이다. 그러한 사람들이 대부분 오로지 특정 주문자나 위탁자로부터 업무를 부여받고 있는 경우에는(전속성이 강한 경우), 그 주문자나 위탁자에 대한 경제적 의존관계가 발생하기 때문에 교섭력이 약한 것은 한층 더 명확하게 된다(이른바 'dependent contractor').

이러한 교섭력이 약한 개별적 도급인이나 개별적 업무위탁자는 계약서 등에서는 도급이나 업무위탁의 형식이 취하고 있기 때문에, 실제로 노동법상의 '근로자'로서는 취급되지 못하는 경우가 많다. 이 때문에 업무 중에 재해를 입은 경우나 주문자나 위탁자로부터 계약을 해지당한 경우에도 '근로자'로서의 보호를 받지 못하는 결과가 되지만, 이들을 과연 '근로자'라고 할 수 없는지, 그렇다고 하면 이들이 아무런 법적 보호도 받을 수 없는지 등과 같은 의문이 생긴다.

---

18) http://www.asahi.com/special/10005/TKY201207200768.html(하청기업이 피폭정도를 적게 보여주기 위하여 계측기를 납판으로 덮었다는 내용의 신문보도).

Ⅲ. 사내하도급에 대한 법적 규율

1. 사내하도급 관련 법률

(1) 민 법

일본 민법 제9절은 도급(일본 민법에서는 "請負"라고 한다)에 대해서 규정하고 있는데 제632조는 도급에 대해서 "당사자의 일방이 어떠한 일을 완성할 것을 약속하고 상대방이 그 일의 결과에 대해서 그 보수를 지불할 것을 약속하는 것에 의해서 그 효력이 발생한다"라고 규정하고 있다. 이에 비해 민법은 제8절은 "고용은 당사자의 일방이 상대방에 대해 노동에 종사할 것을 약속하고, 상대방에 이에 대해 보수를 지불할 것을 약속함으로써 그 효력이 발생한다"라고 규정하고 있다. 이와 같이 일본 민법에서 보듯이, 도급은 "노동에 종사할 것"과 "이에 대해 보수를 지불할 것"을 대가관계로 하고 있는 고용과는 달리, 도급의 본질은 "일을 완성하는 것을 목적으로" 것에 있다는 점이 명백히 되고 있다.

이처럼 도급은 민법이 정하고 있는 13가지 종류의 전형적인 계약 중의 하나이다. 그럼에도 불구하고, 민법 제9절은 단지 도급인과 수급인의 계약관계, 특히 보수의 지불시기, 담보책임, 계약의 해제에 대해서만 규정하고 있을 뿐 도급사업이 어떻게 이루어져야 하는가에 관해서는 별다른 규정을 두고 있지 않다.

(2) 직업안정법

민법은 도급에 대해서 계약 당사자의 자유에 맡겨 놓고 있기 때문에 건설업법과 같은 실정법상의 규제를 제외하고는 당사자가 자유롭게 도급계약의 내용을 정할 수 있다. 그러나 도급계약이라고 하더라도 직업안정법이 정하고 있는 근로자공급사업에 해당되어서는 안 된다.

1947년 11월에 제정된 직업안정법은 "근로자를 타인의 지휘명령을 받으며 근로에 종사시키"는 근로자공급사업(동법 제4조 제6호)을 엄격하게 금지하고, 예외적으로 노동조합이 당시의 노동대신(지금의 후생노동성대신)의 허가를 얻는 경우에만 가능하도록 하였다(동법 제4조 제8호, 제44조, 제45조). 그러나 실재적으로 도급계약과 근로자공급과의 차이를 명확히 구별하는 것이 매우 어려웠기 때문에, 도급계약에 의한 인력의 활용과의 구별이 문제로 되자 1948년 12월 동법 시행규칙 제4호를 신설하고 도급계약이 근로자공급계약에 해당되지 않기 위한 4가지 요건을 규정하였다.[19]

신설된 시행규칙 제4조는 근로자를 공급하고 이를 타인에게 사용하게 하는 자는, 설령 그 계약의 형식이 도급계약이라도 다음의 각호에 해당하는 경우를 제외하고는 법 제5조 6항의 규정(현행법 제4조 제6항)에 의한 근로자공급의 사업을 행하는 자로 한다고 하면서 네 가지의 요건을 정하였다. 그 요건을 보면 ① 작업의 완성에 대해서 사업주로서의 재정상 및 법률상의 모든 책임을 지는 자일 것(제1호), ② 작업에 종사하는 근로자를 지휘 감독하는 자일 것(제2호), ③ 작업에 종사하는 근로자에 대해서 사용자로서 법률에 규정된 모든 의무를 지는 자 일 것(제3호), ④ 스스로 제공하는 기계, 설비, 기재 또는 그 작업에 필요한 재료, 자재를 사용하거나 전문적 기획, 기술을 필요로 하는 작업을 행하는 자로서 단지 육체적 노동력을 제공하는 자가 아닐 것(제4호)을 정하였다. 행정당국은 시행규칙을 제4조에 해당되지 않는다고 판단되는 도급계약에 의한 인력활용에 대해서 도급인이 수급인의 근로자들을 직접 채용하도록 행정지도를 행하였다.

이러한 엄격한 요건에 의한 규제에도 불구하고 시행규칙 제4조에서 정한 요건을 형식적으로만 충족시키면서 실질적으로 근로자의 공급을 행하는 사례가 등장하자 1950년에는 동 시행규칙 제4조에 제2항이 추가하였다. 동조 제2항은 "제1항의 각호에 해당하는 경우에도 법 제44조의 규정(노동자공급사업의 금지)에 위반하는 것을 면하기 위해 고의로 위장한 것으로서 그 사업의 진정한 목적이 노동력의 공급에 있는 때에는 법 제5조 제6항의 규정에 의한 노동력 공급의 사업을 행하는 자임을 면할 수 없다"라고 규정함으로써 근로자공급사업에 대한 규제를 더욱 강화하였다.

그런데 1951년 일본과 연합국과의 강화조약이 성립되어 연합국에 의한 점령이 종료되어 가면서 종래의 근로자공급사업에 대한 엄격한 규제가 기업의 건전한 사업 활동에 과도한 부담을 주고 있다는 비판론이 대두되게 되었다. 이러한 비판을 받아들여 1952년 2월에 동법 시행규칙 4조 4호를 개정하여 동호상의

19) 직업안정법의 제・개정의 내용에 대해서는 浜口桂一郎, "請負労働者供給労働者派遣の再検討", 『日本労働法学会誌』, 114号(2009)를 참조함.

「전문적인 기획, 기술」이라는 문언을 「기획 또는 전문적인 기술 또는 전문적인 경험」으로 수정되어 일정 정도 근로자공급사업에 대한 규제를 완화하였다.

2. 법 규율의 한계

현행 일본 노동자파견법에는 근로자파견의 실체를 갖는 명목상의 도급(이른바 '위장도급')이나 파견금지 대상 업종으로의 파견, 파견가능기간을 초과한 파견 등 노동자파견법에 위반되는 행위가 있는 경우 파견근로자를 보호하는 규정은 매우 미미하다. 개정 노동자파견법에 의하면, 파견가능기간을 초과한 경우에 사용사업주가 파견근로자에 대해 고용을 신청한 것으로 간주하는 내용(직접고용신청간주규정)을 신설했지만, 사용자가 이러한 의무의 이행을 강제할 방법에 대해서는 행정적 지도를 정하고 있을 뿐 어떠한 민사적, 형사적 방법도 아직까지 마련해 놓고 있지 않다.[20]

따라서 제조업 등에서 외형적으로는 도급의 형식을 취하면서도 실질적으로는 근로자공급 내지 파견에 가까운 고용형태로 운용되는 경우도 비일비재하다. 이러한 경우, 형식적인 고용형태는 민법상의 도급에 해당하지만, 그 실질은 노무공급사업으로 일본 노동기준법상의 중간착취금지(제6조) 및 직업안정법상의 근로자공급금지(제44조), 파견법상의 불법파견의 문제로 귀착될 수 있다.

노동행정 실무에서는 후술하는 행정지침에 따라 위장도급이나 불법파견이 적발될 경우, 행정지도를 통하여 적법한 파견을 하거나 직접 고용을 하도록 지도하고 있는데, 행정지도를 받은 사용사업주는 사회적 평판의 저하 등을 우려하여 일단 행정지도를 받아들여 당해 근로자를 유기계약 근로자로 직접 고용하는 등의 조치를 취하는 경우가 많다. 그러나 계약기간이 만료하면 계약기간을 갱신하지 않는 경우가 빈번하기 때문에 결국 행정지도에 의한 해결은 임시적인 효과를 가져 올 뿐 파견근로자의 고용안정에는 별다른 기여를 하지 못하고 있는 것이 현실이라는 분석도 있다.[21]

---

20) 이에 대해서는 이정, "일본 파견법상의 고용의무조항에 대한 고찰", 『노동법포럼』, 제9호(2010. 10) 참조.
21) 고용노동부, 『외국의 사내하도급 파견 현황 및 제도 실태조사』, 2010, 116면.

Ⅳ. 위장도급에 대한 판단기준

1. 행정해석

(1) 파견과 도급의 구별에 관한 기준(고시)

노동자파견법의 시행 이후, 도급과 근로자공급 및 파견과의 구별을 둘러싼 분쟁이 노동현장에서 발생하고 있지만, 이를 규율하는 법규의 한계 때문에 위장도급이나 불법파견 등의 문제에 충분히 대응하지 못하는 것이 현실이다. 이에 일본정부는 「후생노동성고시」[22]와 「노동자파견사업관계업무취급요령」[23]을 정비하여 파견과 도급의 구분기준에 대한 상세한 행정해석을 하고 있다. 우선 고시는 도급계약형식의 업무에 자기가 고용하는 근로자를 종사시키는 것을 업으로 하는 사업주라 하더라도 당해 사업주가 당해 업무의 처리에 관하여 일정한 요건을 제시하고 그 요건을 모두 만족하지 못하는 경우에는 당해 사업을 근로자파견으로 보는 상당히 엄격한 태도를 취하고 있다. 고시가 제시하고 있는 요건은 다음과 같다.

첫째, 사업주는 자기가 고용하는 근로자의 노동력을 자기가 직접 스스로 이용할 것(노무관리상의 독립성)이 요구되는데, 구체적으로는 ① 업무의 수행에 관한 지시 및 기타 관리를 스스로 행할 것과, ② 시업 종업시간 및 복무 등에 관한 지시 기타 관리를 스스로 행할 것을 요건으로 하고 있다. 둘째, 도급계약에 의하여 도급된 업무를 자기의 업무로서 계약 상대방으로부터 독립하여 처리할 것(사업경영상의 독립성)이 요구되는데, 구체적으로는 ① 업무처리에 필요한 자금에 대하여 전부 자기의 책임 하에 조달하고 지불할 것, ② 업무처리에 관하여 민법, 상법, 그 밖의 법률에 규정된 사업주로서의 모든 책임을 부담할 것, ③ 자기의 책임과 부담으로 준비하고 조달하는 기계, 설비 또는 기자재, 재료 또는 자료에 의하여 업무를 처리하는 것으로, 단순히 육체적 노동력을 제공하는 것이 아닐 것 등의 요건을 충족하여야만 된다.

---

22) 「労働者派遣事業と請負により行われる事業との区分に関する基準」 1986. 4. 17. 労働省告示 第37号(첨부1).

23) 「労働者派遣事業関係業務取扱要領」 2011. 4. 21. 최종개정

따라서 도급계약의 형식을 취하고 있다고 하더라도 위에서 제시한 요건을 모두 충족하지 못한 경우에는 근로자파견으로 간주함과 동시에, 위의 모든 요건을 충족하고 있더라도 그것이 법적용으로부터 면탈하기 위하여 위장된 것으로 그 사업의 진정한 목적이 노동자파견법상의 파견(제2조 1호)을 위한 것이라면 파견법이 적용되게 된다. 이러한 경우, 대개 후생노동성이 진정도급이 이루어질 수 있도록 행정지도를 하고 있다.

(2) 파견과 도급의 구분에 관한 질의응답

파견과 도급을 구분함에 있어 위에서 제시한 노동성고시(제37호)가 행정해석의 기준이 되지만, 실제로는 도급적인 요소와 파견적인 요소가 혼재하는 경우가 많기 때문에 양자를 구별하기란 그렇게 간단하지 않다. 특히 사내하도급의 경우에는 아래 그림에서 보듯이 파견과 거의 흡사하므로 위의 고시에서 제시한 '노무관리의 독립성'과 '사업경영상의 독립성'이라는 추상적인 기준만으로는 판단이 어려운 경우가 많다. 그래서 후생노동성은 2009년에 위의 고시를 보완한 「노동자파견사업과 도급에 의해 행해지는 사업과의 구분에 관한 질의응답」[24)]을 통하여 제조업 등의 현장에서 발생하고 있는 구체적인 사례에 대한 도급과 위장도급과의 구별에 대한 판단기준을 제시한 바 있다. 그 내용을 보면, 원·하청근로자들 사이의 일상대화에서부터 기술지도, 현장관리책임자의 역할, 원·하청근로자들의 혼재, 공정작업의 지시, 구내시설의 이용, 자재 등의 이용에 이르기까지 매우 구체적이고 상세하게 규정하고 있는 것이 특징이다.

위 질의응답은 자동차나 조선 등과 같이 컨베이어벨트 시스템의 생산라인의 작업 및 원·하청근로자의 혼재작업이 이루어지는 경우를 염두에 두고 만들어진 것으로 추측되는데, 이 중에서 사내하도급과 직접적으로 관련되는 주요 항목을 요약하여 정리하면 다음과 같다.

① 발주자의 도급근로자에 대한 일상적 대화는 '지휘명령'에 해당하지 않으므로 위장도급에 해당하지 않는다.

② 결함제품의 원인이 도급사업주의 작업공정에 있다는 것을 알고 작업공정

---

24) 厚生労働省, 「労働者派遣事業と請負により行われる事業との区分に関する基準」(第37号告示)に係る質疑応答について(2009.3.31)(별첨2).

의 재검토 및 결함제품의 재제작을 요구하는 것은 업무도급계약의 당사자 간에 행해지는 것으로, 이는 도급근로자에 대한 '직접적인 지휘명령'에 해당하지 않으므로 위장도급 및 파견에 해당하지 않는다(다만, 발주가가 직접 도급근로자에게 작업공정의 변경을 지시하거나 결함상품의 재제작을 지시하면 위장도급에 해당한다).

③ 발주자의 발주에 도급근로자만으로 부족할 경우에 발주자의 근로자가 도급사업주의 지시감독 하에 지원하게 되면 '파견'이 되어 위법하지만, 계약의 일부를 변경하여 발주자가 직접 이에 대응하는 경우에는 적법하다.

④ 도급사업주의 현장관리자가 작업을 겸하고 있다하더라도 실질적으로 현장관리책임을 완수할 수 있다면 문제는 없으나, 그렇지 않는 경우에는 위장도급으로 인정된다.

⑤ 발주자의 근로자와 도급근로자가 혼재하여 작업하고 있는 경우에도 그것만으로는 위장도급으로 인정되지 않고, 도급받은 업무를 자신의 업무로 발주자로부터 독립하여 처리하고 있는 경우에는 위장도급이 아니다. 또한 이러한 요건을 충족한 경우에는, 발주자와 도급사업주의 작업공간이 파티션 등으로 구분되어 있지 않더라도 위장도급으로 판단되는 것은 아니다(다만, 발주자와 도급사업주의 작업내용이 연속성이 있는 경우로서 각각의 작업공간이 물리적으로 구분되어 있지 않거나 또는 근로자가 혼재하고 있는 것이 원인이 되어 발주가가 도급근로자에게 업무의 수행방법에 대해 필연적으로 직접 지시를 하는 경우에는 위장도급에 해당한다).

⑥ 공장의 중간 라인 하나를 도급하는 경우에도 도급사업주가 직접 작업의 수행속도, 업무의 내용, 근로자 수 등을 직접 결정하고 있으면 이것만으로는 위장도급에 해당하지 않는다. 그러나 도급받은 업무의 양이 사전에 정해져 있지 않고 실질적으로 다른 라인에 의해 작업시간이 결정되는 등, 도급사업주가 직접 업무의 수행에 관한 지시·관리를 하고 있지 않는 것으로 간주되는 경우에는 위장도급으로 인정된다.

⑦ 적절한 도급으로 인정받기 위해서는 도급사업주가 직접 업무수행에 관한 지시 등을 독자적으로 행하여야 한다. 따라서 발주자가 도급업무의 작업공정에 대해 업무의 순서나 방법 등의 지시를 하거나 또는 도급근로자 각각에 대해 업무할당을 하는 경우에는 위장도급으로 인정한다(이러한 지시는 구두에 한정되지 않고 문서 등으로 인한 경우에도 마찬가지이다).

⑧ 도급사업주가 발주자로부터 독립하여 업무를 처리하고 있는 경우에는 일 또는 월마다 변동이 심한 발주에 대응하여 '포괄적인 업무도급계약'을 체결하여 발주량을 매일 변경하는 것만으로는 위장도급에 해당하지 않는다(다만, 제품이나 작업의 완성을 위한 것이 아니라, 업무를 처리하기 위하여 투입된 노동력을 단가의 기초로 정산하는 경우에는 단순히 노동력을 제공하는 것에 불과하므로 위장도급에 해당한다).

⑨ 발주자가 도급근로자에 대해 직접 작업복에 대해 지시를 하거나 또는 도급사업주를 통하여 관여를 하는 것은 위장도급에 해당한다. 하지만 제품의 제조에 관한 제약 등으로 사업장 내의 외부인 출입을 제한하고 기업비밀이나 근로자의 안전위생을 위하여 작업복 착용에 대한 내용이 도급계약의 내용에 있다는 것만으로 위장도급이 되는 것은 아니다.

⑩ 도급사업주가 새로운 설비를 임차 시 및 신제품의 제품착수 시, 새로운 제품의 제조나 새로운 기계의 도입 시에는 발주가가 직접 해당 설비의 조작 및 기술 지도를 하더라고 위장도급에 해당하지 않는다. 또한 발주자가 안전위생상의 이유로 긴급하게 대처할 필요가 있는 경우에는 도급근로자에 대해 직접 지시를 하더라도 위장도급으로 되지 않는다.

⑪ 도급업무 내용의 변경과 관련하여, 발주자가 직접 도급근로자에 대해 변경지시를 하면 위장도급에 해당하나, 도급사업주를 통하여 하는 경우에는 상관없다.

⑫ 발주자의 사업장내에서 도급작업에 종사하고 있는 경우, 식당이나 화장실 등과 같이 업무처리와 직접적으로 관계없는 복리후생시설이나 건물의 현관, 엘리베이터 등과 같은 시설을 공동으로 사용하고 있는 것만으로 위장도급에 해당되는 것은 아니다(이때 사용에 있어 반드시 쌍무계약이 필요한 것은 아니다).

⑬ 도급업무의 수행에 필요한 기계, 자재 등을 발주자로부터 제공받도 있는 경우, 이를 구입하거나 임대하는 경우에는 반드시 별개의 쌍무계약이 필요하다. 그러나 탈의실이나 사물함 등의 경우에는 별도의 쌍무계약이 필요한 것은 아니다.

[그림] 파견과 도급의 차이

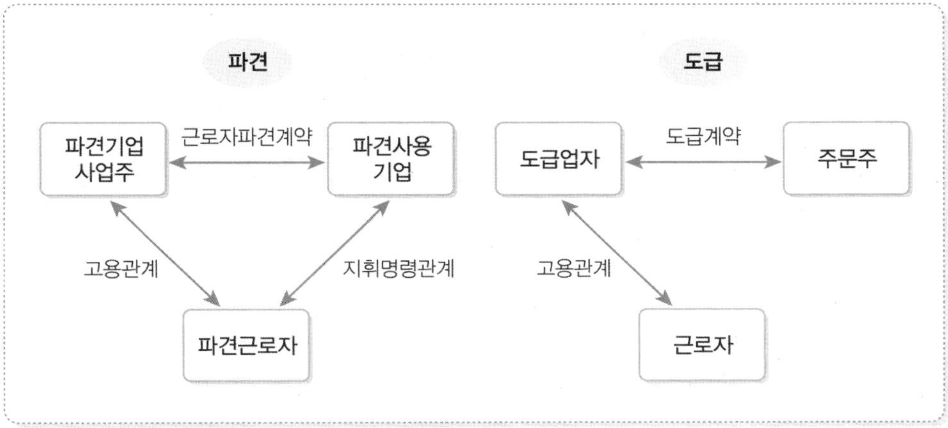

파견

파견기업 사업주 ↔ (근로자파견계약) ↔ 파견사용 기업

파견기업 사업주 ↔ (고용관계) ↔ 파견근로자

파견사용 기업 ↔ (지휘명령관계) ↔ 파견근로자

도급

도급업자 ↔ (도급계약) ↔ 주문주

도급업자 ↔ (고용관계) ↔ 근로자

출전: 厚生労働省・都道府県労働局,「労働者派遣・請負を適正に行うために」.

2. 사법해석

일본의 경우, 도급을 둘러싼 문제는 주로 행정관청에 의해 처리되고 있기 때문에 위장도급문제가 법적으로 다투어지는 경우는 많지 않으며, 위장도급이란 무엇인가에 대해 판단기준을 명쾌하게 제시한 경우도 드물다. 위장도급과 관련된 지금까지의 법적 분쟁을 보면, ① 근로자파견과의 관계에서 위장도급의 법적 효과를 어떻게 해석할 것인가, 즉 위장도급의 법적 효과에 관한 법해석과, ② 위장도급(불법파견)과 근로계관계의 성립 여부에 관한 법리를 중심으로 논의되어 왔다.

(1) 위장도급의 법적 효과

외형적으로는 도급계약에 해당하더라도 그 실질이 파견인 경우, 이를 흔히 '위장도급' 내지 '불법파견'이라 한다. 하지만, 위장도급이란 법적 개념이 아닐 뿐만 아니라 법적 효력에 대해 명확한 해석기준을 정하고 있지 않기 때문에 위장도급의 법적 효력을 둘러싸고 다양한 논의가 전개되어 왔다. 구체적으로는 불법파견에 해당하는 위장도급을 어디까지나 파견으로 볼 것인지, 아니면 근로자공급으로 볼 것인지를 둘러싸고 다양한 견해가 제시되어 왔는데, 이 문제가 정면으로 다투어진 것이 파나소닉 PDP사건(パナソニックプラズマディスプレイ(パス

コ)事件(最高裁第二小 2009. 12. 18))[25]이다.

위 사건은 가정용 전기기계 기구 등을 제도하는 회사가 자기가 직접 면접을 통하여 고용한 근로자를 대기업인 파나소닉(松下)과의 업무위탁계약의 형식으로 동 회사의 생산공정에 종사하게 한 사안인데, 당해 근로자는 파나소닉사의 직원으로부터 PDP공정에 종사할 것을 직접 지시받았다고 하여 노동자파견법 위반을 이유로 직접 고용할 것을 신청한 사안이다. 다만, 두 회사 간에 자본 및 인적 관계는 존재하지 않았고 거래처가 파나소닉사에 한정되지는 않았으며, 본 사건과 관련하여 행정관청(大阪労働局)은 위 업무위탁계약은 파견에 해당하므로 노동자파견법 위반(제24조의 2, 제26조)의 사실이 인정되므로 동 계약을 해소하고 파견계약으로 전환하도록 시정조치가 이루어진 사실이 있다.

위 사안에서 원심[26]은 "파나소닉사와의 계약형식은 업무위탁계이나 동사의 종업원으로부터 지시를 받아 공동으로 작업에 종사하는 것은 근로자 공급에 해당하며, 이러한 행위는 형사벌로 금지하고 있는 탈법적인 근로자공급계약으로써 직업안정법 제44조 및 중간착취를 금지하고 있는 노동기준법 제6조에 위반되고, 고도의 위법성을 가지고 공공의 질서에 반하는 것으로 민법 제90조에 의해 무효라 할 것이다"라고 하여, 위장도급(=불법파견)은 공공질서에 반하는 '근로자공급'으로 보아 업무위탁계약은 무효라고 판단하였다.

이에 비해, 최고재판소는 "주문자와 근로자 사이에 근로계약이 체결되어 있지 않는 경우, 3자 사이의 관계는 노동자파견법 제2조 1호에서 말하는 근로자파견에 해당한다고 해석하여야 한다. 또한 이러한 근로자파견도 그것이 근로자파견에 해당하는 이상 직업안정법 제4조 6항에서 말하는 근로자공급에 해당할 여지는 없다고 해야 한다"라고 한 다음, "설령 노동자파견법에 위반한 근로계약이 성립한 경우에도 특단의 사정이 없는 한 이 사실만을 가지고 파견근로자와

25) 다만, 일본 최고재판소는 파나소닉 PDP사건에서 "도급계약에서 수급인은 주문자에 대해 일을 완성할 의무를 부담하지만, 수급인에게 고용되어 있는 근로자에 대한 구체적인 작업의 지휘명령은 오로지 수급인에게 주어져 있다. 따라서 수급인에 의해 근로자에 대한 지휘명령이 이루지지 않고 주문자가 작업장 내에서 (도급)근로자에게 직접 구체적인 지휘명령을 하여 작업에 종사하게 하는 경우에는 설령 수급인과 주문자 사이에 도급계약이라는 법형식을 취하고 있더라도 이를 도급계약으로 평가할 수 없다"라고 하여, 진정도급과 그렇지 못한 도급과의 구별기준을 제시함으로써, 소위 '위장도급'에 대해 간접적으로 정의를 하고 있다.

26) 松下プラズマディスプレイ(パスコ)事件(大阪高裁 2007. 4. 26).

파견사업주 사이의 근로계약이 무효가 될 수는 없다"고하여, 위의 원심과는 달리 '불법파견도 어디까지나 파견'이라고 해석하였다.

위의 최고재판소판결에 대해서는 많은 학자들이 다양한 해석을 하고 있는데, 이를 정리하면 다음과 같다. 우선 최고재판소의 판결을 지지하는 학자들은 직업안정법 제4조 6호에 의하면 "노동자파견법에서 규정한 노동자파견에 해당하는 것은 포함하지 않는다"라고 규정하고 있기 때문에 불법파견이라도 이는 어디까지나 파견이지 근로자공급에는 해당하지 않는다고 주장하고 있다.[27] 이에 비해 원심의 판결을 지지하는 학자들은 위장도급이 법률로 명확하게 금지하고 있는 불법파견에 해당하는 경우에는 이를 유효한 것으로 판단하는 것은 적절하지 않으며, 건전한 노동시장을 확보하고 유지한다는 차원에서 공서양속에 반하여 무효라고 해석하고 있다.[28]

(2) 묵시적 근로계약관계의 법리

위에서도 언급한 바와 같이 파견법의 개정 이전까지는 실정법상 불법파견이 있은 경우라도 사용사업주에 대해서 사용자로서의 책임을 지울 방법이 현실적으로 존재하지 않았다. 따라서 이 문제는 법해석에 의한 해결에 의존하지 않을 수 없었다. 근로자파견이라는 3자간 노무공급계약은 이미 노동자파견법이 제정되기 전부터 명목상의 도급의 형태로 광범위하게 행해지고 있었고, 이러한 노무공급형태에 있어서 사용사업주와 파견근로자(즉 하도급근로자)와의 근로계약관계의 성립 여부를 둘러싼 분쟁이 다발하고 있었기 때문에 이에 관한 법리는 파견법 시행 이전에 확립되어 있었다고 할 수 있다. 이 법리가 바로 이른바 '묵시적 고용계약관계의 법리'이다.[29]

판례에 의해서 형성된 동 법리의 내용을 간단히 요약하면, 고용계약에 관한 민법 제623조를 근거로 고용계약의 주된 구성요소인 ① 일방 당사자의 상대방

---

27) 菅野和夫, 『労動法(第9版)』, 弘文堂, 214頁; 荒木尚志, 『労働法』, 有斐閣, 2009, 432頁.

28) 和田肇, "判例研究/受入会社と社外労働者との間の労働契約の成否", 『法政論集』, 第228号, 名古屋大学; 浜田彰, "派遣先の形式的名目的性格と親会社たる派遣先の使用者責任", 『労働法律旬報』, 第1589号, 旬報社.

29) 이를 비롯한 일본에서 근로자파견법 제정 이전의 사내하도급 관련 법적 쟁점에 관해서는 박제성 · 노상헌 · 유성재 · 조임영 · 강성태, 『사내하도급과 노동법』, <부록1> 사내하도급과 일본노동법, 102-114면 참조. '묵시적 근로계약관계의 법리'에 관한 내용은 동보고서 107면 참조.

에 대한 지시명령에 따른 노무의 제공과, ② 상대방의 그것에 대한 대가로서의 보수의 지불이 있다는 것을 기준으로 하여, 사용종속관계의 존재와 실질적인 임금지불의 존재가 인정되는 경우에는 양자의 사이에는 묵시적 근로계약관계가 존재할 수 있다고 한다.[30] 종전의 판례들은 이러한 묵시적 근로관계의 성부를 검토하기 위해서 구체적으로 ① 사용종속성의 존재 여부, ② 도급・업무위탁료의 실질적 임금성의 여부, ③ 하도급근로자의 채용 등에의 관여 여부, ④ 하도급업체의 실체성의 존부에 비추어 판단해 왔다고 정리할 수 있을 것이다.[31] 즉 단지 사실적인 사용종속관계의 존재뿐만 아니라, 사회통념상 양 당사자 간에 고용계약을 체결할 의사의 합치가 있었다고 평가할 수 있을 만한 사정이 존재할 것을 요구하고 있는 것이다.

⑶ 주요 판례

묵시적 근로계약법리와 관련하여 특히 주목되는 판례로서는, 당해 사안의 업무위탁계약이 직업안정법상 금지된 노무공급행위(직업안정법 44조)에 해당하는지의 여부를 묵시적 근로계약의 성립의 핵심적인 판단 요소로 하여 묵시적 근로계약의 성립을 긍정한 사가텔레비젼사건(サガテレビ事件, 佐賀地裁판결)[32]이 있다. 동 판결은 하도급근로자와 사용회사간의 사용존속관계의 존재가 인정된다는 점, 당해 사안의 업무위탁계약은 근로자공급계약에 해당되어 직업안정법 제44조에 반하기 때문에 무효라는 점, 근로자를 보호하고 노동의 민주화를 지향하는 직업안정법 제44조의 취지 등으로부터 볼 때 사용사업주가 업무위탁계약의 해지에 의해서 발생한 하도급 근로자의 고용문제에 대해서 책임을 져야 한다고 판단하는 것이 타당하기 때문에 묵시적 근로계약의 성립을 긍정했다. 그러나 동 판결 이후의 다수의 판례[33]의 태도는 3자간의 노무공급계약이 그 내용에 있어

30) 浜村彰, “派遣元の形式的?名目的性格と親会社における派遣先の使用者責任”, 『労動法律旬報』, 第1589号(2004.10), 7頁.

31) 浜村彰, “派遣元の形式的?名目的性格と親会社における派遣先の使用者責任”, 『労動法律旬報』, 第1589号(2004.10), 7頁.

32) 佐賀地裁, 1980.9.5判決, 『労動判例』, 第352号, 62頁.

33) 大映映像ほか事件, 東京地裁, 1993.5.31判決, 『労動判例』, 第630号, 77頁; 大誠電機工業事件, 大阪地裁, 2001.3.23判決, 『労動判例』, 第806号, 30頁; パソナ(ヨドバシカメラ)事件, 大阪地裁, 2004.6.9判決, 『労動判例』, 第878号, 20頁; 伊予銀行・いよぎんスタッフサービス事件, 松山高裁, 2006.5.18判決, 『労動判例』, 第921号, 33頁.

서 근로자파견법 혹은 직업안정법에 위반되었더라도 이를 이유로 사용사업주와 파견근로자 사이에 묵시에 의한 근로계약이 성립했다거나 사용사업주에게 파견근로자를 직접 고용해야 해하는 사법상의 의무가 발생한다고 볼 수는 없다는 것을 태도를 취하고 있다.[34]

판례는 노동자파견법이 제정된 이후에도 위장도급에 있어서의 사용사업주의 직접 고용책임에 대해서 뿐만 아니라,[35] 파견법상의 근로자파견계약에 의해서 이루어졌으나 파견법에 반하는 파견인 경우에 있어서의 사용사업주에 대한 직접 고용책임에 대해서 판단할 때에도 동 법리를 적용해 왔다.[36] 그러나 최근 이요은행사건(伊予銀行－いよぎんスタッフサービス事件, 고등재판소 판결[37])은 노동자파견법 제2조 제1호의 근로자파견의 정의에 따르면 근로자파견의 법률관계는 파견사업자가 파견근로자와 체결한 고용계약에 근거한 고용관계를 유지한 채, 파견근로자의 동의・승낙 하에 사용사업자의 지휘명령 하에 노무급부를 행하게 하는 것으로서 파견근로자는 사용사업자와는 고용관계를 갖지는 않기 때문에, 파견근로자와 사업자와의 사이에 고용계약체결의 의사표시가 합치했다고 인정되는 특단의 사정이 존재하는 경우나, 파견사업자와 사용사업주와의 사이에 법인격 부인의 법리가 적용되거나 혹은 준용되는 경우를 제외하고는 파견근로자와 사용사업자와의 사이에는 묵시적으로도 근로계약이 성립할 여지는 없다고 하여 기존의 묵시적 근로계약관계의 법리보다 더 엄격한 판단기준을 제시하였는데 이에 대한 최고재판소의 판단이 주목된다.

정리하면, 어떠한 경우에 묵시적 근로계약이 성립하는가에 대하여 일반론을 언급한 최고재판소 판례를 볼 수 있지만, 하급심 판례의 대부분은 ① 근로자가 원청기업의 지휘명령을 받아 취업하고 있는 것만으로는 충분하지 않고, ② 하청기업 등이 형해화되거나 혹은 원청기업이 실질상 채용・배치 등을 행하는

---

34) 고용노동부, 『외국의 사내하도급 파견 현황 및 제도 실태조사』, 2010, 122면.

35) センエイ事件, 佐賀地裁武雄支部, 1997.3.28決定, 『労動判例』, 第719号, 38頁; 大阪空港事件, 大阪地裁, 2002.9.20判決, 『労動判例』, 第792号, 26頁; 大誠電機工業事件, 大阪地裁, 전게주33); パソナ(ヨドバシカメラ)事件, 大阪地裁, 전게주33); ナブテスコ事件, 神戸地裁明石支部, 2005.7.22.判決, 『労動判例』, 第901号, 21頁; 松下プラズマディスプレイ事件, 大阪地裁判決, 전게주33) 등.

36) 伊予銀行・いよぎんスタッフサービス事件, 松山地裁, 2003.5.22判決, 『労動判例』, 第856号, 46頁.

37) 佐賀地裁, 1980.9.5判決, 『労動判例』, 第352号, 62頁.

등, 해당 근로자의 노무공급처라고 평가할 수 있는 실태가 있고, 또 ③ 원청기업이 실제상 그 임금을 결정하고 있는 것이 필요하다고 하고 있다. 최고재소판례에도, 그러한 판단기준에 의거하고 있다고 평가할 수 있는 것이 있다.[38] 이 기준에 따르면 ② 및 ③의 요건을 충족시키는 사례는 적기 때문에, 묵시적 근로계약의 성립이 인정되는 경우는 많지 않은 것이 현 상황이다.

현재 학설의 상황은 위법파견에 있어서 사용사업주의 고용책임의 문제에 관해서 종래 판례에 의해 확립된 묵시적 근로계약관계의 법리라는 이론적 틀에 대해서는 대체적으로 긍정하고 있다고 할 수 있다.[39] 최근에 들어 일부 학설에서는 동 법리에 더하여 노동자파견법의 핵심적인 사항을 위반한 경우(예를 들어 파견가능기간의 초과, 파견대상업무이외의 업무에의 파견 등)에 있어서는 파견사업주와 사용사업주와의 근로자파견계약은 무효로 되며 이러한 무효상태 하에서 사용사업주가 파견근로자를 사용하고 있는 실태로부터 사용사업주의 고용의 의사를 추인하여 근로계약의 성립을 인정할 수 있다는 주장도 제기되고 있다.[40]

3. 사용자 개념의 확장

(1) 일반론

사내하도급 근로자로 구성된 노동조합에 대해서 원사업주는 노동조합법상의 사용자로서의 책임을 부담하는가의 문제, 즉 노동조합법상의 사용자의 개념의 범위에 관해서 종래 일본의 학설과 판례는 근로계약상의 사용자의 범위 보다는 넓게 해석해야 한다는데 대체적으로 일치하고 있다.[41] 그러나 그 범위를 어디까지로 볼 것인가, 즉 어떠한 판단기준에 따라서 이를 획정해야 하는가에 대해서는 크게 보면 두 가지의 견해가 대립되어 왔다고 할 수 있다.[42] 첫째로, 노동조

---

38) 파나소닉 플라즈마 디스플레이 사건(パナソニックプラズマディスプレイ事件・最高裁第2小法廷, 2009.12.18日判決・『労働判例』, 第993号, 5頁).

39) 和田肇, "労動契約における使用者概念", 『労動判例』, 第785号, 6頁.

40) 浜村彰, "派遣元の形式的?名目的性格と親会社における派遣先の使用者責任", 『労動法律旬報』, 第1589号(2004.10), 20頁 以下; 和田肇, "労動契約における使用者概念", 『労動判例』, 第785号, 20頁.

41) 노동조합법 제7조(부당노동행위) 소정의 사용자를 실질적으로 포착하려는 판례나 노동위원회의 명령이 다수 등장하기 시작하는 1960년대 중반 이후의 판례나 노동위원회의 명령을 상세히 분석한 문헌으로서는 岸井貞男의 『不当労動行為の法理論』(総合労動研究所, 1978)을 참조.

42) 福岡右武, "最高裁判所判例解説", 『法曹時報』, 第50券 第3号(1998), 803頁.

합법 제7조(부당노동행위) 소정의 사용자를 근로계약의 일방 당사자인 고용주인가의 여부를 중심적 기준으로 하면서 동 규정의 취지·목적에 비추어 그것을 어디까지 확장할 수 있는가라는 관점으로부터 문제를 고찰하려는 견해가 있다(이른바 '근로계약기준설'). 이 견해의 대표자인 스게노 카즈오(菅野和夫)교수는 노동조합법상의 사용자란 "근로계약관계 내지는 그것에 인접 또는 근사한 관계를 기반으로 하여 성립한 단체적 노사관계상의 일방 당사자를 의미한다"고 한다.[43] 둘째로 근로계약관계의 존재에 구애받지 않고 당해 노동관계에 대해서 부당노동행위법의 적용을 필요로 할 정도의 실질적인 지배력 내지는 영향력을 미칠 수 있는 지위에 있는 자인가의 여부에 따라서 사용자 개념을 포괄적으로 결정하려고 하는 견해가 있다(이른바 '지배력설').[44]

이러한 학설의 대립 상황 속에서 판례는 아사히방송사건(朝日放送事件, 最高裁判所判決)[45] 이래 동 판결이 제시한 판단기준에 따르고 있다고 할 수 있다. 동 판결은 "기본적으로 근로조건 등에 대해서 고용주와 부분적이라고 하여도 동일시 할 정도로 현실적이고 구체적으로 지배, 결정할 수 있는 지위"에 있는 자를 노동조합법 제7조의 사용자, 즉 부당노동행위 주체로서의 사용자라고 판단하고 있다. 이 판결은 이른바 "부분적 사용자성" 또는 "중첩적 사용자성"을 인정하고 있다는 점에서 이후의 판례와 노동위원회의 명령에 중대한 영향을 미쳤다. 특히 위 최고재판소의 판결이 파견근로의 상황에서 발생한 사안에 관한 판단이지만 동 판결이 제시한 판단기준은 파견근로의 상황에서 발생한 분쟁에 국한되지 않고 널리 노동조합법 제7조의 사용자성의 판단기준으로서 이후의 판결과 노동위원회의 명령에 의해서 받아들여져 왔다. 그렇지만 한편으로 사용자성의 인정을 위해서는 당해 근로조건에 대한 지배력이 "현실적이고 구체적으로" 존재해야 한다는 것을 요구하는 것은 노동조합법상의 사용자 개념을 지나치게 좁게 해석한다고 하는 비판도 유력하다.[46]

---

43) 菅野和夫, 『労動法(第9版)』, 667頁.
44) 西谷敏, 『労動組合法(第2版)』, 有斐閣, 2006, 150頁.
45) 最高裁判所, 第3小法廷, 1995.2.28判決, 『労動判例』, 第668号, 11頁.
46) 西谷敏, 『労動組合法(第2版)』, 150頁.

(2) 지배력설의 의의

법원이 원청회사를 하청근로자 노조에 대한 단체교섭 상대방으로서의 사용자로 인정하는 이론적 근거는 '지배력설'이다. '지배력설'은 일본 노동법 학계에서 다수설로 평가 받고 있으며, 우리나라에도 널리 알려져 최근 학계와 실무계에서 다양하게 접목되어 활용되고 있다.

'지배력설'은 근로계약의 유무에 관계없이 근로관계상의 제이익에 대한 실질적인 영향력 내지 지배력을 가진 자를 단체교섭의 상대방 또는 부당노동행위의 주체로서의 사용자로 보아야 한다는 견해이다. '지배력설'은 부당노동행위제도가 행위자의 개인책임과 계약책임을 묻는 것이 목적이 아니고, 단결권 침해라는 객관적인 상태를 시정·회복하는 것을 정책적인 목표로 하기 때문에, 사용자로서의 권한을 실질적으로 행사할 수 있는 지위에 있는 자를 널리 사용자로 인정해야 한다고 본다.[47)]

일본 학계의 논의를 살펴보자면 먼저, '지배력설'을 주장하는 대표적인 학자라고 할 수 있는 니시타니(西谷敏)교수는 일본 노조법 제7조의 부당노동행위와 관련하여 사용자의 의의와 범주를 2가지 영역으로 개념화시키고 있다.[48)] 첫째, 기업 내부의 관리직이나 근로자가 행한 행위가 어떤 경우에 사용자의 행위로 간주되는가(사용자에게 귀책되는가)이다. 둘째, 형식상으로는 좁은 의미의 사용자가 아니지만 과거에 사용자였던 자, 장차 사용자가 되려고 하는 자, 나아가 노동관계에 직접·간접으로 영향력을 행사하는 자가 일본 노조법 제7조에서 말하는 사용자로 간주되는가 하는 점이다. 이는 사용자 개념의 외연으로서 논해지는 문제라고 할 수 있다.[49)]

---

47) 김정숙, "간접고용과 집단적 노사관계의 문제(사용자 개념을 중심으로)", 『행정재판실무연구Ⅱ(재판자료 제114집)』, 법원도서관, 2008, 595면.

48) 일본 노조법은 우리나라 노조법 제2조 2호와 달리 '사용자'에 대한 정의규정을 별도로 두고 있지 않다. 다만, 주로 사용자의 개념이 이론적으로 문제가 되어온 규정이 일본 노조법 제7조의 부당노동행위에 관한 내용이다. 일본 노조법 제7조는 "사용자는 다음 각 호의 행위를 해서는 안된다"라는 규정을 두어 부당노동행위에 해당하는 '사용자의 일정한 행위'를 금지하고 있다. 물론 일본의 노기법 제10조는 "이 법에서 사용자란 사업주 또는 사업 경영 담당자 기타 그 사업의 노동자에 관한 사항에 대하여 사업주를 위하여 행위하는 모든 자를 말한다"라고 하여 우리나라 근기법 제2조 2호, 노조법 제2조 2호와 동일하게 사용자에 대한 정의규정을 두고 있다.

49) 西谷敏, 『労働組合法(第2版)』, 有斐閣, 2006, 150頁 참조.

종래에는 첫 번째 유형의 대표적인 사례라고 할 수 있는 「관리직 등의 행위와 사용자 책임」이 주로 논하여졌으나, 최근에 와서는 두 번째 유형에 해당하는 「근로자파견의 관계나 종속기업의 관계에서의 사용자 책임」에 관한 논의가 활발해지게 되었다.

특히, 1995년 일본 최고재판소가 아사히방송사건(朝日放送事件)[50]에서 독립성을 가지는 하청기업이 도급계약에 근거하여 방송프로그램 제작을 위한 촬영, 조명, 음향효과 등에 종사하는 근로자를 파견하고 있던 사례에 대해서도 근로자를 사용한 아사히방송사의 부당노동행위 책임을 인정하면서, 이 문제에 대해서 다음과 같은 명제가 확립되었다. 즉, "고용주 이외의 사업주이더라도 고용주로부터 근로자를 파견 받아서 자기의 업무에 종사하게 하여 그 근로자의 기본적인 근로조건에 대해서 고용주와 부분적으로 동일시할 수 있을 정도로 현실적이고도 구체적으로 지배, 결정할 수 있는 지위에 있는 경우에는 그 한도에서 노조법 제7조의 사용자에 해당한다"는 것이다.

(3) "아사히방송사건"에 대한 일본 학계의 시각차이

일본의 학설은 오래전부터 일본 노조법 제7조의 사용자는 실질적으로 판단하여야 한다는 입장에서, 사용자란 "근로자의 노동관계 … 에 영향력 내지 지배력을 미칠 수 있는 지위에 있는 일체의 자"라고 넓게 정의하여 왔다. 이에 대하여 최근 일본의 유력설은 '사용자'를 「근로계약관계 내지 그것에 인접 유사한(근사한) 관계를 기반으로 하여 성립하는 단체적 노사관계의 일방 당사자」라고 하고, 이 중 '유사한(근사한)'이란 근로자의 근로조건에 "현실적이고도 구체적인 지배력"을 가지고 있는 것이라고 설명한다.[51] 이는 아사히방송사건에 대한 일본

---

50) 最三小判 平7.2.28.『民集』, 第49券 2号, 559頁.

51) 菅野和夫(이정 역), 『日本労動法』, 법문사, 2007, 612−616면 참조. 좀 더 엄밀하게 구별을 하자면, 菅野和夫 교수가 주장하는 이 일본의 유력설은 국내에서 "근로계약관계 유사성설"로 평가되고 있다. "근로계약관계 유사성설"은 근로계약관계라고 하는 비교적 명확한 기준을 사용하면서 그와 함께 근로계약관계와의 유사 내지 인접성이라는 기준을 사용하여 적용상 탄력성을 기하고자 하나, 다시 다른 구체적인 징표에 의하여 보충되어져야 하고 결국에는 근로계약의 당사자성 여부에 집착하게 되어 지나치게 사용자의 범위를 협소하게 인정하게 될 우려가 있으며 현재의 복잡·다면화되고 있는 고용관계를 충분히 반영하지 못하는 한계가 있는 것으로 평가되고 있다(김정숙, "간접고용과 집단적 노사관계의 문제(사용자 개념을 중심으로)", 『행정재판실무연구Ⅱ(재판자료 제114집)』, 법원도서관, 2008, 594면).

최고재판소 판결의 표현에 정확하게 대응하는 이론이다. 다만, "사용자"의 범위가 무한정 확대되는 것은 피해야 하는 것이 분명하지만, "근로조건"에 관한 "현실적이고도 구체적인 지배력"이라는 요건은 다소 지나치게 엄격한 측면이 있다고 평가되고 있다.[52]

니시타니(西谷敏)교수는 아사히방송사건에 대한 일본 최고재판소의 판결이 근로자를 파견하는 기업과 근로자의 근로계약이 단순히 형식에 불과한 경우에 한해서 수용기업의 사용자 책임을 인정한 원심 판결을 파기하고, 노조법상 사용자가 중첩적으로 존재할 수 있다는 것을 인정한 점에서 중요한 의의를 가진다고 평가한다. 그러나 일본 최고재판소 판결에서 말하는 "고용주와 … 동일시할 수 있는", "현실적이고도 구체적", "지배・결정" 등의 문언이 활보하는 것은 문제가 있다고 하면서, … (중략) … 이 최고재판소 판결이 파견이용형의 사례를 전제로 한 명제임에도 불구하고 그것은 노동관계단절형[53]과 지배종속형의 사례에 기계적으로 적용하려고 하는 최근 판례와 노동위원회 명령의 태도에는 중대한 문제가 있다고 비판하고 있다.[54] 즉, 아사히방송사건에 대한 최고재판소의 판결은 파견이용형을 전제로 한 사안에 '지배력설'이 적용된 것인데, 아사히방송사건에 대한 최고재판소의 판결 내용의 문구를 성격이 다른 지배종속형 사안에 대하여 기계적으로 적용하는 것은 결코 실질적으로 타당한 해결을 가져오지 않는다고 한다.[55]

또한 니시타니(西谷敏)교수는 단체교섭에서 사용자성이 문제되는 경우 종속기업도 그것이 완전히 형해화되어 있는 경우는 별개로 하고 단체교섭에 응해야만 하지만, 지배기업도 또한 그 실질적인 영향력에 따라 단체교섭에 응해야 하

---

52) 西谷敏, 김진국 외 역, 『日本労働組合法』, 박영사, 2009, 180면.

53) 근로관계 단절형의 전형적인 예는 역시나 근로자가 해고를 당했거나 퇴직을 한 경우이다. 즉, 해고나 퇴직 자체에 관하여 다툼이 있는 이상 근로자와의 관계에서 前 사용자는 여전히 책임을 져야 할 사용자이라고 볼 수 있을 것이다.

54) 西谷 敏, 김진국 외 역, 『日本労働組合法』, 박영사, 2009, 182-183면 참조.

55) 종전부터 노동위원회의 명령은 이러한 사고방식을 바탕으로 종속기업을 본질적으로 지배하는 기업의 사용자성을 인정하였고, 또한 판례에서도 같은 입장을 취하는 것을 적지 않게 볼 수 있다. 최근에도 "실질적인 영향력 및 지배력"을 근거로 회사의 일대 주주인 노동조합의 사용자성을 일정한 예가 보인다. 그러나 근래에는 특히 법원 및 법원의 태도를 의식한 일부 노동위원회의 명령은 지배기업의 사용자성을 쉽게 인정하지 않는 경향이 있다(西谷敏, 김진국 외 역, 『日本労働組合法』, 박영사, 2009, 186-187면 참조).

는 지위에 있다는 견해를 제시하고 있다.[56] 또한 전속 하도급기업이 주문기업이나 위탁자인 기업에 사실상 지배되는 경우도 많다. 이 경우 자본관계와 임원 등에 대해서 지배종속의 관계가 없다고 하더라도 주문기업 등이 도급계약 해약과 조건 변경을 통해서 사실상 하청기업의 생사여탈권을 장악하고 있다고 보이는 경우에는 그 실태에 따라 모기업의 사용자성을 인정해야 한다고 한다.[57]

이에 스게노(菅野和夫)교수는 아사히방송사건에 대한 일본 최고재판소의 판결에 대하여 니시타니(西谷敏)교수와 비슷하면서도 미묘하게 다른 시각 차이를 보이고 있다. 스게노(菅野和夫)교수의 견해에 따르면, 인수기업이 사외 근로자의 근로조건 그 밖의 대우에 대해 현실적이면서 구체적인 지배력을 가지고 있는 경우에 인수기업은 사외근로자에 대해 단체교섭상의 사용자로서의 지위에 있게 된다. 게다가 제공기업이 기본적 근로조건(급여 · 일시금 등)을 지배 · 결정하고 인수기업이 취업을 둘러싼 근로조건을 지배 · 결정하고 있다고 하는 경우, '사용자'의 지위는 이러한 지배력의 분유에 따라 분담되어야 하는 것이 된다.

그러나 인수기업에 대해 사외근로자에 대한 고용관계상의 사용자성을 인정하기 위해서는 인수기업이 사외근로자를 실질적으로 종업원처럼 취급하여 양자간에 거의 노무제공과 임금지불관계가 성립하고 있다고 인정할 수 있는 상황이 필요하다고 한다. 물론, 모자회사, 파견 · 사용의 유형이 아닌 경우에도 어떤 기업이 융자나 거래관계를 통해 다른 회사 근로자의 고용 및 근로조건에 대하여 현실적이고 구체적인 지배력을 발휘하는 경우에는 그 기업이 당해 타 기업 근로자에 대해 '사용자'가 될 수 있다. 다만, 스게노(菅野和夫)교수는 모자회사 및

---

56) 예컨대 두 사용자는 각각의 사실상 영향력과 책임에 따라 중첩적으로 단체교섭에 관한 책임을 지게 된다고 한다. 그 때 지배기업은 문제가 되고 있는 근로조건 등에 대해서 "현실적이고도 구체적으로" 결정하고 있다는 사실이 없더라도, 주식 소유, 임원 파견 그 밖의 것을 통하여 종속기업의 경영 전체를 지배하거나 간접적으로 근로자의 근로조건 결정에 "실질적인" 영향력을 미치고 있는 한, 지배기업과 단체교섭 없이 문제의 해결을 바랄 수 없기 때문에 지배기업의 사용자성을 인정해야 한다고 주장한다.

57) 종속기업이 폐쇄 · 해산되어 근로자가 해고된 경우에는 지배기업과 종속기업의 구체적인 관계, 폐쇄 · 해산에 대한 지배기업의 관여 등 구체적 사실을 고려하여 지배기업의 책임 유무, 책임 내용을 판단하게 된다. 이러한 경우 개별노동관계법상의 문제(지배기업의 고용책임, 임금지급의무 등)에 대해서는 법인격 부인의 법리를 적용하여 해결하는 것을 생각할 수 있지만, 특히 부당노동행위의 행정구제에서는 꼭 이 법리를 적용하지 않더라도 지배기업과 종속기업 사이에 실질적인 동일성이 인정될 수 있으면 충분하다고 해석된다고 한다(西谷敏, 김진국 외 역, 『日本労働組合法』, 박영사, 2009, 187－188면 참조).

파견을 받아들이는 이외의 기업관계에서는 실제로는 그러한 지배력은 발생하기 어렵다고 생각된다는 본인의 견해를 밝히고 있다.58)

한편, 니시타니(西谷敏)교수는 스게노(菅野和夫)교수의 이러한 견해와 유사한 태도를 보이기도 하는데, 니시타니(西谷敏)교수는 지배기업이 사용자로 인정되기 위해서는 그것이 종속기업과 실질적으로 동일하든가 또는 실질상 종속기업의 명운을 좌우할 수 있을 정도의 지배력을 미치고 있는 것으로 충분하다고 한다.59)

⑷ '지배력설'이 적용될 수 있는 고용형태의 해석론

아사히방송사건에 관한 일본 최고재판소의 판결을 바라보는 니시타니(西谷敏)교수와 스게노(菅野和夫)교수의 견해가 갖는 차이는 결론적으로 "과연, '지배력설'이 적용될 수 있는 고용형태는 무엇인가"라는 질문으로 연결될 수 있다. 즉, 니시타니(西谷敏)교수는 파견이용형이 아닌 다른 고용형태(예컨대, 지배종속형)에도 다양하게 '지배력설'이 적용이 가능하다는 입장이고, 스게노(菅野和夫)교수는 '지배력설'이 아닌 '근로계약관계 유사성설'의 입장에서 니시타니(西谷敏)교수가 주장하는 '지배력설'은 모자회사 및 파견을 받아들이는 이외의 기업관계에서는 적용되기 어렵다고 보는 입장인 것으로 판단된다.

다시 말하면, 니시타니(西谷敏)교수는 원청회사가 하청회사에게 실질적 지배력을 행사하는 지위에 있고, 그 실질적인 지배력이 하청근로자에게도 미치는 고용형태라면 '지배력설'을 적용하여 원청회사를 하청근로자의 사용자로 인정할 수 있다는 것이다. 반면, 스게노(菅野和夫)교수는 원청회사가 하청근로자에게 직접 실질적인 지배력을 행사하여 모자회사 관계를 포함한 근로계약 또는 파견계약 등으로 통칭되는 유사근로관계가 전제가 되는 고용형태에 대하여 아사히방송사건에 관한 일본 최고재판소의 판결과 같은 결과가 도출될 수 있다는 입장인 것이다. 결국, 니시타니(西谷敏)교수는 적법한 도급의 고용형태를 유지하고

---

58) 菅野和夫, 이정 역, 『日本労動法』, 법문사, 2007, 615－616면.

59) 물론 법인격 부인 법리를 탄력적으로 적용하는 경우 그 법리 적용에 의한 문제의 사법적 처리와 노동위원회에 의한 행정구제의 범위는 접근할 터이지만, 양자는 별개의 관점에 바탕을 둔 판단이라는 점을 명확히 하여야 한다(西谷敏, 김진국 외 역, 『日本労働組合法』, 박영사, 2009, 205－206면 참조).

있다하더라도 '지배력설'이 적용될 수 있고, 스게노(菅野和夫)교수는 도급의 고용형태가 모자회사 또는 불법파견(위장도급)의 형태로 사실상 원청회사가 '사용사업주'로서의 형태를 갖추고 있을 때 '근로계약관계 유사성설'이 적용될 수 있다는 견해를 유지하고 있는 것으로 정리될 수 있다.

따라서 니시타니(西谷敏)교수의 견해에 따르면 '지배력설'이 적용될 수 있는 고용형태는 제한이 없으며, 스게노(菅野和夫)교수의 견해에 따르면 '근로계약관계 유사성설'이 적용될 수 있는 고용형태는 모자회사, 근로자파견계약관계 등 기타 근로계약관계에 준할 만큼의 사실이 인정될 수 있는 상황으로 제한된다.

V. 사내하도급 근로자에 대한 보호정책

1. 추진 배경

사내하도급은 이미 1990년대에 광범위하게 활용되고 있었지만, 당시의 노동자파견법이 직접 제조공정에 대한 근로자 파견이 금지되어 있었기 때문에 사내하도급에 대해서는 정책적으로뿐만 아니라 사회적으로도 그다지 관심의 대상이 되지 않았다. 그러나 2004년 3월부터 직접 제조공정에 대한 근로자파견이 허용되고 그 수가 비약적으로 증가하는 한편, 1990년 중반 이후에 정부에 의해서 본격적으로 추진된 시장주의적 구조개혁에 의해 비정규직이 대폭적으로 증가하게 되면서 비로소 위장도급에 대한 사회적 관심이 높아지게 되었다. 직접적으로는 2006년 7월부터 일본의 유력 일간지인 아사히신문(朝日新聞)이 위장도급의 실태에 관한 일련의 특집 기사를 게제하기 시작하면서 사회적 관심은 폭발적으로 증가하였고 이는 곧 사회적・정치적 긴급 현안이 되었다.

2. 후생노동성의 정책

(1) 위장도급 적정화 캠페인의 실시

위의 상황을 맞이하여 담당부처인 후생노동성은 두 가지의 방향으로 대처하였는데 첫째로 당면 현안인 위장도급에 대한 감독의 강화였다. 2006년 9월 4일 근로기준국장・직업안정국장 공동명의(基発第0904001号・職発第0904001号)로 전국의 노동국(우리나라의 노동청에 해당)에 대해서 근로기준행정과 직업안정행정이 연계하여 제조업 등을 중심으로 한 위장 도급을 일소하는데 전력을 기울일 것을 시달한다. 이에 전국을 8개 권역으로 나누어 각 권역별로 노동국이 합동하여 2006년 10월부터 12월까지를 "위장도급적정화 캠페인" 기간으로 설정하고 집중적으로 현장조사와 감독을 행하는 한편 교육 · 홍보활동을 전개하였다.

이러한 대대적인 캠퍼인 결과를 보면 4,217개 사업소를 대상으로 현장조사를 벌여 3,645개 사업소에 대해서 시정지도를 행하였는데 이중 제조업을 영위하는 사업소는 935개였는데 이중 721개 사업소에 대해서 시정지도를 하였다. 후생노동성이 2003년부터 행한 문서지도의 건수에 관한 통계를 보면 매해 문서지도 건수가 증가하고 있는데 2003년도에는 258건이었던 것이 2006년도에는 2,646건으로 급격히 증가하는데 2005년에도 문서지도 건수는 974건이었다.

(2) 가이드라인의 작성

두 번째로 후생노동성은 위의 위장도급에 대한 감독 강화와 병행하여 제조업의 하도급사업에 관하여 그 실태를 분석하고 하도급사업의 적절한 실시와 하도급 근로자들의 고용관리의 개선을 위해서 도급자와 수급자가 취해야 할 조치에 관한 가이드라인을 작성할 것을 결정하고 그 준비작업으로 2006년 10월 4일부터 관련 전문가들에 의한 연구회("제조업 도급사업의 적정화 및 고용관리의 개선에 관한 연구회")를 개최하였다.

동 연구회의 개최의 취지에 대해서 후생노동성은 "이른바 위장도급의 발생을 비롯한 근로자파견법 등의 노동관계법령의 위반, 근로조건이나 처우의 개선의 필요성, 도급인의 사업장에서 일하는 근로자들의 커리어 전개의 경로가 명확하지 않은 점 등 다양한 문제점들이 지적되고 있는 바, 재도전이 가능한 사회의 실현을 위하여 이들 문제는 긴급한 과제"라고 하고 있다.

대학의 연구자들로 구성된 동 연구회는 2007년 6월까지 총 10회에 걸쳐 관계 당사자들에 대한 면접조사와 관련 문헌 조사를 실시하고 이를 바탕으로 하여 과제를 도출한 뒤 원청사업주와 하도급사업주가 취하여야 할 조치를 담은 가이드라인과 이를 현장에서 보다 쉽게 적용할 수 있도록 하기 위해서 구체적인 적용례 등을 담은 체크리스트를 작성하여 연구회의 보고서를 제출하였고 후생노동성은 이를 거의 그대로 받아들여 2007년 6월 29일 가이드라인("제조업 도급사업의 고용관리의 개선 및 적정화의 촉진을 위해 도급인이 강구해야 할 조치에 관한 가이드라인"과 "제조업 도급사업의 고용관리의 개선 및 적정화의 촉진을 위해 수급인이 강구해야 할 조치에 관한 가이드라인"), 체크리스트, 가이드라인의 해설을 작성하여 일선 노동국에 하달하였다.

3. 입법상의 정책

(1) 갱신거절에 대한 제약

사내하청을 포함한 도급근로자의 경우, 기간의 정함이 있는 근로계약을 체결하고 있는 경우가 상당수 있다. 이 경우에는 약정된 계약기간이 만료되면 특별한 사정이 없는 한 고용이 종료되는 것이 원칙이다. 따라서 기간제인 도급근로자의 경우, 모두에서도 언급하였듯이 항상 고용이 불안한 상태에 놓이게 된다. 물론 단기계약이 반복적으로 갱신되어 계속적인 고용에 대한 기대권이 발생한 경우에는 '해고권 남용의 법리'가 유추·적용될 여지도 있지만, 이러한 법리는 매우 제한적으로 해석되기 때문에 기간제근로자를 보호하는데 충분하지 못하다.

이에 2012년 8월에는 노동계약법을 개정하여 위 판례법리를 명문화하여 이미 시행하고 있으며, 이러한 갱신거절의 제한에 관한 법리는 제정법상 근거를 마련하게 되었다.[60] 하지만 원청기업이 하청기업과의 도급계약을 해지함으로써 도급근로자의 고용이 종료되는 경우에 대해서도 위 법리를 적용시킬 것인가에 대해서는 아직까지 이에 대해 일반론을 제시한 판례는 없다. 그렇지만 사내하도급과 같이 원청기업에 사실상 특정 기업이 종속되어 장기간 근로를 제공해 온 경우에는 도급계약이 해지되면 새롭게 원청기업을 찾기가 어려우므로 사실상 해고나 다름없어 이들에 대한 법적 보호를 마련할 필요가 있다고 생각한다.

(2) 무기계약으로 전환

위에서 언급한 갱신거절의 문제도 궁극적으로는 기간제근로의 구조에서 파생하는 것이므로, 이러한 문제를 해결하기 위해서는 기간제근로에 대한 법적 제

---

60) 개정 노동계약법 제19조.

한이 필요하다. 이에 2012년 8월에는 노동계약법을 개정하여, 기간제근로계약이 1회 이상 갱신되어 근무기간이 통산 5년을 초과한 경우, 근로자는 당해 근로계약이 만료된 시점부터 '기간의 정함이 없는 근로계약'으로의 전환을 신청할 수 있는 권리를 가지게 되며, 당해 근로자가 이러한 권리를 행사된 경우에는 사용자는 근로자의 신청을 승낙한 것으로 간주하는 규정이 마련되게 되었다.[61]

참고로, 2012년 개정된 노동자파견법에서도 이와 비슷한 제도를 도입하였다. 구체적으로는 불법파견(위장도급)의 경우, 사용기업(원청기업)에 과실이 없는 경우를 제외하고는 사용기업(원청기업)이 지휘명령을 한 근로자에 대하여 직접고용신청을 한 것으로 간주하는 소위 '직접고용신청간주제도'를 도입하였다. 이 규정하에서는 사용기업(원청기업)의 직접고용신청에 근로자가 승낙하는 취지의 의사표시를 하면, 당해 근로자와 사용기업(원청기업) 간에 고용계약이 성립하게 된다.[62]

⑶ 산업안전위생에 대한 특별 규제

업무가 수차례에 걸쳐 도급되는 경우, 지휘체계의 중복으로 인하여 구조상 산업재해가 발생하기 쉽고, 산업재해가 발생한 경우 책임소재가 애매모호하게 될 수 있다. 이러한 문제에 대응하기 위하여, 노동안전위생법은 건설업이나 조선업을 하는 원수급업자(元方事業者)에 대해 다음과 같은 규제를 하고 있다.

첫째, 건설업처럼 업무가 중층적으로 도급의 형태로 이루어지는 경우, 각 도급기업의 근로자의 수가 일정 이상(통상은 50명 이상)인 경우에는, 도급인 사업주(元方事業者)는 그 현장에서 취업하는 각 도급기업의 근로자에 대한 산업재해의 발생을 방지하기 위하여 '총괄안정위생책임자'를 선임해야 한다.[63] 그리고 이 총괄안정위생책임자는 ① 각 도급기업이 참가하는 산업재해방지를 위한 협의조직의 설치와 운영, ② 작업간의 연락·조정, ③ 작업장소의 순시 등의 사항을 총괄 관리하는 책무를 지게 된다.[64]

---

61) 노동계약법 제18조(2013년 4월 1일부터 시행).

62) 노동자파견법 제40조의 6. 단, 이 규정이 시행되는 것은 2015년 10월부터이다.

63) 노동안전위생법 제15조 제1항, 동법 시행령 제7조 제1항. 건설업에 대해서는 약간의 추가규제가 있다.

64) 노동안전위생법 제15조 제1항.

둘째, 제조업에서는 도급인 사업주(元方事業者) 스스로가 제조업에 종사하는 경우도 많은데, 이러한 경우에는 도급기업의 근로자와의 혼재로 인하여 산업재해가 발생하기 쉽다. 이에 노동안전위생법은 도급인 사업주(元方事業者)로 하여금 산업재해를 방지하기 위하여 연락·조정 등에 관한 조치를 강구하도록 규정하고 있다.[65] 또한 노동자파견법에서도 파견사업주와 사용사업주에 대해 노동안전위생법의 적용에 관한 사항을 상세하게 규정하고 있다.[66]

Ⅵ. 나오며

일본에서 도급은 고용의 역사만큼이나 오랜 제도로 그 동안 많은 변천과정을 거쳐 오늘에 이르고 있다. 일본 민법에서 규정한 도급은 원래 일의 완성을 전제로 하는 것이었지만, 전후 고용형태가 다양해지면서 순수한 도급에서 단순한 노무도급에 이르기까지 다양화되었다. 이러한 상황을 반영하여 1985년에 노동자파견법이 제정과 동시에, 도급과 파견의 구별에 관한 기준을 마련하였다. 일본에서 도급은 전 산업에 걸쳐 이용되고 있는데, 그 이유는 경기변동에 따른 구조조정에 유연하게 대응할 수 있으며 코스트를 절감할 수 있다는 메리트가 있어 점점 증가하는 추세에 있다. 한편, 도급은 중층적 하청구조로 인하여 근로조건이 열악하고 고용이 불안하며, 고용관리책임이나 산업재해에 대한 책임소재가 불분명한 점이 문제로 지적되어 왔다.

이러한 관점에서, 본고에서는 도급을 둘러싼 문제 중에서도 사내하도급과 파견을 중심으로 검토를 하였다. 사내하도급은 그 구조가 파견과 흡사하여 양자의 착종(錯綜)으로 여러 가지 부작용이 나타나도 있는데, 그 중에서도 위장도급과 불법파견이 대표적인 문제이다. 그럼에도 불구하고 위장도급의 대한 개념과 파견과의 판단기준을 명확하게 정의한 법규정은 아직까지 존재하지 않을 뿐만 아니라, 위장도급이나 불법파견 관련 소송도 그다지 많지 않다. 그 이유에 대해서는 여러 가지가 있을 수 있지만, 대략 다음과 같이 세 가지 정도로 요약될 수 있다.

65) 노동안전위생법 제30조의 2.
66) 노동자파견법 제45조.

첫째, 일본의 경우, 사내하도급이라 하더라고 원·하청기업은 장기간에 걸친 신뢰관계를 중요시하기 때문에 도급근로자가 원청기업을 상대로 법적 소송을 제기하는 사례는 극히 예외적이며, 또한 설사 위장도급이나 불법파견으로 인정된다 하더라도 원청기업 근로자와 동인한 근로조건으로 고용이 의제되는 것이 아니라, 고용의제 이전의 근로조건을 유지한 채 근로계약의 상대방만이 변동된다는 점에서 실익이 그다지 크지 않다고 할 수 있다.

둘째, 주무 노동행정기관인 후생노동성의 적극적인 역할과 입법의 정비를 들 수 있 있다. 다시 말해서, 후생노동성은 위장도급에 관한 매우 상세한 지침을 마련한 다음, 이 지침에 따라 감독 및 지도를 해 오고 있으며, 위장도급이나 불법파견이 적발되면 적법파견 또는 직접고용을 하도록 행정지도를 하고 있다. 아울러, 최근에 들어서는 도급근로자를 포함한 기간제근로자들을 보호하기 위하여 노동계약법을 개정하여 갱신거부를 제한하는 법리를 법규화하는 한편, 기간의 정함이 있는 근로계약이 통산 5년을 경과하는 경우에는 무기계약직으로 전환할 수 있도록 하였다. 또한 중층적인 도급구조에서 발생하기 쉬운 산업재해를 예방하기 위하여 원청기업으로 하여금 총괄안정위생임자를 두어 작업간의 연락과 조정을 하도록 하고 있으며, 하청기업의 산업재해에 대해서는 원청기업의 업무상 재해로 보상이 이루어지고 있다.

마지막으로, 위에서 서술한 바와 같이, 일본의 경우에는 도급과 파견을 구별하는 법적 기준이나 위장도급 내지 불법파견에 대한 판단기준을 명시한 법규는 특별히 존재하지 않는다. 그 대신 행정기관이 이에 대한 상세한 지침과 가이드라인을 정비하여 이러한 공백을 메우고 있으며, 도급과 파견을 둘러싸고 발생하고 분쟁이 발생한 경우에는 행정부가 적극적인 감독·지도를 통하에 이에 대응하고 있으며, 이러한 분쟁이 법적으로 다투어지는 경우에도 사법부가 행정해석을 존중하는 법문화가 정착되어 있는 것이 특징적이다.

도급·파견의 구분에 대한 사법적 판단의 한계와 해결방안 모색

— 일본의 행정해석을 중심으로 —

Ⅰ. 문제제기

요즈음 직고용을 요구하는 노동계의 목소리가 어느 때보다 강하다. 이와 때를 같이 하여 사내하도급 근로자에 대한 불법파견 판결이 잇따라 나오면서 산업현장에서 혼란이 가중되고 있다. 특히 2021년 7월에는 대법원이 현대위아 사내하도급 근로자에 대해 최종적으로 불법파견으로 확정하면서 그 파급효과가 만만찮다. 이와 유사한 사안으로 최종심을 기다리고 있는 포스코나 현대·기아차를 비롯하여 사내하도급을 활용하고 있는 많은 회사들의 노사 간에는 긴장감이 역력하다.

불법파견을 둘러싼 문제를 거슬러 올라가 보면 1998년 파견법 제정에까지 연유한다. 파견법은 IMF 금융위기를 극복하는 과정에서 고용유연성을 제고해달라는 국제통화기금(IMF)의 요구를 받아들여 제정된 것이다. 요즈음 문제가 되고 있는 도급·파견의 구별문제는 이미 파견법 제정당시에 예견된 것이나 다름없다. 특히 도급과 파견은 태생적으로 그 구조가 비슷하여 구분하기가 용이하지 않다. 그래서 행정관청은 일찍부터 양자를 구별하는 기준(지침)을 만들어 이에 대응해 왔다. 이 지침에 따라 하청회사가 원청회사로부터 독립하여 독자적인 경영권과 인사권을 행사하는 경우에는 도급으로 보고, 그렇지 않는 경우에는 파견으로 보는 판단기준이 실무상 정착되어 있었다.

그런데 2000년대에 접어들어 사법부가 불법파견소송에 본격적으로 개입하게 되면서 상황이 사뭇 달라졌다. 사법부는 종전의 행정부의 유권해석에 더해 하청 근로자들에 대한 원청회사 조직에의 편입 정도, 지휘・명령 및 인사・명령의 행사 여부, 업무의 전문성과 조직・설비의 유무 등 더욱 세분화된 독자적 기준을 제시하면서 사내하도급의 인정기준이 더욱 엄격하게 되었다.[1]

문제는 이러한 사법적 판단기준만으로는 불법파견 여부를 판단하기가 쉽지 않다는데 있다. 특히 제조업에서 널리 활용되고 있는 노무도급의 경우에는 도급(적) 요소와 파견(적) 요소가 복잡하게 착종(錯綜)되어 있어 양자를 구분하기란 지난한 일이다. 또한 산업별로 작업공정이 상이할 뿐만 아니라 점점 분업화・고도화되고 있는데 비해 사법부의 판단은 너무 경직되어 있다 보니 종전까지 적법한 도급이 소송에서 불법파견으로 판단되는가 하면, 동일한 사안을 두고도 심급과 담당판사에 따라 결론이 달라지는 경우도 적지 않다.[2]

또한 최근에는 원・하청이 통합생산관리시스템(MES)을 공유했다는 것을 이유로 이를 지휘・명령으로 보아 불법파견으로 판정한 사례도 나오고 있다. 이는 사법부의 인식이 현실과의 사이에 상당한 괴리가 있는지를 단적으로 보여주고 있다. 산업현장은 IT(정보기술)의 발달로 자동화・전산화가 빠른 속도로 진행되고 있다. 그 결과 제조업의 경우 제품의 발주에서부터 납품에 이르기까지 전 생산과정이 MES를 통하여 실시간으로 모니터링을 하는 구조로 바뀌고 있다. 이와 같이 산업현장은 최근 점점 스마트・팩토리를 향해 진화하고 있는데 비해, 사법부는 아직도 아날로그적 판단에서 벗어나지 못하고 있다는 비판의 목소리도 적지 않다.[3]

---

1) 도급과 파견의 구분에 관한 판례의 변천에 대해서는 이정, "도급과 파견의 구별기준에 관한 법리—판례의 변천과 문제점을 중심으로—", 『노동법논총』, 제34집(2015), 237면 이하 및 권혁, "도급과 파견의 구별에 관한 최신 판례법리 재검토", 『월간 노동법률』, 제370호(2022), 54면 이하 참조.

2) 여기서 철강회사의 사례를 보자. 지금으로부터 6년 전인 2016. 8. 17. 전국금속노조 소속 포스코 사내하청지회 조합원 15명은 원청업체인 포스코를 상대로 불법파견에 따른 근로자지위확인 소송을 제기한 바 있다. 이 사건에서 광주고등법원은 포스코와 사내하청업체 사이에 체결한 도급계약을 근로자파견계약으로 보아 원고들은 원청업체인 포스코의 근로자지위를 가진다고 판결한 바 있다. 한편, 동 사건의 제1심 판결에서 광주지방법원은 2013. 1. 25. 원고들의 청구를 기각한 바 있으며, 또한 동 법원은 2016. 2. 18. 현대제철사건에서 사안이 포스코사건 제1심과 대동소이함에도 불구하고 정반대의 판결을 한 바 있다.

3) 이에 대해서는 김희성, "철강산업에서의 전산(MES)시스템을 통한 작업수행과 원청(도급업체의 지시권), 『노동법논총』, 제40집(2017), 79면 이하 참조.

본고에서는 위와 같은 문제의식 하에서 점점 분업화·전문화·고도화되고 있는 산업현장의 상황을 반영하기 위해서는 기존의 사법적 판단기준만으로는 한계가 있다고 판단하고 이에 대한 보다 구체적이고 현실적인 해결방안을 행정서비스에서 모색하는 것을 목적으로 한다. 이에 본고에서 연구방법으로는 우리와 비슷한 문제를 안고 있는 일본에서는 이 문제에 어떻게 대응하고 있는지, 비교법적 연구를 통하여 검토하고자 한다. 특히 일본의 파견과 도급의 구별에 대한 기준은 우리나라에 답습된 경위도 있고 하여 일본과의 비교법적 연구는 유의미한 시사점을 제공하리라 판단된다.[4]

Ⅱ. 도급과 파견에 대한 법적 규율

1. 도 급

일본에서 도급을 '청부(請負)'라고 하는데, "발주자가 일의 결과(완성)에 대해 그 보수를 지불하는 것"을 말하며(민법 제632조), 조선이나 철강과 같은 전통적인 제조업을 비롯하여 최근에는 빌딩관리, 민간방송 및 정보·사무처리 등 다양하게 이용되고 있다. 도급은 법적으로는 업무의 완성을 목적으로 하는 민법상의 도급계약이 이용되는 경우가 일반적이지만(민법 제8절), 그 이외에 위임계약(委任契約) 내지 준(準)위임계약 또는 업무위탁(業務委託)의 형태로 이루어지는 경우도 있다.[5]

도급은 민법이 정하고 있는 13가지 종류의 전형적인 계약 중의 하나이지만, 민법은 단지 도급인과 수급인의 계약관계, 특히 보수의 지불시기, 담보책임, 계

4) 일본의 도급과 파견에 대한 비교법적 선행연구로는 노상헌, "파견 및 사내하도급근로에 관한 일본의 노동법리와 쟁점", 『노동법연구』, 제19호(2005), 299면; 송강직, "일본 근로자파견과 위장도급의 쟁점", 『노동법연구』, 제29호(2010), 119면; 정영훈, "일본의 사내하도급·파견현황 및 제도에 관한 검토", 『노동법포럼』, 6호(2011), 161면; 최석환, "위장도급을 둘러싼 일본 노동법의 대응: 파나소닉 PDP 판결에 대한 일련의 평석들을 중심으로", 『노동법연구』, 제31호(2011), 109면 등이 있다.

5) 민법(제643조)에 의하면 위임계약이란 '당사자 일방이 법률행위를 할 것은 상대방에게 위탁하고, 상대방이 이를 승낙함으로써 그 효력이 발생하는 계약을 말하며, 준(準)위임계약이란 발주자가 법률행위 이외의 사무를 수주자에게 의뢰하는 형태의 계약을 말한다(제656조). 이에 비해 업무위탁이란 위임계약과 혼동하기 쉬운데, 이는 법률용어가 아니라 기업이 자사의 업무의 일부를 위탁하는 용어를 의미한다.

약의 해제에 대해서만 규정할 뿐 도급사업이 어떻게 이루어져야 하는지에 대해서는 별도의 규정을 두고 있지 않다. 이와 같이 민법은 도급에 대해 계약당사자의 의사의 자유에 맡기고 있기 때문에 건설업과 같은 실정법상의 규제를 제외하고는 당사자가 자유롭게 도급계약을 체결할 수 있다. 그러나 도급계약이라 하더라도 직업안정법이 정하고 있는 근로자공급사업에 해당되어서는 아니 된다.[6)]

도급의 경우 하청기업이 원청기업과는 별도로 자신의 사업장에서 제품이나 부품을 생산하여 이를 발주기업에 납품하는 전형적인 형태가 있는가 하면, 건설업이나 조선업에서는 하청근로자들이 건축물이나 선박이 위치하는 원청기업의 특정 장소에서 다양한 작업에 종사하는 경우도 있는데, 후자를 '사내하도급'(일본에서는 이를 '구내청부(構内請負)'라고 함)이라고 하는데, 이는 자기가 소속하고 있는 기업이 아닌 다른 기업에서 노무를 제공하고 있다는 점에서 아래 그림에서 보듯이 근로자파견과 흡사하다. 다만 근로자파견에서는 파견사업주가 자기가 고용한 근로자를 사용사업주의 지휘명령 하에서 사용사업주를 위해 근로에 종

[그림] 파견과 도급의 차이

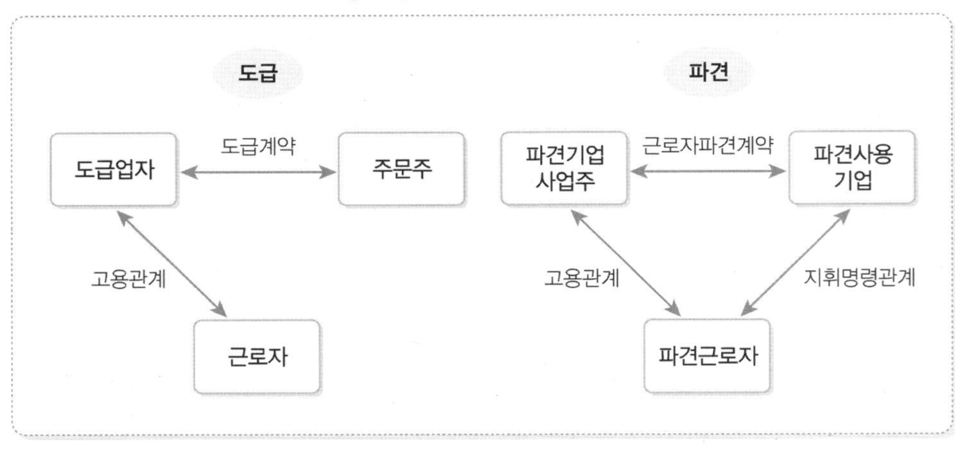

출전: 厚生労働省・都道府県労働局, 「労働者派遣・請負を適正に行うために」.

6) 직업안정법(1947년 제정)은 근로자를 타인의 지휘명령 하에서 근로에 종사시키는 소위 '근로자공급사업'을 엄격하고 금지한 다음, 예외적으로 노동조합이 주무관청(후생노동대신)의 허가를 얻은 경우에만 가능하도록 규정하고 있다(제4조 제8호, 제44조, 제45조). 그러나 실제로 도급계약과 근로자공급의 차이를 명확히 구별하기가 어렵기 때문에 1948년에 양자를 구별하기 위한 시행규칙을 신설, 시행하고 있다. 이에 대한 보다 상세한 사항은 이정, "일본의 도급과 파견의 판단기준", 『노동법포럼』, 제11호(2013), 15면 이하 참조.

사시킨다는 점에서 후술하는 바와 같이 이러한 지휘명령을 전제로 하지 않는 도급과는 구별된다.

2. 파　견

현행 노동자파견법[7]은 파견에 대해 “파견사업주가 자기가 고용한 근로자를 사용사업주의 지휘명령을 받아서 당해 사용사업주를 위해서 근로에 종사하게 하는 것을 업으로 하는 것”으로 정의하고 있다(제2조). 파견법은 원래 노동기준법상의 중간착취 금지규정(제6조)에 대한 규제를 완화하기 위해서 제정된 것으로, 파견사업의 적정한 운영과 파견근로자의 고용안정 및 복지증진을 그 목적으로 하고 있다(제1조).

파견법은 제정된 이래 수차례에 걸쳐 개정이 이루어져 왔다. 제정 당시에는 전문적인 지식과 기능을 가진 13개 업무에 한정했으나, 시행과 동시에 16개 업무로 변경되었다. 직접 고용된 근로자가 파견근로자로 전환되는 일이 없도록 매우 한정된 업무만 대상으로 하고 있었고 파견기간도 1년으로 상한을 정하고 있었다. 그러나 이러한 제한은 규제완화 및 산업계의 요구 등으로 인하여 파견대상 업무가 확대되기에 이른다. 지금까지 파견법의 주요 개정내용을 간략하게 소개하면 다음과 같다.[8]

1999년 개정에서는 정사원에 대체할 수 없는 업무로 새롭게 13개 업무가 추가되어 26개 업무로 확대되는 소위 ‘네거티브방식’으로 변경되었다. 다시 말해서 금지된 업무를 제외하고는 파견이 가능하도록 파견의 대상이 확대된 것이다. 2004년 개정에서는 제조업에 대해서도 파견을 허용하고, 파견기간도 1년에서 3년으로 연장하였다. 또한 종전에 포지티브방식으로 정하고 있던 26개 업무에 대해서도 파견기간을 철폐했다. 단 물건의 제조업무는 파견기간을 여전히 1년으로 제한하고 있었으나 2007년 개정 시에는 다른 업종과 똑같이 3년으로 연장되게 되었다.

---

7) 노동자파견법의 정식명칭은 「労働者派遣事業の適正な運営の確保及び派遣労働者の就業条件の精徴等に関する法律(이하 「파견법」이라 함)」이다(동 법률은 1985년에 제정, 1986년부터 시행).

8) 일본 파견법제의 개정내용에 대해서는 이정, “일본 파견법상의 고용의무조항에 대한 고찰”, 『노동법포럼』 제9호(2012) 참조.

2008년에는 리먼쇼크로 인하여 인재파견업계를 둘러싼 환경이 바뀌게 되었다. 제조업을 중심으로 한 파견해지, 고용중지 등이 매스컴 등에서 크게 보도되면서 워킹푸어가 사회문제로 등장하면서 그 원인을 인재파견에 있다는 논의가 확산되게 되었다. 그 결과 그때까지의 규제완화의 흐름은 중단되고, 하루 또는 30일 이내 기간을 정하여 파견되는 소위 일일파견에 대해 파견사업주와 사용사업주는 근로자파견계약을 체결하기 전에 상호 근로조건을 확인하고 협력하여 고용계약기간을 길게 할 것 등을 규정한 「일일파견지침(日雇派遣指針)」을 제정하였다.

그 후 2012년 개정을 거쳐 2015년 개정 시에는 '일반근로자파견사업(허가제)'와 '특정근로자파견사업(신고제)'의 구별을 폐지하여 모든 근로자파견사업은 '허가제'로 변경하였고, 파견근로자의 고용안정과 커리어 관리를 위해 파견근로자에 대한 계획적인 교육훈련과 희망자에 대한 커리어 컨설팅을 의무화하였다. 또한 전문업무 등 소위 26개 업무에 대해서는 기간제한을 두지 않고 그 외의 업무에는 최장 3년이라는 기간제한을 두고 있었는데 이를 폐지하여 통일하였다. 그리고 2020년 개정 시에는 파견기업과 사용기업으로 하여금 파견근로자가 사용기업의 근로자에 비해 부당하게 차별받지 않도록 균형대우(均衡待遇)를 의무화하고, 이에 위반할 시에는 허가를 취소하도록 했다.

3. 도급과 파견에 대한 법적 규율의 한계

파견법에는 근로자파견의 실체를 갖는 명목상의 도급(이른바 '위장도급')이나 파견금지 대상 업종으로의 파견, 파견기간을 초과한 파견 등 파견법에 위반되는 행위가 있는 경우 파견근로자를 보호하는 규정은 매우 미미하다. 파견법에 의하면, 파견기간을 초과한 경우에 사용사업주가 파견근로자에 대해 고용을 신청한 것으로 간주하는 내용(직접고용신청간주규정)을 신설했지만, 사용자가 이러한 의무의 이행을 강제할 방법에 대해서는 행정적 지도를 전제하고 있을 뿐 어떠한 민사적, 형사적 방법도 아직까지 마련해 놓고 있지 않다.[9]

따라서 제조업 등에서 외형적으로는 도급의 형식을 취하면서도 실질적으로

9) 이에 대해서는 이정, "일본 파견법상의 고용의무조항에 대한 고찰", 『노동법포럼』, 제9호(2010. 10) 참조.

는 근로자공급 내지 파견에 가까운 고용형태로 운용되는 경우도 비일비재하다. 이러한 경우, 형식적인 고용형태는 민법상의 도급에 해당하지만, 그 실질은 노무공급사업으로 노동기준법상의 중간착취금지(제6조) 및 직업안정법상의 근로자공급금지(제44조), 파견법상의 불법파견의 문제로 귀착될 수 있다.

노동행정 실무에서는 후술하는 행정지침에 따라 위장도급이나 불법파견이 적발될 경우, 행정지도를 통하여 적법한 파견을 하거나 직접 고용을 하도록 지도하고 있는데, 행정지도를 받은 사용사업주는 사회적 평판의 저하 등을 우려하여 일단 행정지도를 받아들여 당해 근로자를 유기계약 근로자로 직접 고용하는 등의 조치를 취하는 경우가 많다. 그러나 계약기간이 만료하면 계약기간을 갱신하지 않는 경우가 빈번하기 때문에 결국 행정지도에 의한 해결은 임시적인 효과만 가져올 뿐 파견근로자의 고용안정에는 별다른 기여를 하지 못하고 있는 것이 현실이라는 분석도 있다.[10)]

Ⅲ. 도급과 파견의 구분에 관한 행정해석

근로자 파견과 도급은 근로자의 안전위생의 확보, 근로시간관리 등에 관해서 고용주(파견사업주, 도급사업주), 사용사업주 및 발주자의 책임소재가 달라진다. 그 때문에 업무의 수행방법에 대해서 근로자파견에 해당하는지 도급에 해당하는지를 명확하게 한 다음, 이에 맞는 안전위생대책 및 근로시간 관리의 적정화를 꾀할 필요가 있다.

또한 근로자파견은 근로자파견법의 규제를 받는다는 점에 있어 민법상의 도급이나 업무위탁과는 엄격히 구분되어야 하지만, 사내하도급과 파견을 구분하기란 그렇게 간단하지 않다. 따라서 파견법(1985년) 시행 이후 주무행정관청은 **「도급과 파견을 구별하는 기준」**이라는 후생노동성고시(제37호)를 통하여 도급과 파견의 구별에 대한 기준을 제시한 다음, 파견업무에 따르는 실무를 위해서 **「노동자파견사업관계업무취급요령」**[11)]이라는 상세한 매뉴얼을 마련하여 대응하고

10) 고용노동부, 『외국의 사내하도급 파견 현황 및 제도 실태조사』, 2010, 116면.
11) 「労働者派遣事業関係業務取り扱い要領」(2022년 4월)은 근로자 파견업무에 대한 상세한 내용을 정한 매뉴얼로 매년 그 내용을 업데이트하고 있다.

있다.

1. 후생노동성고시

「**도급과 파견을 구별하는 기준**」[12)]에 따르면 도급계약형식의 업무에 자기가 고용하는 근로자를 종사시키는 것을 업으로 하는 사업주라 하더라도 당해 사업주가 당해 업무의 처리에 관하여 일정한 요건을 제시한 다음, 그 요건을 모두 만족하지 못하는 경우에는 당해 사업을 근로자파견으로 간주한다. 그 요건을 간단히 요약하면 다음과 같다.

첫째, 사업주는 자기가 고용하는 근로자의 노동력을 자기가 직접 스스로 이용할 것(**노무관리상의 독립성**)이 요구되는데, 구체적으로는 ① 업무의 수행에 관한 지시 및 기타 관리를 스스로 행할 것과, ② 시업·종업시간 및 복무 등에 관한 지시 기타 관리를 스스로 행할 것을 요건으로 하고 있다.

둘째, 도급계약에 의하여 도급된 업무를 자기의 업무로서 계약 상대방으로부터 독립하여 처리할 것(**사업경영상의 독립성**)이 요구되는데, 구체적으로는 ① 업무처리에 필요한 자금에 대하여 전부 자기의 책임 하에 조달하고 지불할 것, ② 업무처리에 관하여 민법, 상법, 그 밖의 법률에 규정된 사업주로서의 모든 책임을 부담할 것, ③ 자기의 책임과 부담으로 준비하고 조달하는 기계, 설비 또는 기자재, 재료 또는 자료에 의하여 업무를 처리하는 것으로, 단순히 육체적 노동력을 제공하는 것이 아닐 것 등의 요건을 충족하여야만 된다.

2. 「고시」에 대한 질의응답

파견과 도급을 구분함에 있어 위에서 제시한 노동성고시(제37호)가 행정해석의 기준이 되지만, 실제로는 도급적인 요소와 파견적인 요소가 혼재하는 경우가 많기 때문에 양자를 구별하기란 그렇게 간단하지 않다. 특히 사내하도급의 경우에는 파견과 거의 흡사하므로 위의 고시에서 제시한 **'사업경영상의 독립성'**과 **'노무관리상의 독립성'**이라는 추상적인 기준만으로는 판단이 어려운 경우가 많다.

따라서 후생노동성은 위의 고시를 보완한 「**노동자파견사업과 도급에 의해 행**

12) 厚生労働省告示(第37号) 「労働者派遣事業と請負により行われる事業との区分に関する基準」 1986.4.17(이하 「고시」라고 함).

해지는 사업과의 구분에 관한 질의응답」(이하, 「질의응답」이라 함)[13]을 통하여 제조업 등의 현장에서 발생하고 있는 구체적인 사례에 대한 도급과 위장도급과의 구별에 대한 판단기준을 사례별로 제시하고 있는 것이 특징적이다. 그 내용을 보면 크게 노무관리상의 독립성과 사업경영상의 독립성에 관련되는 것으로 판단되나 그 대부분이 노무관리상의 독립성에 관련되는 것이 주류를 이루고 있음을 알 수 있다.

후생노동성 고시에 대한 「질의응답」이 2009년도에 나온 이후에도 더욱 다양화·전문화되는 도급 업무에 대응하기 위하여 종전의 질의응답을 더욱 보완한 「질의응답(제2집)」[14]과 「질의응답(제3집)」[15]을 통하여 더욱 구체적이고 상세하게 사례를 소개하고 있는 것이 특징이다. 특히 후생노동성 「고시」에 대한 「질의응답」은 도급과 파견을 구분하는데 중요한 판단기준이 되기 때문에 주무행정청은 물론 도급사업자들에게는 필수적인 매뉴얼이 되고 있다. 이에 지금까지 후생노동성이 제시한 「질의응답」의 내용을 주제별로 검토해보면 다음과 같다.

(1) 일상적인 업무수행

작업장에서의 일상적인 업무를 수행함에 있어 ① 발주자와 도급근로자와의 일상적 대화는 '지휘명령'로 볼 수 없으므로 위장도급의 문제는 발생하지 않으며, ② 발주가가 도급근로자에 대해 직접 작업복에 대해 지시를 하거나 도급사업주를 통해 개입하는 것은 위장도급의 여지가 있으나, 기업기밀이나 안전위생을 위한 것은 무관하다.

그리고 ③ 발주자와 도급사업주가 협의 시에 도급사업주의 관리책임자나 도

---

13) 厚生労働省「労働者派遣事業と請負により行われる事業との区分に関する基準(第37号告示)に係る質疑応答について」(2009.3.31.). 이에 대한 상세한 내용은 이정, "일본의 도급과 파견의 판단기준", 『노동법포럼』, 제11호(2013) 참조.

14) 「질의응답(제2집)」에 대해서는 労働開発研究会, 『労働法学研究会報』 2567号(2014).

15) 참고로 「질의응답(제3집)」은 최근에 파견과 도급이 문제로 등장하고 있는 애자일(Agile)型 개발에 대응하기 위한 것이다. '애자일型개발'이라 함은 일반적으로 개발요건 전체를 확정하지 않은 채 개발에 착수하여 시장의 평가와 환경변화를 반영하여 개발도중에도 요건을 추가하거나 변경하는 것이 가능한 시스템개발의 수법으로, 단시간에 개발과 시험(공개)를 반속하면서 기능을 추가하여 시스템을 완성해나가는 것으로, 발주자 측의 개발책임자와 발주자 측 및 수주자 측의 개발담당자가 대등한 관계 하에서 각각의 역할·전문성에 기초하여 협동하고 정보를 공유하며 조언·제안 등을 하면서 개개의 개발담당자가 개발수법과 일정한 기간 내에 개발순서 등에 대해 자율적으로 판단하고 개발업무를 수행하는 특징을 가진다「(질의응답(제3집)」.

급근로자가 동석하더라도 그것만으로는 파견으로 간주되지는 않는다. 다만 협의 등을 할 때 작업순서 및 근로자에 대한 할당 등을 직접 구두 또는 문서[16]로 상세하게 지시하거나 작업방침 변경을 일상적으로 지시하는 등 도급사업주 스스로 업무수행에 대한 지시를 하고 있다고 인정되지 않는 경우에는 파견으로 간주된다.

또한 ④ 발주자가 정보누설방지를 위해 도급사업주를 통해 도급근로자로 하여금 서약서를 제출하도록 하는 것만으로는 파견으로 간주되지 않는다. 다만 발주자가 도급근로자의 직무경력서를 요구하거나 사전면담을 하는 경우에는 일반적으로 당해 행위가 도급근로자의 배치결정에 영향을 미치기 때문에 근로자파견 또는 근로자공급에 해당할 수 있다. 특히 직무경력서 제출이나 사전면담의 결과로 발주자가 특정인을 지명하여 업무에 종사하게 하거나 특정인에 대하여 취업을 거부하는 경우에는 발주자가 도급근로자의 배치 등의 결정 및 변경에 관여하는 것으로 간주된다.[17]

(2) 결함이 발생 시의 재작업 요구 등

제품결함의 원인이 도급사업주가 담당하는 작업공정에 있는 경우 작업공정의 재검토 및 결함제품의 재제작을 요구하는 것은 업무도급계약의 당사자 간에 행해지는 것으로, 이는 도급근로자에 대한 '직접적인 지휘명령'에 해당하지 않으므로 위장도급 및 파견에 해당하지 않는다(다만, 발주가가 직접 도급근로자에게 작업공정의 변경을 지시하거나 결함상품의 재제작을 지시하면 위장도급에 해당한다).

---

16) 발주자로부터의 의뢰 메일을 도급사업주의 관리책임자에게 송부할 때에 관리책임자의 양해 하에 도급근로자에게도 함께(cc로) 송부한 경우에도 파견으로 간주되는지가 문제로 될 수 있다, 이에 대해 「질의응답(제2집)」은 발주자로부터 도급사업주에게 보내는 의뢰메일을 관리책임자의 양해 하에 도급근로자와 함께 송부한 것만을 가지고 즉시 파견으로 보지 않는다고 해석하고 있다. 다만 메일 내용이 실질적으로 작업 순서나 근로자에 대한 할당 등의 상세한 지시가 포함되어 있거나 작업방침 변경을 일상적으로 지시하거나 혹은 발주자로부터 도급근로자에게 직접 회신을 요구하는 경우 등, 도급사업주 자신이 업무수행방법에 관한 지시를 하고 있다고 인정되지 않는 경우에는 파견으로 간주된다.

17) 도급사업주로부터 발주자에게 도급근로자의 개인정보를 제공할 때에는 개인정보보호법 등에 근거로 한 적정한 취급(예를 들어 서약서 사번 제공에 앞서 도급근로자 본인의 동의를 얻는 등)이 요구된다(질의응답(제2집)).

⑶ 도급계약의 변경

도급사업주가 발주자로부터 독립하여 업무를 처리하고 있는 경우에는 일 또는 월마다 변동이 심한 발주에 대응하여 '포괄적인 업무도급계약'을 체결하여 발주량을 매일 변경하는 것만으로는 위장도급에 해당하지 않는다(다만, 제품이나 작업의 완성을 위한 것이 아니라, 업무를 처리하기 위하여 투입된 노동력을 단가의 기초로 정산하는 경우에는 단순히 노동력을 제공하는 것에 불과하므로 위장도급에 해당한다).

또한 도급근로자만으로 도급업무 수행이 어려울 경우, 발주자의 근로자가 도급사업주의 지시감독 하에 지원하게 되면 '파견'이 되어 위법하지만, 계약의 일부를 변경하여 발주자가 직접 이에 대응하는 경우에는 적법하다.

⑷ 도급사업주 및 현장관리자를 통한 작업수행

도급사업주의 현장관리자가 작업을 겸하고 있다하더라도 실질적으로 현장관리책임을 완수할 수 있다면 문제는 없으나, 그렇지 않는 경우에는 위장도급으로 인정될 수 있으며, 또한 도급업무 내용을 변경하는 경우에도 발주자가 직접 도급근로자에 대해 변경지시를 하게 되면 위장도급으로 볼 수 있으나, 도급사업주를 통하여 하는 경우에는 문제가 없다.

따라서 예를 들어 도급근로자가 1명밖에 없는 경우, 해당 근로자가 관리책임자를 겸임할 수 없으므로 해당 근로자 이외의 관리책임자 또는 도급사업주가 작업수행에 관한 지시 등을 할 필요가 있다. 그러나 해당 관리책임자가 업무수행에 관한 지시, 근로자의 관리 등을 직접 정확하게 하고 있는 경우에는 관리책임자가 발주자의 사업소에 상주하고 있지 않다는 것만으로 근로자파견으로 간주되지 않는다. 단 이 경우에도 도급사업주는 발주자로부터 독립하여 직접 도급근로자에게 업무지시 및 관리를 하는 것이 전제되어야 한다.

⑸ 원·하청근로자가 혼재하는 경우

발주자의 근로자와 도급근로자가 혼재하여 작업하고 있는 경우에도 그것만으로는 위장도급으로 인정되지 않고, 도급받은 업무를 자신의 업무로 발주자로부터 독립하여 처리하고 있는 경우에는 위장도급이 아니며, 또한 이러한 요건을 충족한 경우에는, 발주자와 도급사업주의 작업공간이 파티션 등으로 구분되어 있지 않더라도 위장도급으로 판단되는 것은 아니다.

다만, 발주자와 도급사업주의 작업내용이 연속성이 있는 경우로서 각각의 작업공간이 물리적으로 구분되어 있지 않거나 또는 근로자가 혼재하고 있는 것이 원인이 되어 발주가가 도급근로자에게 업무의 수행방법에 대해 필연적으로 직접 지시를 하는 경우에는 위장도급에 해당한다.

또한 발주자의 사업장내에서 도급작업에 종사하고 있는 경우, 식당이나 화장실 등과 같이 업무처리와 직접적으로 관계없는 복리후생시설이나 건물의 현관, 엘리베이터 등과 같은 시설을 공동으로 사용하고 있는 것만으로 위장도급에 해당되는 것은 아님(이때 사용에 있어 반드시 쌍무계약이 필요한 것은 아니다).

⑹ 생산 공정의 일부 도급

공장의 중간 라인 하나를 도급하는 경우에도 도급사업주가 직접 작업의 수행속도, 업무의 내용, 근로자 수 등을 직접 결정하고 있으면 이것만으로는 위장도급에 해당하지 않는다. 그러나 도급받은 업무의 양이 사전에 정해져 있지 않고 실질적으로 다른 라인에 의해 작업시간이 결정되는 등, 도급사업주가 직접 업무의 수행에 관한 지시·관리를 하고 있지 않는 것으로 간주되는 경우에는 위장도급으로 인정된다.

⑺ 신제품·신기술의 도입 및 안전보건상의 필요성

도급사업주가 새로운 설비의 임차 시 및 신제품의 제품착수 시, 새로운 제품의 제조나 새로운 기계의 도입 시에는 발주가가 직접 해당 설비의 조작 및 기술 지도를 하더라도 위장도급에 해당하지 않으며, 또한 발주자가 재해의 예방 등 안전위생상의 이유로 긴급하게 대처할 필요가 있는 경우에는 도급근로자에 대해 직접 지시를 하더라도 위장도급으로 되지 않는다.

예를 들어 노동안전위생법 제29조에서는 원청사업자가 강구해야 하는 조치로서 관계도급인 및 관계도급인의 근로자가 노동안전위생법 규정에 위반하지 않도록 필요한 지도 및 지시를 하도록 의무화하고 있기 때문에, 법령준수 및 안전 확보를 위해 원청사업자가 하청사업자 근로자에 대해 직접 지도·지시를 하더라도 업무 수행에 관한 지시를 한 것으로 간주하지 않는다.

따라서 도급사업주는 자신의 취업규칙, 복무규율 등에 근거로 하여 근로자를 지휘·명령하여 업무를 수행하는 것이 요구되지만, 도급사업주의 업무 효율화, 각종 법령 등에 따른 시설관리 및 안전위생관리의 필요성 등 합리적인 이유가 있는 경우에는 결과적으로 발주자와 동일한 취업시간·휴일, 복무규율, 안전위생규율 등이 되었다고 해도, 그것만 파견으로 속단해서는 아니 된다.

(8) 작업수행에 필요한 전문기술·경험 및 도구의 소유

업무도급에서는 도급사업주가 계약의 상대방으로부터 독립하여 업무를 처리할 것이 요구되므로, ① 자신의 책임과 부담으로 준비하고, 조달하는 기계·설비, 재료·자재로 업무를 처리하거나, ② 자신이 행하는 기획 또는 자신이 가진 전문적 기술·경험에 근거로 하여 업무를 처리할 필요가 있다.

따라서 예를 들어 백화점이나 미술관 등의 접수 안내업무와 같이 '일을 완성하여 목적물을 인도하는 형태'의 도급이 아닌 소위 노무도급의 경우에는 ①과 같은 자기 부담해야 할 설비·재료가 없는 대신, ②에 해당하는 접대 서비스 방법이나 트러블 발생 시의 대응 등의 노하우를 기본으로 업무대응 매뉴얼 등을 스스로 작성한 후에 근로자에 대한 교육훈련을 직접 실시하고 또한 해당 업무가 정확하게 이루어지도록 직접 수행상황을 관리하고 있는 경우에는 도급사업주가 자신의 기획 또는 전문적 기술·경험에 근거로 하여 업무처리를 하고 있다고 판단할 수 있다.

그러나 발주자로부터 방문객에 대한 대응 매너나 응답모습 등을 모두 사전에 문서 등으로 상세한 지시를 받고 있으며, 트러블이 발생한 경우에는 그 때마다 발주자에게 대응방침에 대한 지시를 받도록 되어 있는 등, 계약상의 업무내용에 도급사업주의 재량의 여지가 없는 경우에는 단순한 노동력의 제공으로 인정되어 파견으로 간주될 가능성이 높아진다.

또한 도급업무의 수행에 필요한 기계, 자재 등을 발주자로부터 제공받고 있는 경우, 이를 구입하거나 임대하는 경우에는 반드시 별개의 쌍무계약이 필요하다. 그러나 탈의실이나 사물함 등의 경우에는 별도의 쌍무계약이 필요한 것은 아니다.

(9) 발주자로부터 정보 제공 등

도급(위임 및 준위임을 포함함. 이하 같음) 업무에서는 도급사업주가 직접 업무수행방법에 관한 지시를 해야 하는 것이 원칙이지만, 도급업무의 필요한 범위 내에서 발주자로부터 단순히 정보를 제공받는 것은 발주자의 지휘명령이라 볼 수 없어 근로자파견에 해당하지 않는다. 그러나 발주자가 정보제공에 더하여 고객에 대한 운영상의 대응방침 등을 도급근로자에게 직접 지시하는 경우에는 근로자파견으로 판단될 수 있다.

예를 들어 차량운행관리업무를 도급주고 있는 경우, 발주자는 사전에 정해진 양식(운행계획)에 따라 배차시간·방문 장소 등을 도급근로자에게 요구하는 것이 원칙이지만, 차량운행관리업무의 성질상 교통사정이나 날씨 방문 장소 등의 상황변동으로 사회통념상 사전에 지정이 곤란하다고 판단되는 경우에는 발주가가 도급근로자에게 상세한 정차위치나 대기 장소를 특정하더라도 이를 지휘명령으로 보지 않는다.

또한 학교급식조리업무의 경우, 「학교급식위생관리기준」등에 근거하여 발주자로부터 「조리업무지시서」가 제시되었다고 해도, 도급사업주가 직접 근로자에 대한 지휘명령을 한다면 아무런 문제가 없다. 하지만 「조리업무지시서」에서 식단에 따라 근로자 수를 특정하거나 직업 할당까지 제시하는 경우에는 발주자가 실질적으로 업무수행에 관한 지시를 하고 있는 것으로 간주하여 근로자파견으로 본다.

(10) 발주·정산 방식

도급사업주는 근로자파견이나 근로자공급에 해당하지 않기 위해서는 근로자에 대한 배치 등을 직접 할 필요가 있다. 그러나 물건 판매를 비롯하여 서비스 또는 보안 등 '일을 완성시켜 목적물을 인도하는' 형태가 아닌 도급에서는 해당 도급업무의 성격에 따라 일시, 장소, 표준적인 필요인원 수 등을 지정하여 발주하거나, 근로자의 인원수 및 근로시간에 비례하는 형태로 요금결정을 하는 것에 합리적인 이유가 있는 경우가 있다.

위와 같은 경우에는 계약·정산의 형태만으로 발주자가 도급근로자의 배치결정에 관여하고 있다는 할 수 없으므로 근로자파견이나 근로자공급에 해당한다고 속단해서는 아니 된다. 다만 이와 같은 판단의 전제로서 도급사업주가 자신이 고용하는 근로자의 노동력을 스스로 직접 이용함과 동시에 계약의 상대방으로부터 독립하여 업무를 처리하고 있을 필요가 있다.

3. 소 결

위에서 검토한 바와 같이 일본에서는 파견법의 제정으로 도급과 파견을 구분하는 문제가 예상되자 이에 대비하여 주무관청인 후생노동성은 「고시」를 통하여 '노무관리상의 독립성'과 '사업경영상의 독립성'이란 기준을 설정하여 양자를 구별하고자 한 점이 특징적이다.

그러나 실제 산업현장은 업종별로 다양한 취업형태와 근로방식이 혼재하고 있어 「고시」에서 제시한 일률적인 기준만으로는 대응하기가 어려웠다. 그러자 후생노동성은 위의 「고시」의 기준을 보완한 「질의응답」이라는 매뉴얼을 정비하여 실제 산업현장에서 문제가 되는 전형적인 사례를 제시한 다음, 이에 대한 행정해석을 구체적으로 제시하고 있는 점 또한 특징적이라 할 수 있다.

그뿐 아니라 최근의 격변하는 고용환경을 고려하여 「질의응답」 또한 일회성으로 그치지 않고 새로운 사례에 대한 판단 기준을 제시하는 등 그 판단기준을 보완하고 업데이트함으로써 유연하게 대응하고 있는 점이 특징적이라 할 수 있다.

Ⅳ. 도급과 파견의 구분에 관한 판례

일본에서 도급과 파견을 구분하는 문제는 주로 행정해석으로 대응하고 있다. 따라서 일본에서는 위장도급이나 불법파견 여부가 법적 소송으로 다투어지는 경우는 흔치 않고, 위장도급이나 불법파견에 대한 기준을 분명하게 제시한 판례도 거의 없다. 위장도급이나 불법파견과 관련된 지금까지의 법적 분쟁을 보면, ① 위장도급의 법적 효과를 어떻게 해석할 것인가에 관한 사례와, ② 위장도급

(불법파견) 시의 단체교섭의 상대방으로서의 사용자(성)를 둘러싼 사례 있을 정도이다. 이 중에서 도급과 파견에 대해 언급한 리딩 케이스를 소개하면 다음과 같다.

1. 파나소닉(松下) PDP사건[18)]

우선 위장도급은 법적 개념이 아니다. 따라서 이에 대한 개념 또한 명확하게 정립되어 있지 않을 뿐만 아니라 위장도급 시의 법적 효과에 대해서도 견해가 일치되지 않고 다양한 논의가 이루어져 왔다. 그 대표적인 사례가 불법파견에 대한 법적 효력을 둘러싼 해석인데, 다시 말해서 불법파견의 경우 이를 어디까지나 파견의 영역으로 볼 것인지 아니면 근로자공급의 문제로 볼 것인지를 둘러싼 이슈이다.

이 문제가 정면으로 다투어진 사안이 파나소닉 PDP사건이다. 이 사건은 가정용 전기기계 기구 등을 제조하는 회사가 직접 면접을 통하여 고용한 근로자를 파나소닉(松下)과의 업무위탁계약의 형식으로 동 회사의 생산 공정에 종사하게 한 사안인데, 당해 근로자는 파나소닉사의 직원으로부터 PDP공정에 종사할 것을 직접 지시받았다고 하여 노동자파견법 위반을 이유로 직접 고용할 것을 신청한 사안이다.[19)]

원심은 "계약형식은 업무위탁이지만 파나소닉 종사자로부터 지시를 받아 공동 작업에 종사하는 것은 현행법이 금지하고 있는 근로자공급에 해당하므로 이러한 행위는 고도의 위법성을 가지고 공공의 질서(민법 제90조)에 반하므로 무효"라고 판시했다. 이와 같이 원심은 위장도급을 근로자공급으로 해석한 데 비해, 최고재판소는 "주문자와 근로자 사이에 근로계약이 체결되어 있지 않으므로 직업안정법상의 근로자공급에 해당할 여지가 없다"라고 전제한 다음, "설령 근로계약이 파견법에 저촉되더라도 그것만으로는 파견근로자와 파견사업주 사이의 근로계약이 무효가 될 수는 없다"라고 하여, 원심과는 달리 '불법파견도 어디까지나 파견'이라고 판단한 바 있다.

---

18) パナソニックプラズマディスプレイ(パスコ)事件(最高裁第二小 2009.12.18).

19) 이 사건에 대해서는 최석환, '위장도급을 둘러싼 일본 노동법의 대응: 파나소닉 PDP 판결에 대한 일련의 평석들을 중심으로", 『노동법연구』, 제31호(2011), 109면 이하에서 상세하게 소개하고 있음.

2. 아사히방송(朝日放送) 사건[20)]

이 사건은 방송사와 프로그램 제작에 관한 도급계약을 체결한 3개 회사(도급3사)가 방송사에 파견되어 방송사의 지시에 따라 방송사의 기재 등을 사용하여 방송제작 업무에 종사하던 중, 도급3사 종업원의 일부가 속한 노동조합이 방송사를 상대로 임금인상과 하청근로자에 대한 직고용을 주장하며 단체교섭을 요구한 사건이다.

이에 대해 최고재판소는 노동조합법 7조에서 말하는 "사용자"의 의의에 대해 「일반적으로 사용자라 함은 근로계약상의 고용주를 말하지만, 동조가 단결권의 침해에 해당하는 일정한 행위를 부당노동행위로서 배제, 시정하여 정상적인 노사관계를 회복하도록 하는 목적에 비추어 보아 고용주 이외의 사업주라고 하더라도 고용주로부터 근로자 파견을 받아 자기의 업무에 종사시키고 그 근로자의 기본적인 근로조건 등에 대해 고용주와 부분적이라고 하더라도 동시할 수 있을 정도의 현실적이고 구체적으로 지배, 결정할 수 있는 지위에 있는 경우에는 "사용자"에 해당한다고 보는 것인 상당하다」라고 전제한 다음, 이를 긍정한 바 있다.

최고재판소는 그 이유로 ① 본 사안의 경우 방송사는 도급3사로부터 파견된 종업원이 종사해야 할 업무 전반에 대해 편성일정표, 대본 및 제작진행표의 작성을 통해 작업일시, 작업시간, 작업내용 등 기타 세부사항에 이르기까지 방송사가 결정한 점, ② 도급3사는 단순히 거의 고정된 일정한 종업원 들 중 누구를 어떤 방송제각 업무에 종사시킬 것인가를 결정하는데 지나지 않은 점, ③ 방송사에 파견된 도급3사의 종업원들은 이와 같은 결정에 따라 방송사가 지급 내지 대여한 기재 등을 사용하여 방송사의 작업질서에 편입되어 방송자의 종업원과 함께 작업에 종사한 점, ④ 도급3사의 종업원의 작업진행은 작업시간대의 변경, 작업시간의 연장, 휴게 등에 있어서도 모두 방송사 소속의 디렉터의 지휘감독 하에 있었던 점 등을 들고 있다.

다시 말해서 최고재판소는 도급3사는 방송사와는 도급계약에 따라 종업원을 방송사에 파견하여 업무에 종사하고 있으므로 방송사는 원칙적으로 근로계약상

20) 朝日放送事件(最高裁第3小法廷 1995.2.28).

고용주가 될 수 없지만 본 사안에서는 방송사가 실질적으로 도급3사로부터 파견된 종업원들의 근로시간 할당, 노무제공의 형태, 작업환경 등을 결정하고, 이들에 대한 기본적인 근로조건 등에 대해서도 고용주인 도급3사와 부분적이라고는 하더라도 동일시할 수 있을 정도의 현실적이고 구체적으로 지배, 결정할 수 있는 지위에 있다고 할 수 있기 때문에 노동조합법 제7조에서 말하는 '사용자'에 해당한다고 해석하는 것인 상당하다고 판시한바 있다.

일본의 최고재판소가 위의 아사히방송사건에서 원·하청 관계에서 단체교섭의 당사자(성) 인정 여부에 대해 판단기준을 제시했다는 점에서 의미가 크다고 할 수 있다. 다만 원·하청 관계에서 사용자(성) 여부를 판단함에 있어서 무엇을 핵심적인 지표로 할 것인가에 대해서는 의견이 일치하고 있지 않다. 그 대표적인 학설이 「지배력설」과 「근로계약기준설」인데, 전자는 부당노동행위제도의 취지에 비추어 노동관계상의 제반 이익에 직접적인 영향력과 지배력을 미칠 수 있는 자를 노동조합법상의 사용자로 보는데 비해,[21] 후자는 근로계약관계 내지 이에 근사하거나 인접한 관계에 기초하여 성립한 단체적 노사관계의 일방당사자로 해석한다는 점에서 미묘한 차이가 있다.[22]

3. 사법적 판단의 한계

위의 사례에서 보듯이 일본에서는 위장도급이나 불법파견 문제가 법적으로 다투어지는 경우는 매우 드물다. 또한 일본뿐만 아니라 국내의 많은 문헌에서 인용하고 있는 아사히방송(朝日放送)사건의 경우에도 도급과 파견의 구분에 관한 전형적인 사건이라기보다는 방송사 디렉터의 전적인 지휘감독 하에 방송프로그램 제작을 위해 조직에 편입되어 일사분란하게 협업이 이루어지고 있는 특수한 사안에 대해 내려진 극히 예외적인 판단이다. 따라서 동 사건에서 일본 최고재판소가 제시한 판단기준을 통상적인 도급과 파견을 구분하기 위한 판단지표로 일반화하기에는 한계가 있다.

또한 도급과 파견을 구별하는 문제는 본질적으로 사법적 판단에는 적합하지 않은 측면이 있다. 예를 들어 도급과 파견의 구분을 둘러싼 분쟁의 특징을 살펴

21) 이에 대해서는 西谷敏, 『労働法』, 日本評論社(2008), 484頁 이하 참조.
22) 이에 대해서는 菅野和夫著, 이정(역), 『일본노동법』, 2015. 박영사, 282면 이하 참조.

보면 ① 도급적 요소와 파견적 요소가 착종되어 매우 다양하고 복잡한 형태를 띠고 있는 경우가 일반적이며, ② 도급이라고 해도 도급이 전형적인 일의 완성을 전제로 한 것인지 아니면 서비스의 제공을 전제로 하는 노무도급이냐에 따라 그 성격이 달라진다. 또한 ③ 같은 노무도급이라고 하더라도 업종의 특성이나 생산 공정의 차이에 따라 도급방식에서도 미묘한 차이를 보인다.

이와 같이 도급과 파견의 구별을 둘러싼 분쟁은 사법적 잣대로 일도양단할 수 있는 전형적인 권리분쟁이라기 보다 여러 가지 요소를 종합적으로 고려하여 판단해야 할 이익분쟁적인 성격이 강하다. 따라서 이러한 도급과 파견의 구별을 둘러싼 분쟁은 사법적 해결로는 한계가 있다. 이러한 의미에서 일본에서 도급과 파견의 구분을 사법적 판단에 의하지 않고 행정적 해석을 통하여 해결하고 있는 것은 나름의 합리적인 이유가 있다고 할 수 있다.

Ⅴ. 결론 및 시사

변화는 예고 없이 찾아온다. 코로나로 인한 팬데믹이 장기화되면서 우리의 삶이 송두리째 바뀌고 있다. 재택·비대면 근무가 뉴노멀이 되고, IT기술의 발달로 협업근무에서 원격근무가 트렌드로 자리 잡아 가고 있다. 어느새 제4차 산업혁명의 한가운데로 성큼 들어선 기분이다. 이러한 변화를 반영한 탓일까, 요즈음 산업현장에서 발생하는 노동사건을 보면, 단순히 흑백논리만으로는 해결하기 힘든 사안들이 증가하고 있는데, 바로 도급(특히 하도급)에 대한 위법성 판단 여부를 둘러싼 분쟁이 대표적이다.

도급은 아웃소싱의 일종으로 파견과 함께 가장 널리 이용되는 외부 노동력 활용 방식 중의 하나다. 아웃소싱은 기업이 본연의 핵심 역량을 강화하고 경영의 효율성을 향상시키기 위해 외부로부터 기능과 자원을 전략적으로 활용하는 것으로, 이제는 국내기업 차원을 넘어 점점 글로벌화 되고 있는 추세다. 다만, 우리나라에서는 독일이나 일본 등과 같은 다른 선진국들과는 달리 제조업에 대한 파견을 금지하고 있다 보니 상대적으로 제약이 적은 도급을 선호하는 경향이 있다.

최근 들어 사내협력업체가 제공하는 노무도급의 적법성 여부를 둘러싸고 법적 분쟁이 확산되고 있는 추세다. 지금까지는 주로 자동차나 철강 등과 같이 제조업을 중심으로 위장도급 또는 불법파견의 성립 여부를 둘러싼 분쟁이 중심이었으나, 최근에는 전자, 화학, 서비스업 종사자에 이르기까지 분쟁이 산업전반으로 확산되고 있으며, 대부분의 분쟁에서 법원은 사내하도급을 불법파견으로 간주하여 사내협력업체 근로자들을 원청업체의 근로자로 인정하는 판결을 내리는 경향을 보이고 있다.

그러나 위에서 논한 바와 같이 도급과 파견은 태생적 유사성으로 인하여 양자를 구분하기란 지난한 일이다. 그러다 보니 동일한 사안을 두고도 판단결과를 달리하는 등 일관성 없는 판결이 나오면서 산업리스크가 커지고 있는 것도 사실이다. 우리에 앞서 파견법을 도입한 일본에서는 이러한 점에 착안하여 불법파견에 대해 행정지도를 원칙으로 하고, 사법부는 무허가 불법파견이나 파견법을 회피하기 위한 탈법적 위장도급 등에 극히 제한적으로 개입하는데 그칠 뿐이다.

우리나라에서도 최근 파견의 판단 기준에 관한 지침을 새롭게 정비하는 등 감독행정 기능을 강화하고 있다. 그러나 사법부가 도급 관련 소송에서 업종별 및 공정별 차이와 특수성을 사장한 채 흑백논리로만 접근한다면 이러한 행적기관의 노력은 의미가 반감될 것이다. 따라서 우리도 일본처럼 도급이나 파견의 구분을 둘러싼 문제에 대해서는 행정해석에 의한 해결을 원칙으로 하면서도 사법적 판단은 불법적 또는 탈법적 도급에 대해 제한적으로 활용하는 것도 검토할 만하다고 생각된다. 그래서 원·하청 간의 차별문제가 불법파견 소송을 통해 정규직 전환을 위한 우회적 통로로 이용되는 일이 없도록 해야 할 것이다.

해고와 사직

제 1 장

해고에 대한 비교법적 연구

Ⅰ. 미국의 해고법제

1. 서 설

미국에는 우리나라와는 달리 **해고의 정당성**을 요구하는 법규(근로기준법 제23조)나 법리는 존재하지 않으며, **임의고용의 원칙**(employment at-will doctrine)이 확립되어 해고자유가 지배하는 나라이다. 다만 전통적으로는 단체협약에 해고의 정당한 사유를 요구하는 내용을 정하여 조합원인 근로자에 대한 해고를 규제해왔다.

그러나 노동조합 조직률이 서서히 저하되어 단체협약에 의한 규제력이 약화되면서 단체협약에 의한 해고의 규제력이 줄어들자 개별적 고용관계를 규제하는 법률이 다수 제정되고 있다. 그 중에서도 1960년 이후에 제정된 차별금지법제가 해고를 포함하여 근로조건을 규제하는 중심 역할을 해오고 있다.

특히 차별금지법 위반은 경우에 따라서는 거액의 금전보상을 동반하기 때문에 사회적 영향력이 매우 크며 기업이 가장 염려하는 고용관계규제라고 할 수 있다. 차별금지법은 종업원에 대한 해고가 원칙적으로 자유로운 만큼, 직장이나 처우에 있어 불만, 고충처리, 법적 분쟁을 다양한 방법으로 다툴 수 있는 근거로 이용되고 있다.

미국에는 유럽과는 달리 노동법원이나 고용심판소와 같은 특별한 사법제도는 두고 있지 않고 해고 관련 소송의 대부분은 연방 또는 주의 일반법원에서 심리된다. 선행연구에 의하면, 노동 관련 소송의 대부분은 해고사건이며,[1] 독립 행정기관인 고용기회균등위원회(EEOC: Equal Employment Opportunity Commission)에서 처리하고 있는 사건의 절대다수는 해고사건이 차지하고 있다.[2]

2. 해고자유의 원칙과 예외

미국에서는 기간의 정함이 없는 계약을 비롯하여 계약상 해고를 제한하는 특별조항을 두지 않은 한 common law(보통법)상의 해고자유의 원칙에 의하여 사용자는 언제든지 어떠한 이유에 의해서도 근로자를 해고할 수 있다. 여기서 자유 또는 임의(at will)라는 것은 자의적(恣意的이라는 의미로 고용과는 무관한 이유－예를 들어 복장 색깔이나 헤어스타일이 마음에 들지 않는 등)로 근로자는 해고될 수 있다. 또한 정리해고에 관한 절차적 규정(WARN Act)[3]에 의한 사업장 폐쇄·대량 레이오프(lay－off) 시의 60일 전의 사전예고를 예외로 하면, 해고에 대한 사전예고를 할 필요가 없다. 단 몇몇 주에서는 법으로 사용자가 근로자와의 근로계약을 해지하는 경우에는 사전예고를 하도록 의무화하고 있는 경우가 있는데, 이러한 경우에는 사용자가 사전에 해고예고를 해야 한다.[4] 그러나 해고자유의 원칙에는 다음과 같이 예외가 있음에 유의할 필요가 있다.

(1) 제정법에 의한 제한

우선 제정법에 의한 해고제약을 들 수 있다. 연방법은 연방노동관계법(NLRA: National Labor Relation Act of 1935) 및 철도노동법에 의한 노조가입과 노조활동을 이유로 하는 해고금지가 가장 오래된 것 중의 하나이다. 또한 Title Ⅶ 및 기타 차별금지법에 의한 차별적 해고의 금지도 대표적인 예이다. 다른 연방법에서는 예를 들어 근로자가 polygraph Test(거짓말탐지기)를 거부하거나 또는 이로부터 얻은 자료(EPPA), 채무불이행으로 임금을 압류당한 것(소비자신용보호법:

---

1) Alexander J.S. Covin(2014a), ADR and Equality in Justice in Employment, presented at ISLSS 11th European Reginal Congress, Dubin, Ireland, at 5.
2) EEOC Statistics, Statues by Issue, FY2010－FY2015, available at http://www.eeoc.gov/eeoc/statistices/enforcement/statutes_by_issue.cfm.
3) WARN Act(Worker Adjustment and Retraining Notification Act)란 근로자가 예상치 못한 고용상실로 인한 손해를 입지 않도록 고용주에게 통지의무를 부과하는 일종의 '경고법'으로, 이 법에 의하면 고용주는 시설을 폐쇄하기에 앞서 60일 전에 근로자에게 통지하도록 규정하고 있다.
4) Title 26 of the Maine Revised Statues §625; Annotated Laws of Massachusetts GL.ch.149, §159.

Consumer Credit Protection Act), 연방법원에서 배심원으로 근무한 것(28 U.S.C. §1875) 등을 해고의 이유로 하는 것을 금지하고 있다. 또한 주법에서도 다양한 고용차별금지법에 더하여 산재보상의 신청을 한 것 또는 주법원에서 배심원으로 근무한 것 등, 특정한 이유에 의한 해고를 금지하고 있다.

그 외에도 많은 법에서 법률상 권리의 주장과 절차의 이용에 대한 보복을 금지하는 규정을 두고 있으며, 이에 해당하는 해고는 허용되지 않는다. 또한 보다 일반적으로는 근로자가 사용자의 위반행위를 당국에 통보한 경우, 이를 이유로 한 해고 등을 금지한 내부고발자 보호법(Whistleblowing Law)을 제정하고 있는 주도 적지 않다.

연방레벨에서도 기업의 회계부정에 대응하기 위해 제정된 2002년의 산벤스·옥스리법(Sarbanes-Oxley Act)에는 Whistleblowing의 보호규정이 만들어졌으며(제806조), 공개 주식회사의 근로자가 증권과 주식에 관한 연방법령 위반의 기만행위나 증권거래위원회규칙 위반행위에 대해 합리적 근거에 의하여 연방의 규제당국, 연방의회의 의원, 또는 자신의 상사에 통보한 경우 또는 법적절차의 개시나 증언 등을 한 것을 이유로 한 해고 기타 차별행위를 금지하고 있다.

그러나 이러한 법률은 무효인 해고이유 중 특정한 것을 입법화한 것에 불과하다. 물론 특히 고용차별금지법의 발전에 의하여 실제로 합리적인 이유 없이는 해고가 어렵게 된 것은 사실이다. 차별주장에 대해 '특별한 이유는 없지만 차별할 수 없다'고 반론할 수도 있지만, 구실에 불과하다고 판단될 위험이 크기 때문에 통상적으로는 충분히 설득할 수 있는 이유를 준비할 수밖에 없다. 단 순수한 법적 관점에서 본다면, 단체협약의 적용을 받지 않는 근로자에 대해서는 이러한 '금지된 이유'에 해당하지 않는 한 어떠한 이유나 혹은 아무런 이유 없이 해고가 가능하다.

(2) 판례(public policy)에 의한 제한

이러한 가운데 1970년대 이후부터 종전의 엄격한 임의고용의 원칙에 대해 어떠한 형태로든지 예외를 인정하는 판례가 나타나기 시작하였다. 이러한 경향은 1980년대에 급증하여 임의고용의 원칙에 대한 후퇴 논의가 활발하게 전개되었다. 이러한 예외법리 중에서 가장 먼저 확립된 것이 현행법 질서 하에서는 허용할 수 없는 해고를 public policy(공공정책) 위반으로 부정하는 법리이다.

예를 들어 1959년 캘리포니아 주의 Petermann사건[5]은 이 법리의 효시라고 불리는 판결이다. 이 사건은 주(州)의회의 위원회에 증인으로서 소환을 받은 근로자가 사전에 사용자로부터 위증하도록 지시받았음에도 불구하고 진신을 증언했기 때문에 해고된 사안이다. 당시의 상식으로 말하면, 특별히 이를 금지하는 법률이 존재하지 않는 이상 해고를 다투는 것은 불가능하였다. 그러나 주(州)대법원은 위증을 금지한 형법의 취지에 비추어 사법상에도 public policy에 의하여 해고권이 제한된다고 판단하였다.

public policy 위반의 내용은 다양하지만, ① Petermann사건과 같이 근로자가 위법행위를 거부한 것을 이유로 한 해고, ② 근로자가 산재보상의 신청 등 자신이 법률상의 권리를 행사한 것을 이유로 한 해고, ③ 근로자가 법원의 배심원 등 중요한 공적 의무를 이행한 것을 이유로 한 해고가 대표적인 예이다. 이러한 해고는 제정법으로 명확히 금지되고 있는 경우도 있으므로, 이러한 경우에는 public policy법리는 필요 없다.

사용자의 위법행위를 당국에 통보하는 것은 일반적으로 ③의 경우에 해당되지만, 상사의 위법행위를 회사내부의 상급 관리자에게 통보한 것은 이유로 해고된 경우에는 '공적' 성격이 희박하기 때문에 법원의 판단도 나누어지고 있다. 적어도 public policy위반이라고 보기 위해서는 법제도가 구체적으로 적시하고 있는 규범에 명확히 위반될 필요가 있다. 따라서 단순히 자의적으로 불합리하게 해고되었다는 것만으로는 부족하다.

public policy법리의 가장 큰 특징은 이에 위반하는 해고에 대해 불법행위가 성립할 수 있다는 것이다. 그 결과 임금과 여러 급여의 손실에 대한 배상 외에 정신적 손해에 대한 배상도 청구할 수 있으며, 또한 악질적 케이스에서는 징벌적 손해배상도 인정될 수 있기 때문에 배상액이 100만 달러를 초과하는 사례도 적지 않다고 한다.

(3) 계약법리에 의한 제한

불법행위인 public policy법리와 병행하여 계약법리 자체에도 경직적인 임의

5) Petermann v. Teamsters Local 396, 174 Cal. App. 2d 184,334 P.2d 25(1959).

고용의 원칙을 수정하려는 움직임이 나타나고 있다. 당사가 간에 정당한 사유가 없으면 해고할 수 없다는 약속을 한 경우, 사용자의 해고권이 제한될 수 있는 견해를 제시한 판례도 있다. 종전에는 명시적인 약속조차 효력이 부정된 것에 비해 묵시적 약속만으로도 가능하고, 또한 채용 시의 약속이나 근속연수, 일반적인 사용자의 인사방침 등도 고려하게 되었다.

또한 사용자가 작성하여 종업원에게 배부한 매뉴얼 핸드북에 정당한 사유에 의하지 않으면 해고할 수 없다고 기재한 경우, 이를 곧바로 구속력이 있는 계약으로 인정한 판례도 있다.[6] 전통적인 입장이라면 일방적으로 작성·배부한 매뉴얼은 당사자 간에 계약내용으로 명확하게 합의를 한 경우가 아니면 구속력이 부정되었다. 이러한 계약법리는 그간의 변화를 단적으로 나타내주고 있다.

단 최근에는 사용자가 근로자를 채용할 때에 고용보장에 대한 언급을 피하거나 또는 자유롭게 해고할 수 있는 권리를 유보하는 확인서에 사인을 하도록 하는 경우도 적지 않을 정도로 해고에 대한 대책을 강구하는 경우도 많다. 매뉴얼에 대해서도 그 내용은 계약상 구속력이 발생하는 것이 아니라, 언제든지 일방적으로 변경할 수 있음을 명기하는 것이 일반적이다. 이러한 명시적 규정이 있음에도 불구하고 해고에 대한 제한을 인정하기란 계약법리만으로는 매우 어렵다.

(4) 주(州)법에 의한 제한

미국에서 고용관계법은 계약의 자유에 기초한 common law에 의해 규율되지만, 주(州)에 따라서는 common law에 의하여 구축된 임의고용의 원칙에 대한 예외를 규정하는 경우가 있다. 예를 들어 1980년대 이후 몇몇 주에서 해고에 정당한 사유를 필요로 하는 법률을 제정하려는 움직임이 있었는데, 그 대표적인 것으로 몬테나주의 해고제한법(Wrongful Discharge from Employment Act)을 들 수 있다. 동 법에 의하면, ① public policy(공공정책) 위반의 거부나 또는 public policy 위반 통보를 이유로 한 보복적 해고, ② 정당한 사유가 없는 해고, ③ 사용자가 작성한 서면인 종업원대우방침에 반하는 해고를 부당해고로 규정하고 있다.[7]

---

6) Woolley v. Hoffmann-La Roche, Inc.,99 N.J.284, 491 A. 2d 1257(1985).

이 중에서 ②는 입법으로 해고자유의 원칙을 부정하는 것으로, 동법의 핵심을 이루는 것이라고 할 수 있다. 참고로 동법에서는 정당한 사유(good cause)에 대해 '합리적으로 직무와 관련된 해고사유로써 충분한 직무수행의 결여, 사용자의 업무 저해, 기타 정당한 업무상의 이유에 의한 것'으로 규정하고 있다.

3. 대량 layoff 및 작업장 폐쇄의 예고

(1) layoff의 의의

임의고용의 원칙에 의해 사용자는 경영상의 필요에 다라 자유롭게 구조조정을 할 수 있다. 이 경우 근로자와의 고용관계를 확정적으로 단절하는 해고(discharge, termination)보다 layoff을 이용하는 것이 일반적이다.

layoff상태는 근로자와의 고용계약은 일단 종료하지만, 나중에 노동력 수요가 회복된 경우에는 recall을 예정하고 있다. 이러한 의미에서 recall은 종종 '일시적 해고'라고도 불리며, 처음부터 기한부인 경우도 있다. 그러나 무기한 layoff가 시행된 후, recall없이 결국 고용관계가 회복되지 않은 채 종료하는 경우도 적지 않다.

참고로 단체협약상의 선임권(先任權)[8]제도는 이러한 layoff 및 recall에 대해 사용자의 전권을 전제로 하면서 대상자의 선택에 태해 자의(恣意) 또는 차별을 방지하기 위하여 근속연수의 길이라고 하는 객관적인 기준에 의하도록 의무화한 것이다.

(2) 구조조정 및 재훈련 예고법

미국에서는 1980년대에 대규모의 공장폐쇄가 단행되었기 때문에 연방의회는 1988년에 근로자의 구조조정 · 재훈련예고법(Worker Adjustment and Retraining Notification Act: WARBN 또는 WARN Act라고 함)을 제정하여 사용자의 정리해고

---

7) 몬테나주의 해고제한법(Wrongful Discharge from Employment)에 대해서는 이하 사이트 참조. Act)https://definitions.uslegal.com/w/wrongful－discharge.

8) 선임권제도란 근로자는 승진, 해고, 재고용, 휴직, 일의 분배 등을 함에 있어서 근속연수가 오랜 사람 순으로 처우를 받을 수 있는 권리를 말한다. 미국이나 캐나다에서는 단체협약 등에서 layoff의 경우에 선임권 적용을 규정하고 있는 경우가 많으며, 이 제도의 목적으로서는 layoff에 동반하는 노사분쟁의 회피, 근속연수라는 명확한 기준에 의한 기업 측의 차별배제, 경험 있는 근로자의 자발적 이직을 방지하는데 있다.

자유에 대해 약간의 절차적 규제를 하게 되었다.

이 법률은 사업장 폐쇄 또는 대량 layoff를 함에 앞서 예고를 의무화한 것으로, 100명 이상의 풀타임근로자를 사용하는 기업 또는 파트타이머(주20시간 미만)를 포함하여 100명 이상의 근로자를 주당 총 4,000시간 이상(시간외 근로 제외) 사용하는 기업에 적용된다(제2조(a)(1)). 이러한 기업이 사업장폐쇄 또는 대량 layoff를 하는 경우, 사용자는 60일 전까지 그 영향을 받는 근로자의 교섭대표노동조합(이러한 노동조합이 없는 경우에는 각 근로자)과 주(州)의 관계 기관 및 지방정부의 장에게 서면으로 통지해야 한다(제3조(a)).

사업장 폐쇄(planing closing)는 영구적 폐쇄와 일시적 폐쇄의 양방을 포함하여 50인 이상의 풀타임 근로자가 30일 간에 걸친 고용상실이 요건이다(제2조(a)(2)). 또한 '고용상실'이란 본인의 책임 이외의 해고(임의퇴직이나 은퇴는 포함되지 않음), 6개월 이상의 layoff 또는 6개월 이상에 걸친 근로시간의 절반 이상의 삭감을 의미한다(제2조(a)(6)).

사업장 폐쇄와 대량 layoff가 합리적으로 예상치 못한 경영환경의 변화로 필요가 있는 경우에는 사용자는 60일이 경과하기 전이라도 이를 실시할 수 있다(제3조(b)(2)(A)). 또한 천재지변의 경우에는 예고의무는 면제된다(제3조(b)(2)(B)). 그 외 일시적인 시설 · 사업으로 당초부터 고용도 그 기간에 한정된다는 것을 전제로 고용된 근로자의 경우와 스트라이크 및 록 · 아웃의 경우에도 예고의무는 적용되지 않는다(제4조).

사용자가 WARN의 예고의무에 위반한 경우에는 근로자는 민사소송을 제기하여 예고의 부족한 일수(60일내)의 임금 및 여러 수장의 Back Pay를 청구할 수 있다(제5조(a)(3)).

4. 결 어

위에서 논한 바와 같이 미국 노동법의 기초가 되는 것은 사용자와 근로자간의 고용관계이다. 고용도 하나의 계약이므로 기본적으로는 각주의 common law에 의하여 규율된다.

최근에는 common law 자체가 조금씩 근로자의 입장을 보다 중시하는 방향으로 변화하고 있는 것도 사실이다. 많은 주(州)에서는 종전에는 인정되지 않던 사용자의 고용계약상의 권리주장이나 불법행위에 의한 손해배상청구가 인정되는 사례가 나타나고 있다.

이런 과정에서 common law가 적절하게 대처하지 못한 문제가 명확하게 되면서 새로운 법의 제정을 촉구하는 계기가 되고 있다. 그 결과 새로운 법이 제정되면 연방법과 주법과의 관계 및 common law상의 권리와 제정법상의 권리와 조정이라는 새로운 문제가 발생하고 있다.

Ⅱ. 독일의 해고법제

1. 서 설

독일에서는 **사회적으로 정당한 이유가 결여된 해고가 이루어진 경우에는 당해 해고를 무효**로 하고, **당해 근로계약관계의 존속을 강제**하는 것이 해고법제의 핵심을 이루고 있다. 이는 독일 해고법제의 하나의 특징이라 할 수 있다.

또한 독일에서는 해고제한법에 의한 일반적 해고규제 외에 특정한 상황이나 요건 하에 있는 근로자에 대한 해고규제와 더불어 근속연수 등에 따른 해고예고 기간의 차별화, 사업장조직법상의 규제 등 다양한 해고규제를 두고 있는 것이 특징이다.

한편 독일에서는 해고를 둘러싼 분쟁이 발생한 경우, 근로계약관계의 존속이 아니라 사용자가 당해 근로자에게 금전보상을 함으로써, 당해 해고분쟁을 해결할 수 있는 소위 '**해소판결제도**'를 마련하고 있는 것이 특징이다.

그 외 독일에서는 해고문제와 관련된 근로자가 사용자로부터 금전보상을 받을 수 있는 사회계획제도가 마련되어 있으며, 이것도 넓은 의미에서는 해고의 금전해결제도의 일종이라고 볼 수 있다.

2. 해고제한법에 의한 일반적 해고규제

독일에서 해고(Kündigung)는 여러 법에서 규제하고 있지만, 그 중에서도 가장 중요한 것이 **해고제한법**(Kündigungsschutzgesetz)에 의한 일반적 규제이다.[9]

---

9) 이하의 내용은 李鋌, 『解雇紛争解決の法理』, 信山社(2001); 권혁, "독일 해고법상 해고정당성

(1) 사회적 정당성의 요구

독일의 해고제한법은 **상시 11인 이상**의 근로자를 고용하는 사업장에서(동법 제23조 1항 3문), **근속 6개월**을 초과하는 근로자를 대상으로 하며(동법 제1조 1항), 모든 해고에 적용된다. 이러한 해고는 동법 제1조 1항에 의하여 '사회적으로 정당한 것일 것(사회적 정당성)'이 요구되며, 이러한 사회적 정당성은 당해 해고가 동조 제2항이 정하는 **해고사유**(① **근로자의 일신상 사정에 관한 사유**, ② **근로자의 행위・태도에 관한 사유**, ③ **긴급한 경영상의 필요성**[**경영상의 사유**]) 중 어느 하나에 해당하지 않으면 인정되지 않는다.

이 중에서 ① 근로자의 일신상의 사정이란 근로자의 신체적・정신적 부적격성, 보수에 걸맞지 않은 객관적으로 평균 이하의 업무성과, 업무미숙, 질병 등을 이유로 한 업무능력 감소를 의미하고, ② 근로자의 행위・태도상의 사유란 일반적으로 유책한 의무위반을 의미한다. 또한 ③의 경영상의 필요성의 경우에도 사용자는 당해 경영상의 이유를 상세하게 설명할 필요는 없다고 해석하고 있다. 또한 당해 경영상의 이유는 해고를 사회적으로 정당화할 정도의 것일 필요도 없다. 이는 우리나라의 경영상의 해고와는 매우 대비되는 독일 해고제한법의 특징이라고 할 수 있다.

그리고 이러한 해고사유의 존부에 대해서는 판례에 의하여 **4단계로 심사**가 이루어지고 있다. 다시 말해서 ① 해고사유 그 자체가 존재하는지, ② 이러한 해고사유가 장래에도 존속되는지(장래예측의 원칙), ③ 이는 해고에 의해서만 제거될 수 있는지(최후수단의 원칙), ④ 해고를 함에 있어 사용자 측의 이익이 근로자 측의 이익에 우월한지에 대한 심사를 해야 한다.

단 이 중에서 ④에 관해서는 긴급한 경영상의 필요성에 기초한 해고사안에 있어서는 가장 사회적으로 보호 필요성이 적은 근로자로부터 해고해야 한다는 소위 '사회적 선택(Soziale Auswahle)'의 법리가 타당하다. 이러한 사회적 선택에 대해서는 종전부터 구체적인 선택의 기준이 불명확하고 사용자에게 예측 가능

판단과 구제방식에 관한 소고", 『노동법논총』 제39권(2017) 및 이정, "不当解雇에 대한 司法救済 및 法的效力－영국, 독일, 프랑스의 해고법제를 통해서 본 일본해고법제의 특징과 문제점 및 한국에 대한 시사－," 『노동법학』 제13호(2001) 및 관련 인터넷 사이트를 주로 참고함.

성이 결여되어 있는 것이 문제라는 지적이 있었지만, 2004년의 해고제한법 개정으로 현재는 사용자는 근속연수·연령·부양의무·장해 등의 4가지 기준(사회적 관점)을 고려하면 된다고 하고 있다(해고제한법 제1조 3항 1문).[10] 따라서 독일에서는 근속연수가 길고 고령일수록 그리고 부양가족이 있고 장애를 가지고 있는 근로자일수록 사회적 보호의 필요성이 높으며, 해고대상으로부터 제외되는 구조로 되어 있다.

(2) 해고무효의 원칙

해고의 금전해결제도와의 관계에서 가장 중요한 것은 독일에서는 해고가 위에서 검토한 바와 같이 사회적 타당성을 결여하여 사회적으로 부당한 것으로 판단되는 경우에는 당해 해고를 무효(Unwirksam)로 하는 소위 '해고무효원칙'을 채용하고 있다는 점이다(해고제한법 제1조 1항). 이는 해고제한법의 첫 번째 목적이 '근로관계의 존속을 보호하는 것(존속보호)'에 있다는 점이다. 이는 독일에서 해고제한법을 종종 '존속보호법(Bestandsschutzgesetz)'이라고 칭하는 이유이기도 하다. 이리하여 해고제한법 제4조 1문이 명문으로 규정하고 있듯이 독일에서 해고를 둘러싼 소송의 형태는 '고용관계가 해고에 의하여 종료되지 않는다는 것을 확인'하는 소송(이하, '해고확인소동'이라고 함)이 기본이 되고, 청구가 인용되면 종전의 고용관계의 존속이 확인되게 된다.

또한 독일에서는 우리나라와는 달리 법적 안정성의 요청으로부터 해고제한소송의 제소기간이 제한되어 있는데, 해고제한소송을 하려면 근로자는 적어도 해고통지 도달일로부터 3주 이내에 이를 제소하지 않으면 안 된다(해고제한법 제4조 1문). 이러한 제소기간이 도과한 경우에는 해고제한법 제7제에 의하여 당해 해고는 처음부터 유효한 것으로 간주된다.[11]

참고로 연방통계국이 공표한 통계에 따르면, 2015년 기준으로 노동재판소의 제1심에서 처리한 사건은 합계 374,095건이며, 이 중 절반을 넘는 194,695건이

---

10) 이에 대해서는 Bauer/Krieger, Kündigungsrecht－Reformen 2004, Verlag Dr.Otto Schmidt, 2004,S.126ff; https://www.gesetze－im－internet.de/kschg/BJNR004990951.html. 참조.

11) 단 근로자가 당해 상황에 있어서 기대 가능한 일체의 주의를 다했음에도 불구하고 이 기간 내에 제소가 곤란한 경우에는 그 사유를 노동재판소에 신청하여 사후적으로 제소가 가능할 수 있도록 하고 있다(해고제한법 제5조 1항 1문).

해고제한 관련 소송이 차지하고 있다.

3. 특별한 해고규제

독일에서는 위에서 검토한 일반적 해고규제 이외에 일정한 요건에 한하여 적용되는 특별한 해고규제가 존재한다.

이러한 특별한 해고규제로서는 우선 일정한 요건에 해당하는 근로자에 대한 해고규제를 들 수 있다. 임기 중 또는 임기완료 후 1년이 경과되지 않은 사업장위원회 및 청년·직업훈련생 대표위원에 대한 해고(해고제한법 제15조 1항 및 2항), 임신기간 중 및 출산 후 4주 이내의 여성근로자에 대한 해고(모성보호법 제9조 1항). 육아휴가 취득 중의 근로자에 대한 해고(연방육아수당·시간법 제18조), 간병휴업 등의 취득 중의 근로자에 대한 해고(간병시간법 제5조 1항 등), 병역 종사 근로자에 대한 해고(병역대체근무법 제78조 1항 1호에 의한 직장보호법의 준용)는 여기서 열거한 별개의 법률로서 각각 해고를 금지하고 있다.

또한 근속 6개월 이상의 중증신체장애자를 해고하는 경우에는 사회법전 제9편 제85조 이하에 의해 사용자는 사전에 중증신체장애자의 직업생활의 통합 확보를 목적으로 하고 있는 행정기관인 통합국(Integrationsamt)의 동의를 얻어야 한다.

그 외에도 독일에서는 해고가 일정한 동기에 의한 경우에는 이를 금지하는 것이 있다. 이러한 규제에 속하는 것으로서 권리행사를 이유로 하는 불이익 취급으로서의 해고금지(민법전 제612a조)와 사업양도를 이유로 하는 해고금지(동법 제613a조 4항 1문)를 들 수 있다.

이상의 특별한 해고규제에 위반한 해고는 위법한 법률행위를 무효라고 규정한 민법전 제134조에 의하여 모두 무효가 된다(또한 이러한 특별한 해고규제에 위반한 해고에 대해서는 노사 모두에게 해소판결제도의 활용이 원칙적으로 허용되지 않음에 유의할 필요가 있다).

4. 절차적 해고규제

독일에는 해고절차에 대한 규제도 두고 있다. 우선 민법전 제623조에 의하여 모든 해고는 서면으로 하지 않으면 안 된다. 그렇지 않은 경우에는 형식적 하자가 있는 것으로 무효가 된다(민법전 제125조).

또한 통상적 해고(ordentlich Kündigung)의 경우에는 해고예고기간을 준수하지 않으면 안 된다. 이러한 해고예고기간은 민법전 제622조 1항에 의하여 근속연수가 2년 미만인 경우에는 4주다. 그러나 근속연수가 2년 이상인 경우에는 아래 표와 같이 근속연수에 비례하는 형태로 해고예고기간이 연장된다. 또한 독일에서는 단체협약으로 이러한 법정 기간보다 길게 해고예고기간을 설정하는 것이 일반적이다.

〈표〉 해고예고기간(민법전 제622조)

근속연수	해고예고기간
2년 미만	4주
2년 이상	1개월
5년 이상	2개월
8년 이상	3개월
10년 이상	4개월
12년 이상	5개월
15년 이상	6개월
20년 이상	7개월

이와 같이 독일에서도 해고에 앞서 해고예고기간을 두어야 하는 것이 원칙이다. 단 노동관계를 해고예고기간의 경과까지 유지하는 것이 기대하기 어려운 '중대한 사유(wichtiger Grund)'가 존재하는 경우에는 민법전 제626조에 의해 즉시해고(außerordentlich Kündigung)가 가능하며, 이러한 경우에는 해고예고기간을 준수할 필요가 없다.

5. 집단적 노사관계법상의 해고규제

이상에서는 주로 개별적 노동관계법상의 해고규제에 대해 살펴보았다. 독일에는 그 외에 집단적 노사관계법상의 해고규제도 있는데, 이에 대해 알아보면 다음과 같다.

독일에서 집단적 노사관계는 ① 주로 산업별로 조직된 노동조합과 사용자단체에 의해 구성되는 노사관계와 각 기업의 사업장에 종업원대표기관인 사업장위원회(Betriebsrat)와 ② 개개의 사용자에 의하여 구성되는 노사관계에 의한 소위 2원적 노사관계시스템의 특징을 가지고 있다.

따라서 해고에 대한 집단적 노사관계법상의 규제영역에 있어서도 산업별 노동조합과 사업장위원회가 각각 일정한 역할을 하고 있지만, 그 중에서도 독일에서는 사업장조직법(Betriebsverfassungsgesetz)이 해고에 대한 다양한 법제도를 포함하고 있기 때문에 사업장위원회의 역할은 매우 중요하다.

(1) 사업장조직법상의 규제와 사업장위원회의 역할

우선 해고에 대한 사업장조직법상의 규제로써 중요한 것은 의견청취의무에 관한 동법 제102조, 해고의 인선기준에 관한 제95조 및 이익조정에 관한 제111조이다. 이러한 규제는 모두 해고제한법상의 규정과 함께 해고의 실체적 요건(사회적 정당성)에도 영향을 미친다는 점이 특징적이다.

(2) 단체협약법상의 규제와 산업별 노동조합의 역할

그리고 독일의 단체협약법 제1조 1항에 의하면 단체협약은 '노동관계의 내용, 체결 및 종료'에 관한 법규범을 정하는 것으로 되어 있기 때문에 해고문제에 관한 규범설정도 단체협약의 임무의 범주에 속하는 것은 당연하다. 예를 들어 해고와 관련하여 일정한 연령 또는 근속자에 대해서는 '중대한 사유'가 있는 경우에만 해고가 가능하도록 규정하거나 또는 해고예고기간을 법정기준보다 길게 설정하는 것 등이 대표적이다.

독일의 노사관계는 앞서 언급한 바와 같이 2원적 구조로 되어 있다. 그 결과 해고에 대한 대응을 보면 우선 사업장위원회가 일선에서 그 역할을 하는 한편, 산업별 노동조합이 그 후방을 지원하는 형태로 활동을 전개하고 있다고 볼 수 있다. 독일에서 사업장위원회의 위원은 그 6~7할이 산업별 노동조합원으로, 따라서 사업장위원회는 그 실태로서는 산업별 노동조합의 기업별 노동조합에서 지부 역할을 하고 있다고 생각할 수 있다.

6. 변경해지고지제도 및 해소판결제도

(1) 변경해지고지 제도

독일에서는 기존의 근로관계는 소멸하지만 다른 근로조건 하에서 종전의 당사자가 근로관계를 이어갈 수 있도록 하는 '변경해지고지제도(Änderungskündigung)'를 도입하고 있는 것이 특징이다. 이는 법적으로는 근로조건 변경을 근로자가 거부하는 것을 정지조건으로 하는(또는 근로조건 변경을 근로자가 승인하는 것을 해제조건으로 하는) 해고의 의사표시라고 할 수 있다.

해고제한법 제2조(변경해고)에 따르면, 사용자가 근로관계종료의 의사표시를 하고 이와 더불어 근로자에게 변경된 근로조건으로 근로관계를 지속할 것을 제안한 경우에, 근로자는 근로조건의 변경이 사회적으로 부당하지 않을 것을 전제로 하여 이를 수용할 수 있다. 근로자는 사용자에게 근로조건의 변경이 사회적으로 부당하지 않을 것을 전제로 변경된 근로조건하에서 근로관계를 지속하겠다는 의사표시를 해고예고기간 내에, 늦어도 해고의 의사표시 도달 후 3주 이내에 표시하여야 한다.

변경해지고지는 해고의 일종이지만, 근로조건 변경을 해고라고 하는 법적 수단을 이용하여 달성하려는 점에서 고용관계의 종료 자체를 목적으로 하는 통상적인 해고와는 다르다. 또한 근로자가 근로조건 변경 요구를 수락하지 않는 경우에 해고문제가 야기된다는 점에서 고용관계의 존속을 전제로 한 근로조건의 변경법리인 '취업규칙의 합리적 변경법리'와도 다르다.

(2) 해소판결제도

독일의 해고제한법은 노동관계의 존속보호를 일차적 목적으로 하고 있기 때문에 사회적 정당성이 결여된 해고는 무효로 하는 것이 원칙이다.

그러나 이러한 존속보호의 법이념은 해고제한법상 반드시 관철되는 것은 아니다. 왜냐하면 독일에서는 해고가 사회적 정당성이 결여된 것이 확인된 경우에도 소위 '해소판결제도'에 의하여 금전적 해결을 할 수 있는 여지가 남아 있기 때문이다. 이 제도를 규정하고 있는 해고제한법 제9조와 제10조를 인용하면 다음과 같다.

【해고제한법 제9조】(법원판결에 의한 노동관계의 해소, 근로자에 대한 보상금)

(1) 근로관계가 해고에 의해 종료되지 않는다고 법원이 판단했지만, 근로자에게 노동관계의 계속을 기대하기 어려운 경우에는 근로자의 신청으로 법원은 근로관계를 해소하고, 사용자에게 상당한 보상금 지불을 명하는 판결을 해야 한다(제1문). 사용자와 근로자 사이에 사업목적에 부합하는 새로운 협동이 개대하기 어려운 사유가 있는 경우에는 사용자의 신청으로 법원은 같은 판단을 해야 한다(제2문). 근로자 및 사용자는 항소심 최종구두변론 시까지 근로관계 해소를 신청할 수 있다(제3문)

(2) 법원은 사회적으로 정당한 해고가 이루어졌다면 종료되었을 시점에 근로관계를 해소해야 한다.

【해고제한법 제10조】(보상금액의 상한)

(1) 보상금은 월급(액) 12개월분을 상한으로 하여 그 금액을 결정한다.

(2) 근로자가 50세에 달하고 동시에 근로관계가 15년 이상 존속된 경우에는 원급(액)의 15개월분을 상한으로 하고, 근로자가 55세에 달하고 동시에 근로관계가 20년 이상 존속한 경우에는 월급(액)의 18개월분을 상한으로 하여 보상금액을 결정한다(제1문). 법원이 제9조 2항에 의한 근로관계해소 시에 근로자가 사회법전 제6편 규정상의 고령연금규정이 제시하는 연령에 도달한 경우에는 이를 적용하지 않는다(제2문).

(3) 근로관계가 종료한 달(제9조 2항)의 소정근로시간에 대응하여 근로자에게 지불하는 현금 및 현물급여를 월급(액)으로 간주한다.

이와 같이 해고제한법 제9조는 해고제한소송에서 법원이 당해 해고를 무효라고 판단한 것을 전제로, 사용자가 근로자에게 보상금(Abfindung)을 지불하는 대가로 근로관계해소를 신청할 수 있는 권리를 근로자와 사용자 쌍방에 부여하는 것이다.[12)]

이러한 신청을 '해소신청(Auflösungsantrag)'이라고 하는데, 이것이 받아들여지기 위해서는 소위 기대불가능성(Unzumutbarkeit)이라는 요건을 충족해야 한다. 다시 말해서 근로자 측이 해소신청을 함에 있어 '근로자에게 근로관계의 계속을

12) 단, 해고가 공서양속(guten Sitten; 민법전 제138조)에 반하는 경우에는 해고제한법 제13조 2항에 의해 근로관계해소는 근로자만이 행사할 수 있다.

기대하기 어려운 경우'(제1항 1문)가, 사용자 측이 이를 행사하는 경우에는 '사용자와 근로자 사이에 사업목적에 부합하는 협동을 기대하기 어려운 사유'(제1항 2문)가 각각 존재해야 한다.

그리고 이러한 기대불가능성의 존재가 인정되면 법원은 제9조 2항에 따라 '사회적으로 정당한 해고가 이루어졌다면 종료되었을 시점'에 소급하여 근로관계를 해소하고, 사용자에게 일정액의 보상금을 근로자에게 지불하도록 하는 판결(해소판결)을 내린다. 보상금액의 결정은 제10조에 의거하여 이루어지는데, 근로자 월급(액)의 12개월분을 상한으로 하여 그 범위 내에서 법관의 재량으로 보상금액이 결정되는 것이 원칙이다.

7. 결 어

독일에서는 해고제한법에서 일반적 해고규제를 하고 있는 것과는 별도로 특정한 상황이나 요건 하에 있는 근로자에 대한 해고규제와 더불어 근속연수 등에 따른 해고예고 기간의 차별화, 사업장조직법상의 규제 등 다양한 해고규제를 두고 있는 것이 특징이다

독일에서는 사회적 정당성이 결여된 해고는 무효가 되며, 당해 근로계약관계의 존속이 강제되며, 해고가 사회적 정당성을 가지기 위해서는 당해 해고가 ① 근로자의 일신상 사정에 관한 사유, ② 근로자의 행위·태도에 관한 사유, ③ 긴급한 경영상의 필요성 중 어느 하나에 해당하여야 한다. 이와 같이 독일에서는 소위 징계해고나 경영상의 해고 외에 일신상의 사유에 의한 해고도 인정하고 있다는 점이 특징적이다.

한편 독일에서는 해고를 둘러싼 분쟁이 발생한 경우, 근로계약관계의 존속이 아니라 사용자가 당해 근로자에게 금전보상을 함으로써, 당해 해고분쟁을 해결할 수 있는 제도(해소판결제도)를 마련하고 있는 것이 특징적이며, 고용환경의 변화에 대응하여 새로운 근로조건 하에서 종전의 당사자가 근로관계를 이어갈 수 있도록 하는 소위 근로조건 변경거부를 정지조건으로 변경해지고지제도를 도입하고 있는 것이 특징적이라고 할 수 있다.

Ⅲ. 일본의 해고법제

1. 서 언

일본에서는 제2차 세계대전 이전부터 민법상 고용계약에 관한 규정을 두고 있었다. 그 중에서 기간의 정함이 없는 고용계약의 당사자는 사용자와 근로자 어느 쪽도 상대방에게 2주 전에 통고하면 언제든지 계약을 해지할 수 있다고 규정하고 있었다(민법 제627조). 이는 근로자에게 있어서는 사직의 자유를, 그리고 사용자에게는 해고의 자유를 의미하는 것이었다.

이러한 민법상의 일반원칙은 제2차 세계대전 이후의 노동법제의 발전에 의하여 근로자의 고용안정을 위하여 사용자의 해고의 자유를 제한하는 방향으로 수정되었다. 그 결과 현재는 노동계약법상에 사용자의 해고권남용을 규제하는 규정을 두어 민법상의 해고의 자유에 대한 수정을 가하고 있다. 또한 노동조합법과 노동기준법을 비롯하여 다수의 노동입법에서도 일정한 해고에 대한 특별한 제한규정을 두고 있다. 뿐만 아니라 노동기준법은 해고에 앞서 적어도 30일 이전에 예고하도록 하도록 규정한 다음(제20조), 이에 위반하는 경우에는 벌칙규정이 적용된다(제119조 1호).

2. 해고권남용법리

(1) 해고권남용법리의 변천

모두에서 언급한 바와 같이 일본에서는 제2차 세계대전 이전까지는 기간의 정함이 없는 고용계약의 경우, 2주 전에 예고만 하면 언제든지 당사자 일방의 의사표시로 자유롭게 고용을 종료할 수 있었다.

그러나 제2차 세계대전 이후에는 노동관계의 민주화개혁의 과정에서 노동조합의 결성과 단체교섭・단체행동을 보장하는 노동조합법이 정비되고, 노동조합에 가입 또는 가입한 것 또는 정당한 노조활동을 한 것을 이유로 하는 해고를 사용자의 부당노동행위의 하나로 금지되었다(노동조합법 제7조 1호).

또한 노동관계의 민주화 과정에서 노동관계의 최저기준을 정립한 노동기준법(1947년 제정)에서는 국적・신조・사회적 신분에 따른 해고, 업무상의 부상・

질병에 의한 요양기간 및 그 후 30일간에는 해고가 금지되고(노동기준법 제3조, 제19조), 해고의 예고기간도 30일로 연장되었지만(동법 제20조), 민법상의 해고자유의 원칙을 수정하지는 않았다.

이에 종전직후에는 해고를 규제하는 주된 법적 수단은 노동조합이 단체교섭에서 획득한 단체협약상의 해고협의·동의약관이 전부였다. 그러나 전후 고용시장의 극심한 실업의 상황 하에서 법원은 해고를 규제하는 법리를 모색하여 해고에 대해 정당한 이유를 필요로 하는 **정당사유설**(헌법상의 노동권, 민법의 신의칙 등을 근거로 한)과 신의칙에 의하여 해고(권)를 남용해서는 안 된다는 **권리남용설**이 주장되었다. 이러한 가운데 동경지방법원 노동부가 선도적인 역할을 하여 후자(권리남용설)이 판례의 지배적인 견해가 되어 1950년대 중반에는 **'해고권남용은 무효'**라는 법리가 재판실무에서 확립되기에 이르렀다.

이와 같이 하급심에서 구체적으로 형성된 해고권남용의 법리는 1975년의 최고재판소 판결[13]에서 원용되어 **'사용자의 해고권의 행사도 그것이 객관적으로 합리적이고 상당한 이유가 없고 사회통념상 상당하다고 인정하기 어려운 경우에는 권리남용으로서 무효다'**라는 판단법리가 확립되게 되었다.

⑵ 해고권남용법리의 명문화

최고재판소에서 확립된 권리남용법리는 2003년 노동기준법 개정 시에 동법에 삽입되었다(구 노동기준법 제18조의 2). 그리고 이 규정은 2007년 노동계약법 제정 시에 노동기준법에서 노동계약법으로 이관되었다.

이리하여 현행 노동계약법은 해고권의 행사에 관한 일반규칙으로서 **'해고는 객관적으로 합리적 이유가 없고 사회통념상 상당하다고 인정되지 않는 경우에는 그 권리를 남용한 것으로 무효다'**(제16조)라고 규정하고 있다.

이 규정은 근로자의 노무제공이 불충분한 경우(**능력부족**), 근로자의 규율위반행위(**비행**), 사용자의 경영상의 이유에 의한 **정리해고** 등, 해고의 이유와 상관없이 동규정이 적용된다. 또한 개별적 해고 뿐 아니라 **집단적 해고**도 동규정이 적용되며, 단기의 고용계약이 상당기간 반복·갱신되어 실질적으로 기간의 정함이 없는 근로계약과 동시할 수 있는 상태로 된 경우에는 갱신거절은 실질적으

13) 日本食塩製造事件, 最二小反昭50.1.31,『民集』第29巻 4号.

로 해고에 유사하기 때문에 해고권남용법리가 유추 적용된다.

따라서 단기계약에 대한 갱신거부가 객관적으로 합리적이고 사회통념상 상당한 이유가 인정되지 않으면 당해 갱신거부는 무효가 되며 종전과 동일한 조건으로 갱신된 것으로 간주된다는 법리가 확립되기에 이르렀다.[14] 그리고 판례법상의 갱신거부제한의 법리는 2012년 노동계약법 개정 시에 동법에 포함되었다(동법 제19조).[15]

3. 해고권남용의 판단기준

(1) 통상해고의 경우

위에서 살펴본 바와 같이 '통상해고(일반해고)'란 '당초에 약속한 계약내용의 채무불이행, 즉 이행불능이나 불완전이행으로 인하여 계약관계를 계속할 수 없다고 판단하여 근로계약을 해소하는 행위'이다.

일본에서는 전통적으로 '해고권남용법리'인 판례법리에 입각하여 해고의 정당성을 판단해오다가, 노동계약법이 제정되면서 이 판례법리는 명문화되기에 이르렀다. 하지만 노동계약법에서는 「해고는 객관적으로 합리적인 이유가 결여되고 사회통념상 상당하다고 인정되지 않는 경우는 그 권리를 남용한 것으로서 무효로 한다.」라는 일반조항(general clause)만 두고 있을 뿐(노동계약법 제16조), 구체적인 판단에 대해서는 해석론에 맡기고 있다. 통상해고[16]의 경우에도 징계해고나 정리해고와 마찬가지로 판례와 해석론에 맡기고 있는데, 통상해고의 사

---

14) 日立メディコ事件, 最二小反昭61.12.4, 『判時』第1221号.

15) 제19조 (유기근로계약의 갱신 등) 유기근로계약으로 다음 각 호의 어느 하나에 해당하는 것으로 계약기간이 만료하기 이전에 근로자가 당해 유기근로계약의 갱신을 신청한 경우 또는 당해 계약기간의 만료 후 지체 없이 유기근로계약의 체결을 신청한 경우로써 사용자가 당해 신청을 거절한 것이 객관적으로 합리적인 이유를 결하고 사회통념상 상당하다고 인정될 때에는 사용자는 종전의 유기근로계약의 내용인 근로조건과 동일한 근로조건으로 당해 신청을 승낙한 것으로 간주된다.
   1. 당해 유기근로계약이 과거에 반복되고 갱신됨으로써, 그 계약기간의 만료 시에 당해 유기근로계약을 갱신하지 않음으로서 당해 유기근로계약을 종료시키는 것이, 기간의 정함이 없는 근로계약을 체결한 근로자에게 해고의 의사표시를 함으로써 당해 기간의 정함이 없는 근로계약을 종료시키는 것과 사회통념상 동시할 정도로 인정되는 것
   2. 당해 근로자에게 당해 유기근로계약의 계약기간의 만료 시에 당해 유기근로계약이 갱신될 것으로 기대하는 것에 합리적인 이유가 있다고 인정되는 것

16) 일본에서는 통상해고를 '보통해고(普通解雇)'라고 한다.

유로는 크게 2가지로 분류할 수 있다.[17)]

1) 일신상의 사유에 의한 해고

근로자의 일신상의 사유에 의한 해고로는 첫째, 근로자의 노무제공 불능으로 인한 해고이다. 판례는 사상병(私傷病)으로 인하여 노무제공을 하지 못하는 경우에는 해고에 합리적 이유가 있는 것으로 간주한다.

둘째, 근로자의 능력부족이나 성적불량, 근무태도 불량, 적격성 결여로 인한 해고에 대해서도 판례는 합리적 이유가 있는 것으로 본다.

사용자가 종업원을 통상해고 할 때, 재판소가 어떠한 요소에 착안하여 해고의 유효·무효를 판단하고 있는가를 아는 것은 중요한 포인트이다.

그래서 동경지방재판소의 재판관이 노동사건 심리의 입문서로서 한권의 책(『노동사건 심리노트』)[18)]으로 정리하여 발표한 것이 있는데, 이에 따라 재판소의 견해를 정리하면 다음과 같다.

즉 해고권남용의 유무를 판단하는 구체적인 사정으로서 첫째, 근무성적이나 근무태도 등이 불량하고, 근무능력이나 종업원으로서의 적격성이 결여되어 있는지의 여부를 판단하기 위해서는 다음의 사항 등을 종합적으로 검토한다.

〈표〉 일신상의 사유에 의한 해고 시 고려사항

① 해당 기업의 종류 및 규모
② 직무내용
③ 근로자의 채용이유(직무에 요구되는 능력 및 근무태도가 어느 정도인지?)
④ 근무성적 및 근무태도의 불량정도(기업의 업무수행에 지장이 발생하여 해고하지 않으면 안 될 정도인지의 여부)
⑤ 그 횟수(1회의 과오인지, 반복된 과오인지?)
⑥ 개선의 여지는 있는지?
⑦ 회사의 지도가 있었는지(주의 및 경고를 하거나 반성의 기회를 제공했는지?)
⑧ 다른 근로자와의 취급에 불균형은 없는지?

17) 이하 내용은 石嵜信憲, 『労働契約解消の法律実務(第2版)』, 中央経済社(2011)를 주로 참조하였음.

18) 山口幸雄ほか, 『労働事件審理ノート(改訂版)』, 判例タイムズ社.

[그림] 일신상의 사유에 의한 해고의 판단프로세스

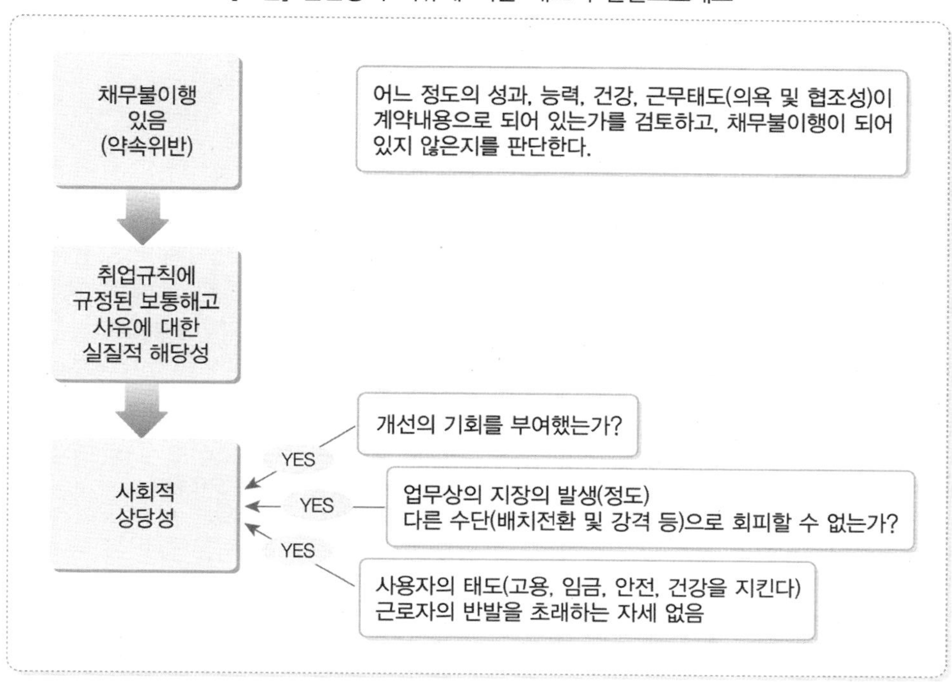

2) 행태상의 사유에 의한 해고

행태상의 사유에 의한 해고로는 직장질서에 반하는 비위행위나 직무해태(근태불량) 등을 이유로 한 해고가 전형적인데, 이러한 경우에도 대체로 합리적 이유가 있는 것으로 본다.

규율위반행위가 있는지의 여부를 판단하기 위해서는 다음의 사항 등을 마찬가지로 종합적으로 검토한다(기업질서를 어지럽힌 경우에는 징계해고도 있을 수 있다).

〈표〉 행태상의 사유에 의한 해고 시 고려사항

① 규율위반행위의 양태(업무명령위반 · 직무전념의무위반 · 신용유지의무위반 등)
② 규율위반행위의 정도
③ 규율위반행위의 횟수
④ 개선의 여지의 유무

[그림] 행태상의 사유에 의한 해고의 판단프로세스

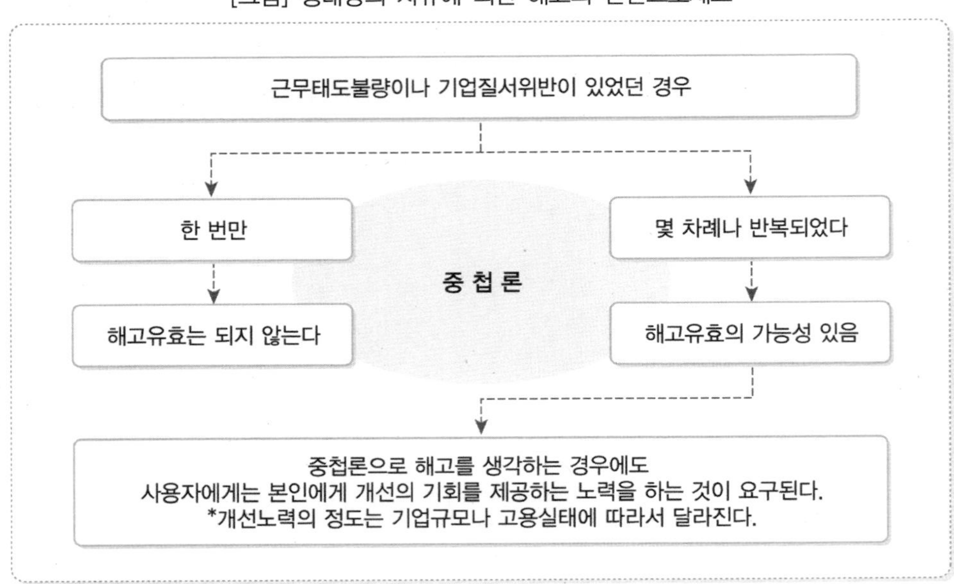

(2) 정리해고의 경우

기업이 경영상의 이유로 인하여 필요하다고 간주된 인원삭감을 위해 행하는 정리해고에 대해서도 노동계약법 제16조의 해고권남용법리가 적용된다.

일본의 장기고용시스템에서는 경기변동시의 구조조정 시에 정리해고에 이르기 전에 노사협의를 거쳐 소정외 근로의 감축·정지, 신규채용의 감축·정지, 배치전환·출향, 비정규고용 근로자의 고용중지, 일시휴업, 희망퇴직자의 모집 등이 이루어져 왔다. 실제로 희망퇴직자의 모집 등으로 인하여 근로계약의 합의해지가 이루어지는 경우도 많다.

이러한 것을 바탕으로, 판례에서는 정리해고의 효력에 관하여 다음의 네 가지 사항에 착안하여 이러한 것을 구체적으로 종합적으로 고려하여 판단하고 있다.

〈표〉 정리해고 시 고려사항

① 인원삭감의 필요성
② 해고회피노력의무
③ 피해고자 선정의 타당성
④ 절차의 타당성

4. 결 어

일본에서는 전통적으로 고용계약은 민법상의 규정에 의하여 자유롭게 체결・해지할 수 있었다. 그러나 전후의 노동개혁을 통하여 노동권이 신장되면서 해고로부터 근로자를 보호하려는 입법이 점증적으로 이루어졌다.

이러한 움직임은 학설(정당사유설, 권리남용설) 차원에서 논의되어 오다가, 하급심 판례가 후자의 입장을 채택하게 되고 최고재판소도 권리남용설을 지지함으로써 판례법리로 확립되었다.

이렇게 형성된 해고권남용법리는 노동기준법에 규정되었다가 노동계약법 제정 시에 동법으로 포섭되었다. 따라서 현행 노동계약법에서는 「해고는 객관적으로 합리적 이유를 결하고 사회통념상 상당하다고 인정되지 않는 경우에는 그 권리를 남용한 것으로 무효이다」라는 일반적 해고조항을 두고 있으며, 모든 해고는 이 규정의 해석론으로 판단하는 구조이다.

이와 같이 일본에서는 통상해고(일신상・행태상의 사유에 의한 해고) 와 정리해고를 별도로 규정하고 있지 않기 때문에 모든 해고를 노동계약법상의 일반적 해고제한 규정에 비추어 남용여부를 판단하는 구조로 되어 있는데, 이는 일본해고법제의 가장 큰 특징 중의 하나라고 할 수 있다.

Ⅳ. 비교법적 검토와 시사점

1. 비교법적 검토

구 분	미 국	독 일	일 본	한 국
해고 제한에 대한 개관	• 임의고용의 원칙 • 해고에 정당한 사유 필요 없음 • 성, 연령, 장애 등에 의한 차별적 해고 및 육아휴업 등을 이유로 한 해고 금지	• 사회적정당성이 없는 해고는 무효 • 성, 연령, 장애 등에 의한 차별적 해고, 육아휴업 등을 이유로 한 해고 금지	• 객관적으로 합리적인 이유를 결한 해고는 무효 • 성에 의한 차별적 해고와 임신, 출산, 육아휴직 등을 이유로 한 해고 금지	• 해고에 정당한 이유 필요 • 성, 연령, 장애 등에 의한 차별적 해고, 육아휴업 등을 이유로 한 해고 금지

통상해고	• 특별한 제한 없음	• 일신상의 사유 및 행태상의 사유에 의한 해고 인정	• 일신상의 사유 및 행태상의 사유에 의한 해고 인정	• 행태상의 사유에 의한 해고 인정
정리해고 (요건)	• layoff • 단체협약에 통상 선임권 규정	• 근속연수, 연령, 부양가족의 유무, 장해유무가 기준이 됨(사회적 선택)	• 판례상 ① 인원 삭감의 필요성, ② 해고회피노력, ③ 피해고자 선정의 공정성, ④ 노조 및 근로자에 대한 설명과 협의 필요	• 법률상 ① 긴박한 경영상의 필요성, ② 해고회피노력, ③ 합리적이고 공정한 대상 선정, ④ 과반수 노조와의 협의 필요
해고통보	• 단체협약이나 근로계약에 정하거나, 주(州)에 따라 다름	• 서면에 의한 통보	• 서면통보의무, 근로자가 요구하는 경우에는 해고이유를 문서로 제시할 필요	• 서면으로 해고의 사유 및 시기를 통보할 의무
해고예고 기간	• 연방법상 정리해고에 대해서는 60일 • 단체협약, 근로계약에 정하는 경우는 다양	• 근속연수에 따라 다양함. 근속 2년 미만의 경우에는 4주, 2년 이상의 경우에는 1개월, 근속 5년은 2개월 등	• 해고하기 30일전에 예고	• 해고하기 30일전에 예고

2. 시사점(개선방향)

고용의 유연성 제고를 위한 해고법제의 개선방향에 대해 간단히 서술하면 다음과 같다.

첫째, 취업규칙의 변경절차를 간소화할 필요가 있다. 근로기준법은 상시 10명 이상의 근로자를 사용하는 기업에서는 근로조건 등을 정한 취업규칙의 작성 및 신고의무를 부과하고 있다. 여기서 문제가 되는 것은 취업규칙을 근로자에게 종전보다 불리하게 변경하는 경우에는 과반수 노동조합이나 과반수 근로자의 동의를 얻도록 하고 있는 소위 '집단적 동의'를 요구하고 있는 부분이다. 이는 기업이 자의적으로 근로조건을 불리하게 변경하는 것은 막는다는 취지에서 마련한 것이지만, 이는 역으로 회사입장에서 보면 고용환경이 바뀌고 경영이 아무리 어려워도 근로자의 집단적 동의가 없는 한 임금체계의 변경 등 아무런 조치를 취할 수 없다.

둘째, 해고규제를 완화할 필요가 있다. 해고사유는 매우 다양하지만 일반적으로는 업무명령 위반이나 근태불량, 회사의 명예훼손 등과 같이 근로자의 유책한 행동을 이유로 한 소위 '행태상의 사유'와 근로자의 책임을 묻기 어렵지만 질병이나 능력부족, 적격성 결여, 성과불량 등 근로자의 조건이나 상태를 이유로 소위 '일신상의 사유'로 나뉜다. 실무에서는 보통 근로자의 행태상의 사유가 문제가 될 경우에는 징계해고 방식으로 처리하고 능력부족이나 적격성 결여 등 일신상의 사유가 문제가 될 경우에는 징계해고가 아닌 통상해고의 방식을 사용한다.

한편 우리 근로기준법(제23조)은 "정당한 이유 없이 해고, 휴직, 정직, 전직, 감봉, 그 밖의 징벌(懲罰)을 하지 못한다."고 규정하고 있어, 문맥상 마치 징계해고만 상정하고 있는 듯하다. 이와 같이 근로기준법에서는 통상해고에 대한 명확한 규정을 두고 있지 않기 때문에 근로자의 행태상의 사유를 징계해고의 대상으로 삼아 해고의 정당성 여부를 판단하는 등 사법적 판단에 혼란이 생기고 있다. 따라서 우리도 독일의 해고제한법(제1조)과 같이 근로자의 일신상의 사유를 명시하거나 아니면 일본의 근로계약법(제16조)처럼 통상해고를 포함하는 일반조항(general clause)으로 개정할 필요가 있다.

셋째, 해고무효의 경우에 원직복직 대신에 금전보상을 확대할 필요가 있다. 해고의 경우 다투는 과정에서 이미 노사 간 신뢰관계에 손상을 입어 해고가 무효가 되어 원직에 복귀를 할 수 없는 경우가 다반사이다. 이러한 경우에 대비하여 근로관계의 해소를 전제로 금전으로 보상하는 제도를 두고 있는 것이 일반적이다. 우리 근로기준법(제30조)에서도 근로관계의 해소를 전제로 하는 금전보상제를 두고 있지만, 다른 나라와는 달리 근로자의 신청이나 당사자 간 화해의 경우에만 인정하는 반쪽짜리 금전보상제에 불과하다. 따라서 부당해고의 경우에도 노사 간의 신뢰가 파괴되어 원직복직이 사실상 개대하기 어려운 경우나 징계절차나 서면통지의무 위반 등 단순한 절차적 하자의 경우에는 근로자뿐만 아니라 사용자도 금전보상을 신청할 수 있도록 하는 것이 바람직하다.

넷째, 고용계속형 계약변경제도를 도입할 필요가 있다. 위에서 언급한 바와 같이 우리나라에서는 직무능력이 결여된 자나 저성과자에 대한 해고는 사실상 매우 어렵다. 하지만 기업의 입장에서는 이들에 대한 인력 재배치를 통하여 조직 활성화를 꾀하고자 할 것이다. 이러한 경우에 활용할 수 있는 제도가 바로 근로관계를 존속시키면서 근로조건을 변경할 수 있는 변경해지고지(Änderungskündigung) 제도이다. 이는 독일 등 유럽에서 이용하고 있는 제도인데, 근로계약 해지와 변경된 근로조건을 동시에 제시한 다음 근로자로 하여금 이를 선택하도록 하는 제도이다. 이때 근로자가 변경된 근로조건을 수용하지 않는 경우에는 근로계약은 해지되나, 그렇지 않고 변경된 근로조건을 일단 수용한 다음 변경된 근로조건의 정당성을 다투는 것은 무방하다. 이 제도는 근로자와의 고용관계를 유지하면서 근로조건의 변경이나 인력 재배치를 통하여 구조조정의 목적을 달성할 수 있으므로 적극적으로 도입할 필요가 있다.

제2장

사직에 대한 노동법적 검토

Ⅰ. 문제의식

'사용자에 의한 근로계약의 해지(해고)'에 대해서는 노동관계법령에서 상세히 규정하면서도, '근로자에 의한 근로계약의 해지(사직)'에 대해서는 아무런 규정을 두고 있지 않기 때문에, 근로계약의 해지에 대해서는 민법상의 고용계약의 해지에 관한 규정이 적용된다.

따라서 계약기간을 약정하지 않는 근로자 또는 기간을 약정하였지만 기간만료 후 묵시의 갱신이 이루어진 자는 특별한 사유가 없더라도 언제든지 사직을 할 수 있고, 다만 1월의 통고기간이 경과하여야 사직의 효력이 발생한다(민법 제660조, 제662조). 3년이 넘는 기간을 약정하고 3년이 경과된 근로자는 언제든지 사직을 통고할 수 있고, 다만 3월의 통고기간이 경과하여야 노동관계가 종료하게 된다(민법 제659조).

한편, 근로자가 사용자의 집요한 권고에 의하거나 또는 일시적으로 흥분한 상태에서 감정적으로 사직의 의사표시를 한 다음 후에 이를 철회하고자 할 경우, 사용자가 당해 근로자의 철회의사를 받아들이지 않는 한, 근로관계의 회복은 사실상 어려우므로 이를 둘러싸고 종종 분쟁이 발생하고 있다.

또한 '사직'의 경우, '합의해지'와의 구별이 애매하기 때문에 이를 둘러싸고 분쟁이 발생할 수도 있다. 여기서 '합의해지'란 근로자와 사용자가 합의로 장래에 대하여 근로계약을 해지하는 것으로, 근로자가 합의해지를 청약함으로써 사용자가 예측치 못할 손해를 입는 등의 신의에 반하는 특별한 사정이 없는 한 상대방(사용자)이 이를 승낙하기 전까지는 의사를 철회할 수 있다.

이에 비해, '사직'이란 근로자가 근로계약을 일방적으로 해지하는 것이므로 기간의 약정이 없는 근로계약의 경우에는 근로자가 1월 전에 예고를 하면 사직의 효력이 발생한다(민법 제660조). 따라서 사직의 경우에는 합의해지의 경우와는 달리 사용자의 승낙 없이도 법적 효력이 발생하며, 따라서 근로자가 사직의 의사표시를 한 이상 이를 철회할 수 없는 것이 원칙이다.

따라서 근로자가 "회사를 그만 두겠다"라고 한 경우나 또는 '퇴직서'를 제출한 경우, 이를 '사직'과 '합의해지의 청약' 중 어디에 해당하는지, 또는 양쪽에 모두 해당하는지 등의 문제가 생길 수 있으며, 이를 어떻게 해석하느냐에 따라 전술한 의사의 철회문제를 둘러싸고 법적 분쟁이 발생할 수 있다.

고용관계의 종료사유를 보면 해고에 의하기 보다는 사직이나 합의해지에 의하는 경우가 압도적으로 많다. 사직이나 합의해지의 경우, 근로자가 진실로 퇴직을 원하고 사용자가 이에 동의한 경우에는 별로 문제가 되지 않지만, 모두에서 언급한 바와 같이 사용자에 의한 집요한 권고나 일시적인 흥분상태에서 사직이나 합의해지를 한 경우에는 문제가 될 수도 있다. 하지만 현행법제도의 틀 안에서는 이러한 행위가 민법상의 착오나 사기·강박에 의한 것이지 않는 한 문제로 되지 않는다.

우리나라에는 아직까지 전통적으로 정년퇴직을 명예롭게 생각하고 장기 근속자를 우대하는 고용관행이 남아 있다. 하지만 최근에 와서는 기업의 구조조정이나 글로벌화 및 능력·성과주의의 보급 등으로 인하여 정년퇴직이나 평생직장의 의미가 점점 희박해지고 있다.[1] 따라서 앞으로는 회사를 정년으로 퇴직하는 것보다 도중에 회사로부터 해고되거나 사직으로 고용관계가 종료되는 것이 일반화되면서[2] 사직을 둘러싼 분쟁도 증가하리라 예상된다.

그럼에도 불구하고 현행 노동법에서는 해고에 대해서는 상세히 규정하고 있

1) 정년제를 두고 있는 사업체의 비율을 보면 종업원 50인 이하의 기업에서 50%인데 비해, 300명 이상의 대기업의 경우에는 96.4%로 매우 높은 편이다(전체 기업의 평균은 76.2%임. 2002년 기준). 하지만 2002년에 고용보험 피보험 자격을 상실한 임금근로자 340만 4,660명 중 정년으로 직장을 떠난 근로자는 12,731명뿐으로 전체근로자의 0.4%에 불과하다(노동부, 『고용보험백서』, 2003년, 141면).

2) 실제로 정년퇴직을 하는 근로자는 극소수이며, 직장을 떠나게 된 50세 이상의 고연령 근로자들은 정년퇴직 보다는 명예퇴직으로 인해 고용이 중단되는 것으로 보인다(이철수, 『고령사회법제 워크숍 자료』, 한국법제연구원, 2003, 113면).

으면서도 사직에 대해서는 아무런 규정을 두고 있지 않다. 따라서 이러한 문제에 대응하기 위해서는 입법적인 대비책을 강구하여야 할 시점에 와 있다고 생각한다.

본고에서는 첫째, 합의해지 및 사직에 대한 법적 개념의 차이에 대해여 검토한 다음, 외국법제에서는 양자에 대하여 어떻게 구별하여 정의하고 있는지에 대해서 살펴보고자 한다.

둘째, 사용자의 강요에 의한 사직에 대한 법적인 문제점을 검토한 다음, 비교법적으로는 이 문제에 대해 어떻게 대응하고 있는지에 대해 영국 및 일본의 법제를 중심으로 검토하고자 한다.

마지막으로 사직에 대한 법적 분석 및 비교법적인 검토를 통하여 얻은 결과를 중심으로 이상에서 제시한 문제점에 대한 개선책을 모색하고자 한다.

Ⅱ. 법이론적 고찰

1. 합의해지와 사직의 구별

(1) 합의해지

'합의해지(合意解止)'란 근로자와 사용자가 합의로 근로계약을 종료시키는 것을 말한다. 근로계약을 해지하는 경우 그 효력을 소급하여 하는 경우도 있지만(예를 들어 취업개시 이전에 양당사의 합의로 근로계약을 해약하는 경우), 대개는 장래에 대하여 그 효력을 소멸시키는 경우가 일반적이다.[3] 대부분의 기업에서는 "근로자가 개인적 사정으로 퇴직을 청약하여 사용자가 이를 승인한 때"라는 규정을 취업규칙 등에 정하고 있는데, 이는 근로자의 청약에 의한 합의해지라 할 수 있다. 일반적으로 '의원사직(依願辞職)'이나 '개인적인 사정에 의한 사직'이라 불리는 것들에 이에 해당한다고 볼 수 있다.

사용자의 청약에 의한 합의해지도 이론적으로는 있을 수 있으나, 이에 해당하는 퇴직사유를 정하고 있는 취업규칙은 드물거나 거의 없다고 본다. 하지만

3) 이러한 의미에서 근로자와 사용자에 합의에 따른 근로관계의 해소를 '합의해지'라고 한다(김형배, 앞의 책, 540면). 이하 본고에서도 '합의해지'라고 한다.

속칭 '명예퇴직(名譽退職)'이나 '희망퇴직(希望退職)'으로 불리고 있는 것들 중에는 사용자측의 압력이나 권유 또는 사내분위기에 못 이겨 근로자가 스스로 퇴직을 요청하는 경우가 많다. 이러한 경우에는 사실상 사용자의 청약에 의한 합의해지에 해당하지만, 실제로는 사용자가 근로자로 하여금 합의해지를 청약하도록 유도하여 이를 승낙하는 소위 사실행위로 처리되므로 근로자가 후에 이에 대한 부당함을 주장하기가 어렵게 된다.

합의해지의 경우에는 근로자가 사직의 의사표시(청약)를 하였더라도 사용자가 이를 수락(승낙)하기 전까지는 이를 철회할 수 있다. 다만 예외적으로 근로자가 사직의 의사표시를 철회하는 것이 사용자에게 불측의 손해를 주는 등 신의칙에 반한다고 인정되는 특별한 사정이 있는 경우에는 철회가 인정되지 않는다.[4)]

⑵ 사 직

'사직(辭職)'이란 근로자가 근로계약을 일방적으로 해지하는 것으로, 사용자가 근로계약을 일방적으로 해지하는 해고에 대치되는 개념이다. 다시 말해서, 근로자가 개인적인 사정으로 사직의 의사표시를 한 경우, 회사가 이를 승인하지 않았음에도 불구하고 당해 근로자가 사직의 의사표시를 철회하지 않은 경우가 바로 사직에 해당한다.

기간의 약정이 없는 근로계약의 경우에는 근로자는 1월의 예고기간을 두면 언제든지 근로계약의 해지(사직)를 할 수 있다. 단 임금을 주급이나 월급처럼 일정한 기간급(期間給)으로 정하여 주는 경우에는 해지통고를 받은 당기의 다음 기간이 경과된 때에 근로관계가 소멸한다(민법 제660조).

이에 비해 기간의 약정이 있는 근로계약의 경우에는 부득이한 사유가 있을 때가 아니면 이를 해지할 수 없으며, 그 사유가 일방 당사자의 과실로 인하여 생긴 때에는 상대방에 대하여 손해를 배상하여야 한다(민법 제661조).

하지만, 위에서도 언급한 바와 같이 근로자가 "회사를 그만 두겠다"라고 한 경우에 이는 사직의 의사표시와 합의해지의 청약 중 어디에 해당하는지 또는

---

4) 대판 1992. 4. 19, 91다43138; 대판 1992. 12. 8, 91다43015; 대판 1994. 8. 9, 94다14692, 대판 2001. 9. 7, 2000두9977; 대판 2003. 4. 22, 2002다11458.

양쪽에 모두 해당할 수 있는지 등의 문제가 생길 수 있다.[5] 만약 이를 합의해지라고 해석하면 사용자가 수락하기 이전이라면 철회가 가능하지만, 이를 사직으로 해석하면 철회가 불가능하게 되므로 양자의 구별은 매우 중요한 의미를 가진다.

이와 관련하여 일본의 판례를 살펴보면, 사직의 의사표시는 철회를 할 수가 없지만, 이를 합의해지의 청약으로 본다면 철회가 가능하다고 보는 것이 다수의 입장이다. 그러나 종전의 판례 중에는 근로자가 "어떠한 일이 있어도 그만 둔다"라는 식의 사직의 의사표시를 명확히 한 경우에만 사직의 의사표시로 해석하고, 그 외의 의사표시가 애매모호한 경우 등에 있어서는 합의해지의 청약으로 해석하는 경향이 있었다.[6] 이는 철회가 가능한 합의해지의 청약으로 보는 것이 근로자 보호라는 관점에 부합했기 때문이라고 해석하였기 때문일 것이다.

2. 퇴직의사표시의 철회

근로자의 '퇴직'의 의사표시를 원칙적으로 합의해지의 청약으로 보아 사용자가 이를 승낙하기 이전까지는 철회할 수 있다고 하는 것이 판례의 입장이다. 이러한 견해는 근로자에게 유리한 해석이라고 할 수 있다. 그러나 사용자가 즉시 승낙을 하는 경우에는 합의해지와 사직을 구별할 실익이 없어진다.

위 문제에 대해서는 '케이스 바이 케이스'로 해석할 수밖에 없다고 생각한다. 따라서 근로자에 의한 퇴직의 의사표시를 사직의 의사표시로 해석해야 할 경우가 있는가 하면, 합의해지의 청약으로 해석해야 할 경우도 있다. 또한 경우에 따라서는 퇴직의 의사가 없는 경우도 있을 수 있다.

문제는 근로자의 퇴직의사표시가 애매하거나 분명치 않은 경우인데, 이러한 경우에는 합의해지의 의사표시와 함께 예비적으로 사직의 의사표시를 한 것으로 추정하는 방안을 생각할 수 있다.[7] 따라서 예를 들어 근로자가 단순히 "회사

---

5) 근로자가 개인적인 사정으로 퇴직의 의사표시를 하였으나, 사용자가 이를 수락하지 않자 근로자가 예고기간 경과 후에 출근하지 않는 경우에는 사직에 해당한다고 본다.

6) 이에 대해서는 森戸英幸, "辞職と合意解約", 講座21世紀の労働法(第4巻), 『労働契約』, 日本労働法学会編, 有斐閣, 2000, 216頁 참조.

7) 비슷한 견해로는 下井隆史, 『労働基準法』, 有斐閣, 1996, 133頁; 小西国友, "辞職をめぐる法律問題(1)", 『労働判例』 434号, 1984, 8頁; 森戸英幸, "辞職と合意解約", 講座21世紀の労働法(第4巻), 『労働契約』, 日本労働法学会編, 有斐閣, 2000, 220頁이 있다.

를 그만 두겠다"라고 한 경우에는 그러한 의사표시를 한 시점에서 1월이 경과하면 사용자가 이를 수락하지 않더라도 합의해지가 성립한 것으로 간주하는 것이다. 이러한 해석은 "회사를 그만 두겠다"는 근로자의 의도에 가장 충실한 해석이 아닐까하고 생각한다.

이러한 법적 구성을 취하더라도 근로자에 의한 합의해지의 청약은 사용자가 이를 승낙할 때 까지는 철회할 수 있다는 법리와 모순되지 않는다. 다시 말하면 근로자가 퇴직의 의사표시(청약)를 사용자가 승낙하기 전에 철회하면 사직의 의사표시는 예비적인 것이므로 동시에 철회된다고 해석된다. 이 때 사용자가 근로자의 퇴직요청을 수락하면 합의해지가 성립하여 근로관계가 종료하게 됨은 물론이다.

Ⅲ. 주요 외국제도의 연구

1. ILO

사직에 의한 근로계약 해지의 제한에 관하여 ILO의 일반적인 입장을 나타낸 규정은 특별히 존재하지 않다. 단 1926년의 제22호 협약(해원의 고용계약에 관한 협약) 및 1959년의 114호 협약(어선원의 고용계약에 관한 협약)에서 계약해지의 경우 일정한 유예기간을 둘 것을 규정하고 있을 뿐이다.

또한 제22조 협약은 고용계약이 기간을 약정하지 아니한 경우에는 각 당사자가 계약을 해지할 수 있는 조건 및 계약을 해지하기 위한 예고기간이 고용계약에 포함되어야 하며, 이 경우 선박소유자 측의 예고기간이 해원 측의 예고기간보다 짧아서는 아니 된다고 규정하고 있다(제6조 3항).

기간의 약정이 없는 고용계약은 선적항 또는 하역항에서 어느 일방 당사자가 종료시킬 수 있으며, 고용계약에서 정한 예고(그 예고기간은 24시간 이상이어야 함)를 하여야 한다고 규정하고 예고는 서면으로 행해져야 한다고 하고 있다(제9조 1항 및 2항). 기간의 약정이 있는 경우에도 당사자의 합의가 있거나 국내법 또는 협약에서 정하는 사유가 있을 경우에는 계약이 종료되는 것으로 보고 있으며, 또한 제12조에서는 국내법에 해원이 즉시 면직을 요구할 수 있는 경우도 정하여야 한다고 규정하고 있다.

제114조 협약은 기간을 약정하지 않은 경우에 대해서도 제22조 협약과 마찬가지로 규정하고 있다. 기간이 있는 경우에도 당사자의 합의가 있는 경우나 국내법으로 정하는 사유가 있는 경우 고용계약이 종료된다고 보고 있다(제9조).

2. 일 본

일본애서는 '사직'에 대한 규정을 특별히 두고 있지 않으므로, 민법의 고용계약에 대한 일반적 규정이 적용된다. 기간의 약정이 없는 고용계약(근로계약)의 경우에는 근로자는 '2주간의 예고기간'을 두면 그 이유를 불문하고 언제든지 계약을 해지할 수 있다(민법 제627조 1항).

이에 비해 기간의 약정이 있는 고용계약의 경우에는 '부득이한 사유'가 있는 경우에 '즉시 계약을 해지'할 수 있는데 그치며, 또한 그 사유가 당사자 일방의 과실에 기인하는 경우에는 그 상대방에 대하여 손해배상책임을 지게 된다(민법 제628조. 이 규정은 근로자가 기간의 약정이 없는 고용계약을 즉시 해지하는 경우에도 적용된다).

근로자에 의한 퇴직의사의 철회여부에 대해서는 이를 합의해지로 볼 것인가 아니면 사직으로 볼 것인가에 따라 달라진다. 근로자의 퇴직의사표시는 합의해지의 경우에는 사용자가 승낙을 하기 전까지는 철회할 수 있으나, 사직의 경우에는 철회할 수 없다고 보는 것이 판례의 입장 및 통설이다.[8] 그러나 근로자에 의한 퇴직의사의 철회가 사용자에게 예측치 못한 손해를 주는 등 신의에 반한다고 인정되는 경우에는 철회가 인정되지 않는다.[9]

근로자가 사용자의 강압이나 권고에 의하여 퇴직의사를 밝힌 후, 나중에 이를 후회하여 소송으로 다투는 경우가 적지 않은데, 이러한 분쟁을 방지하기 위하여, 근로자가 행한 합의해지의 신청이나 사직의 의사표시가 사용자에 의한 것일 때에는, 일정기간 그 효력이 발생하지 않는 것으로 하여, 그 기간 동안에는 근로자가 철회를 할 수 있도록 하는 소위 '쿨링오프기간(period of cooling off)' 제도의 도입을 구상한 바 있으며, 「노동계약법(시안)」에서는 그 기간을 5일로

8) 大隈鉄工所事件—最三小判昭62・9・19(『労働判例』, 504号, 6頁).
9) 岡山電気軌道事件—岡山地決昭63・12・12(『労働判例』, 533号, 68頁).

정한 바 있다.

아울러 동 「노동계약법(시안)」에서는 사직의 예고기간(1월 이내)도 규정하고 있었는데 이는 근로자가 갑자기 회사를 그만두게 되면 담당업무의 인수인계 및 후임자의선임 등에 차질이 생길 우려가 있으므로 이를 염두에 두고 도입하려 한 것으로 보인다.

3. 독 일

독일에서는 합의해지(Aufhebungsvertrag)를 원칙적으로 자유롭게 체결할 수 있다. 이 때 계약의 형식은 명시적이든 묵시적이든 상관없으나, 계약이 유효하기 위해서는 반드시 서면으로 할 필요가 있다(민법 제623조 및 제125조). 해고제한소송도 합의해지에 의한 화해로 종료되는 경우가 많다. 재판상의 합의해지는 적법하게 기록되어(민사소송법 제160조 3항 1호), 낭독한 후에 이를 확인하여야 한다(동법 제162조 1항).

판례에 따르면 사용자가 일방적으로 작성한 보상금의 수령증명서에 대한 서명만으로는 합의해지의 체결로 인정하지 않지만, 해지고지를 승낙했다고 하는 의사표시 또는 해지고지를 법정에서 다투기를 포기했다고 하는 뜻의 의사표시가 있으면 인정된다. 적어도 근로관계가 종료된다는 사실과 그 날짜를 정하지 않으면 안 된다. 대개는 근로관계의 종료시기와 취업면제, 휴가·휴일의 보장, 사후적 경쟁금지, 증명서, 회사차, 사택, 직업훈련계약에 의한 사용자의 상환청구권, 체불임금, 사업소연금, 보상금 등에 관한 약정을 하게 된다. 근로자는 원칙적으로 합의해지의 법률관계를 스스로 조사하여야 하며, 극히 예외적인 경우를 제외하면 사용자가 이를 설명할 의무를 부담하지 않는다.[10)]

합의해지의 내용이 강행법규에 반하면 무효이며, 유효하게 체결된 합의해지는 원칙적으로 철회할 수 없지만(민법 제130조 1항 2문), 철회가 유보되어 있는 경우에는 그러하지 않다. 단체협약 중에는 1~3일의 고려(숙고)기간 중에 합의해지를 철회할 수 있도록 정하고 있는 경우도 있다.

---

10) BAG, Urt. v. 3.7.1990, AP Nr. 24 zu § 1 BetrVG. 동 판결에서는 35년간의 대기기간이 사업소연금의 수급요건인 것을 알지 못한 원고가 합의해지체결 시에 설명의무위반을 이유로 하는 손해배상을 청구한 사건에서 연방노동법원은 이러한 원고의 주장을 받아들일 수 없다고 판시했다.

2002년의 개정채무법 이래 소비자의 철회권(민법 제312조, 제123조)이 노동법상의 합의해지에도 적용되는지의 여부가 다투어졌는데, 연방노동법원은 통설에 따라 2003년 11월 27일의 판결에서 "합의해지의 당사자인 근로자는 소비자에 해당하지 않는다"라는 이유로 철회권을 부정하였다.

합의해지가 착오, 사기 또는 강박에 의한 경우에는 이를 취소할 수 있으나(민법 제119조, 제123조), 이 경우에는 취소를 주장하는 자가 취소사유를 입증하여야 한다. 합의해지의 법률효과에 관한 착오－예를 들어 즉시 실업수당을 받을 수 있으리라는 오신－의 경우에는 동기의 착오에 지나지 않으므로 취소의 사유가 되지 못한다. 그러나 합의해지를 유도하기 위해 '해고하겠다는 일종의 협박'에 대해서는 판례상의 법리인 "합리적인 사용자라면 해고하였을 경우"에 해당하는 경우에는 위법으로는 되지 않는다.

4. 프랑스

프랑스의 노동법에서는 몇몇 특별한 계약관계에 대하여 합의해지의 가능성을 규정하고 있는 것[11] 이외에는 합의해지(rupture d'un commun accord)에 관한 어떤 규정도 두고 있지 않다. 따라서 합의해지는 "근로계약은 일반법의 규정에 의한다"는 규정(L.121－1)에 따라 "당사자는 상호간의 승낙으로 약정을 해소할 수 있다"에 근거하여 적법한 것으로 인정된다.

그러나 근로자가 해고법상의 권리를 사전에 포기하는 것을 금지하고 있기 때문에, 가령 예를 들어 근로계약에 열거한 사유가 발생한 경우에는 근로계약이 자동적으로 해소되는 것으로 규정한 조항은 무효가 된다. 또한 산업재해나 직업병으로 인하여 근로계약이 정지되는 기간 중에 이루어진 합의해지도 위법·무효가 된다.

합의해지는 근로자의 자유로운 의사에 의하여 명확하게 하여야 하며, 합의에 하자(착오, 강박, 사기 등)가 없어야 한다. 합의해지에 일단 서명을 하게 되면 철회할 수 없는 것이 원칙이며, 당사자 사이에 법률과 동등한 효력이 발생한다.

이에 비해 '사직'이란 근로자가 기간의 약정이 없는 근로계약을 일방적으로

---

11) 예를 들어 유기근로계약에 대한 규정(L.122－38조) 및 시용(견습)계약에 대한 규정(L.117－17조) 등이 있다.

해소하는 행위를 말하며(L.122－4조), 사용자의 승낙을 필요로 하지 않는다. 근로계약의 해소가 '사직'에 해당되는지의 여부는 이를 주장하는 측에 있기 때문에 실무상에서는 사용자가 이에 대한 입증책임을 지는 경우가 대부분이다.

기간의 약정이 없는 근로계약을 체결한 근로자는 언제든지 사직의 의사표시를 할 수 있으며(L.122－4조 1항), 그 이유를 명시할 필요도 없으므로 서면이든 구두이든 상관없다. 하지만 사직에 대한 근로자의 의사표시는 진지하고도(sériuse) 자유롭게(libre) 그리고 애매하지 않고 명확하게(non équivoque) 해야 하며, 사직의 의사가 추정되어서는 아니 된다는 것이 판례의 입장이다. 또한 사직이 남용에 해당하는 경우에는 손해배상청구의 대상이 된다(L.122－13조 1항).

단체협약이나 관행상 사직의 예고기간이 존재하는 경우에는 이를 준수해야 한다(L.122－5조). 또한 사직의 의사표시가 착오, 사기, 강박 등에 의한 경우에는 의사에 결함이 있으므로 무효가 된다. 그리고 판례에 따르면, 사용자에게 책임이 있는 행위에 의해 근로자가 사직을 하지 않을 수 없게 된 경우(임금체불, 일방적인 근로계약의 변경, 위험한 조건하에서의 노무수행 등)에는 근로계약의 종료를 해고로 파악하고 있다.[12)]

또한 판례는 사직의 의사표시는 근로자의 자유롭고도 진지하며 애매하지 않은 의사에 의할 것을 요구하고 있기 때문에, 격노하여 사직의 의사표시를 한 경우,[13)] 사직의 의사표시 직후에 이를 철회한 경우[14)] 등에는 진지한 의사표시가 아니라고 판단하고 있다.

법이나 단체협약에서 사직에 대한 절차를 규정하고 있는 경우 또는 이러한 규정이 없는 경우에는 관행에 따라 예고기간을 준수할 것이 요구된다(L.122－5조). 하지만 이를 규정하는 법은 별도로 존재하지 않는다. 일반적으로는 단체협약이나 관행에 따라 예고의무나 그 기간을 정하고 있는데, 이러한 규정이 없는 경우에는 즉시해지가 가능하다고 해석하고 있다. 근로계약에서도 예고의무를 정할 수 있으나 단체협약이나 관행보다 긴 예고기간을 정할 수는 없다. 또한 판례 중에는 근로자가 아무런 예고 없이 근로계약을 즉시 해지한 경우, 당해 근로자

12) 파기원 사회부, 2002년 1월 29일 판결(Cass.soc., 29 Janvier 2002).
13) 파기원 사회부, 1999년 4월 7일 판결(Cass.soc., 7 avril 1999).
14) 파기원 사회부, 1997년 12월 10일 판결(Cass.soc., 10 décembe 1997).

는 예고기간 중에 노무를 수행하였더라면 받을 수 있었던 보수와 동일한 금액을 사용자에게 배상해야 한다고 한 사례[15]도 있다.

5. 영 국

영국에서는 사용자와 근로자간의 고용종료에 대한 진정한 합의가 있는 경우에는 이는 common law 및 제정법상의 '합의해지(termination by agreement)'로 해고에 해당되지 않는다. 그러나 합의해지의 의사표시가 사용자의 압력에 의한 것일 때에는 해고로 간주된다.[16] 이처럼 영국에서는 고용에 관한 진정한 합의가 있었는지 아니면 사용자의 압력에 의한 것인지를 판단하는 것은 매우 중요한 의미를 가진다. 왜냐하면 진정한 합의를 거치지 않은 해지는 제정법상의 해고규제를 일탈하기 때문이다.

사직(resignation)이란 근로자가 고용계약을 일방적으로 해지하는 행위를 말하며, 이에 대해서는 1996년 고용권법 제9장에서 주로 '예고의무'를 규정하고 있을 뿐이다. 근로계약 해지의 제한은 사용자의 해고예고의무와 같은 조문에 규정하고 있으며, 법정해고예고기간이 근속연수에 따라 구별됨에 비해, 근로자의 계약종료통지는 '1주일 이상'으로 균등하게 규정하고 있다.

1개월 이상 계속 고용된 근로자가 고용계약을 종료하고자 하는 경우에는 적어도 1주일 전에 예고를 해야 하며(고용권법 제86조 제2항), 동조는 일방 당사자의 행위를 이유로 예고 없이 고용계약을 종료시킬 수 있는 권리에 영향을 미치지 않는다(제86조 제6항).

고용계약의 종료에 대한 예고기간을 양당사자가 약정으로 합의하는 것은 가능하지만, 너무 장기간으로 하면 근로자에게 불리하므로 판례에서는 이를 4주 이내로 제한되게 해석하고 있다. 그 이유는 금품청산과는 별도로 근로자가 사용자에게 손해배상을 하는 것을 제한하기 위함이며, 동조는 근로자의 의사에 의한 사직에만 적용될 뿐 사용자의 의무위반을 이유로 한 사직에는 적용되지 않는다.

위의 법령에 위반할 경우, 이론적으로는 사용자가 근로자에 대하여 계약종료

15) 파기원 사회부, 1986년 12월 8일 판결(Cass.soc., 18 décembe 1986).

16) J. Bowers, Textbook on Labour Law 8th ed.(Oxford University Press, 2004), p.82; D. J. Lockton, Employment Law 4th ed.(Palgrave Macmillan, 2003), p.220.

통지기간에 대한 손해배상의 청구가 가능하나, 실제로는 금품청산 시에 계약종료통지기간에 대한 임금을 공제하고 지급한다. 이 때, 주급의 산정은 해석상 주급의 상한(고용권법 제227조: 최대 £270)의 적용대상이 된다.

사용자가 고용계약을 위반한 경우에는 당해 사용자의 행위는 이행거부로 간주되며, 이때에 근로자는 사용자의 이행거부를 이유로 예고 없이 즉시 고용계약을 종료할 수 있다. 이 경우에 근로자가 예고 없이 한 사직은 사용자에 의한 해고로 보아 소위 '준(準)해고(constructive dismissal)'로 간주될 수도 있다(고용권법 제96조 1항).

사직의 철회(Cooling off)제도에 대해서는 관련법령은 존재하지 않지만, 판례법으로 cooling off제도를 인정하고 있다.[17]

6. 미 국

미국에서는 합의해지에 대한 규정은 몇몇 주[18]를 제외하고는 별도로 두고 있지 않다. 따라서 합의해지는 common law에 따라 기간의 약정이 없는 고용계약은 계약당사자가 언제든지 자유롭게 해지할 수 있는 것이 원칙이다. 단, 고용계약 당사자가 사직 등에 대하여 특별한 합의가 있는 경우에는 그 합의가 강행법규나 공서양속에 반하지 않으면 이에 구속될 수 있다.

따라서 이러한 합의(규정)가 있는 경우, 근로자가 예고 없이 합의해지를 하게 되면 이에 따른 손해를 사용자에게 배상하여야 한다. 그러나 이러한 경우는 실제로 거의 없으며, 역으로 예고 없이 즉시 해고된 근로자가 해고예고의무 위반을 이유로 사용자에게 손해배상을 청구하는 사례가 대부분이다.

근로자의 개인적인 사정으로 인한 퇴직의 경우에는 employment handbook 등에서 2주간으로 정하는 경우가 많은데, 이는 업무의 인수인계 및 후임자의 선정, 건강보험·의료보험·연금 등과 같이 사용자가 제공한 복리후생제도에

17) Mowat－Brown v. University of Surrey(2002) 사건(IRLR 235)의 취지를 보면, 계약종료통지기간 내에 근로자는 자신의 의사를 철회할 수 있고 이는 판례법의 원칙상 인정된다는 의미로 파악된다.

18) 예를 들어 California주나 Maine주, Massachusetts주 등에서는 근로계약의 해지 및 해고에 대하여 별도의 규정을 두고 있다. 상세한 것은 Albin L. Goldman, Labor and Employment Law in The United States, p.78 참조.

관련되는 절차를 거치는데 2주간 정도가 소요되기 때문이라고 한다.

Ⅳ. 준해고(의제해고)

1. 현행 제도의 내용과 문제점

사용자가 근로자에 대하여 퇴직을 권장하여 근로자가 합의해지를 유도하거나 개인적인 사정을 이유로 사직을 하는 경우가 있다. 이러한 퇴직형태는 'IMF' 이후 구조조정을 거치면서 이미 우리에게 친숙하게 되었는데, 소위 '명예퇴직' 중에는 이러한 형태의 퇴직도 상당수 있으리라 예상된다.

근로자가 퇴직할 때 사용자의 권장이 있었다 하더라도, 근로자가 자유로운 의사로 이에 응하여 퇴직을 하는 경우에는 특별히 문제가 되지 않는다. 또한 사용자의 악질적인 퇴직강요나 사기, 강박 또는 착오로 한 의사표시의 경우에도 이를 취소할 수 있으므로 이 또한 그다지 문제로 되지 않는다.

문제는 근로자가 사용자에 의한 집요한 퇴직강요나 따돌림(소위 '왕따'), 오지나 한직으로의 전출, 성희롱 등에 의하여 사직을 한 경우이다. 왜냐하면 이 경우에는 근로자가 퇴직의 사유인 사용자의 행위를 입증하기도 곤란할 뿐만 아니라, 가령 어렵게 입증을 한다 해도 이러한 행위가 사기나 강박 등과는 달리 법적으로 주장하기가 힘든 사실행위에 해당하기 때문에 법적구제를 기대하기가 어렵다. 또한 근로자가 분발하여 주장이 받아지더라도 불법행위에 따른 다소의 위자료를 받는데 그칠 뿐 퇴직 그 자체를 무효로 할 수는 없다. 따라서 현행 법제도 하에서 불행하게도 사용자가 아무리 괴롭히더라도 근로자는 '해고'될 때까지 이를 악물고 참는 수밖에 없다. 그러면 위자료에 더하여 임금을 받을 수도 있기 때문이다.

이러한 문제를 해결하기 위해서는 합의해지나 사직이 일정한 요건을 충족하는 경우에는 해고 또는 해고에 준하는 것으로 취급하여 법적 구제를 하는 방안을 생각할 수 있는데, 영미법 및 일본에서 말하는 '준해고(準解雇)' 및 '의제해고(擬制解雇)'가 바로 그것이다.

2. 주요 외국제도의 연구

(1) 영미법상의 준(準)해고

1) 준해고의 개념

영미법에서 말하는 '준해고(constructive dismissal, constructive discharge)'란 근로자의 의사표시로 고용이 종료되었다 하더라도, 그것이 근로자의 진의에 의한 것이 아니라 사용자의 의도적인 퇴직유도에 의한 경우에는 이를 해고로 간주하는 것을 말하며, 준해고에 대해서는 해고로 간주하여 법적 구제를 하고 있다.

영국에서는 1971년 「노사관계법(Employment Protection Act)」에서 처음으로 불공정해고(Unfair Dismissal)제도를 도입한 이래, 1974년의 「노동조합 및 노동규제법(Trade Union and Labour Regulations Act)」하에서 의제해고를 인정하는 판례가 나왔으며, 그 후 준해고의 법리가 다소 수정되었으나, 그 내용의 기본골격은 1996년의 「고용권법(Employment Right Law)」에 그대로 계수되어 오늘에 이르고 있다.[19]

동법 제95조 1항에 의하면 「(a)사용자가 고용하고 있는 근로자와의 계약을 종료시킨 경우(이때 예고를 했는지의 여부와는 상관없음), (b)근로자가 기간의 약정이 있는 계약으로 고용되어 그 계약기간 만료 후에 갱신되지 않는 경우, (c)근로자가 사용자의 행위를 이유로 예고 없이 그 계약을 종료시킬 수 있는 상황하에서 당해 계약을 종료시키는 경우(이때 예고를 했는지의 여부와는 상관없음)에는 해고에 해당한다.」라고 정의하고 있다.

이 중 (a)는 common law상의 해고의 개념에 상당하는 것이며, (b)는 기간의 약정이 있는 계약을 자동적으로 종료하는 경우에 해고로 간주하는 것으로, 이 규정은 1999년의 「고용관계법(Labor Relation Law)」제18조 1항에 의하여 폐지되었다. 여기서 (c)가 바로 준해고에 해당하는 규정인데, 이는 common law상 사용자의 이행거절에 해당하는 행위가 있는 경우, 근로자는 이를 승인하고 고용을 종료시킬 수가 있기 때문에 이 경우의 근로자에 의한 고용의 종료를 해고로 간

19) 영국법의 준해고의 개념에 대해서는 Martin Edwards, Dismissal Law－A Practical Guide for Management－2nd. Ed.,(Kogan Page, 1991), pp. 43－53; Christopher Osam, Butterworths Employment Law Guide, (Butterworths, 1996), p.358 참조.

주하도록 한 것이다.

영국에서는 준해고의 개념을 법에서 규정하고 있는데 비해, 미국에서의 준해고는 판례를 통하여 형성된 법리이다. 미국에서는 사용자가 근로자를 해고를 하면 퇴직수당(severance pay)을 비롯하여 여러 가지 혜택(benefit)을 부여해야 하기 때문에 이러한 의무로부터 회피하기 위한 수단으로 근로자의 자발적 퇴직을 유도하도록 하는 경우가 종종 있다.[20]

이에 미국에서는 사용자가 근로자로 하여금 견디기 어려운 근로조건을 부과한 다음 근로자의 자발적 퇴직을 유도하여 종료시킨 경우에 이를 준해고로 간주하고 해고와 동일한 법적구제를 하고 있다.[21]

2) 준해고의 유형

준해고의 유형에 대해서는 이를 별도로 규정하고 있지 않기 때문에 주로 판례를 통하여 구체적화 되어 왔다.

우선 영국에서는 크게 사용자가 '적극적인 명시의무'에 위반하는 유형과 '소극적인 부작위의무'에 위반하는 유형으로 대별된다. 전자에 해당하는 것으로는 ① 약정된 임금을 체불하는 행위, ② 법률이나 계약으로 정한 직장 내의 안전의무 및 환경제공의무를 해태하는 행위, ③ 합리적인 고지 없이 배치전환을 하는 행위, ④ 근무지 및 직무내용, 직위의 일방적 또는 중대한 변경 등이 있다.[22]

후자에 속하는 것으로서는 ① 성희롱을 포함한 동료들로부터의 따돌림(괴롭힘)을 묵인하는 경우,[23] ② 언어폭력,[24] ③ 관리직을 부하의 면전에서 면박을 주어 자존심을 상하게 하는 경우,[25] ④ 적정한 직장환경을 제공하지 않는 경

20) Robert N. Covington, Kurt H. Decker, Individual Employee Rights in a Nutshell, (West Pub. 1995), pp.341－342.
21) 미국법상의 준해고의 개념에 대해서는 Brian Grosman, What is Constructive Dismissal?, Grosman, Grosman Gale, (1996) 참조.
22) Steven D Anderman, Labour Law: Management decisions and workers' rights, (Butterworths, 1993), p.127.
23) *FC Gardner Ltd v. Bersford*, (1978) IRLR 63, EAT, *Garner v. Grange Furnishing Ltd*, (1977) IRLR 206, EAT.
24) *Palmanor Ltd v. Cerdron*, (1978) Industrial Cases Reporters (ICR) 1008, EAT.
25) *Associated Type Specialists Ltd v. Waterhouse*, (1977) ICR 218, EAT.

우,[26] ⑤ 안전문제에 대한 합리적인 고충을 무시하는 경우,[27] ⑥ 과로(過労)자를 배려하지 않는 경우,[28] ⑦ 사소한 실수에 대하여 징계와 관련하여 억지를 쓰거나 트집을 잡는 경우[29] 등이 있다.

미국에서는 ① 약정한 업무와는 다른 업무를 새로 부과하는 등 업무의 내용을 실질적으로 변경하는 경우,[30] ② 정당한 이유 없이 강등시키는 경우,[31] ③ 직장 내의 따돌림이나 괴롭힘을 조장하거나 방치하는 경우, ④ 고용관계의 본질적 조건을 근본적으로 변경하는 경우[32] 등이 이에 해당한다.

3) 법적구제

영미법 체재 하에서는 준해고도 해고인 이상 해고에 상응하는 법적구제가 이루어지고 있다. 그러나 준해고를 포함한 해고일반에 대한 구제방법을 보면, 대하여 우리나라처럼 원직복귀의 구제명령을 내리는 경우는 매우 드물고 해고사건의 대부분은 금전보상의 형태로 종결되는 것이 일반적이다.

예를 들어 영국의 고용심판소(Employment Tribunal)가 준해고를 포함한 불공정해고사건에 대하여 내린 구제내용을 보면, 원직복귀(reinstatement)나 재고용(re－employment)을 명하는 경우는 1～2할 수준으로 극히 드물며, 대부분의 사건은 금전보상(compensation)의 형태로 종결되고 있다.[33] 그 이유로는 사용자가

---

26) *Graham Oxley Tool Steels Ltd v. Firth*, (1976) IRLR 9, EAT.
27) *British Aircraft Corp Ltd v. Austin*, (1978) IRLR 332, EAT.
28) *Seligman and Lats Ltd v. McHugh*, (1982) IRLR 130, EAT.
29) *Robbinson v. Crompton Parkinson Ltd.* (1978) ICR 401, EAT.
30) 스포츠프로의 종합사회자(anchor)겸 공동제작자로 근로계약을 체결한 후 2개월 뒤에 학교와의 관계구축, 중계방송, 접대, 사무 등등의 업무를 새로이 부과한 다음, 30일 이내에 결과를 제출하도록 하는 것은 사실상 수행이 불가능한 업무를 강요하는 불합리한 것으로 의제해고에 해당한다고 한 사례로 *David Sanders v. May Broadcasting Co.*, 336 N. W. 2d 92 (Neb. 1983) 등이 있다.
31) 특정 지위에서 직무를 수행하기로 한 고용계약에서, 직무의 실질적 변경이나 또는 직위의 현저한 격하는 준해고를 해당하며, 맡은 직책은 동일하더라도 권한이나 명예의 저하가 있는 경우에도 동일하다고 한 사례로서 *David Sanders v. May Broadcasting Co.*, 336 N.W.2d. 92, 95(Neb. 1983)가 있다.
32) 이에 해당하는 것으로는 고용관계의 본질적 조건을 근본적으로 변경하는 사례로서는, ① 통근이 불편한 원격지로의 배치전환, ② 기업 내 직급에서의 지위나 책임의 저하를 수반하는 강등, ③ 급여·상여·복리후생의 현저한 절하 등이 있다(Mathew W.Finkn, Alvin J.Goldman, Clyde W.Summers, Legal Protection for the Individual Employee, West Pub.[1989], p.220).
33) 영국 고용심판소에 의한 불공정해고에 대한 구제현황에 대해서는 이정, "不当解雇에 대한 司法

원직복귀나 재고용 명령을 거부하더라도 이행을 강제할 법적 권한이 고용심판소에 없을 뿐만 아니라, 사용자의 의사에 반하여 원직복귀나 재고용을 강제하는 것 자체가 법률의 일반원칙에 반하기 때문이다.[34]

이러한 경향은 미국에 있어서도 마찬가지이다. 즉 미국의 법원은 개인 간의 법률관계를 강제하는 복직명령을 내리는 것에 소극적이므로,[35] common law상의 구제는 손해배상뿐이다. 다만, 신분이 보장되는 사립대학교원을 해고한 사안에서 형평(equity)법상의 특정이행으로서 복직명령을 내린 적이 있는데, 이러한 것은 극히 예외적인 경우이다.[36]

⑵ 일본법상의 의제해고

1) 의제해고의 개념

'의제해고(擬制解雇)'란 영미법상의 준해고에 상당하는 것으로서, 이에 대해서는 별도의 규정이 존재하지 않을 뿐만 아니라 판례상 확립된 법리가 있는 것도 아니다. 의제해고란 용어는 일본의 小西国友(코니시쿠니토모) 교수가 1960대의 그의 논문[37]에서 사용하기 시작하면서부터 다른 문헌에서도 이 용어를 사용하기에 이르렀다.

동 교수에 따르면, 의제해고를 "합의해지가 사용자의 일방적인 이니셔티브에 의하여 체결된 경우에는 사용자의 일방적인 이니셔티브에 의한 해고를 제한하고 근로자를 보호하려는 노동기준법 및 판례법의 목적에 비추어 이를 해고로 간주하는 것이 합목적적이다"라고 정의한 다음, 이러한 행위에 대해서는 해고와 동일한 법적구제를 해야 한다고 주장하고 있다.

또한 의제해고분야에 있어 위의 小西 교수와 더불어 가장 선구자적인 小宮

救済 및 法的效力, 『노동법학』, 한국노동법학회, 2001, 50면 이하; 李鋌, 『解雇紛争解決の法理』, 信山社, 2001, 39頁 이하 참조.

34) D. J. Lockton, Employment Law 4th ed.(Palgrave Macmillan, 2003), p.62.

35) Mathew W. Finkn, Alvin J.Goldman, Clyde W.Summers, Legal Protection for the Individual Employee, 220 West Pub.(1989)

36) *American Ass'n of University Professors v. Bloomfield College*, 129 N.J.Super. 249, 322 A.2d 846(1974) affirming 136 N.J.Super 442, 346.A.2d 615(App.Div.1975); Finkn, Goldman, Summers op. cit., p.220.

37) 小西国友, 『労働契約の合意解除』, 有泉古稀, 『労働法の解釈理論』, 有斐閣, 1976; 同, "退職勧奨と合意解約", 『労働法の争点(新版)』, 有斐閣, 1990.

文人(코미야후미토) 교수는 의제해고를 다음과 같이 그 개념을 규정한 다음 이에 대한 법적구제를 주장하고 있는데, 법적구제에 있어서 위의 小西 교수와는 달리 불법행위에 따른 손해배상을 주장하는 것이 다르다.

즉 "사용자의 퇴출의도에 기초하는 행위에 의해서 근로자가 퇴직을 했다고 할 수 있는 경우에는, 당해 퇴직이 노사의 합의해지에 의한 것인지 근로자의 해지고지에 의한 것인지를 불문하고, 사용자에게 해고를 정당화할만한 사유가 존재하지 않는 한, 당해 사용자와의 행위와 고용의 종료는 해고로 간주하여야 한다."라고 규정한 다음, 이와 같은 사용자의 퇴직권장행위에 대하여는 일정 범위내에서 불법행위로 구성하여 손해배상을 인정해야 한다고 주장하고 있다.[38]

2) 의제해고의 유형

일본에서는 전술한 바와 같이 의제해고에 대한 규정을 별도로 두고 있지 않을 뿐만 아니라, 이를 정면으로 인정한 판례도 아직까지 발견되지 않는다. 다만, 사용자의 집요한 퇴직권장행위와 관련하여 이를 불법행위에 해당한고 한 최고재판소 판례 등은 다소 있다.[39] 이를 근거로 의제해고를 유형별로 정리하면 다음과 같다.

사회적상당성을 일탈한 형태로 반강제적 내지 집요한 퇴직권장행위는 불법행위를 구성할 가능성이 있는데,[40] 예를 들어 사용자의 직접적인 퇴직권장행위와 관련하여 ① 직장 내에서의 폭행・각종 압력・괴롭힘에 의한 퇴직강요행위를 불법행위로 인정한 사례,[41] ② 근로자의 자유로운 의사형성을 방해하거나 또는 명예・감정 등을 손상시키는 언동에 대하여 불법행위를 인정한 사례[42] 등이 있으며, 근로자의 인격권보장－특히 '직장 내에서의 따돌림이나 괴롭힘'과 관련

38) 小宮文人, "解雇制限法", 『日本労働法研究雑誌』, 446号(1997), 24－27頁.

39) 下関商業高校事件—最一小判昭55・7・10, 『労働判例』, 345号, 20頁; バック・オブ・アメリカ・イリノイ事件—東京地判平7・12・4, 『労働判例』, 706号, 69頁.

40) 小西国友, "退職勧奨と合意解約", 『労働法の争点(新版)』, 有斐閣, 1990, 208頁; 原審・広島高判1978・1・24, 『労働判例』, 345号, 22頁; 第一審・山口地下関支判1975・9・28, 『労働判例』, 213号, 63頁; 最判1981・7・10, 『労働判例』, 345号, 20頁: [評釈] 山田耕造, "退職勧奨—下関商業高校事件", 『別冊ジュリスト』, 134号, 『労働判例百選(第6版)』, 有斐閣, 1995, 146頁: 馬渡淳一郎, "退職勧奨と不法行為", 『ジュリスト増刊・1981年度重要判例解説』, 有斐閣, 1981, 258頁: 塩野宏, "公務員と肩たたき", 『月刊法学教室』, 1号(1980), 60頁.

41) 千葉地判平1994・1・26, 『労働判例』, 647号, 11頁.

42) 熊本地八代支判1978・3・9, 『労働判例』, 283号, 62頁.

하여 ③ 정당한 이유 없이 업무를 부여하지 않거나 이를 박탈하는 행위,[43] ④ 성희롱행위,[44] ⑤ 집요하게 시말서를 요구하는 행위,[45] ⑥ 무의미한 노동을 시키는 행위[46] 등에 대하여 불법행위를 인정한 사례가 있다.

3) 법적 구제

고용계약이 사용자의 '퇴직권고' 내지 '직장에서의 사직의 압력수단으로서의 따돌림이나 괴롭힘'에 의하여 종료된 경우, 이러한 사용자의 퇴직권고행위가 사기나 강박(민법 제110조) 또는 비진의 의사표시(민법 제107조) 등에 해당하는 경우에는 퇴직의 의사표시의 하자를 이유로 이에 대한 무효나 취소를 주장하고, 종업원으로서의 지위확인 및 임금지불을 청구할 수 있는 길이 있다.

그러나 사용자에 의한 집요한 퇴직권장행위가 근로자 스스로가 퇴직하도록 유도하는 '사실행위'로 해석되는 한, 순수한 계약법이론에 의한 구제는 어려우며 사실행위를 규정하는 현행법제도 하에서는 위에서 논한 바와 같이 불법행위에 의한 구제밖에 없다. 다시 말해서 사용자의 집요한 퇴직권고나 직장 내에서의 따돌림이나 괴롭힘 등을 참기가 어려워 스스로 사직한 근로자에 대해서는 해고금지규정(노동기준법 제18조의 2)나 판례법상의 '해고권 남용의 법리'가 적용될 여지가 없다.

다시 말해서 의제해고의 경우, 현행법제 하에서는 퇴직 그 자체를 무효로 할 수가 없으므로 퇴직권장행위의 불법행위성을 이유로 한 손해배상을 청구하는데 그치며 부당해고의 경우처럼 복직을 명하는 구제명령은 기대할 수가 없다. 더구나 불법행위에 따른 손해배상을 인정하는 경우에도 정신적 손해에 대한 저액의 위자료지불을 명하는 것에 그치고 있어 의제해고에 대한 충분한 구제가 이루어지고 있지 않는 것이 현실이다.[47]

그럼에도 불구하고 일본 내에서 의제해고에 대한 문제가 공론화되고 있지 않는 이유는 의제해고에 대한 입법이나 판례법리가 확립되어 있지 않을 뿐만

43) 東京高判平1993・11・12, 『判例タイムズ』, 849号, 206頁.
44) 福岡地判1992・4・16, 『判例タイムズ』, 783号, 60頁.
45) 東京地八王子支判1990・2・1, 『判例タイムズ』, 725号, 117頁.
46) 福岡高宮支判1989・9・18, 『判例タイムズ』, 696号, 138頁.
47) 小宮文人, "切られてたまるか－嫌がらせをしてやめさせないで", 『法学セミナー』, 493号, 1997, 94頁.

아니라 이를 법적으로 다투기에는 재판소의 문턱(시간과 코스트에 대한 부담)이 너무 높기 때문이다.[48] 이에 회사 내의 문제는 가능한 한 원만하게 처리하려는 일본인들의 의식 또한 한몫을 하고 있다고 여겨진다.[49]

Ⅴ. 입법적 해결방안의 모색

1. 사직의 경우

위에서 검토한 바와 같이 근로자가 사용자의 권고나 일시적인 흥분상태에서 퇴직의사를 밝힌 후, 나중에 이를 후회하여 소송으로 다투는 경우가 적지 않은데, 이러한 불필요한 분쟁을 방지하기 위하여 다음과 같은 두 가지 제안을 하고 싶다.

첫째, 근로자가 합의해지의 청약이나 사직의 의사표시를 한 다음 일정기간 동안 그 효력이 발생하지 않는 것으로 하여, 그 기간 동안에는 근로자가 철회를 할 수 있도록 하는 소위 '쿨링오프(cooling off)'제도의 도입을 검토할 필요가 있다고 본다. 문제는 그 기간을 어느 정도로 할 것인가가 문제로 되는데, 이에 대해서는 철회했을 때의 인사문제 및 업무의 계속적 수행성 등을 참고로 했을 때, 1주일(근로일) 정도가 가장 바람직하지 않을까하고 생각한다.[50]

둘째, 퇴직의 의사표시가 합의해지에 해당하는지 아니면 사직에 해당하는지를 분명히 하기 위하여 퇴직을 신청할 경우에는 반드시 서면으로 하도록 하거나 또는 취업규칙에 퇴직절차와 관련하여 제출서류 및 제출기관 등에 관한 사항을 필요적 기재사항으로 하는 것도 생각할 수 있다. 이와 동시에 근로자가 합의해지를 청약한 경우에는 이에 대한 사용자의 승낙도 반드시 서면으로 근로자에게 통지하도록 하면, 의사표시의 해석을 둘러싼 불필요한 분쟁은 어느 정도

---

48) 일본 재판소에 있어서의 분쟁해결실태에 대해서는 菅野和夫, 『新・雇用社会の法』, 有斐閣, 2002, 372頁 以下; 李鋌, 『解雇紛争解決の法理』, 信山社, 2001, 66頁 以下 참조.

49) 梅谷真人, "'職場いじめ'による自己都合退職者の救済", 『労使分争の実際とその解決』, 東京大学法学部研究室, 1999, 180頁.

50) 참고로 일본의 '향후 근로계약법제의 바람직한 방향에 대한 연구회'에서는 2005년 4월의 「중간보고서」에서는 '8일의 cooling off 기간'을 제안한 바 있으나, 2005년 9월의 「노동계약법(시안)」에서는 이를 더욱 단축한 '5일의 cooling off 기간'을 제안하고 있다.

예방할 수 있으리라 기대된다.

2. 준(의제)해고의 경우

위에서 논한 준해고 및 의제해고와 관련하여 우리나라도 예외일 수는 없다. 모두에서도 이미 언급하였듯이, 특히 IMF이후에는 구조조정이 일상화되면서 많은 근로자들이 '명예퇴직'이란 이름하에 직장을 떠나고 있는데, 그 중 상당수는 사용자의 사퇴강요나 퇴직종용에 의한 것이라고 예상된다. 이러한 현실을 감안할 때 우리나라도 이에 대한 대안을 강구해야 할 시점에 왔다고 생각한다. 이에 대한 개인적 견해를 간단히 정리하면 다음과 같다.

첫째, 준해고 내지 의제해고에 대한 개념을 명확히 정립해 둘 필요가 있다고 생각한다. 왜냐하면 이는 후술하는 입법론적 대안에서는 구체적인 내용이 될 것이며, 해석론적 대안에서는 구체적인 판단기준이 되기 때문이다. 이에 여기서는 「① 사용자의 퇴출의도에 기초하는 행위에 의하여 근로자가 퇴직을 한 경우에는, ② 그 퇴직이 근로자에 의한 합의해지인지 또는 사직인지를 불문하고, ③ 사용자에게 해고를 정당화할만한 사유가 존재하지 않는 한, 당해 사용자의 행위 및 고용의 종료는 해고로 간주한다.」라고 정의해 두고자 한다.

둘째, 제도개선에 대한 구체적인 방법론으로는 위의 개념을 입법화하는 방법과 법해석상에 이를 반영시키게 하는 방법이 있을 수 있다. 전자의 경우에는 해고의 개념을 보다 넓게 해석하여 현행 근로기준법상의 해고와 똑같은 법적효력을 부여하고 구제를 받게 하는 방안을 생각할 수가 있다. 그러나 이 방법은 매우 명쾌하고 간단하나, 사용자의 반발도 만만찮으리라 예상되므로 현실적으로는 어렵다고 본다.

후자의 경우에는 해석론 상에서 준해고(내지 의제해고)의 법리를 확립해 나가는 방안을 생각할 수 있다. 즉 재판실무에서 위에서 정의한 준해고(내지 의제해고)에 해당하는 경우에는 불법행위를 인정하여 적절한 보상을 하도록 유도하는 것이다. 이 방법은 퇴직 그 자체를 무효로 하여 원직복귀를 명하는 것이 아니기 때문에 사용자 측에서 보면 전자에 비해 다소 반발이 적으리라 예상된다. 하지만 현행 법제도의 틀 내에서 과연 재판실무자들이 이러한 판단을 해줄 수 있는지에 대해서는 여전히 의문이 남는다.

쟁의행위와 손해배상

노조법 제2·3조 개정안(노란봉투법)에 대한 검토

Ⅰ. 논의의 배경

더불어민주당과 정의당은 2022년 대우조선해양 하청지회 불법파업 및 하이트진로 화물연대 불법점거를 계기로 '노동조합 및 노동관계조정법(노조법)'을 개정하여, 파업손실에 대한 손해배상청구 및 가압류를 제한하는 소위 '노란봉투법'을 발의했다. 이 법은 지난 19, 20대 국회에도 상정된 적이 있지만, 논의조차 못한 채 폐기된 바 있다. 그러나 이번에는 거대 야당이 패스트트랙(신속처리안건)을 통해서라도 입법을 강행처리하여 환노위를 통과하자 이에 여권과 경영계가 강하게 반발하고 있어 적지 않은 진통이 예상된다.

야당 측이 제안한 법안은 현재 7개가 국회에 상정되어 있었는데, 환노위를 통과한 법안의 내용을 대략적으로 요약하면, ① 사용자의 개념을 소위 '실질적 지배력설'에 근거해 근로계약 체결 당사자 외에도 '근로조건에 대해 실질적, 구체적으로 지배, 결정할 수 있는 지위에 있는 자'로 확대한 점, ② 합법적인 노동쟁의의 범위를 '근로조건에 관한 주장의 불일치로 발생한 분쟁'으로 확장한 점, ③ 불법행위에 대해 손해배상을 청구하는 경우에도 당해 노동조합이 아니라 파업에 참가한 조합원 개인에게 귀책 사유와 기여도 등을 따져 개별적으로 책임 범위를 정하도록 한 점 등을 핵심적인 내용으로 하고 있다.

Ⅱ. 핵심쟁점에 대한 검토

1. 쟁의행위 대상의 확대

현행 노조법(제2조 제5호)은 '노동쟁의'의 개념을 "임금·근로시간 등 근로조건의 결정에 대해 당사자 간의 주장의 불일치로 자주적 교섭을 통한 해결이 어려운 상태"라고 정의하고 있다. 따라서 향후의 권리설정을 위한 '이익분쟁'은 노동쟁의의 대상으로 되지만, 정리해고와 같이 이미 확정된 사항을 다투는 '권리분쟁'은 그 대상이 될 수 없는 것이 대법원의 입장이다.

한편 <노조법 개정안(이하, 개정안)>은 노동쟁의의 개념을 근로조건 뿐 아니라 '노동관계 당사자 사이의 주장의 불일치'로 확대하고 '자주적 교섭으로 해결이 어려운 경우'라는 단서를 삭제했다. 따라서 <개정안>에 의하면, 권리분쟁과 정치적·사회적 사안까지 노동쟁의의 대상이 될 수 있으며, 노사합의보다는 쟁의행위를 통한 해결을 시도하기 때문에 산업현장의 혼란은 더욱 가중될 수 있다.

더욱이 <개정안>에서는 소위 '실질적 지배력설'에 근거하여 근로계약관계가 없더라도 근로조건 및 노조활동에 영향을 줄 수 있는 자까지 사용자의 개념에 포섭함으로써 원·하청관계까지 무분별하게 쟁의행위에 가담될 우려가 있다. 이는 종전 대법원판례의 입장과도 상반되고 법적 안정성을 해칠 우려가 있어 염려된다.

2. 불법파업에 대한 손해배상청구 제한

현행 노조법은 헌법상의 노동3권을 보다 실질적으로 구현하기 위해 정당한 단체교섭이나 쟁의행위로 인한 손해에 대해서는 노조나 근로자에게 그 배상을 청구하지 못하도록 민·형사상의 면책을 두고 있다(제3조, 제4조). 그러나 불법쟁의의 경우에는 노조는 물론 파업을 기획·지시한 노조간부(단순 가담자는 제외)에 대해서는 민사책임을 물을 수 있는 것이 원칙이며 대법원의 입장이다.

한편 <개정안>은 사용자의 과도한 손해배상소송 및 가압류로 인하여 노조활동이 위축되고 조합원이 생계곤란을 겪는 등 노동기본권 자체가 위협당하고 있으므로 손해배상을 청구하는 경우에도 당해 노동조합이 아니라 파업에 참가한 조합원 개인에게 귀책 사유와 기여도 등을 따져 개별적으로 책임 범위를 정하도록 하고 있는데, 사용자의 입장에서 보면 불법행위에 따른 손해를 개인별 귀책 사유 등을 물어 소송에서 입증하기란 쉽지 않다. 따라서 이에 대해서는 사실상 손해배상 청구를 어렵게 하는 것이나 다름없다는 비판도 제기되고 있다. 또한 이 주장은 노동기본권에 대한 오해에서 비롯된 무리한 법해석으로, 종전 판례의 입장에 배치되며 기존 법질서의 근간을 뒤흔드는 것으로 현행 법체계 내에서는 수용하기 어렵다.

또한 <개정안>과 관련하여 불법쟁의에 대한 가압류 제한을 명문화하자는 주장이 있는데, 노동쟁의와 같은 특정 사안에 대해서만 가압류를 제한하는 법리적 근거가 부족하며, 가령 이를 수용한다고 해도 지나치게 노조 및 조합원을 보호한다는 비판을 면하기 어렵다.

3. 손해배상액 제한 및 경감청구

불법파업으로 생긴 영업이익의 손실 및 고정비용의 지출 등 당해 행위와 상당인과관계가 있는 손해에 대해서는 노조는 물론 이를 기획 · 지시한 노조간부(단순 가담자는 제외)에 대해 민법 제750조(불법행위)에 의해 손해배상을 청구할 수 있다는 것이 대법원의 입장이다.

이에 대해 일각에서는 노조에 대해 손해배상을 청구하는 경우에도 노조의 존립을 어렵게 할 경우에는 배상책임을 부과할 수 없도록 하고, 노조의 재정상태 등을 고려하여 손해배상액의 상한선을 정하도록 할 것 등을 제안하고 있는데, 이는 노사대등의 원칙에 반할 뿐만 아니라 원상회복을 원칙으로 하는 손해배상 법리에도 어긋나므로 수용하기 어렵다.

Ⅲ. 비교법적 검토

1. 영 국

영국은 쟁의행위에 대한 책임이 근로자 개인의 경우와 노조의 경우로 나누어 논할 필요가 있다. 우선 근로자 개인의 경우, 불법쟁의에 참가한 조합원은 고용계약 위반 및 공모(conspiracy)법리에 의해 연대책임을 지게 된다. 노조의 경우에는 전통적으로 단체책임을 면책하는 상태가 지속되다가 1971년 '노사관계법(Labour Relations Act)'에서 노조의 불법행위에 대한 손해배상청구를 인정한 이래 이 원칙이 유지되고 있다. 단 영국에서는 조합기금 보호 차원에서 조합원 수에 비례하여 손해배상액의 상한을 두고 있는데, 종전에는 25만￡＜약 3억 9,600만원＞이었으나, 2022.7.21.법개정을 통해 100만￡＜15억 8,100만원＞으로 상향 조정했다.

2. 독 일

독일은 영국과는 달리 권리능력 없는 사단에 대해서는 불법행위 책임을 면책하는 것이 일반화되어 있었기 때문에 노조에 대한 책임을 둘러싼 논란은 거의 없었다. 그러나 1919년 바이마르체제의 성립과 노조의 사회적 지위가 향상됨에 따라 노조에 대한 사회적 책임이 요청되면서, 불법쟁의에 대한 근로자 책임은 BGB 제31조(사단법인의 책임) 및 제831조(사용자 책임)에 의해 단체책임으로 귀속되어, 쟁의행위를 추진·조직·지도한 노조간부와 연대책임을 지게 되었다. 다만 이 때 단순가담자는 책임을 지지 않는 것이 일반적이다.

3. 프랑스

프랑스에서 단결권은 기본적으로 개인의 권리로 간주되므로, 불법쟁의에 대한 책임도 개인 근로자가 지는 것이 원칙이다. 따라서 불법쟁의에 참가한 조합원은 민법상 불법행위 또는 근로계약상 채무불이행에 따른 손해배상책임을 지게 된다. 다만, 노조가 불법파업을 주도·지시한 경우에는 예외적으로 그 책임이 인정된다. 한편, 파업권과 관련하여 노조에 대한 손해배상소송이 증가하자 1982년에 사회당은 모든 단체행동에 대한 손해배상청구를 제한하는 입법을 추진한 바 있으나, 헌법위원회(Conseil constitutionnel)의 위헌결정으로 실패했다.

4. 일 본

일본은 우리와 같이 정당한 쟁의행위에 대해서는 민·형사상 면책이 되나(노동조합법 제8조), 불법쟁의의 경우에는 사용자는 근로자의 노무제공거부에 대해 근로계약상 채무불이행에 따른 손해배상을 청구할 수 있다(민법 제415조). 또한 사업장 불법점거에 대해서는 사용자의 소유권 침해에 따른 불법행위 책임을 물을 수 있으며, 당해 행위를 지지한 조합간부에 대해서도 공동불법행위자로서 배상책임이 발생한다(민법 제719조).

Ⅳ. 결론에 갈음하며

쟁의행위로 인하여 회사가 막대한 피해를 입은 경우, 이를 주도한 노조나 근로자에게 그 책임을 물을 수 있는가? 이 문제의 본질은 헌법상 노동기본권과 재산권이 상충하는 경우, 이를 어떻게 규범 조화적으로 해석할 것인가에 귀착되는 문제이다.

헌법상 노동기본권은 절대적인 권리가 아니라 공공복리를 위해 법률로 제한될 수 있다. 쟁의권도 무제한으로 행사할 수 있는 것이 아니라 재산권과의 균형을 고려하여 정당한 쟁의행위에 대해서만 면책될 뿐이다. 그럼에도 노동기본권 행사라는 명목 하에 명백한 불법행위에까지 면죄부를 준다면, 이는 기존 법질서의 근간을 뒤흔드는 입법으로 위헌적이고 노사대등의 원칙에도 반한다.

노사자치를 근간으로 하는 노사관계에서 쟁의행위 및 이에 대한 손해배상청구는 최후의 수단(ultima ratio)으로만 사용되어야 한다. 따라서 파업은 자제해야 하고, 불법파업에 대해서는 손해배상 등 법적 책임을 지는 것이 당연하다. 다만, 손해배상소송·가압류가 남용되어 노동기본권의 본질을 훼손하거나 근로자의 최소한의 생계는 위협당하지 않도록 배려할 필요는 있다.

제2장

사용자 개념 확대와 '실질적 지배력설'

Ⅰ. CJ판결, 제2의 통상임금 소송되나

하청노조가 원청을 상대로 처우개선 등을 요구하는 단체교섭을 원청이 거부하면 부당노동행위가 성립될까? 최근 하청노조가 원청에 대해 단체교섭을 요구하자 원청은 교섭당사자가 아니라며 갈등을 빚어온 사업장이 끊이지 않고 있는 가운데, 2023. 1. 12. CJ대한통운이 하도급인 대리점 택배기사 노조의 단체교섭 요구를 거부한 것은 부당노동행위에 해당한다는 서울행정법원판결(2021구합71748)이 나와 적지 않은 파장이 예상된다.

특히 이번 판결에서는 '원청이 노동자를 직접 고용하지 않더라도 우월적 지위를 갖고 노동자의 근로조건에 실질적인 지배력과 영향력을 행사한다면 교섭에 응해야 한다'는 소위 '실질적 지배력설'[1]에 근거하여, "CJ대한통운은 집배점 택시기사의 근로조건을 실질적이고 구체적으로 지배・결정할 수 있는 지위에 있으므로 택배기사와의 관계에서 노조법상 사용자에 해당한다"고 판시했다.

하청노조와의 교섭의무를 둘러싼 소송에서 원청이 패소한 것은 이번이 처음이다. 아직 상급심 판단이 남아 있지만, 최근 중노위도 본 사건 외에 대우조선, 현대제철, 롯데글로벌로지스 등의 사건에서도 비슷한 취지로 원청에 대해 교섭의무를 긍정하는 등 궤를 함께 하고 있어 자칫 '제2의 통상임금 소송'으로 확산되지 않을까 염려가 된다.

이하에서는 위 판결을 소재로 직접적인 근로관계가 없는 하청노조에 대해서도 단체교섭상의 사용자성을 인정한 판단법리의 의미 및 사정거리에 대해 검토

1) '실질적 지배력설'이란 후술하는 '지배력설'과 구분하기 위해 필자가 임의로 붙인 명칭임.

한 다음, 현행 노동법제 하에서 동 법리가 가지는 한계와 향후 예상되는 문제점에 대해 살펴보고자 한다(단 사실관계 인정부분에 대해서는 지면의 제약상 생략함).

Ⅱ. 사용자 개념 확대의 신호탄인가

1. 노조법상 사용자 개념 및 종전 판례의 입장

현행 노조법(제2조 제2호)은 '사용자'의 개념을 '사업주, 사업의 경영담당자 또는 그 사업의 근로자에 관한 사항에 대하여 사업주를 위하여 행동하는 자'로 정의하고 있으며, 근기법(제2조 제1항 제2호)은 '사용자'의 개념을 '사업주 또는 사업 경영 담당자, 그 밖에 근로자에 관한 사항에 대하여 사업주를 위하여 행위하는 자'로 정의하고 있다.

노조법과 근기법상의 사용자에 관한 정의규정만을 보면 다소 표현의 차이는 있을지언정 그 개념에 있어서는 유의미한 차이를 발견하기 어렵다. 물론 노조법은 헌법상 노동3권을 보장하여 근로조건의 유지·개선과 근로자의 경제적·사회적 지위 향상을 꾀하는 것을 목적으로 하고 있으므로, 개별적 근로관계를 규율하기 위해 제정된 근기법과는 그 목적과 규율 내용을 달리한다.[2] 따라서 문언상의 유사성에도 불구하고 이러한 차이를 고려하여 노조법상 사용자 개념과 근기법상 사용자 개념을 달리 해석할 수 있다.

이러한 노조법상 사용자 개념은 특히 제81조 부당노동행위 당사자로서의 사용자성을 파악함에 있어 매우 중요한 판단지표가 된다. 예를 들어 단체교섭거부(동조 제1항 제3호)와 관련하여 종전 판례는 근로자와 사용종속관계에 있는 자, 즉 근로자와의 사이에 그를 지휘·감독하면서 그로부터 근로를 제공받고 그 대가로서 임금을 지급하는 것을 목적으로 하는 명시적 또는 묵시적 근로계약관계를 맺고 있는 자를 사용자로 해석해왔다.[3] 이에 비해 지배개입(동조 제1항 제4호)과 관련해서는 근로자와의 사이에 사용종속관계에 있는 자뿐만 아니라 기본적인 노동조건 등에 관하여 그 근로자를 고용한 사업주로서의 권한과 책임을

2) 대법원 2019. 6. 13. 선고 2019두33712 판결.
3) 대법원 1997. 9. 5. 선고 97누3644 판결, 대법원 2008. 9. 11. 선고 2006다40935 판결 등.

일정 부분 담당하고 있다고 볼 정도로 실질적이고 구체적으로 지배·결정할 수 있는 지위에 있는 자도 포함된다는 해석을 한바 있다.[4)]

2. 본 판결의 의의 및 판단구조

(1) 사용자 개념 확대의 서막인가

최근 들어 서비스산업의 확대와 정보통신기술의 발전 등으로 취업형태 및 근무방식이 다양화됨에 따라 특수고용종사자나 플랫폼종사자와 같이 전통적 종속고용을 전제로 하지 않는 노무형태가 증가하는 추세에 있다. 또한 기업의 기능적 분업과 다층적 계약관계망을 통해 재화, 서비스 등의 생산·유통이 이루어지면서 계약 당사자는 아니지만 거래상 우월한 지위를 이용하여 원사업주 소속 근로자의 노무를 자신의 지배 또는 영향 하에 이용하는 계층적·다면적 노무제공관계가 확산되고 있다.

이와 같이 노무관계가 다층구조화 됨에 따라 해당 근로자의 근로조건에 대한 지배·결정권도 다면적으로 파악하여, 사업주 간의 종속성 정도에 따라 그 책임도 분배될 수 있는지가 문제가 된다. 이와 관련하여 최근에는 직접적인 고용관계는 없지만 우월적 지위에서 노동자의 근로조건에 일정한 영향력을 미치는 사업주에 대해 노조법상의 사용자성의 인정 여부를 다투는 사례가 증가하는 추세에 있다. 이러한 의미에서 본 판결은 원청에 대한 사용자성을 처음으로 인정했다는 점에서 향후 치열한 논쟁의 시작을 예고하고 있는 듯하다.

(2) 본 판결의 판단구조

본 판결은 "원청(CJ대한통운)이 노조법상 단체교섭 의무를 지는 사용자에 해당하는지에 대해 원청과 하청(집배점)의 관계, 하청근로자(집배점 택배기사)의 업무가 상시적·필수적인 업무인지, 원청의 사업체계의 일부로 편입됨으로써 근로조건을 지배하거나 결정하는 원청의 지위가 지속적인지 등을 종합적으로 고려하여야 한다"라고 한 다음, "원청은 하청근로자(집배점 택배기사)들의 근로조건과 관련된 이 사건 의제에 대하여 실질적이고 구체적으로 지배·결정할 수 있

---

4) 대법원 2010. 3. 25. 선고 2007두8881 판결(현대중공업사건).

는 지위에 있다고 할 것이므로 하청근로자(택배기사)들에 대한 관계에서 노조법상 사용자에 해당한다"라고 하여 원청에 대해 노조섭상 단체교섭상의 사용자성을 인정했다.

이와 같이 본 판결은 소위 '실질적 지배력설'에 근거하여 '직접적인 고용관계에 있지 않다고 하더라도 우월적 지위에서 노동자의 근로조건에 실질적인 지배력과 영향력을 행사한다면 교섭당사자로서의 사용자성을 인정'했다는 점에서 최근의 다면적 노무관계의 변화를 반영한 판결이라고 평가할 수 있다.

⑶ '실질적 지배력설'의 논거

본 판결에서 주목할 점은 '실질적 지배설'의 당위성과 필요성에 대해 많은 지면을 할애하고 있는 점이다. 다시 말해서 원청에 대해 사용자성을 인정하는 논거로 ① 근로조건에 대해 지배력·결정력이 없거나 권한이 한정적인 원사업주를 상대로 쟁의행위를 하더라도 효과가 없어 노동3권이 형해화될 수 있는 점, ② 다층적 노무관계에서 노조법상 사용자를 사용종속관계에 있는 사용주에 한정해야 한다는 명시적인 규정도 필요성·정당성도 발견하기 어려운 점, ③ 노조법상 사용자와 관련한 노동3권의 제한 해석은 목적의 정당성이나 방법·수단의 적합성, 침해의 최소성, 법익의 균형성 등 과잉금지원칙에 비추어 정당성이 인정되기 어려우며, 오히려 법률유보원칙, 과잉금지원칙 등의 기본권 제한의 헌법상 원칙들을 위반할 소지가 큰 점 등을 구체적으로 열거하고 있다. 종전 판례에서도 '실질적 지배력설'을 원용하여 원청에 대해 지배개입을 인정한바 있지만, 이렇게 그 당위성과 필요성에 대해 구체적으로 판시하지는 않았다.

⑷ 부당노동행위 유형별 사용자 개념이 동일하다?

본 판결은 동일한 법령상 용어는 법령에 다른 규정이 있는 등 특별한 사정이 없는 한 동일하게 해석·적용되어야 한다고 전제한 다음, 노조법 제81조 제1항의 부당노동행위 유형별로 사용자의 개념을 달리 규정하고 있지 않으므로 단체교섭 거부·해태 행위(제3호)와 지배·개입 행위(제4호)의 사용자 개념을 달리 판단할 아무런 이유가 없다고 판시하고 있는데, 이에 대해서는 선뜻 동의하기 어렵다.

왜냐하면 노조법상 문제가 되는 사용자 유형도 근로계약 당사자인 고용주뿐만 아니라 하청근로자에 대한 원청, 파견근로자의 사용사업주, 자회사 근로자에 대한 모회사 등 다양하며, 부당노동행위 또한 유형별로 입법취지가 반드시 일치하지 않으므로 여러 조합이 있을 수 있다.[5] 따라서 노조법의 조문형식만을 보면 문리해석상 사용자 개념을 통일적으로 해석해야 되는 것처럼 보이지만, 사용자 개념을 달리 해석하는 것이 타당하다고 판단된다.

Ⅲ. '아사히방송사건'과 '지배력설'

본 판결의 판단구조를 보면 마치 일본의 '아사히방송사건'에서 일본최고재판소가 취한 판단구조과 매우 흡사하며, 본 판결에서 인용한 '실질적 지배력설' 또한 한때 일본학계에서 유력했던 '지배력설'의 영향을 많이 받은 것으로 판단된다.

아사히방송사건이나 지배력설은 우리나라에도 이미 많이 소개되어 어느 정도 익숙한 내용이다. 또한 우리나라 부당노동행위제도가 일본과 매우 흡사한 구조로 되어 있기 때문에 그다지 위화감이 적은 것도 사실이다. 그러나 아쉽게도 국내문헌에서는 아사히방송사건이나 지배력설을 단순 인용하는데 그치다보니 다소 오해가 있는 것도 사실이다. 이에 이하에서는 아사히방송사건의 판단법리의 형성·전개과정을 살펴본 다음, 이 판결이 재판실무 및 학설에 미친 영향과 한계에 대해 살펴보고자 한다.

1. 아사히방송(朝日放送)사건의 개요

이 사건은 아시히방송(朝日放送)이 TV프로 제작을 위해 3개 사내하청업체 근로자들을 제작현장에 투입, 방송사 디렉터의 지휘감독 하에 촬영·조명 등의 업무에 종사하게 하고 있었는데, 하청노조가 조합원들의 임금인상, 일시금, 정사원화, 배치전환 철회 등을 요구하며 단체교섭을 요구하자 방송사는 교섭당사자가 아니라는 이유로 거절하여 하청노조가 부당노동행위 구제신청을 한 사안이다. 이 사건에서 최대의 쟁점은 아사히방송이 하청노조의 노조법상 사용자의

5) 中島正雄, "不当労働行為の『使用者性』の判断基準", 『立命館法学』, 2014, 5·6号, 142頁.

지위에 있는지의 여부인데, 재판경과를 간단히 살펴보면 다음과 같다.

(1) **오오사카지노위**(大阪地労委命令, 1978. 5. 26)는 배치전환 철회 및 정사원화 요구에 관한 사항을 제외한 근로내용 등 방송사가 관여하는 사항'에 대해 교섭의무가 있음을 인정했고, **중노위**(中労委命令, 1986. 9. 17)는 초심명령 중 단체교섭거부에 관한 부분을 변경하여 '조합원들의 방송제작 업무에 관한 근무할당 등 취로에 관한 여러 조건'에 한하여 단체교섭의무가 있음을 인정했다.

(2) **동경지방재판소**(東京地裁, 1990. 7. 19. 判決)는 부당노동행위제도의 목적이 근로계약 당사자에 대해 계약책임을 추급하는 것이 아니라 근로자의 단결권 등에 대한 침해행위를 배제하여 근로자가 노동조합을 통하여 단체협약을 체결할 수 있도록 단체교섭을 조성하는데 있다고 한 다음, '하청업체들은 기업으로서 독립성을 갖추고 있으며 고용주로서 단체교섭상의 사용자임에는 틀림없지만, 방송제작 업무에서는 도급계약 조항에도 불구하고 하청근로자들을 자기 종업업과 동일하게 지휘 · 감독할 뿐만 아니라, 근무시간의 할당, 휴게, 작업환경 등을 실질적으로 결정 · 지배하고 있기 때문에 방송사를 사용자로 봄이 상당하다'고 판시했다

(3) **동경고등재판소**(東京高裁, 1992. 9. 16 判決)는 부당노동행위제도의 취지에 대해서는 제1심 판결의 취지를 수긍하면서도 '하청업체들은 사업주체로서 독립성을 가지고 있으며 노조와 단체교섭을 통하여 단체협약을 체결하는 등 고용주로서 행동하고 있으며, 디렉터에 의한 지휘명령은 현장에서 다수의 근로자가 협동해야 하는 작업을 통합하는 것에 지나지 않으며 하청업체의 종업원에 대한 취업명령에는 디렉터의 지휘명령 하에서 노무를 제공할 내용이 포함되어 있다고 하여 아사히방송에 대한 사용자성을 부인했다.

(4) **최고재판소**(最高裁第三小法廷, 1995. 2. 28. 判決)는 부당노동행위제도의 취지에 대해서는 제1심 판시를 그대로 인용한 다음, "고용주 이외의 사업주라 하더라도 고용주로부터 근로자를 파견받아 자기의 업무에 종사케 하고, 그 근로자의 기본적인 근로조건 등에 대해 고용주와 부분적이라 해도 동일시할 수 있을 정도의 현실적 · 구체적으로 지배, 결정할 수 있는 지위에 있는 경우에는 그 범위 내에서 그 사업주를 사용자에 해당한다고 해석하는 것이 상당하다"라고 하여, 아사히방송에 대해 단체교섭상의 사용자성(부분적 사용자성)을 인정했다.

2. 지배력설과 근로계약기준설

아사히방송사건은 노조법상 사용자성을 판단함에 있어 반드시 근로계약관계의 유무에 구애되지 않고, 고용주 이외의 사업주라도 고용주와 부분적으로라도 동일시할 수 있는 경우에는 그 범위 내에서 사용자성을 인정한 획기적인 판결이라고 할 수 있다.

한편 아사히방송사건을 전후하여 학계에서도 노조법상 사용자성을 둘러싸고 논의가 활발했는데, 그 대표적인 학설이 '지배력설'[6]과 '근로계약기준설(또는 근로계약기본설)'[7]이다.[8] 전자는 부당노동행위제도는 사용자의 계약책임을 추궁하는 것이 아니기 때문에 엄밀히 근로계약상의 당사자로서 사용자에 한정시킬 필요가 없으며, 노동관계가 현실적·구체적으로 존재하는 경우 또는 근로조건의 결정·노무의 지휘에 직접적·구체적인 지배력·영향력을 미칠 수 있는 지위에 있는 경우에는 사용자로 볼 수 있다고 하여, 사용자 개념을 넓게 해석하는 견해로 당시 많은 지지를 받았다. 후자는 부당노동행위의 경우, 행정벌 및 형벌에 의해 담보되는 구제명령의 수신인을 확정해야 한다는 점에서나 또는 '사용자'라는 문언의 해석상 계약관계를 완전히 무시할 수는 없으므로 '근로계약관계 또는 이에 근접하거나 동일시할 수 있는 관계'로 한정하여 해석할 필요가 있다는 견해[9]가 유력하게 되었다.

위 두 견해가 대립되는 상황에서 그 방향성을 결정지은 것이 오오사카증권거래소사건(大阪証券取引所事件, 東京地裁 2004. 5. 17. 判決)이다.[10] 이 사건은 증권거래소에서 중개업을 하는 증권사가 중계수수료 인하 등으로 경영이 악화되어 해산을 결정하자, 노조가 회사 재개 및 조합원의 고용보장을 요구하며 증권거래소에 단체교섭을 요구했으나 거절당하자 부당노동행위 구제신청을 한 사안이다. 이 증권사에는 거래소의 자본 참가 및 임원·관리직에 거래소 출신자

---

6) 岸井貞男, 『不当労働行為法の原理(上) 不当労働行為の法理論』, 1978, 148頁.
7) 菅野和夫, 『労働法(第12版)』, 弘文堂, 2019, 1006頁.
8) 이에 대한 상세한 내용은 荒木尚志, 『労働法(第5版)』, 有斐閣, 2023, 760頁 이하 참조.
9) 이 학설에 대한 상세한 내용은 이정(역), 『일본노동법』, 법문사, 2015, 782면 이하 참조.
10) 広田・吉崇, "労働組合法上の「部分的使用者性」は存在するか", 『鶴山論叢』, 第10号(2010), 50頁.

가 취임하는 등 사실상 모자회사 관계였는데, 지노위와 중노위는 거래소에 대해 사용자성을 인정했으나, 동경지방재판소는 중노위명령을 취소하여 사용자성을 부인했다.

그 이유로는 '근로자의 노동관계에 영향력이나 지배력을 미칠 수 있는 자 모두를 노조법상의 사용자로 하면, 그 외연이 무한히 확장될 수 있는 개방적인 개념으로 되기 때문에 사용자 정의로는 적합하지 않다'고 판시하여 사실상 '근로계약기준설'의 입장을 지지했다. 이 판결에서 제시한 사용자성에 대한 판단기준은 그 후 노동위원회 및 재판실무에 급속하게 일반화되어, 재판실무에서는 사용자성 개념을 매우 좁게 해석하여 원청에 대해 사용자성을 부정하는 사례[11)]가 늘어나고 있다.

Ⅳ. 실질적 지배력설 – 양날의 칼

본 판결은 사용자 범위를 엄격하게 해석해 온 대법원판례의 취지에 배치되는 것은 사실이다. 하지만 택배기사나 플랫폼 종사자와 같이 특수형태 근로자가 늘어나 노동환경이 급변하고 있는 현실을 어느 정도 반영한 유의미한 판결이라 평가된다. 다만 본 판결에 대해 우려되는 점도 있다.

첫째, 본 판결에 영향을 준 것으로 판단되는 아사히방송사건은 사내하청근로자들이 원청의 지휘명령 하에 원청이 제공하는 기재, 편성일정표, 대본, 제작진행표에 의한 지시에 따라 원청근로자들과 혼연일체가 되어 그야말로 피아구분이 없는 매우 특수한 환경 하에서 내려진 판단이라는 점이다. 따라서 이 법리를 본 사건처럼 일반적인 원·하청관계에 그대로 적용하게 되면 사용사성의 외연이 너무 확장되어 노동시장이 혼란에 빠질 수 있다.

둘째, 아사히방송사건에서 중노위판정(1986년) 및 제1심 판결(1990년)은 1986년에 제정된 파견법상의 사용자성 판단법리의 영향은 받은 것으로 판단된다.[12)] 따라서 과연 이러한 파견법리를 원·하청관계에서 사용자성 판단기준으로 적용

11) 예를 들어 全日本空輸・大阪空港事業事件, 大阪地労委 2000.5.26.命令, 大阪証券取引所(仲立証券)事件・大阪地労委, 2000.10.26.命令, JR西日本(大誠電機工業)事件, 大阪地労委命令 2001.12.4.命令 등.

12) 館野仁彦ほか,『使用者概念の拡大と労働者派遣』, 慶応大学産業研究所, 1994, 24頁.

하는 것이 논리적으로 정합성이 있는지 의문이다.[13] 또한 파견근로자들로 조직된 노조가 사용사업주와 단체협약을 체결할 경우 '규범적 효력'이 발생하는지, 모자관계에도 이 법리가 적용될 수 있는지 등 아직도 미완의 과제가 많이 남아 있다. 특히 본 판결은 아사히방송사건보다 그 사정거리가 더 넓어 원·하청을 비롯하여 파견, 모자, 특고까지 확장될 수 있으므로 향후 상당한 논란이 예상된다.

셋째, 최근 고용환경의 변화로 사용자성이 확대되는 추세에 있는 것은 사실이지만, 우리나라 노동법제의 특수성을 반영하여 원청에 대한 사용자성 인정은 신중할 필요가 있다. 왜냐하면 현행 노조법은 일본과는 달리 부당노동행위에 대해 엄격한 처벌규정을 두고 있으며, 쟁의행위 시에 대체근로를 전면 금지하고, 파견도 매우 제한적으로만 인정하고 있기 때문에, 무리한 사용자성의 확대는 사용자측에 대해 일방적으로 불측의 손해를 강요하는 결과를 초래할 수 있기 때문이다.

13) 최근 일본에서는 원·하청관계보다 오히려 파견관계에서 사용자성을 다투는 경우가 많다.

부당노동행위

제1장

미국의 부당노동행위제도

Ⅰ. 부당노동행위제도의 도입 배경

미국에서 부당노동행위(unfair labor practices)는 미국의 노동헌장이라고 일컬어지는 연방노동관계법(National Labor Relations Act: NLRA)[1)]에서 근로자들의 권리보호를 위해 처음으로 도입되었다. 이 법은 당시의 프랭클린 루즈벨트 대통령이 1929년에 발발한 대공황에 대한 대책으로 수립한 뉴딜정책의 일환으로 도입되게 되었다. 또한 이 법은 당시의 독일 이민계 상원의원이던 와그너(Robert Ferdinand Wagner, 1877~1953)가 이를 주도하였기에 일명 와그너법(Wagner Act)이라고도 한다.

NLRA는 1935년 제정된 당시에는 사용자에 대한 부당노동행위만 규정하고 있었으나 1947년에 제정된 테프트・하틀리법(Taft–Hartley Act)에 의해 노동단체(노동조합)에 대한 부당노동행위도 포함되게 된다. 그 배경에는 와그너법의 제정으로 미국 노동조합의 교섭력이 사용자 측을 압도할 정도로 급속도로 성장한 반면, 제2차 세계대전 후의 경제 불황으로 인하여 노사분쟁이 격화되자 노사간 교섭력(bargaining power)의 균형을 회복할 필요가 있었다. 이에 당시의 태프트(Taft) 상원위원과 하틀리(Hartley) 하원위원이 노동조합의 활동과 세력을 감시하는 입법을 추진하였고, 트루만 대통령이 이에 대한 거부권을 행사했음에도 불구하고 재의결되었는데, 그것이 1947년에 제정된 테프트하틀리법(Taft–Hartley Act)이다. 동법에서는 노동단체(노동조합)의 부당노동행위 금지, 클로즈드 숍

1) NLRB는 1932년에 제정된 최저임금과 최장근로시간을 규제하는 공정근로기준법(Fair Labor Standard Act: FLSA)과 더불어 미연방노동법의 기본법이라 할 수 있다.

(closed shop)의 금지(단 유니온 숍만 인정), 국민의 건강과 안전을 위협하는 쟁의에 대한 긴급조정제도의 도입, 각 주에 대한 노동입법권의 부여, 연방공무원과 정부기업 종업원의 파업금지, 노동조합 간부가 공산당원이 아니라는 선서 제출 의무화 등을 규정하였다.

Ⅱ. 부당노동행위의 유형

1. 피용자(employee)의 권리

NLRA 제7조는 다음과 같이 피용자의 권리를 규정하고 있다. 참고로 미국의 경우 연방헌법에는 단결권 보장에 관한 규정을 두고 있지 않는 대신 아래에서 보는 바와 같이 NLRA에서 단결권(소극적 단결권 포함) 등을 보장하고 있는 것이 특징이다.

① 단결할 권리, 노동단체를 결성·가입·지배할 권리, 자기 스스로 선택한 대표자를 통하여 단체교섭을 행할 권리 및 단체교섭 또는 기타 상호부조 내지 상호보호를 위하여 기타 단체행동을 할 권리

② 이러한 행동 중 하나를, 또는 어느 것도 하지 않는 권리

2. 사용자(employer)의 부당노동행위

NLRA 제8조(a)(1)~(5)에서는 동법 제7조에서 규정하고 있는 피용자의 권리에 대한 사용자의 침해행위를 '부당노동행위(unfair labor practices)'로 간주하여 이를 금지하고 있다.

(1) NLRA 제7조에서 보장하고 있는 피용자의 권리 행사를 간섭, 규제 또는 억압하는 행위

(2) 노동단체의 결성과 운영을 지배 또는 간섭하거나, 노동단체에 금전적 또는 기타 지원을 제공하는 행위. 단, 제6조에 의거하여 위원회가 제정 및 공표하는 규칙 및 규정을 조건으로 고용주가 종업원에게 시간 또는 보수의 손실 없이 업무 시간 동안 고용주와 협의하도록 허용하는 것은 금지하지 않아야 한다.

(3) 채용, 고용기간 또는 고용조건과 관련하여 차별을 통하여 노동단체의 회원자격 취득을 조장하거나 방해하는 행위
(4) 피용자가 본 법에 의거하여 고소하거나 증언한 것을 이유로 종업원을 해고 기타 차별하는 행위
(5) 제9조(a)의 피용자대표와의 단체교섭을 거부하는 행위

3. 노동단체(labor organization)의 부당노동행위

NLRA 제8조(b)(1)~(7)에서는 노동단체 또는 그 대리인에 의한 다음과 같은 행위를 부당노동행위로 간주하여 금지하고 있다.

(1) (A) 제7조에서 보장하고 있는 피용자의 권리행사를 방해 또는 억압하는 행위
 (B) 단체교섭 또는 고충처리의 목적으로 사용자가 대표하는 선택을 중단시키거나 강제하는 행위
(2) 사용자에게 제8조(a)(3)을 위반하여 피용자에게 차별하게 하거나 이를 시도하게 하는 행위
(3) 교섭대표권한을 가진 노동단체가 사용자와의 단체교섭을 거부하는 행위
(4) 산업에 종사하는 자에게 고용된 개인을 파업(strike)이나 거부에 참여하도록 유도 또는 조장하는 행위(picketing) 또는 다음과 같은 목적으로 산업에 종사하는 자를 위협, 억압 또는 규제하는 행위
 (A) 사용자단체로의 참가강제
 (B) 2차 보이콧
 (C) 교섭대표로 인정된 노동조합이 있음에도 교섭대표로 다른 특정 노동조합을 인정하거나 이러한 노동조합과 교섭을 하도록 사용자에게 강요하는 행위
 (D) 다른 노동조합이나 다른 직업, 직종 또는 직무의 종업원 대신 특정 노동조합이나 특정 직업, 직종 또는 직무의 종업원에게 특정 업무를 할당하도록 고용주에게 강요하거나 요구하는 행위
(5) 유니언 숍 협정 하에서 과대하거나 또는 차별적인 입회금을 요구하는 행위

(6) 사용자를 강제하여 수행되지 않은 근무에 대해서 금전을 교부하도록 하는 행위 등
(7) 조직화・승인을 요구하는 피케팅 행위

4. 피용자와 노동단체 쌍방의 부당노동행위

사용자와 노동단체가 핫・카고(hot cargo) 협정을 체결하는 경우가 이에 해당한다.

핫・카고(hot cargo)협정이란 사용자가 다른 사용자의 제품의 취급, 사용, 판매, 운송 등을 중단 혹은 보류하거나 또는 다른 사용자와의 거래를 중지하는 것을 노사 간에 협정하는 것을 말한다.

Ⅲ. 부당노동행위의 구제절차

1. NLRB(연방노동위원회)의 배타적 관할권

연방노동관계위원회(National Labor Relations Board: NLRB)는 NLRA에 의하여 단결권과 단체교섭권 및 부당노동행위 관련 분쟁에 대한 전속 관할권을 가진다. 또한 NLRB는 심판권한과 시행령 제정권한도 가지는데, 이러한 권한은 NLRB가 연방행정절차법상 독립적 연방기관에 속하기 때문이다.

NLRB는 미국 전역을 34개 지역으로 나누고 각 지방사무소를 두고 있다. NLRB는 부당노동행위 사건 등에 대해 배타적인 조사(investigation),[2] 심문(hearing)을 거처 심판(adjudication)을 하게 되며 NLRB의 심판위원회의 명령에 불복하는 경우에는 주법원이 아니라 연방고등법원(Federal Appeal Courts)과 연방대법원(Supreme Court of the U.S.)에 제소를 할 수 있다.

---

2) NLRB의 조사(investigation)를 수사(搜査)로 번역하는 문헌도 있는데 NLRB는 연방정부의 독립된 행정기관이므로 형사사건에 대한 수사의 의미가 아니라 행정조사(administrative investigation)로 보는 것이 타당하다.

2. NLRB의 조직과 권한

NLRB는 심판위원회, 법무총장, 행정심판관, 지방감독관의 4개 기관으로 구성되어 있다. NLRB에 대한 부당노동행위의 구제신청은 통상 지방사무소에 먼저 신청하게 되는데, 지방사무소를 대표하는 지방감독관(The Regional Directors)은 해당분쟁에 대한 조사, 심문절차를 주관하며 최종적으로 결정할 수 있는 권한도 가진다(특히 교섭대표 관련 사항).[3)]

행정심판관(The Administrative Law Judge)은 부당도동행위의 신청사건의 초심단계에서 사실관계의 확인과 심문과 판정을 담당하는데, 법원의 소송절차와 동일하게 진행된다. 법무총장(The General Counsel)은 사안에 대한 조사권한과 심판위원회에 회부 여부를 결정할 권한을 가진다.

심판위원회(The Board)는 NLRB 전체 조직과 업무를 관장하는 대표기관으로 부당노동행위와 교섭대표 관련 모든 사안을 종국적으로 심판하는 권한을 가진다. 부당노동행위사건에서 심판위원회의 결정에 불복하는 당사자는 연방고등법원에 재심을 신청할 수 있으나, 교섭대표 사안은 지역감독관의 결정을 거쳐 심판위원회가 재심 여부를 결정하며, 심판위원회의 최종판단에 대한 사법심사는 보장하지 않는다.

3. 부당노동행위에 대한 구제절차

부당노동행위의 구제절차는 행위가 있은 날로부터 6개월 이내에 관할 NLRB 지방지국에 신청(charge)함으로써 개시된다. 부당노동행위의 신청은 피해자 뿐 아니라 누구나 할 수 있으며 피해자에 한정되는 것은 아니다.

부당노동행위 구제신청을 받은 지방지국은 피신청인에게 신청서 사본을 보낸 다음, 조사에 착수하게 된다. 조사 결과, 신청의 이유가 없다고 판단되는 경우에는 신청인에게 취하(withdrawal)를 권고한다. 신청인이 이에 응하지 않으면 지방지국장은 신청에 대한 각하(dismissal)결정을 하게 된다.

---

3) NLRB에서 부당노동행위 사건의 처리 현황을 보면(2009년 기준), 정식절차가 개시되기 이전에 당사자가 철회하거나 지방감독관이 기각한 비율이 약 60%이고 화해와 조정 비율이 36%로 나타나고 있으며, 심판위원회의 심판절차를 거쳐 해결된 사건의 비율은 약 3%에 그친다(김미영, “미국 연방노동관계법 부당노동행위 제도의 형성과 발전”, 『강원법학』, 제38권(2013), 260면 인용).

반대로 조사 결과, 신청에 이유가 있다고 인정되는 경우에는 지방지국장은 피신청인에게 임의해결(settlement)에 응하도록 권고한다. 통상적으로 이루어지는 비공식적 임의해결은 피신청인이 자발적으로 시정조치를 하는 대신에 신청인이 신청을 취하하는 것으로, 지방지국장의 승인이 필요하다.[4)]

이에 비해 매우 악질적인 사안에 대해서 이루어지는 공식적 임의해결은 피신청인이 시정조치에 동의하고 지방지국장의 승인이 필요하다는 점에서는 동일하지만, 국(局)위원회가 정식 구제명령을 발하는 형식을 취하게 된다.

부당노동행위 구제신청의 건수는 대략 연간 2~3만 건에 이르고 있는데, 이 중 9할 이상은 취하, 각하 또는 임의해결로 처리되고 있다. 부당노동행위가 인정된 사안에 대한 구제방법으로는 당해 행위에 대한 중지・금지명령(cease－and desist order)을 비롯하여, 예를 들어 해고사안에서는 피해고자의 백・페이(back pay)를 동반한 원직복직(reinstatement)과 포스트・노티스(post notice) 등 사안에 따라 적극적 행위의 명령(affirmative order)을 내리고 있다.

다만 파업 시의 대체근로와 관련해서는 파업의 원인이 경제적 파업(economic strike)인가 또는 부당노동행위 파업(unfair labor practice strike)인가에 따라 구제방법이 달라 질 수 있음에 유의할 필요가 있다. 다시 말해서 단체교섭 과정에서 발생하는 경제적 파업의 경우에는 파업종료 후에 원직복귀(reinstatement)가 보장되지 않는다. 물론 파업 시에도 대체인력을 사용하지 않아 공석이 있는 경우에는 파업참가자를 복귀(reinstatement, recall)시키는게 당연하겠지만, 그렇지 않고 이미 신규 인력으로 대체된 경우에는 복귀가 불가능하다. 반면 사용자의 부당노동행위가 전면적 또는 부분적인 이유가 되어 파업을 한 경우라면 파업 종료 후 원직복귀가 원칙이다.[5)]

---

4) 임의해결(settlement)을 화해라고 하는 경우도 있는데, 지방지국장의 승인이 필요하다는 점에서 화해와는 다소 성격이 다르다고 할 수 있다.

5) 이에 대해서는 강현주, "미국의 부당노동행위파업 법리", 『노동법학』 제44호(2012), 41면 참조.

Ⅳ. 공정대표의무 위반과 노동조합 경비원조

1. 공정대표의무 위반과 부당노동행위

미국에서는 '배타적 교섭제도(exclusive collective bargaining system)'를 채용하고 있기 때문에 교섭과정에서 소수노조나 개별 피용자의 이익이 부당하게 침해될 위험이 있다. 따라서 교섭대표노조가 일부 피용자의 이익을 희생하는 단체교섭을 하더라도 다수 피용자가 이를 지지하는 한 이를 제지할 방법이 없다. 이에 대해 NLRA는 명시적 규정을 두고 있지 않다. 이러한 배타적 교섭제도 하에서의 폐단을 방지하기 위해 생겨난 것이 바로 미국 특유의 '공정대표의무(duty of representation)'이다.[6]

'공정대표의무'란 교섭대표노조가 단위 내의 피용자 전원의 이익을 차별 없이 공정하게 대표하도록 명령하는 것을 말한다. 공정대표의무의 법적 근거로는 NLRA 제9조(a)를 들 수 있는데, 동조는 교섭대표노조에게 배타적 대표권을 부여함에 있어 이와 불가분의 의무로써 공정대표의무를 부과하고 있다고 해석된다. 공정대표의무는 1944년 Steele사건[7]에서 최초로 인정되었으며, 그 후 1967년 Vaca사건[8]에서 교섭대표노조의 행위가 「자의적 · 차별적 또는 불성실」하다고 인정되는 경우에 교섭대표의무 위반이 성립한다는 일반적 기준을 제시하게 되었다.

공정대표의무의 법리는 피용자가 노동조합을 상대로 연방지방법원에 소송하는 것을 인정하고 있다. 이는 Steele사건을 비롯하여 초기의 공정대표의무 사건이 철도노동법(RLA) 하에서 이루어진 것에 유래한다. 법원은 공정대표의무 위반에 해당하는 단체협약의 효력을 부인하고 노동조합에 대해 손해배상을 명할 수 있다.

한편, NLRB는 1962년 Miranda Fuel사건[9]에서 단체교섭에서 공정하게 대표

6) 이에 대해서는 이준희, "공정대표의무제도의 법적성격과 내용 – 미국 공정대표의무 법리와의 비교를 중심으로 –", 『노동법논총』 제50권(2020), 607면 이하 참조.
7) Steele v. Louisville & Nashville R.R,323 U.S.S.192 (1944).
8) Vaca v. Sipes, 386 U.S.171 (1967).
9) Miranda FuelCo. 140 N.L.R.B.181 (1962).

되는 것은 피용자의 제7조의 권리에 포함되므로 노동조합의 공정대표의무 위반은 NLRA 제8조(b)(1)(A)의 부당노동행위를 구성한다는 입장을 취했다. 이에 NLRB의 전속적 관할권에 의한 법원 관할권의 배제가 문제되었는데, 연방최고법원은 위의 Vaca사건에서 공정대표의무 법리의 형성 경위 및 성질 등에 비추어 그 예외를 인정하였다.

따라서 노동조합의 공정대표의무 위반을 주장하는 피용자는 NLRB에 부당노동행위 구제신청을 할 수 있으며, 동시에 법원에도 직접 소송을 제기할 수 있다.

2. 노동조합 경비원조와 부당노동행위

미국에서는 노동조합에 대해 경비를 원조하는 행위는 원칙적으로 금지되고 있다. 특히 노동조합에 대한 경비원조 중 노조전임자에 대한 급여지원 금지와 관련해서는 NLRB 제8조(a)(2)의 「경비원조」 및 NLRB 제302조(a)의 「종업원대표 또는 노동조합에 대한 사용자 또는 대리인의 금전지급 또는 대부 등」을 법적 근거로 해석하고 있다.

구체적으로 살펴보면 NLRA제8조(a)(2)에서는 사용자가 노동조합에 대하여 재정적 지원이나 다른 여타의 지원에 기여할 경우 이를 사용자의 부당노동행위로 규정하고 있다. 그리고 NLRA제302조(a)에서는 사용자와 사용자단체 또는 사용자의 이익을 위하여 행동하는 노사관계전문가, 자문, 컨설턴트 등이 근로자대표 또는 노동조합 등에 금전이나 금전적 가치가 있는 것을 지급, 제공, 전달하거나 이와 같이 동의하는 것을 불법으로 규정하고 있다.

다시 말해서 사용자가 노조전임자에 대해 재정적 지원이나 여타 지원을 하는 경우에는 NLRA제8조(a)(2)에 해당하여 부당노동행위가 성립하게 된다. 다만 사용자와 사용자단체 또는 사용자의 이익을 위하여 행동하는 자가 근로자대표나 노동조합에게 금전이나 금전적 가치를 지급, 제공, 전달 또는 동의하는 것은 위법한 것으로 규정하고 있다.

여기서 유의할 점은 노동조합에 대한 운영비 지원행위는 사용자의 부당노동행위 또는 불법행위가 성립할 뿐 아니라 노동조합의 부당노동행위가 성립할 여지가 있다는 점이다. 왜냐하면 NLRA제8조(b)(6)에서는 노동조합 또는 그 대리인이 「수행되지 않은 서비스 또는 수행할 서비스가 아닌 서비스에 대해 강제징수의 성질을 띠며 금전 또는 기타 유가물을 지불 또는 제공하거나 지불 또는 제공할 것을 약속하도록 고용주에게 강요하거나 이를 시도하는 행위」를 금지하고 있기 때문이다.

노동조합이나 노조전임자에 대한 운영비 원조를 부당노동행위에 해당한다고 판단한 판례[10]도 있으나, 미국의 경우 노조전임자에 대한 급여는 원칙적으로 소속 노동조합이 지급하기 때문에 이를 둘러싼 부당노동행위 문제는 발생할 여지가 없다.[11]

---

10) Dennison Mfg. Co., 168 N.L.R.B. 1012, 1017 (1967).
11) 신동윤, "미국의 노동조합 경비원조에 대한 태도와 시사점", 『노동법논총』 제40권(2017), 11면.

제2장

일본의 부당노동행위제도

Ⅰ. 부당노동행위제도의 연혁

1. 도입 배경

일본에서 근로자의 단결권을 승인하고, 노동조합을 법적으로 인정하고자 하는 움직임은 청일전쟁(1894~1895), 러일전쟁(1904~1905년) 이후 활발하게 진행되었다. 전쟁으로 인하여 산업자본이 독점화를 이루면서 자본주의가 급격히 발전하게 되었고, 공장제 근로자도 비약적으로 증가한 것이 그 배경이 되었다. 특히 ILO 창설(1919년) 이후 일본에서 노동조합법 제정 움직임이 구체적으로 나타나면서 법률안까지 마련되었지만, 노동조합과 노동운동이 사회적으로 위험한 존재로 인식되면서, 계속적인 단속의 대상(단결권부인 – 치안경찰법체적으로 899년)이 되었다.

더욱이 군국주의가 강화되면서 20년대 중반 이후에는 사회주의운동을 금지(치안유지법체적으로 1925년)하는 정책이 계속 유지되었다. 즉, 제1차 세계대전 이후 세계열강이 된 일본의 국제적 위상에 맞춰 단결권과 노동조합 보호의 필요성이 대두되면서, 노동조합의 승인과 반노동조합적 행위금지가 노동조합원에 대한 해고 금지, 반노동조합 계약 금지, 벌칙 등의 입법논의(유럽제도의 도입을 검토함)로 이어졌으나, 제2차 세계대전이 임박하여 종국적으로 입법에는 실패하였다.

패전 후 일본은 1945년 10월 15일 치안유지법이 폐지되는 등 종래 노동운동을 탄압했던 법률이 폐지되었고, 같은 해 12월 21일 「노동조합법」(이하, '노조법'이라 함)을 제정하고(시행 1946년 3월 1일), 동법 제11조에서 '불공정노동행위' 제도를 도입하였다.

이 제도는 미국의 부당노동행위제도와 조금 다른, 종전부터 논의되어 온 일본의 제도로 볼 수 있다. 이 제도는 사용자의 단결권 침해행위로 ① 사용자가 노동조합의 결성 · 가입 · 그 밖의 목적활동을 이유로 근로자를 차별하는 것(차별대우금지), ② 노동조합에 가입하지 않을 것 또는 노동조합으로부터 탈퇴할 것을 고용조건으로 하는 것(황견계약 – 반노동조합계약)을 규정하였다.

또한 노동관계조정법(1946년)은 쟁의조정을 할 때 근로자의 발언 및 쟁의행위 참가를 이유로 한 불이익 취급을 각각 금지하고 그 위반에 대해서는 형법에 의하여 제재를 가하는 조항을 설치하였다. 다이쇼(大正) 시대에 구상된 몇 가지의 노조법 가운데는 이와 비슷한 내용이 포함되어 있어 1945년 노조법 및 1946년 노동관계조정법은 이들 법안의 재생이라 할 수 있다.

2. 제정 노동조합법상의 부당노동행위제도

일본의 노조법은 '부당노동행위'로서 노동조합과 근로자에 대한 사용자의 일정한 행위를 금지한 후(제7조), 이 금지 위반에 대해 노동위원회에 의한 특별한 구제절차를 정하고 있다(제27조 이하). 노조법이 제정한 이 금지규범과 그 위반에 대한 구제절차를 합친 것이 '부당노동행위 구제제도'라고 할 수 있다.

부당노동행위제도에 대한 연혁을 살펴보면, 1945년 12월에 제정된 (구)노조법은 '불이익 취급의 금지'라고 하여, 사용자가 근로자에 대해 노동조합의 조합원이라는 점을 이유로 하여 해고 또는 그 밖의 불이익 취급을 하는 것 및 노동조합에 가입하지 않는 것 또는 그것을 탈퇴하는 것을 고용조건으로 하는 '황견(黃犬)계약'을 금지했다(제11조). 그러한 금지에 위반한 자는 6개월 이하의 금고 또는 500엔 이하의 벌금에 처하며, 단 그 죄는 노동위원회의 청구에 의하여 논한다고 규정했다(제33조).

이 제도는 현재에는 '과벌(科罰)주의'의 부당노동행위제도라고도 약칭하는데, 그 계보는 현행 제도와 완전히 달라 2차 대전 전의 노동조합법(안)에 그 연원을 두고 있었다. 즉, 1920년 내무성안과 1926년의 사회국 사안(私案)은 '조합원임을 이유로 하는' 해고와 황견(黃犬)계약을 금지하고 이를 위반할 시에는 500엔 이하의 과태료를 부과하는 것으로 하고 있었는데, 구 노조법은 위의 과태료를 형벌로 개정하고 그 범죄의 처벌에 대해 노동위원회라는 전문적 행정위원회의 '선의권(先議權)'을 인정한 것이었다. 이어 1946년 9월에 제정된 노조법도 동법에 의한 노동쟁의 조정 중의 근로자의 발언 및 쟁의행위를 이유로 근로자에 대한 불이익 취급을 금지함과 동시에 그 위반에 대해서는 형벌을 부과하며, 단 이 죄는 노동위원회의 청구에 의하여 논하는 것으로 했다(구법 제40조).

(구)부당노동행위제도는 금지되는 행위가 적을 뿐만 아니라, 구제시스템이 불충분하다는 것을 이유로 연합군총사령부(GHQ)는 이 제도에 대한 개정이 필요하다고 생각하게 되었고 미국의 「와그너법(1935년)」의 불공정 노동행위(unfair labor practices)를 본보기로 한 제도로 개정하는 것이 기획되었다.

이리하여 1949년 노조법의 전면개정에서는 먼저 금지규정(제7조)의 표제를 '부당노동행위'로 개정한 후, 종래의 불이익 취급과 황견계약(제1호)뿐만 아니라 단체교섭거부(제2호)와 지배개입·경비원조(제3호)도 금지 대상으로서 언급하였다(또한 불이익 취급의 금지는 '노동조합이 정당한 행위를 했다는 점을 이유로 하는' 경우 전반에 미치도록 개정되었다).

그리고 금지 위반에 대한 구제시스템에 있어서도 과벌주의를 폐지하는 대신에 노동위원회가 구제신청에 대하여 조사와 심문을 하여 금지 위반의 여부를 판정하여 구제 또는 기각명령을 내리도록 하는 준사법적 행정구제절차를 마련하였다. 또 이 절차상의 권한은 공익위원만이 행사하고 노사위원은 이에 참여만 할 수 있도록 하였다.

3. 개정 노동조합법상의 부당노동행위제도

일본은 1949년 노동조합법을 전면 개정하여 구법의 규정을 정비하고, 여기에 단체교섭 거부나 지배개입을 추가하여 부당노동행위로 규정하여 이를 위반한 때에는 **과벌주의**(科罰主義)에 **원상회복주의**를 취함과 함께 노동위원회에 의한 행정구제의 방법을 도입했다. 즉 부당노동행위제도 및 노동위원회를 재편하면서 노동위원회와 사법부가 교착하는 유형(노위－구제명령, 법원－긴급명령, 노조법 27⑧)으로 완성되었다.

일본의 현행 부당노동행위제도는 1949 전면개정으로 미국제도에 근접하게 되었다. 이것은 점령 당시의 복잡한 사정을 반영한 것이다. 노동조합법에서 규정한 부당노동행위의 유형은 ① 차별대우와 황견계약(제1호), ② 단체교섭 거부(제2호), ③ 지배개입과 경비지원(제3호), ④ 노동위원회에 구제신청과 관련된 근로자의 행위를 이유로 하는 차별대우(제4호) 등 다섯 가지를 들고 있다. 그 가운데 제1호와 제4호는 근로자 개인에 대한 부당노동행위이고, 제2호와 제3호는 노동조합에 대한 부당노동행위를 규정한 것으로 구별할 수 있다. 그러나 전자도 근로자 개인의 구제를 통해서 노동조합의 자주적인 단결활동을 보장하려는 점에서 차이는 없다.

Ⅱ. 부당노동행위제도의 목적 및 헌법과의 관계

1. 부당노동행위제도의 목적

노조법상의 부당노동행위제도는 헌법 제28조의 단결권 등을 실질적으로 보장하기 위해 노조법에 의해 입법정책으로서 창설된 것이다. 따라서 부당노동행위제도의 목적은 노조법의 목적규정(제1조 1항)에서와 같이 '근로자가 그 근로조건에 대해 교섭하기 위해 스스로 대표자를 선출하는 것, 그 밖의 단체행동을 하기 위해 자주적으로 노동조합을 조직하고 단결하는 것을 옹호하는 것 및 사용자와 근로자와의 관계를 규제하는 단체협약을 체결하기 위하여 단체교섭을 하는 것과 그 절차를 조성하는 것'에 있다.

요컨대 부당노동행위제도의 목적은 사용자와 노동조합을 대등한 교섭상대방으로서 승인, 존중하고 이들과 단체교섭관계를 영위해야 한다는 노사관계의 기본 룰(소위 '단결권')을 옹호하는데 있다. 이러한 룰에 입각하여 향후 노사관계의 정상화를 도모하는 것이 부당노동행위의 목적이다.[1)]

2. 부당노동행위제도와 헌법과의 관계

일본에서는 근로자의 단결권, 단체교섭권, 단체행동권이 헌법(제28조)에서 보장되며, 그 구체적인 효과로서 재판소에서 몇몇 법적 보호가 존재하기 때문에

---

1) 菅野和夫, 『労働法(第12版)』, 弘文堂, 2019, 1001頁.

이들과 노조법상의 부당노동행위 구제제도간의 관계를 어떻게 이해하는가 하는 이론적 문제가 발생하며, 이에 관한 견해의 차이에 따라 부당노동행위제도의 목적에 대한 이해도 달라지고 있다.

이러한 문제점에 관한 첫 번째 대표적 학설은 노조법의 부당노동행위는 헌법 제28조[2]가 보장하는 단결권 등의 침해행위이며, 부당노동행위 구제제도는 헌법의 단결권 등의 보장을 구체화한 제도라고 주장한다(단결권보장설).[3] 결국 이 설은 부당노동행위 구제제도를 헌법 제28조의 권리보장의 일부이며, 동조의 직접적 효과의 틀 내에 편입시킨 것이라고 이해한다.

이것에 대비될 만한 두 번째 학설은 부당노동행위제도는 헌법 제28조의 입법 수권적 효과를 기초로 하여 노조법이 원활한 단체교섭관계의 실현을 위해 특별히 정책적으로 창설한 것이라고 주장한다(단체교섭설).[4] 그리고 노조법의 부당노동행위는 원활한 단체교섭에 방해가 되는 사용자의 행위 유형이라고 본다. 결국 이 설은 부당노동행위제도를 헌법 제28조에 기초를 두면서도 노조법이 원활한 단체교섭을 위해 개별적·정책적으로 만든 것이라고 본다.

이상에 대해 첫 번째 학설에 거의 가까운데 두 학설의 중간설이라고 해야 하는 세 번째 학설은, 부당노동행위제도는 헌법상의 단결권 등의 보장을 실효성 있게 하기 위한 제도이지만, 단결권 등의 보장 그 자체를 목적으로 하는 것은 아니라 그 보장 위에 확립되어야 할 공정한 노사관계질서의 확보를 목적으로 하는 것이라고 한다(공정노사관계질서설). 부당노동행위는 이러한 공정한 노사관계질서에 위반하는 행위이고 그 구제절차는 이 질서위반행위의 시정절차라고 하는 것이다.[5]

현재 일본의 최고재판소는 「第二鳩택시(タクシー)事件」[6] 이래 현행 행정구제방식의 목적을 '정당한 집단적 노사관계질서의 신속한 회복, 확보'라고 표현하

---

2) 일본헌법 제28조는 「근로자의 단결할 권리 및 단체교섭 기타 단체행동을 할 권리를 보장한다.」라고 하여, 소위 '노동3권'을 보장하고 있다.

3) 外尾健一, 『労働団体法』, 1975, 193頁; 中山和久, 『不当労働行為論』, 5758頁; 西谷敏, 『労働組合法』, 2012, 138頁.

4) 石川, 276頁 이하.

5) 岸井貞男, 『不当労働行為の法理論』, 16頁; 久保敬治, 『労働法(第4版)』, 100頁; 道幸哲也, 『不当労働行為の行政救済法理』, 59頁도 부당노동행위를 '집단적 노사관계 원칙에 위반한 행위'로 간주하고 있다.

6) 最大判 昭52.2.23, 『民集』, 31券 1号, 93頁.

고 있으며, 이 학설의 영향을 받고 있다고 평가되고 있다.[7)]

Ⅲ. 부당노동행위제도의 특색

부당노동행위제도는 부당노동행위의 내용과 구제시스템의 쌍방에 대해 다음과 같은 특수성을 가진다.

1. 대상 행위의 특수성

먼저 부당노동행위로서 금지되는 행위(노조법 제7조)의 경우, 이들 중 상당부분이 시민법상 사용자의 권리와 자유에 속하는 것이다.[8)] 즉 불이익 취급 및 황견계약의 금지(제1호・제4호)는 사용자의 해고권과 그 밖의 권한(인사권 등)에 속하는 행위와 계약자유에 속하는 행위를 금지하고, 단결거부의 금지(제2호)는 타인과 면회하고 대화를 할 것인지 여부에 대한 기본적 자유에 속하는 행위를 금지하고 있다.

그리고 지배개입・경비원조의 금지(제3호)는 사용자의 모든 종류의 행동의 자유에 속하는 행위를 금지하고 있다. 이러한 모든 행위는 시민법상 아무리 사용자의 권리와 자유에 속하는 행위라도 근로자가 단결하고 단체교섭을 하는 것을 옹호하고 조성한다는 관점에서 바람직하지 않은 행위로서 금지되며 시정의 대상으로 여겨진다.[9)]

2. 구제 기관과 절차의 특수성

다음으로 부당노동행위가 이루어진 경우, 이에 대한 구제체계는 노동위원회라는 노사관계 전문 행정위원회가 준사법적 절차로 판정하여 구제명령을 내린다는 것이다. 이러한 체계를 만든 이유는 사용자의 부당노동행위에 의해 발생한 상태를 공적인 기관이 직접 시정하는 조치를 취하는 것이 바람직하며, 이 시정에 대해서는 다양한 사안에 따라 적절한 조치를 강구할 재량권을 부여할 필요

---

7) 菅野和夫, 『労働法(第12版)』, 弘文堂, 2019, 1002頁.
8) 石川, 13頁 이하 참조.
9) 石川吉右衛門, 『労働組合法』, 1978, 277頁.

가 있다는 점에서 이다. 또한 노사관계 전문 행정기관에 그 임무를 맡기는 것이 바람직하다고 이해된 점, 그리고 이러한 조치는 신속하게 이루어질 필요가 있음과 동시에 사적 관계에 대한 권력적 개입 조치로서 공정한 절차에 의해 이루어질 필요가 있다는 점 등을 고려한 제도라고 이해되고 있다.[10)]

3. 구제 방식의 특수성(원상회복주의)

현행 행정구제방식은 부당노동행위에 의해 발생한 상태를 노동위원회가 구제명령에 의해 직접 시정하는 것을 하나의 특징으로 하는데, 이 직접 시정에 대해서는 그것을 부당노동행위가 없었던 상태로 회복시키는 '원상회복'이라고 성격을 규정하여 현행 행정구제방식의 목적은 '원상회복'에 있다고 파악하는 견해가 보급되었다. 이러한 견해는 원상회복을 넘어 구제를 하는 것은 위법이라는 견지에서 구제명령에 관한 노동위원회 재량권의 한계를 설정하는 작용을 하였다.[11)]

Ⅳ. 부당노동행위의 유형과 주체

1. 부당노동행위의 유형

노조법(제7조)은 부당노동행위로서 금지되는 각종 행위를 4호에 걸쳐 열거하고 있다. 이들은 통상 ① '불이익 취급'(제1호), ② '황견계약'(제1호), ③ '단체교섭거부'(제2호), ④ '지배개입'(제3호), ⑤ '경비원조'(제3호), ⑥ '보복적 불이익 취급'(제4호)의 여섯 가지 유형으로 나뉜다.

이들 중 황견계약은 불이익 취급에, 그리고 경비원조는 지배개입에 각각 부속되는 특별한 유형이며, 또한 보복적 불이익 취급은 그 내용상 부가적인 특별

---

10) 第二鳩택시(タクシー)事件 — 最大判 昭52. 2. 23, 『民集』, 31券 1号, 93頁.

11) 그러나 '원상회복'이라는 목적규정은 그 후 학설과 노동위원회의 실무가에 의해 각별히 근거가 있는 것이 아니라는 비판을 받았고, 「第二鳩택시(タクシー)事件」의 최고재판소 판결도 이러한 용어의 사용을 회피하였다. 이에 대해서 부당노동행위의 직접 시정이라 해도 엄밀한 의미에서의 부당노동행위가 없었던 상태(원상)로의 회복은 불가능하며, 또한 시정내용을 엄밀하게 그러한 원상회복으로 그치게 하는 것도 적절하지 않다는 견해가 있다(石川, 380頁. 예를 들어 장래에 대한 부작위명령은 '원상회복'으로는 설명할 수 없다. 塚本, 155頁).

한 유형이다. 따라서 기본적으로 일반적인 부당노동행위의 유형은 불이익취급, 단체교섭거부, 지배개입의 세 가지 유형이라고 할 수 있다.

불이익 취급 금지규정(제1호)은 「단, 노동조합이 특정 공장사업장에 고용되는 근로자의 과반수를 대표하는 경우에 그 근로자가 그 노동조합의 조합원이라는 점을 고용조건으로 하는 단체협약을 체결하는 것을 방해하는 것은 아니다」라고 하여, 사용자가 다수조합과의 사이에서 '유니언 숍(혹은 클로즈드 숍)협정'을 체결하는 것은 허용하고 있다. 하지만 이 단서에 대응하는 본문(노동조합의 조합원이라는 점을 고용조건으로 하는 것의 금지 및 조합원이 아니라는 점을 이유로 하는 해고 그 밖의 불이익 취급의 금지)은 없다.

2. 부당노동행위의 주체

(1) 행위주체로서의 '사용자' 개념

부당노동행위 금지규정(노조법 제7조)의 '사용자'에 대해서는 학설상 이를 단체적 노사관계상의 독특한 개념으로 이해하는 경향이 강하고, "피용자의 노동관계상의 제제이익에 어떠한 영향력을 미칠 수 있는 지위에 있는 모든 자"[12], "근로자의 자주적인 단결과 단결목적에 관련하여 대항관계에 있는 자"[13] 등의 포괄적 정의가 유력설이다. 이러한 정의는 노동위원회의 실무에 영향을 주었다.[14]

다만 이와 같은 학설의 태도가 다소 불명하고 광범위하다는 점에서 다음과 같은 비판적인 견해가 있다.

(2) 유력한 견해에 대한 비판적 견해[15]

부당노동행위 구제제도의 목적은 근로자가 단체교섭이나 그 밖의 단체행동

---

12) 本多淳亮ほか, 『不当労働行為論』, 30頁, 岸井貞男, 『不当労働行為の法理論』, 148頁.

13) 外尾健一, 『労働団体法』, 筑摩書房, 1975, 209頁.

14) 일본의 근로자파견법이 제정되기 전의 1975년대 노동위원회에서는 텔레비전 제조현장의 사내업무하청에 대하여, 파견된 하청근로자가 실제상은 원청기업의 지휘명령을 받아 같은 기업의 근로자와 혼연일체가 되어 업무를 수행한 상황에서, 원청기업의 단체교섭 등이 주장된 사안이 상당수 계속되었고, 그러한 학설의 영향을 받은 명령이 많이 발생했다. 소위 "아사히방송사건"으로 국내에도 잘 알려진 해당 사안의 초심명령도 그 중 하나라고 할 수 있다.

15) 이에 대해서는 菅野和夫, 「労働法(第12版)」, 弘文堂, 2019, 1004頁 이하의 견해와 해석을 기초로 하였다.

을 위해 노동조합을 조직하고 운영하는 것을 옹호하는 것 및 단체협약의 체결을 주목적으로 한 단체교섭을 조성하는 데 있으므로(노조법 제1조 1항 참조), 부당노동행위 금지규정에 의해 규제를 받는 '사용자'란 노조법이 조성하려고 하는 단체적 노사관계상의 일방 당사자인 사용자를 의미한다. 그리고 이 단체적 노사관계는 근로자의 노동관계상의 모든 이익에 대한 교섭을 중심으로 하여 전개되는 것이므로, 근로계약관계나 혹은 그에 인접 내지 근사한 관계를 그 기반으로서 필요로 한다. 이것은 부당노동행위로서 금지되는 행위가 노동관계에 관한 불이익 취급과 교섭거부를 중심적 내용으로 하고 있다는 점에도 나타나고 있다. 이리하여 부당노동행위 금지규정에 있어서 '사용자'란 근로계약관계 내지는 이에 근사 내지 인접하는 관계를 기반으로서 성립하는 단체적 노사관계상의 일방 당사자를 의미한다.[16] 문제는 이 근로계약관계에 인접 내지 근사한 관계는 어떠한 것인가이다.

부당노동행위금지규정(노조법 제7조)은 본문에서, "사용자는 다음의 각호에 해당하는 행위를 해서는 안된다"고 하여 각호의 금지규정의 수규자(名宛人)로서 '사용자'를 열거하고 있다. 각호 중 단체교섭을 정당한 이유 없이 거절하는 경우에 해당하는 금지사항(동조 2호)에서의 교섭거부의 금지는 "사용자가 고용한" 근로자를 대표하는 노동조합에 대해서 규정된 것이므로, "사용자"와 "사용자가 고용한"의 관계(양자 문제의 중요한 상태)를 검토해둘 필요가 있다.

부당노동행위의 금지는 사용자와의 고용관계를 둘러싼 단체교섭에 있어서 노동조합의 단결력, 조직력을 보호하기 위한 취지에서 출발한 것으로, 단체교섭의 금지에 있어서 필요로 되는 "사용자가 고용한"이라는 요건은 기타 각호의 부당노동행위금지에 있어서도 필요한 것으로 생각된다. 그러므로 부당노동행위금지규정의 본문에 있는 "사용자"인가 아닌가는, 단체교섭금지에 있어서의 "사용자가 고용했는지 여부"와 그대로 겹치게 된다(양자가 동일한 문제가 된다).

그래서 부당노동행위금지규정 전체에 있어서 '사용자'는 상기와 같이, **"근로계약관계 내지는 그에 인접 내지 근사(近似)한 관계를 기반으로서 성립하는 단체적 노사관계상의 일방 당사자"**라고 해석되어야 한다는 점에서, 이러한 해석으로부터 "사용자가 고용한"에 있어서 "고용한" 것은 결국 노동계약관계 내지는 그

16) 같은 취지: 下井隆史, 『労使関係法』, 1995, 106頁, 243頁.

에 "인접 내지 근사한 관계"를 의미하는 것이 된다.

위의 항에서 문제로 하고 있는 '사용자'는 노조법에 의해 부당노동행위(제7조)가 금지되고 이에 위반할 때에 노동위원회에 의해 구제명령의 수규자가 되는 사업주이다. 그것은 해당 노동조합과의 단체적 노사관계의 당사자가 되는 사업주임과 동시에 해당 노동조합의 조합원과의 사이에 근로계약관계 내지 이에 유사한 관계를 가지는 사업주이다. 주의해야 할 것은 '부당노동행위의 현실적 행위자'는 이 '사용자'와는 반드시 일치하지 않고, 해당 기업조직의 내외에 '사용자'와 별개로 존재할 수 있다는 것이다.

전형적인 예로 노동조합 탈퇴의 권장, 조합간부 선거에 대한 개입, 조합집회의 방해 등 지배개입인 부당노동행위는 '사용자'인 기업조직 내의 누군가에 의해 이루어지는 것이 보통이다. 또 사용자인 기업이 교섭을 위임한 변호사가 불성실한 단체교섭을 하거나 사용자가 채용·인사고과 등을 외부 위탁한 위탁회사가 조합차별을 하는 등, 현실적 부당노동행위자가 기업조직 외의 제3자가 되는 경우도 생각할 수 있다. 이러한 경우에는 해당 부당노동행위의 책임을 사용자인 사업주에게 돌릴 수 있는지의 여부가 문제로 되며, 현실적 행위자가 노무관리상 '사용자'인 기업을 대표하는 입장에 있었는지, 사용자인 기업(그 대표자)에게 그 뜻을 알렸는지 내지는 지시를 받았는지, 사용자인 기업은 부당노동행위가 발생하지 않도록 감독의무를 가지고 있었는지 등 행위자와 '사용자'와의 관계를 검토하여 사용자에 대한 책임귀속 유무를 판단할 필요가 있다.

■ **관련 사례: JR북해도채용사건**(JR北海道採用事件)

일본국유철도(국철)의 분할민영화 과정에서의 JR 각 사의 채용에 관한 국철노동조합원에 대한 차별사건에서도 JR 각 사(그 설립위원)가 국철이 하는 차별적 채용후보자 명부 등재행위에 대해 책임을 지는지가 국철개혁법의 관계규정(23조)의 해석과 관련하여 문제가 된 적이 있는데, 이에 대해 중앙노동위원회는 국철은 신 회사 설립위원의 보조기관으로서 채용후보자 명부를 작성했다고 해석되므로 국철노동조합원의 차별적 미등재에 대해서는 설립위원에게 책임이 귀속되어야 한다고 판단했다.[17]

그러나 동 사건의 **행정소송**에서는 노조법 제7조의 **'사용자'란 기본적으로 근로조**

건에 대한 고용주와 '동일시할 수 있을 정도로 현실적이고 구체적으로 지배·결정할 수 있는 지위에 있는 자'라고 하는바, 국철개혁법상 채용후보자의 명부등재는 오로지 국철의 권한과 책임 하에서 이루어진 것으로, 설립위원은 국철의 권한에 규제나 지휘·감독을 미칠 권한이 없었다고 하여, 설립위원·JR 각 사에 대한 귀책(그 사용자성)이 부정되었다.[18] 그리고 **최고재판소**도 국철의 분할민영화에서는 국철이 그 직원을 새로운 회사와 청산사업단과 나누는(신 회사는 국철에 의해 나눠진 직원을 채용한다) 시스템으로 되어있기 때문에, **국철에 의한 차별적 분할에 대해서는 국철(그 책임을 승계하는 청산사업단)만이 책임을 져야 하고, 신 회사는 '사용자'로서의 책임을 져야 하는 입장이 아니라고 판단**했다.[19]

(3) 사용자의 개념이 문제되는 유형별 사례 검토

① 먼저 가까운 과거의 근로계약관계의 존재나 가까운 장래의 근로계약관계의 가능성(근로계약에 인접한 관계)이 부당노동행위의 '사용자'성의 기초가 될 수 있다. 예를 들어 사용자는 피해고자가 속하는 노동조합과의 해고철회와 퇴직조건에 관한 단체교섭을 원칙적으로 거부할 수 없다. 또 어느 기업에 여러 차례 고용되었던 계절근로자의 재고용에 대해서는 동 기업은 그 근로자와의 관계에서 '사용자'로서의 부당노동행위금지 규정의 규제를 받을 수 있다.[20] 게다가 회사합병(내지 영업양도)의 과정에서 합병회사(양수회사)가 피합병회사(양도회사)의 종업원이 소속하는 노동조합에 대해 지배개입을 한 경우에는 흡수회사(양수회사)도 '사용자'로 간주해야 한다.[21] 국철 JR 각 사에 대한 분할·재편성과정에서의 채용차별에 관한 JR 각 사의 '사용자'성은 이 유형에 대한 문제라고 할 수 있다.[22]

---

17) JR北海道採用事件 — 中労委 平5.12.15, 労判 641号, 14頁 등. 中嶋士元也, 「国労組合員のJR北海道地区不採用事件・中労委命令について」, 労判 641号, 5頁 참조.

18) JR北海道・日本貨物鉄道[国労不採用]事件 — 東京高判 平12.12.4, 労判 801号, 37頁. 거의 같은 취지로서 JR東日本・日本貨物鉄道・JR東海[不採用]事件 — 東京高判 平12.11.8, 労判 801号, 49頁.

19) JR東日本・日本貨物鉄道・JR東海[国労本州不採用]事件 — 最一小判 平15.12.22, 労判 864号, 5頁 — 중노위의 판단을 지지하는 소수의견이 첨부되어 있다.

20) 万座硫黄事件 — 中労委 昭27.10.15, 命令集 7集, 181頁.

21) 회사합병 사안에 대해 日産自動車事件 — 東京地労委 昭41.7.26, 命令集 34・35集, 365頁 참조[결론은 기각].

② 피해고자가 속하는 노동조합이 해고철회와 퇴직조건에 관한 단체교섭을 신청한 경우에는 해고를 한 기업은 교섭에 응해야 할 지위(사용자로서의 지위)에 서는 것이 원칙이며, 이것은 피해고자가 해당조합에 해고된 후에 가입한 경우에도 마찬가지다. 그러나 해고가 교섭대상이 되지 않은 채 오랜 기간이 경과되어 버린 경우에는 해고를 한 기업은 피해고자에 대해 이미 '사용자'로서의 지위를 상실하였다고 판단하게 된다.[23] 한편 해고된 후 수년이 경과된 단체교섭의 요청이라도 사용자로서 교섭에 응해야 한다고 판정한 경우도 있다.[24]

③ 다음으로 근로계약상 사용자는 아니나, 실제상 이에 근사한 지위에 있는 기업도 부당노동행위가 금지되는 '사용자'로 인정되는 경우가 있다. 이 유형에는 다음과 같은 사례가 속한다.[25]

첫째, 어떤 두 개의 기업이 모자회사 관계에 있고 모회사가 자회사의 업무운영 및 근로자의 대우에 대해 지배력을 가지고 있는 경우, 모회사가 자회사의 종업원에 대해 '사용자'(노조법 제7조) 지위에 있다고 보는 사례(모회사의 사례)이다 [그림 1]. 즉 모회사가 주식소유, 임원파견, 하청관계 등에 의해 자회사의 경영을 그의 지배하에 두고 그 종업원의 근로조건에 대해 현실적이면서 구체적인 지배력을 가지고 있는 경우에는, 모회사는 자회사 종업원의 근로조건에 대하여 자회사와 함께 단체교섭상의 사용자로서의 지위에 있다(단체교섭과 지배개입금지를 명할 수 있다). 단 모회사에 대해 자회사 종업원에 대한 고용관계상의 사용자성도 인정할 수 있기(자기 종업원으로서의 취급을 명하기)위해서는 그러한 지배관계에 동반하여 자회사가 거의 모회사의 한 사업부문으로 간주할 수 있는 상태에 있고, 그 결과 자회사 종업원의 노무제공과 이들에 대한 임금지불관계가 거의 이들과 모회사 사이에 성립되어 있다고 인정할 수 있는 점이 필요하다. 또한

---

22) 下井隆史, 『JR不採用事件について』, 山口浩一郎 編, 救済命令の司法審査, 98頁. 앞의 JR北海道・日本貨物鉄道[全動労不採用]事件 — 東京高判 平14.10.24, 労判 841号, 29頁은 문제를 이처럼 정확하게 해석하고 있지만, JR北海道・日本貨物[不採用]事件 — 東京高判 平12.11.8은 문제를 아래의 (나)의 유형과 혼동하고 있다. 앞의 最一小判 平15.12.22는 (나)의 유형과의 혼동은 피하고 있다.

23) 東洋鋼板事件 — 中労委 昭53.11.15, 命令集 64集, 777頁; 三菱電機事件 — 東京地判 昭63.12.22, 労民 39券 6号, 703頁; 日立메디코(メディコ)事件 — 中労委 昭60.11.13, 命令集 78集 43頁.

24) 日本鋼管事件 — 最三小判 昭61.7.15, 労判 484号, 21頁.

25) 상세한 것은 岸井, 앞의 책, 218면 이하.

주식을 소유한 회사와 사업회사와의 관계에 대해서도 위와 동일한 문제가 발생할 수 있으나, 위와 동일한 법리에 의해 처리되게 된다.[26)]

둘째, 어떤 기업이 다른 기업에 대해 일정 업무를 도급하거나 자기 피용자를 해당 다른 기업(인수기업)에 제공하고 있는 경우, 인수기업이 제공된 근로자(사외 근로자)에 대해 '사용자'(노조법 제7조)의 지위에 있다고 보는 사례(사외 근로자 인수의 사례)이다[그림 2]. 즉 인수기업이 사외 근로자의 근로조건 그 밖의 대우에 대해 현실적이면서 구체적인 지배력을 가지고 있는 경우에 인수기업은 사외 근로자에 대해 단체교섭상의 사용자로서의 지위에 있다.[27)]

그리고 제공기업이 기본적 근로조건(급여 · 일시금 등)을 지배 · 결정하고 인수기업이 취업을 둘러싼 근로조건을 지배 · 결정하고 있다고 하는 경우, '사용자'의 지위는 이러한 지배력의 분류에 따라 분담되어야 한다.[28)] 그러나 인수기업에 대해 사외 근로자에 대한 고용관계상의 사용자성을 인정하기 위해서는 인수기업이 사외근로자를 실질적으로 자기 종업원처럼 취급하여 양자 간에 거의 노무제공과 임금지불관계가 성립하고 있다고 인정할 수 있는 상황이 필요하다.[29)] 또한 출향 근로자가 속하는 노동조합과 사용기업과의 관계에 대해서도 동일하게 판단해도 좋다고 본다.[30)]

이상의 모자회사, 파견 · 사용의 유형이 아닌 경우에도 어떤 기업이 융자나 거래관계를 통해 다른 회사 근로자의 고용 및 근로조건에 대하여 현실적이고 구체적인 지배력을 발휘하는 경우에는 그 기업이 당해 타 기업 근로자에 대해 '사용자'가 될 수 있다.[31)]

---

26) 土田道夫, "純粋持株会社と労働法上の諸問題",『日本労働研究雑誌』, 451号, 5頁 이하.
27) 阪神観光事件 — 最一小判 昭62.2.26, 労判 492号, 6頁 — 카바레의 밴드마스터와의 계약에 근거하여 사용하고 있던 밴드맨에 대한 단체교섭상의 사용자성을 긍정.
28) 朝日放送事件 — 最三小判 平7.2.28, 労判 668号, 11頁은 파견근로자의 사용기업이 파견근로자의 근무시간의 분담, 노무제공의 양상, 작업환경 등을 지배 · 결정하고 있는 사안에 대해 사용기업의 부분적 사용자성을 인정했다. 상세하게는 菅野, [判批], ジュリ 1027号, 31頁을 참조.
29) 油研工業事件 — 最一小判 昭51.5.6, 民集 30巻 4号, 409頁 — 사외 근로자의 직접 고용주가 법인격만으로 존재하고, 실제로는 존재하지 않는 사안.
30) 판례로서는 네슬(ネッスル) · 日高乳業事件 — 札幌高判 平4.2.24, 労判 621号, 72頁.
31) 모자회사 및 파견을 받아들이는 이외의 기업관계에서는 실제로 그러한 지배력이 발생하기 어렵다고 생각된다. 증권거래소의 중립회원기업 근로자에 대한 사용자성을 부정한 大阪証券取引所事件 — 東京地判 平16.5.17, 労判 876号, 5頁 참조.

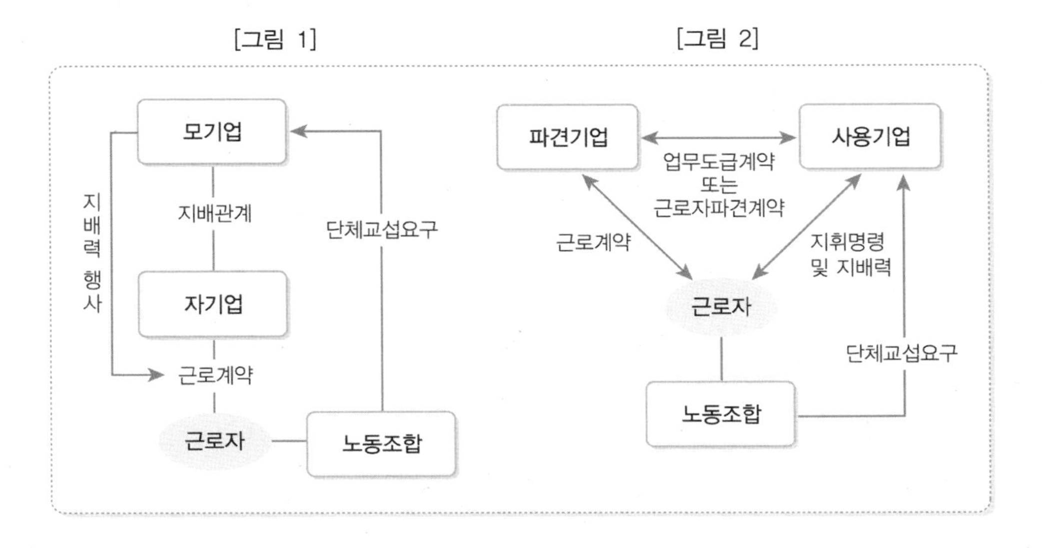

V. 사용자의 중립의무 위반과 노동조합 경비원조

1. 사용자의 중립의무 위반과 부당노동행위

일본의 복수노조 병존 하에서 발생하는 부당노동행위는 여러 종류가 있으나, 노조와 노동조합원에 대한 차별(사용자의 중립의무위반)로 집약될 수 있다. 차별의 구체적인 내용은 ① 승진·승급의 차별, ② 임금·급여의 차별, ③ 노조사무소의 대여 및 시설물 사용의 차별, ④ 노동조합원에 대한 부서배치의 차별 등이며, 이는 '노동조합 차별사건'으로 불리고 있다.[32]

차별의 원인을 ① 노동조합의 의사가 개입되지 않고 사용자의 일방적인 조치로 생기는 것, ② 노조(단체교섭 및 단체협약 등)의 의사가 개입되어 일어나는 것으로 나누어 본다면 같은 '노조차별사건'이라도 해결의 방법이 다르고 '노노갈등과 대립'으로 전환될 수도 있다. 예컨대 승진·승급의 차별의 경우, 통상적으로 이루어지는 인사고과와 심사라는 사용자의 인사권의 행사로 노동조합 간 차별이 생기는 것이지만, 이것이 부당노동행위인지 여부는 해당 인사고과 및 심사의 내용이 '합리적'이었는지가 중요한 쟁점이 된다. 이는 반드시 복수노조 병존 하의 특유한 문제가 아니라 단일노조와 비조합원 사이에서도 같은 문제가 생길

32) 宮本光雄, "複数組合併存下における不当労働行為", 『季刊労働法』, 第148号, 1988, 46頁.

수 있기 때문이다.

그런데 단체교섭을 통해 동일한 근로조건을 제시하였지만 교섭의 결과에서 '차이'가 생기는 경우, 이는 승진 · 승급의 차별문제와 다르게 각 노동조합의 노선(운동방침), 근로조건에 대한 각 노동조합의 구체적인 대응과 이에 대한 사용자의 대응 등 제반사정을 고려하여 부당노동행위의 존부를 살펴야 한다는 것이다. 이런 의미에서 일본에서는 단체교섭을 거쳐 발생하는 처우의 차이, 또는 단체교섭을 매개로 발생하는 노동조합간의 차이가 부당노동행위를 구성하는가의 문제가 복수노조 병존 하에서 생기는 특유한 문제라 할 수 있다.[33]

2. 노동조합에 대한 경비원조와 부당노동행위

일본의 노동조합법은 "단체의 운영을 위하여 경비지출에 대해 사용자의 경리 상의 원조를 받는 것"을 노동조합의 결격사유로 규정하고 있으며(제2조 단서 제2호), 또한 동법에서는 "근로자가 노동조합을 결성하거나 운영을 하는 것을 지배하거나 또는 노동조합의 운영을 위한 경비지급에 대해 경리 상의 원조를 하는 것"을 부당노동행위로 간주하여 이를 원칙적으로 금지(경비원조)하고 있다. 다만 근로자가 근로시간 중 또는 임금을 상실하지 않고 사용자와 협의하거나 또는 교섭하는 것을 사용자가 허락하는 경우나 후생자금 또는 경제상의 불행 혹은 재해를 방지하거나 또는 이를 구제하기 위하여 지출하는 복리 기타 기금에 대한 사용자의 기부 및 최소한의 사무소 제공은 예외적으로 인정하고 있다.

노동조합에 대한 경비원조와 관련하여 종종 문제가 되는 것은 노조전임자에 대한 임금지급 여부이다. 이에 앞서 일본에서는 민간부문에서는 노조전임자에 대한 아무런 규정을 두고 있지 않고 노사관행(단체협약 사항)으로 인정하고 있는데 반해, 공공부문에서는 노조전임자를 원칙적으로 금지한 다음, 소속청장의 허가를 받은 경우에 한하여 인정하고 있다.

노조전임 기간은 원칙적으로 휴직으로 처리되고, 승진이나 퇴직금 산정 시에 근속연수에도 포함되지 않으며, 건강보험을 비롯하여 고용보험 보험료 등은 소속 노동조합이 부담하고 관련 업무는 회사가 수행하는 것이 일반적이다. 또한

---

33) 宮本光雄, 앞의 논문, 47면.

민간부문에서 노사관행이나 단체협약으로 노조전임자에게 임금을 지급하는 행위는 노동조합의 결격사유에 해당할 뿐 아니라 경비원조 해당하여 부당노동행위가 성립한다.

제3장

비교법적 고찰과 시사점

Ⅰ. 문제제기

현행 노동조합법은 헌법상의 노동3권을 보장하기 위해 이를 침해하는 사용자의 일정한 행위, 즉 ① 불이익 처우, ② 황견계약, ③ 지배개입, ④ 경비원조, ⑤ 보복적 불이익 취급 등 5가지 유형을 부당노동행위로 규정한 다음(제81조), 이를 위반한 경우에는 2년 이하의 징역 또는 2천만 원 이하의 벌금에 처하도록 규정하고 있다(제90조).

이와 같이 노동조합법은 사용자만을 부당노동행위의 가해자로 설정한 다음, 이러한 부당노동행위가 발생한 경우에 노동조합이나 근로자는 노동위원회에 부당노동행위 구제신청을 할 수 있도록 하고 있는 것과는 별개로 행위 자체에 대해 형사적 처벌을 부과할 수 있도록 하고 있다.

이처럼 우리나라에서는 부당노동행위에 대해 노동위원회에 의한 "원상회복주의"를 채택함과 동시에 형사 처벌하는 "처벌주의"를 채택하고 있는데, 이는 사용자를 잠정적 범죄자로 취급할 뿐 아니라, 처벌만으로는 부당노동행위에 대한 본질적 구제를 할 수 없다는 점 등에서 비판이 제기되고 있다.[1)]

종전의 노조법에서는 노동조합의 전임자에게 급여를 지원하거나 노동조합 운영비를 원조하는 행위를 부당노동행위로 보아 금지하고 있었으나, 2021년 개

1) 참고로 현행 노동조합법상의 부당노동행위 처벌규정의 변천사를 보면, 1953년 제정법에서는 원상회복주의와 형사처벌주의를 병용하고 있었으나, 1963년 개정법에서는 원상회복주의를 원칙으로 하고 형벌은 삭제하였으며, 1963년 개정법에서는 다시 원상회복주의와 형사처벌주의로 환원했으나 이때 반의사불벌죄로 되었다. 그 후 1997년 개정시에는 지금과 같이 원상회복주의와 형사처벌주의를 병행하면서 종전의 반의사불벌 조항은 삭제했다.

정법에서는 "근로시간 면제한도를 초과하여 급여를 지급"하는 행위를 부당노동행위로 간주하도록 변경함으로써, 노조전임자에 대한 급여지급 금지규정을 삭제하는 대신 근로시간면제제도를 통하여 유급노조활동을 하는 것이 가능하게 되었다.

노조전임자에 대한 급여지급은 노조의 자주성을 침해하는 행위로 그 자체가 부당노동행위에 해당하며, 노동조합이 근로시간 면제한도를 초과하는 경우에 이를 수용하게 되면 부당노동행위에 해당할 수 있으므로 주의할 필요가 있다.

최근 타임오프제의 도입으로 직접적인 경비원조의 관행은 개선되었다고 하지만, 노조전임자의 경우 타임오프와는 별도로 근참법상의 각종 활동에 대한 근로시간을 이중으로 면제받는 등 새로운 문제가 제기되고 있다. 노동조합은 자주성을 핵심가치로 하고 있는 만큼, 사용자로부터 편의제공을 받지 않는 것을 원칙으로 할 필요가 있다.

Ⅱ. 비교법적 고찰

1. 미 국

미국에서는 노사 양측에 부당노동행위를 인정함과 동시에, 부당노동행위에 대해 원상회복 주의를 채택하고 있는 것이 특징이다. 이에 대해 구체적으로 살펴보면 다음과 같다.

구 분	미 국	일 본
부당노동행위	사용자의 부당노동행위 노동단체의 부당노동행위	사용자의 부당노동행위
구제기관	NLRA(전속관할) * NLRB가 구제신청, 주장, 입증	노동위원회
구제방법	원직복귀, 포스트-노티스, 백페이 등(원상회복주의) * 경제 파업시 원직복귀 보장 ×	원직복귀, 포스트-노티스, 백페이 등(원상회복주의)
노동조합 경비원조	노사양측의 부당노동행위	사용자의 부당노동행위

미국은 1935년 연방노동관계법(NLRA, Wagner Act 1935)에서 사용자에 대한 부당노동행위를 처음으로 도입한 이래, 1947년 태프트・하틀레이법(Taft Hartley Act 1947)에서 노동조합에 대한 부당노동행위를 추가하였다.

미국에서 부당노동행위는 연방노동관계위원회(National labor Relations Board NLRB)가 전속 관할하며, 부당노동행위에 대한 형벌규정은 두고 있지 않으며 원상회복주의를 채택하고 있다. 구제방법으로서는 당해 행위에 대한 중지・금지 명령(cease-and desist order)을 비롯하여, 해고사안에서는 피해고자의 백・페이(back pay)를 동반한 원직복직(reinstatement)과 포스트・노티스(post notice) 등 사안에 따라 적극적 행위의 명령(affirmative order)을 내리고 있다.

다만 파업 시의 대체근로와 관련해서는 파업의 원인이 경제적 파업(economic strike)인가 또는 부당노동행위 파업(unfair labor practice strike)인가에 따라 구제방법이 달라 질 수 있음에 유의할 필요가 있다. 다시 말해서 단체교섭 과정에서 발생하는 경제적 파업의 경우에는 파업종료 후에 원직복귀(reinstatement)가 보장되지 않는다. 물론 파업 시에 대체인력을 사용하지 않아 공석이 있는 경우에는 파업참가자를 복귀(reinstatement, recall)시키는게 당연하겠지만, 그렇지 않고 이미 신규 인력으로 대체된 경우에는 복귀가 불가능하다. 반면 사용자의 부당노동행위가 전면적 또는 부분적인 이유가 되어 파업을 한 경우라면 파업 종료 후 원직복귀가 원칙이다.[2)]

○ 사용자 및 노동조합에 대한 부당노동행위 유형은 다음과 같다.

〈표〉 미국 사용자(employer)의 부당노동행위

NLRA 제8조(a)(1)~(5)에서는 동법 제7조에서 규정하고 있는 피용자의 권리에 대한 사용자의 침해행위를 '부당노동행위(unfair labor practices)'로 간주하여 이를 금지하고 있음.
(1) NLRA 제7조에서 보장하고 있는 피용자의 권리 행사를 간섭, 규제 또는 억압하는 행위 (2) 노동단체의 결성과 운영을 지배 또는 간섭하거나, 노동단체에 금전적 또는 기타 지원을 제공하는 행위. 단, 제6조에 의거하여 위원회가 제정 및 공표하는 규칙 및 규정을 조건으로 고용주가 종업원에게 시간 또는 보수의 손실없이 업무 시간 동안 고용주와 협의하도록 허용하는 것은 금지하지 않아야 한다. (3) 채용, 고용기간 또는 고용조건과 관련하여 차별을 통하여 노동단체의 회원자격 취득을 조장하거나 방해하는 행위

2) 이에 대해서는 강현주, "미국의 부당노동행위파업 법리", 『노동법학』 제44호(2012), 41면 참조.

(4) 피용자가 본 법에 의거하여 고소하거나 증언한 것을 이유로 종업원을 해고 기타 차별하는 행위
(5) 제9조(a)의 피용자대표와의 단체교섭을 거부하는 행위

〈표〉 미국 노동단체(labor organization)의 부당노동행위

NLRA 제8조(b)(1)~(7)에서는 노동단체 또는 그 대리인에 의한 다음과 같은 행위를 부당노동행위로 간주하여 금지하고 있음
(1) (A) 제7조에서 보장하고 있는 피용자의 권리행사를 방해 또는 억압하는 행위
(B) 단체교섭 또는 고충처리의 목적으로 사용자가 대표하는 선택을 중단시키거나 강제하는 행위
(2) 사용자에게 제8조(a)(3)을 위반하여 피용자에게 차별하게 하거나 이를 시도하게 하는 행위
(3) 교섭대표권한을 가진 노동단체가 사용자와의 단체교섭을 거부하는 행위
(4) 산업에 종사하는 자에게 고용된 개인을 파업(strike)이나 거부에 참여하도록 유도 또는 조장하는 행위(picketing) 또는 다음과 같은 목적으로 산업에 종사하는 자를 위협, 억압 또는 규제하는 행위.
(A) 사용자단체로의 참가강제
(B) 2차 보이콧
(C) 교섭대표로 인정된 노동조합이 있음에도 교섭대표로 다른 특정 노동조합을 인정하거나 이러한 노동조합과 교섭을 하도록 사용자에게 강요하는 행위
(D) 다른 노동조합이나 다른 직업, 직종 또는 직무의 종업원 대신 특정 노동조합이나 특정 직업, 직종 또는 직무의 종업원에게 특정 업무를 할당하도록 고용주에게 강요하거나 요구하는 행위
(5) 유니언 숍 협정 하에서 과대하거나 또는 차별적인 입회금을 요구하는 행위
(6) 사용자를 강제하여 수행되지 않은 근무에 대해서 금전을 교부하도록 하는 행위 등
(7) 조직화・승인을 요구하는 피케팅 행위

〈표〉 미국 사용자 및 노동단체 쌍방의 부당노동행위

사용자와 노동단체가 핫・카고(hot cargo) 협정을 체결하는 경우가 이에 해당함.
"핫・카고(hot cargo)협정"이란 사용자가 다른 사용자의 제품의 취급, 사용, 판매, 운송 등을 중단 혹은 보류하거나 또는 다른 사용자와의 거래를 중지하는 것을 노사 간에 협정하는 것을 말함.

2. 일 본

일본에서는 사용자에 대해서만 부당노동행위를 인정하고 있으며, 부당노동행위에 대해서는 원상회복주의 채택하고 있는 것이 특징이다. 이에 대해 구체적으

로 살펴보면 다음과 같다.

우선 일본의 경우, 전전에도 부당노동행위를 두고 있었으나, 현행 부당노동행위제도는 전후인 1949년에 노동조합법을 미국의 와그너법에 기초하여 전면적으로 개정한 것이다. 다만 일본에서는 미국의 부당노동행위를 계수하면서 미국과는 달리 사용자에 대해서만 부당노동행위를 인정하고 노동조합에 대한 부당노동행위는 도입하지 않았다. 참고로 우리 노동조합법이 사용자에 대해서만 부당노동행위를 인정하고 노동조합에 대한 부당노동행위를 규정하고 있지 않는 것은 바로 일본의 제도를 계수하였기 때문이다.

일본에서 부당노동행위는 노동위원회가 전속 관할하며, 구제방법으로는 형사처벌하지 않고 미국과 같이 당해 행위에 대한 중지명령(中止命令)을 비롯하여, 해고사안에서는 피해고자의 백・페이(バック・ペイ)를 동반한 원직복직과 포스트・노티스(ポスト・ノーティス) 등을 규정하고 있다. 부당노동행위의 종류로는 우리나라와 동일하게 사용자에 의한 불이익 취급, 단체교섭 거부, 지배개입, 경비원조, 보복적 불이익 취급 등을 규정하고 있다(労働組合法 第7条).

3. 기 타

캐나다・호주・인도에서는 미국과 마찬가지로 노사 양측에 부당노동행위를 인정하고 있으며, 부당노동행위에 대해서는 형사적 처벌은 하지 않고 원상회복주의를 채택하고 있다. 기타 유럽의 경우에는 부당노동행위제도를 특별히 두지 않고 있다.

Ⅲ. 개선방안

1. 처벌주의를 원상회복주의로 변경

개선책으로는 처벌주의를 원상회복주의로 변경할 필요성이 있다.[3] 참고로 부당노동행위제도의 원조인 미국은 원상회복주의를 원칙으로 하고 있으며, 일본에

3) 김희성・최홍기, "부당노동행위 처벌조항의 입법사 및 비교법적 고찰－부당노동행위 처벌조항의 한계 및 문제점을 중심으로", 『노동법논총』, 제46집(2019).

서도 전전에는 처벌주의를 채택하고 있었으나 전후에는 이를 폐지하고 원상회복주의를 원칙으로 하고 있다. 그 외 캐나다 · 호주 · 인도 등에서도 부당노동행위를 처벌의 대상으로 하지 않고 원상회복주의를 채택하고 있다.

〈표〉 외국의 부당노동행위제도

구 분	부당노동행위 대상	구제방법(형사처벌 여부)
미국 · 캐나다 · 호주	사용자, 노동조합	원상회복주의(형벌×)
일본	사용자	원상회복주의(형벌×)
인도	사용자, 노동조합	원상회복주의(형벌×)
우리나라	사용자	원상회복주의, 처벌주의

2. 노동조합에 대한 부당노동행위 검토

현행 노조법은 사용자에 대한 부당노동행위만을 인정하고 있으나, 노동조합에 대해서도 부당노동행위를 인정해야 한다는 주장이 일각에서 제기되고 있다.[4] 노동조합에 대한 부당노동행위에 대해 정부는 신중한 입장인데 비해, 경영계는 사용자의 부당노동행위에 대해서만 처벌을 하는 것은 '무기대등의 원칙'과 '형평성의 원칙'에 어긋난다고 하면서 노동조합에 대해서도 부당노동행위를 신설할 것을 주장하고 있다.

입법사적으로 볼 때 미국은 노사 양측의 부당노동행위를 인정하고 있으며, 일본은 미국으로부터 부당노동행위제도를 도입할 때 기업별노조의 취약함 등을 고려하여 사용자에 대한 부당노동행위만을 인정하였고, 우리는 이러한 일본의 제도를 받아들인 것이다.

우리는 일본과는 달리 점점 산별노조의 비율이 높아지고 있고, 미국의 배타적 단체교섭제도에 유사한 교섭방식을 채택하고 있으며, 교섭대표노조에 대해 공정의무를 부과하고 있는 점에 비추어 미국식 부당노동행위제도에 가깝다고 볼 수 있으므로 노동조합에 대한 부당노동행위의 인정 여부에 대해 현행 법체계를 포함하여 종합적 검토가 필요하다고 판단된다.

---

4) 이승길, "복수노조시대의 부당노동행위제도의 검토－노동조합의 부당노동행위의 신설을 중심으로－", 『노동법논총』, 제20집(2010).

집단적 노사관계법과 노사자치

제1장

노사관계법의 변천사

Ⅰ. 서 설

사인간의 법률관계는 기본적으로 '사적 자치(계약자유)의 원칙'에 따라 자유롭게 설정할 수 있어야 한다. 물론 사적 자치가 강행법규나 사회상규에 반해서는 안 되겠지만, 그렇지 않는 한 이러한 사적 자치는 존중되어야 하며, 노사관계 또한 예외일 수 없다. 다만, 노사관계의 경우에는 현실적으로 힘의 불균형이 존재하기 때문에, 노사 양자가 대등한 위치에서 합리적인 권리의무관계를 설정할 수 있도록 할 필요가 있다. 우리나라 헌법이 제32조에서 인간의 존엄성을 보장하기 위해 근로조건의 기준을 법으로 정하도록 하는 한편, 제33조에서 단결권의 보장을 통하여 노동조합이 사용자와 대등한 위치에서 근로조건의 유지 · 개선과 근로자의 경제적 · 사회적 지위향상을 도모하도록 하고 있는 것은 바로 '노사자치'를 실질적으로 보장하기 위함이다. 특히, 노사관계는 매우 복잡하고 가변적이기 때문에 근로조건이나 노사관계 룰의 세세한 부분까지 이를 법제화하기에는 어려운 면이 있다. 이에 근로기준법을 포함한 노동법에서는 근로조건에 대한 최저기준과 기본적인 노사관계 룰만을 규정하고 나머지는 노사자치에 위임하고 있는 것이다. 이러한 관점에서 우리나라 노사관계법의 변천사를 살펴보면, 다음과 같은 특징이 있음을 알 수 있다.

우리나라의 노동 기본4법이 1953년에 제정된[1] 이래 우리나라의 노동법

1) 집단적 노사관계법은 1953년에 「노동조합법」, 「노동쟁의조정법」, 「노동위원회법」의 제정으로 기본 틀을 갖추게 되었으며, 그 후 80년대에 「노사협의회법」(現 「근로자참여 및 협력증진에 관한 법률」)이 제정됨으로써 집단적 노사관계 관련 법제정은 일단락되었다.

은 정치사만큼이나 격변기의 상황을 오롯이 반영하고 있다. 이 중에서도 특히 집단적 노사관계법 분야는 개발독재 및 군사독재 하에서 「3禁」이라는 신조어가 생길 정도로 노동3권이 제한되기도 하였다. 최근에 들어 이러한 제한은 많이 완화되었지만, 다른 선진국에 비해 개선의 여지가 많은 것이 사실이다. 아울러 우리나라의 경우, 집단적 노사자치의 역사가 상대적으로 일천한 탓에 노사관계가 조기에 정착을 하지 못하고 정권이 바뀔 때마다 노동법 개정을 거듭하는 정치가변적인 특징을 가지고 있으며, 개발독재체제 하에서는 '경제성장' 및 '사회 안정'에 걸림돌이 된다는 미명 하에서 노동운동 및 노동3권이 제한되기도 하였다. 이는 우리나라 집단적 노사관계법의 변천사를 보면 명확하다.

이와 같은 문제의식 하에서, 이하에서는 우리나라의 노사관계가 정착하지 못하고 불안정한 이유가 '노사자치의 결여'에 있다는 가설 하에서, 주로 집단적 노사관계법의 변천과정을 통하여 이를 규명해보고자 한다.[2] 구체적으로는 정치적·사회적·역사적 상황의 특수성과 집단적 노사관계법의 제·개정의 역학관계를 고려하여 정부와 연대별로 설정한 다음, 집단적 노사관계법의 변천과 흐름을 통해 그에 따른 노사자치의 특징과 그 한계를 고찰하고자 한다. 우리나라의 집단적 노사관계법의 변천사와 그 내용을 어떻게 평가할 것인가에 대해서는 이미 훌륭한 선행연구가 많이 있기 때문에, 본고에서는 '노사자치'라는 프리즘을 통하여 이를 재조명해보고자 한다. 따라서 본고의 내용이 다소 주관적일 수도 있음을 밝혀둔다.

Ⅱ. 노사관계법의 변천사

대한민국의 노동법 제정부터 시기별로 노사자치의 시점에서 중요한 집단적 노사관계법의 변천을 중심으로 살펴보면 다음과 같다.

---

2) 집단적 노사관계를 체계적 종합적으로 파악하기 위해서는 민간부문뿐만 아니라 공공부문에 대해서도 함께 고찰할 필요가 있으나, 본고에서는 지면상의 제약으로 주로 전자에 포커스를 맞추어 분석하였다.

1. 정부수립과 노동법(1950년대 제1공화국과 제정노동법)

1945년 8.15 해방과 남북분단은 노동문제를 폭발적으로 야기했다. 해방직후 미군정 하에서는 군정 포고령으로 임시적인 법질서에 의해 노동문제를 규율하였다.[3] 대한민국 건국이후 1948년 제정된 제헌헌법과 이 법 제17조, 제18조에서 보장된 노동기본권을 바탕으로 1953년 제정된 노동법은 노동조합의 자유설립주의, 노동조합의 대내적 민주성과 대외적 자주성의 확보, 협약자율, 자주적 조정의 원칙, 자유로운 쟁의권행사 등을 내용으로 하는 자유주의적 노사자치주의를 그 기반으로 하였다.[4] 제정노동법은 노동조합 및 노동운동 등의 법률적 기초 제공과, 민주적 노동법제를 갖추어 당시 정치화되어있던 노사관계의 새로운 지평을 제공하였다고 볼 수 있다.

특히 협약자율, 노동쟁의의 자율적 조정, 쟁의권행사에 본질적 제한을 가하지 않는 것을 기본원칙으로 하였다는 점과 조정기능을 수행하는 중립적이고 독립적인 노동위원회를 두었다는 점에서 본질적으로는 노사자치주의에 입각하고 있다고 볼 수 있다.[5] 제정 노동법에 대한 비판들의 공통점을 분석해보면, 독자적 장고의 개발과정 없이 다른 나라의 것들을 참고하여 제정했다는 비판들이 대부분이다. 하지만 일본강점기와 미군정시기를 거치면서 사회적·정치적으로 미성숙 했을 뿐만 아니라, 이념적 이데올로기의 대립이 팽배했고 한국전쟁을 거치며 온전한 입법제정을 하기란 거의 불가능에 가깝지 않을까 평가하며, 노동법 제정의 이념과 가치적인 면에서는 제정노동법으로서 역사적 의의가 있다고 평가해본다.

2. 경제성장기와 군사정권하에서의 노동법(1960~1970년대 제3·4공화국)

노동조합법, 노동쟁의조정법, 노동위원회법은 제정된 지 10년 만에 개정된

3) 1948. 7. 17. 공포된 대한민국 제헌헌법 제17조는 모든 국민은 근로의 권리와 의무를 가진다(제1항), 근로기준은 법률로 정한다(제2항), 여자와 소년의 근로는 특별한 보호를 받는다(제3항)고 규정하였다. 제18조에서는 근로자의 단결·단체교섭·단체행동의 자유는 법률의 범위 내에서 보장된다(제1항), 영리를 목적으로 하는 사기업에 있어서는, 근로자는 법률이 정하는 바에 의하여 이익의 분배에 균점할 권리가 있다(제2항)고 규정하였다.

4) 김형배, 『노동법(제20판)』, 2011, 61-62면.

5) 하경효, "한국노동법제에 관한 사적 고찰", 석사학위논문, 고려대 대학원, 1976, 69면.

다. 군부가 1961. 5. 16. 정권을 장악한 후 국가재건최고회의가 주도하여 다음해 12월 17일에 국민투표로 개정한 제3공화국 헌법은 이익균점권을 삭제하고 공무원의 노동3권을 제한하는 등 노사관계를 규제하였다. 경제개발 5개년계획을 추진하는데 있어 대립적인 노사관계를 걸림돌로 보았기 때문이다. 노사관계의 규제라고 하는 방향성을 기초로 해서 1963. 4. 17. 집단적노사관계법이 노동3권을 크게 위축시키는 내용으로[6] 개정되었으며, 1963. 12. 7. 및 동년 12. 16. 보완적 개정이 있었다.[7] 다만 종전 행정관청이 담당하던 알선을 노동위원회로 이관하여 노동위원회의 조정기능을 강화하려 하기도 하였다.[8] 그 결과 1960년대 전반에 걸쳐 노동운동의 위축, 노사관계에서 당사자 자치의 후퇴, 전근대적 노사관계의 강화 그리고 노동조건의 상대적 저하 등을 가져왔다고 볼 수 있다.[9]

대통령 임기 3선 개헌 이후 국민들의 저항이 심하고 전태일 분신사건으로 노동운동이 확산되자 1971년 비상사태선언과 국가보위에 관한 특별조치법을 시행하였다. 그러나 이로 인해 사회적 반발이 격화되자 비민주적인 장기집권을 위해서 전면적인 정치적, 경제적 탄압이 요구되었고, 이를 위한 수단으로 1972. 10. 17 이른바 10월 유신을 발표하고 동년 10월 27일 유신헌법안을[10] 공고하여 11월 21일 국민투표를 거쳐, 이른바 유신헌법을 공포하여 실시하게 되었다.[11]

---

6) 노동조합은 설립신고증을 교부받아야 설립되는 것으로 하였다. 또 노동조합이 특정 정당을 지지하거나 특정인을 당선시키기 위한 정치적 운동을 할 수 없도록 하여(법제12조 제1항 신설) 노조의 정치활동금지를 강화하였다. 이 밖에 노동조합 임시총회 소집권자의 지명권을 노동위원회의 승인을 얻어 행정관청에 부여하고(법 제26조 제3항 신설), 노사협의회의 설치에 관한 규정을 신설(법 제6조)하였다.

7) 하갑래, 『집단적노동관계법』, 중앙경제(주) 제2판, 2011, 24면.

8) 이상희, "60년대 경제개발기 노동입법의 변천과 성질 규명", 『산업관계연구』, 제15권 제2호, 2005, 113면.

9) 구체적으로 1.조동조합의 조합률은 1965년의 11%, 70년의 13%로 낮은 상태에 있었고, 2.노동생산성에 따른 임금상승률은 억제되기 다반사였고 장시간 근로가 강제되어 근로조건은 개선되지 못하였으며, 3.열악한 근로조건에 대한 근로자의 불만은 합법 또는 비합법적인 노동쟁의로 확대되어 이로 인한 노동손실일수는 증대되었고, 4.사업장내에서 해결되지 못한 노사문제가 장외로 파급되어 종교단체나 정치단체가 이에 관여하게 됨으로써 사회적 불안과 정치적 혼란의 계기가 되었다(이병태, "1980년 개정노동조합법의 법리와 노동관계에 미친 영향", 『산업노동관계연구』, 서강대학교 산업문제연구소, 1986, 11면).

10) 1972. 12. 27 공포된 제4공화국 헌법은 노동3권을 법률이 정하는 범위 안에서 보장한다고 규정하여(법 제29조 제2항)법률적 유보를 하고, 공무원과 국가・지방자치단체는 물론 국영기업체・공익사업체 또는 국민경제에 중대한 영향을 끼치는 사업체에 종사하는 근로자에 대한 단체행동권을 헌법이 정하는 바에 의하여 제한하거나 인정하지 않을 수 있다고 규정(법 제29조 제3항)하였다.

그리고 이 유신헌법의 취지에 따라 노동관계법의 개정이 시도되어 1973. 3. 13. 국무회의에서 노동조합법도 다시 개정되었다. 당시의 집단적 노동관계법은 단체행동을 제약하는 방향으로 입법이 이루어졌다고 할 수 있겠다. 그 이유는 입법의 내용이 단체교섭의 기능약화, 노동쟁의의 규제 강화 및 공익사업 범위의 확대, 국가에 의한 노동행정의 강화 등으로 요약되기 때문이다. 그러나 노사협의회에 관한 규정(노조법 제6조)을 구체화 하여 노사협의회의 기능과 운영을 더욱 강화하였다는 점, 즉 노사협의 제도에 의한 평화적・협조적 노사관계의 정립을 모색하는 계기가 이 당시에 마련되었다는 점은 주목할 만하다.[12] 하지만 이들은 경제개발과 국가안보를 내걸고 단체교섭의 온건화, 노동쟁의의 소규모・단기화를 위한 노동3권에 대한 대담한 제한을 강행한 것이었다고 볼 수 있다.[13] 1974. 12. 24.에는 1・14조치의 내용 이외에 근로기준법・노동조합법・노동쟁의조정법 및 직업훈련법이 부분적으로 개정되고, 1975년에는 각 시행령이 개정되었다.[14]

3. 노동탄압과 민주화 요구・선언 시대의 노동법(1980~1992년 제5・6공화국)

1980년 광주민중항쟁의 진압작전과 더불어 새로 등장한 신군부 정권은 1980년 10월 '국민투표'를 거쳐 유신헌법을 개정했다.[15] 신군부는 노동관계법의 개정을 통해 노동조합의 활동을 더욱 제한하고 노동조합의 조직을 국가가 통제할 수 있도록 명문화했다. 당시 노사분규가 급증하고 그 양상이 대규모로 폭력화하

---

11) 이병태, "1980년 개정노동조합법의 법리와 노동관계에 미친 영향", 『산업노동관계연구』, 서강대학교 산업문제연구소, 1986, 12면.

12) 김형배, "노사협의제도를 통한 문제 해결", 『노동』, 1978, No.6 p.37; 김형배, 『노동경제 40년사』, 한국경영자총협회, 1989, 87면.

13) 김려수, "노사관계3법의 개정에 관하여", 『고시계』, 1973. 9월호, 53면; 신인령, 『노동법과 노동운동』, 일월서각, 1987, 102면.

14) 주요 내용은 노동조합법에서는 노사협의회의 운영을 보다 구체화하였으며, 노동조합규약의 변경과 임원의 해임에 관하여 특별한 규정이 있을 때에는 조합원 과반수로 의결할 수 있는 여지를 마련했고, 단체협약 미준수자에 대한 벌칙을 강화한 규정을 신설, 강화하였다(노동부, 『노동행정사 제4편 노사관계정책』, 2006. 12, 60면).

15) 제5공화국의 헌법은 노동3권 관련 규정에서 많은 변화를 가져왔다. 우선 종전과 달리 법률 유보 없는 노동3권을 보장하였다(법 제31조 본문). 그러나 단체행동권의 행사는 법률이 정하는 바에 의하도록 하였고(법 제31조 제1항 단서), 단체행동권의 제한 대상에 국공영기업체 및 방위산업체를 추가하였다(법 제31조 제3항).

여 나타난 이유는 당시의 정치·사회적 분위기에서 오는 외형적 측면 이외에 근본적으로는 노사 간에 자율적 분규해결능력이 결여되어 있었고, 비상계엄 하에 8월 20일과 11월 2일 두 차례에 걸쳐 노조정화조치가 취해졌기 때문이다.[16] 이로 인하여 정부는 노동정책에[17] 대한 새로운 제도가 필요하다는 것을 인식하게 되었다.

1984년 말부터 1986년에 여러 가지 노동관계법과 시행령들이 개정 또는 제정되었다. 특히 1980년에 개정된 집단적 노사관계법은 노사자치를 침해하는 내용들 예컨대 노동조합의 조직유형의 강제, 행정관청의 개입, 제3자 개입금지, 조합기금 사용 목적에 대한 제한, 유니온숍제의 불허, 단체교섭 위임의 제한, 쟁의행위의 제한과 금지, 냉각기간의 연장, 일반사업에 대한 강제중재 허용 등으로 인하여 각계각층으로부터 많은 비판을 받았으며, 이에 대한 시정의 소리가 높았고, 그 결과 1985년에는 노동조합법시행령의 일부[18]가 개정되었고, 1986년 말에는 노동조합법과 노동쟁의조정법이 대폭 개정[19]되기에 이른다.[20]

1987년 노동법 개정의 주요 동인은 '1987년 6월 민주항쟁과, 7-8-9노동자 대투쟁이라는 정치적 요인이 크게 작용했다고 할 수 있다.[21] 이 시기에 근로자

---

16) 이는 6월 12일에서 7월 30일 사이 당국이 실시한 노조업무감사 결과를 토대로 발표한 조치로서 비리, 부조리가 있다고 인정된 노조임원과 노조에 대하여 취하여진 조치를 말한다. 8월 20일 1차 정화 조치로 산별노조 위원장급 12명이 노동계를 떠났으며, 11월 2일자 조치는 조합원 수 300~1,000명 미만은 1명, 1만명 이상은 5명으로 노조전임자를 제한하는 것 등을 내용으로 하는 것이었다(노동부, 『노동행정사 제4편 노사관계정책』, 2006. 12, 76면).

17) 이에 유니온숍(union shop)의 삭제, 노동조합의 기업별 체제로의 전환, 단체교섭 위임금지, 노동조합 설립과 운영에 관한 제3자 개입금지, 노조임원 자격의 제한, 단체협약 유효기간의 연장, 노동조합 재무사항 공개의무가 이루어졌고, 노동쟁의조정법에서도 쟁의행위를 금지하는 개정과 노사협의회법이 제정되었는데 이것들이 당시 노동관계법 개·제정의 주요 핵심이었다. 따라서 이는 노동운동의 약화와 쟁의활동을 최소화시키는 등 노동규제정책이라 볼 수 있을 것이다.

18) 단위노조 설립에 관한 제7조와 조합기금의 복지후생 사업을 위한 배당비율에 관한 제10조.

19) 개정 주요내용으로는 노동조합법은 제3자의 개념에서 상급노동연합단체를 제외하였고, 부당노동행위를 처벌할 수 있도록 하되 반의사불벌죄로 개정하였다. 노동쟁의조정법은 준공익사업지정에 대한 위임규정을 삭제하고 공익사업의 개념 및 범위를 명문화함과 동시에, 쟁의행위의 냉각기간을 "일반사업 20일, 공익사업 30일"로 알선기간을 단축하고, 직권중재 회부대상을 공익사업으로 한정하였다.

20) 노동부, 『노동행정사 제4편 노사관계정책』, 2006, 87면.

21) 즉 4·13호헌(대통령 간선제의 유지)을 계기로 시작된 민주화의 요구(직선제 쟁취, 독재타도)는 6·10항쟁을 계기로 군부권위주의체제에 대한 저항을 가속화했다. 이에 지배세력은 6·29선언을 통해 일정한 양보조치를 취함으로써 시민들의 민주화 요구를 무마하고자 했다. 한편, 6월 민주항쟁을 계기로 이완된 정치적 상황에서 노동자들은 울산 현대엔진노동조합의 결성(7.5), 현대미포조선노동조합의 결성(7.15)을 계기로 민주노조 건설 운동을 전개했고, 이것은 8·9월을 거

들은 수천 건의 노동쟁의를 전개하였으며, 노동조합원의 수도 크게 늘어났다. 대부분의 노동쟁의는 기존의 노동쟁의조정법상의 절차를 무시한 선파업·후교섭 방식으로 전개되었으며, 이로 인해 기존 노동법의 한계가 드러나기 시작하였다. 엄격한 노동관계법은 적절하게 준수되지 않았고, 이로 인해 합리적 노동분쟁 조정제도가 새롭게 설계되어야 했다.[22] 이에 1987년 제6공화국 헌법은[23] 일반근로자에 대하여는 노동3권의 제한을 가하지 않았으나, 공무원에 대해서는 법률이 정하는 자에 한하여 노동3권을 인정할 수 있도록 하였으며, '주요방위산업체에 종사하는 근로자'에 대한 단체행동권을 제한·금지하는 규정을 신설했다.[24] 그리고 헌법에 따라 1987. 11. 28. 노동조합법과 노동쟁의조정법이 개정되었다.

개정 노동조합법에서는[25] 조직형태 강제규정의 삭제, 노동조합 임원의 자격제한, 행정관청의 노동조합 해산 및 임원개선명령권의 삭제를 규정하고 유니온숍조항을 인정하였으며 더불어 유니온숍조항을 체결하더라도 사용자는 근로자에게 당해 노동조합에서 제명된 것을 이유로 신분상의 불이익한 행위를 할 수 없다고 규정하여, 유니온숍제의 부활에 따르는 문제를 보완하였다.

4. 경제위기시의 노동법(1993~1997년 문민정부)

문민정부는 '신한국'을 건설한다는 정부의 기조와 달리 집권초기에 경제가 저점을 향하여 가고 있었기 때문에 경제위기를 극복하기 위하여 '신경제 100일

치면서 전국화 되어 갔다.

22) 중앙노동위원회, 『노동위원회 50년사 1953~2003』, 2003, 120면.

23) 새로 개정된 헌법은 제32조와 제33조에 노동의 권리 및 노동3권에 관한 규정을 두고 있다.
「제32조」 "① 모든 국민은 근로의 권리를 가진다. ② 모든 국민은 근로의 의무를 진다. ③ 근로조건의 기준은 인간의 존엄성을 보장하도록 법률로 정한다" 등 후략.
「제33조」 ① 근로자는 근로조건의 향상을 위하여 자주적인 단결권·단체교섭권 및 단체행동권을 가진다. ② 공무원인 근로자는 법률이 정하는 자에 한하여 단결권·단체교섭권 및 단체행동권을 가진다. ③ 법률이 정하는 주요방위산업체에 종사하는 근로자의 단체행동권은 법률이 정하는 바에 의하여 이를 제한하거나 인정하지 아니할 수 있다.

24) 하갑래, 『집단적노동관계법』, 중앙경제(주), 2011, 37면.

25) 아울러 노동쟁의조정법은 공익사업 범위의 축소, 임의조정제도규정의 신설, 쟁의행위 금지의 대상 범위 축소 등을, 노사협의회법은 근로자위원의 결격사유, 관계 공무원의 의견 진술권 및 노사협의회의 해산, 위원개선명령권을 삭제하는 것을 주된 내용으로 하여 개정되었다. 이는 노동조합의 자주적 운영을 확보하고 노동쟁의의 제한을 완화하는 것이라 볼 수 있다.

계획'과 '신경제 5개년 계획'을 잇달아 발표하고 이를 통한 경쟁력 강화를 위해 노사당사자의 고통분담을 정책기조로 삼았으며,[26] 이런 사회경제적 분위기를 이용하여 정부와 재계는 노동시장 유연화를 위한 제도적 장치를 법적으로 마련하고자 하였다.

1996년 여당 단독으로 처리된 개정안의 주요 쟁점이었던 이른바 '3금', 즉 제3자 개입금지 · 복수노조금지 · 정치활동금지 조항을 삭제하고, '3제' 중 파견근로제를 제외한 정리해고제 · 변형시간근로제를 확정지었다. 막판까지 논란이 끊이지 않았던 교원의 노동기본권은 특별법으로 단결권을 보장하되 교섭 협의사항과 교섭 제외사항을 명시하고, 쟁의행위는 금지하며, 그 시행 시기는 1999년으로 미루었다. 또한 직권중재 대상 축소, 파업기간 중 임금지급 금지 및 노조전임자 임금지급 금지 등의 개정안을 확정하였으며,[27] 당시 신한국당 수정동의안 2개 조항 상급단체의 복수노조 설립을 당초 정부 안에서 3년 유예된 2000년부터, 기업단위 노조는 정부 원안대로 5년 후인 2002년부터 허용하기로 했다.[28] 특히 복수노조 유예부분은 노동법 파동의 도화선이 되었으며, 정리해고제 등의 신설은 근로자들에게 큰 반발과 더불어 고용불안의 위기의식을 가지게 하였다.

임금수준의 결정에 있어 노사 자율적인 임금교섭을 임금정책의 기본방향으로 잡았다.[29] 1997년 개정된 노동관계법의 기본방향은 ① 노사자율성 확대와 책임강화, ② 노사간의 견제와 균형관계유지, ③ 노동시장의 유연성 제고, ④ 참여와 협력의 제도적 기반 확충, ⑤ 노동행정의 합리적 개편과 독립성 · 공정성 · 전문성 제고 등으로 이루어 졌다. 1997년 개정법을 1996년 법과 비교하여

---

26) 강명구 · 박상훈, "정치적 상징과 담론의 정치: '신한국'에서 '세계화'까지", 『한국사회학』, 제31권 1호, 한국사회학회, 1997. 3, 124면.

27) 노사관계개혁위원회, 『노사관계 개혁백서』, 1998, 267－269면.

28) 노동부, 『노동행정사 제4편 노사관계정책』, 2006, 149면.

29) 이는 제3공화국 이후 정부의 직 · 간접적인 개입이 종결되고 노사자치시대를 열었다는 데 역사적 큰 의미가 있다. 또한 '노사자율 · 자치주의' 원칙하의 생산적 · 협조적 노사관계의 정착을 위해 여러 형태로 노사협력의 분위기 확산을 위해 노력했다. 과거 국가안보라는 특수상황에 의해 노동운동이 일정한 규제를 받아 왔으나, 경제발전에 따른 기업경영의 합리화와 근로자들의 의식향상 등으로 자율적이고 합리적인 노사관계를 기대할 수 있다고 판단되므로, 노사관계의 새로운 틀을 마련할 필요가 절실해졌고, 이를 성사시킨 것이 1997년 3월의 노동법 제정이라고 할 수 있다(노동부, 『노동행정사 제4편 노사관계정책』, 2006. 12, 162－165면).

보면, ① 상급단체 복수노조의 조기허용, ② 파업기간 중 대체근로금지, ③ 무노동에 대한 임금지급금지규정을 임금지급 의무면제규정으로 변경, ④ 쟁의조정기간의 단축, ⑤ 노동부장관의 자료 제출 요구권 축소, ⑥ 노동부장관의 임시총회소집권자 지명, ⑦ 주요 방위산업체의 쟁위행위 제한 등을 규정하고,[30] 노동쟁의조정법과 노동조합법을 통합하여 '노동조합및노동관계조정법'으로 개정함으로써, 사적조정과 사적중재까지 가능하도록 한 것은 괄목할만한 변화라 볼 수 있다.

5. 경제극복과 노사관계 선진화 시기의 노동법(1998~2002년 국민의 정부, 2003~2007년 참여정부, 2008년~현재)

재벌기업을 중심으로 하는 외형적 성장에 주력했던 우리나라는 IMF 경제위기를 겪으며 국난극복 방안 논의와 국내·외적 필요성이 높아지자 1998. 1. 14. 노사정 및 정당 간의 전격적인 합의에 따라 다음날인 1월 15일 노사정과 정당 등이 참여한 「노사정위원회」를 발족하였고, 노사정 간에 경제위기 극복과 국민통합을 위해 토론 및 실천해 나가기로 결의하였다.[31] 이의 후속 조치로 2월 20일 노동관계법의 제·개정이 이루어졌다.

1998년 개정노동조합법에서는 노동행정 관할권을 지방자치단체로 이관함과 동시에 단체협약 일방해지 통보기간연장을 통해 지역 노사관계안정을 도모하고, 그간의 법 운영과정에서 나타난 미비점을 보완했다. 1999년에는 교원노조 합법화 및 공무원직장협의회 설립 허가 등을 통하여 결사의 자유를 대폭 확대하였고[32] 복수노조허용에 관한 규정, 노조전임자 급여지급 금지규정, 노조전임자에 대한 급여지원이 부당노동행위에 해당한다는 규정의 시행을 2001. 12. 31.에서 2006. 12. 31.로 5년간 유예하였다. 특히 외환위기를 통해 구조조정과 노동시장의 유연성을 조기에 이뤄냈으며, 교원의 노동조합 단결권과 공무원의 직장협의회를 허용하는 등 집단적노동관계법에 있어서도 의미 있는 성과를 이루었다고

30) 박승두, "노사관계로드맵 17년 평가와 전망", 『노동법학』, 제39호, 2011. 9, 172면.
31) 노동부, 『노동행정사 제4편 노사관계정책』, 2006. 12, 165－166면.
32) 아울러 민주노총 합법화를 둘러싼 ILO, OECD등 국제기구의 권고사항이 해소되어 노동문제에 대한 대외신인도 제고에도 기여하였다(노동부, 『노동행정사 제4편 노사관계정책』, 2006. 12, 203－204면).

할 수 있다.

2006년 노사관계법 개정을 통해 필수공익사업에서의 파업을 전면 제한하던 직권중재재도를 폐지(다만 공중의 생명과 같이 중요한 업무는 파업 시에도 유지하도록 하고 대체근로를 허용)함으로써 노동기본권 신장과 공익 보호가 조화를 이룰 수 있도록 하였고, 노사협의회의 활성화를 위해 위원의 편의제공을 확대하고 현장의 노사관계 상황을 고려하여 노사협의회 협의사항도 조정하였다. 아울러 노동위원회법은 2005년부터 2007년까지 7차례 개정을 거치며 노동위원회가 법적 조정기간(10~15일)에 관계없이 분쟁예방 및 사후조정 서비스를 제공할 수 있도록 기능을 강화하였다. 또한 기타 제3자 지원신고제도의 폐지 등 노조설립·활동의 자율성을 보장하였지만 복수노조와 전임자 급여제한 문제는 노사 모두 준비의 필요성을 인식하고 경제여건을 감안하여 3년의 준비 기간을 갖기로 유예하였다.[33]

한편, 이 시기의 노동법은 상당히 개선된 것으로 평가할 수 있다. 특히, 직권중재제도 및 제3자 지원신고제도의 폐지, 필수 공익사업에서의 대체근로 허용, 근로조건의 서면 명시, 부당해고 형사처벌의 폐지 및 이행강제금제도의 도입 등과 공무원에 대한 노동기본권의 보장, 교원노조법의 개선 등으로 OECD로부터의 모니터링도 종료되었다.[34] 그러나 노사관계선진화방안의 입법화를 추진하면서 2006년 민주노총을 제외한 한국노총, 경총, 노동부가 합의한 복수노조와 관련하여 노조전임자의 급여지원 금지규정과 기업단위의 복수노조 시행을 또다시 3년간 유예한 것에 대해서는 다시금 혼란을 야기하였다는 비난을 면치 못하였다.

2008년 이명박 정부 이후 현재까지(2013년) 노사관계법에서 가장 주목할 만한 변화는 복수노조의 도입, 노조전임자에 대한 임금 지급금지, 타임오프제의 시행 등으로 요약할 수 있겠다. 이는 우리 노동법 개정과 변천사에 있어서 허용과 그 시행여부를 두고 매번 노·사·정이 대립한 최대의 이슈였다. 노조전임자 급여지급과 타임오프제도는 우여곡절 끝에 2010. 7. 1.부터, 복수노조는 2011. 7. 1.부터 각각 시행되었다.

---

33) 노동부, 『노동행정사 제4편 노사관계정책』, 2006. 12, 206면.

34) 박승두, "노사관계로드맵 17년 평가와 전망", 『노동법학』, 제39호, 2011. 9, 185-186면.

당시 정부는 전임자의 급여지급에 있어 초기업별 노조의 등장으로 노조환경이 변화하며 전임자의 지나친 확대로 비정상적인 노사관계가 온존하고 있다는 데에 대한 대책이 필요하였다. 또한, 복수노조금지는 1997년 이후 폐지되어왔지만 이는 국제기준에도(ILO 협약 제87호, 제98호) 맞지 않았고, 특히 다른 국가와의 FTA(자유무역협정) 협상에서 합의의 장애 요소로 작용할 수 있었다.[35)]

35) 이승길, "노조전임자와 복수노조와 관련한 노조법 개정과 그 패러다임 전환", 『강원법학』, 제30호, 강원대학교 비교법학연구소, 2010. 6, 272－273면.

노사자치의 특징과 한계

Ⅰ. 노동조합의 설립신고주의

1953년 제정노동법에 노동조합설립규정 제11조(설립의 신고)가 도입되었다. 설립에 관한 제한규정은 없었으나, 1963년 노동조합법 개정을 통해[1] 노동조합은 설립신고증을 교부받아야 설립되는 것으로 제정노동법의 내용을 변경하고, 노동조합설립신고에 대한 반려제도를[2] 두어 실질적으로 허가주의로 운영하게끔 하였다. 이후 수 차례 개정을 거쳐 현행 노동조합법도[3] 그 궤를 같이 하며 노동조합의 설립신고와 심사를 명문화하고 있다.

이 규정과 관련된 판례의 입장은 다음과 같다. "노동조합의 설립에 관하여 신고주의를 택하고 있는 것은 소관 행정당국으로 하여금 노동조합의 조직체계에 대한 효율적인 정비·관리를 통하여 노동조합이 자주성과 민주성을[4] 갖춘

---

1) 1963년 노동조합법 개정은 노동조합에 대한 행정권의 개입을 강화하고 노동쟁의를 크게 제한하였다. 정치활동의 금지, 설립신고제도의 강화, 공무원단결권의 제한, 공익사업의 확대, 긴급조정제도의 신설 등이 그 내용이다(임종률, "노동법제사 연구2", 『노동경제리뷰(현·경영계)』, 한국경영자총협회, 1981, 24면).

2) 1963. 8. 26. 개정된 노동조합법시행령<각령 제1423호> 제8조 (설립신고증의 교부) 서울특별시장·부산시장 또는 도지사는 법 제13조 제1항의 규정에 의한 설립신고서를 접수한 때에는 그 접수한 날로부터 20일 이내에 별지 제1호 서식에 의한 신고증을 교부하여야 한다. 다만, 다음 각호의 1에 해당하는 경우에는 신고증을 교부하지 아니하고, 그 설립신고서를 반려한다. 1. 설립신고서에 규약이 첨부되어 있지 아니하거나 그 신고서 또는 규약의 기재사항 중 누락된 것이 있을 때. 2. 그 설립하고자 하는 노동조합이 법 제3조 단서 각호의 1에 해당하는 것으로 인정될 때.

3) 현행 노동조합 및 노동관계조정법 시행령 제9조(설립신고서의 보완요구 등) ② 노동조합이 설립신고증을 교부받은 후 법 제12조 제3항 제1호에 해당하는 설립신고서의 반려사유가 발생한 경우에는 행정관청은 30일의 기간을 정하여 시정을 요구하고 그 기간 내에 이를 이행하지 아니하는 경우에는 당해 노동조합에 대하여 이 법에 의한 노동조합으로 보지 아니함을 통보하여야 한다.

조직으로 존속할 수 있도록 보호·육성하고 그 지도·감독에 철저를 기하기 위한 노동정책적인 고려에서 마련된 것으로 풀이 된다"[5]라고 설시한 바 있으며, 헌법재판소에서 노동조합의 설립심사와 관련하여 같은 맥락으로 판시하였다.[6] 그러나 노동조합의 설립신고·심사와 관련하여 많은 비판이 제기되고 있다.[7]

입법배경으로는 1960년 3·15 부정선거로 이승만 대통령이 하야한 후, 1961년 5·16 군사혁명이 일어나 군부가 정권을 장악하고 제3공화국이 출범하면서 국가재건최고회의의 주도하에 1963년 개정시 '노동조합 설립심사주의'를 도입하였는데 이는 앞서 밝힌 바와 같이 경제개발 5개년계획을 추진함에 있어 대립적인 노사관계를 걸림돌로 보고 노동조합의 설립심사를 노동조합과 노동운동을 관리하기 위한 수단으로 판단했기 때문이다.

또한 이 규정은 군부의 정치적 결정으로 학계 등과 충분한 논의과정 없이 갑자기 이루어진 것으로[8] 경제개발 계획에 의해 공업화 과정을 밟기 시작하며 저임금 노동집약적 경공업을 중심으로 한 정부주도의 불균형 경제성장 전략과

---

4) 이에 이승욱 교수는 "노동조합의 설립신고제도를 통하여 노동조합의 대외적 자주성과 대내적 민주성을 확보하려는 제도적 취지가 현행제도에서는 제대로 구현될 수 없는 방식으로 설계되어 있다."라고 비판하며 그 근거로는 제도상의 한계로 노동조합의 자주성과 민주성에 관한 규정이 별개로 규정, 이에 대한 감독기구도 분리되어 있다는 것을 제시하고 있다. 자세한 내용은 이승욱, "노동조합설립신고제도의 문제점과 대안의 모색", 『노동정책연구』, 제10권 1호, 한국노동연구원, 2010. 3, 162면 이하 참고.

5) 대법원 1997.10.14 선고 96누9829 판결; 대법원 1999.2.12 선고 91누12028 판결 등 참조.

6) ＜헌재 2008. 7. 31. 2004헌바9＞ "노동조합 설립신고에 대한 심사도 단순히 행정관청에 신고하는 것만으로 성립을 허용할 경우 민주성 및 자주성이라는 실질적인 요건조차 갖추지 못한 노동조합이 난립하는 것을 허용함으로써 노동조합이 어용조합이 되거나 조합 내부의 민주성을 침해할 우려가 있으므로 이를 방지하고 근로자들이 자주적이고 민주적인 단결권 등을 행사하도록 하는 데 그 취지가 있다."

7) 이와 관련한 비판으로 강성태 교수는 "현행 노동조합 심사 제도는 그 실질은 국가에 의한 허가제이거나 그것에 가까운 제도이기 때문에 위헌이라고 보는 것이 맞으며 사전심사든 사후심사든 전체로서 폐지하는 것이 노동조합 자유설립주의 즉 자주적 단결권의 보장을 위해 올바른 방법이다. 아울러 현행 제도 하에서도 노동조합이 설립신고를 받았다고 관련 당사자들이 노동조합성을 사법(司法)적으로 다툴 수 없는 것도 아니기 때문에 심사제도를 없앤다고 법 운영에 큰 장애나 흠결이 발생하는 것도 아닐 것이다"라고 하고 있다(강성태, "행정관청의 노동조합 심사 제도", 『노동법연구』, 제31호, 2011. 9, 222－223면); 실질적으로는 주무관청이 설립심사를 이유로 재량권을 남용하는 사례가 발생하고 있어 문제이며, 애매한 결격요건을 두고 주무관청의 재량행위에 의거 사전심사를 받게 하는 것은 근본적으로 자유설립주의정신에 위배되는 것이다(양재헌, "노동조합 설립시 신고주의에 관한 연구", 『법학논총』, 제23집, 숭실대학교 법학연구소, 2010. 2, 273면); 이영희, "노동조합의 설립신고제도와 문제", 『노동법학』, 창간호, 1987. 9, 90면.

8) 자세한 내용은 김치선, "개정노동조합법＜1963년 4. 17＞", 『서울대 법학』, 제5권, 서울대학교 법학연구소, 1963, 106면.

선성장·후분배, 국가안보를 우선으로 하는 기본적인 국가경영전략하에서 노동쟁의는 국가안보를 저해하고 저임금에 의한 수출 증가에 부정적인 효과를 가져오는 것으로 간주되어 자생적인 노동운동을 제한하는 노사관계정책이 자연스럽게 나타나게 되었다.[9] 그 결과로 발생한 노동운동의 약화는 노동조합 단결의 양적 질적 성장에 걸림돌이 되었고, 종국적으로 노동조합의 교섭력 약화, 노동조합의 어용화, 노사 간 힘의 불균형으로 이어져 노사자치에 진전을 보지 못하는 원인 중의 하나가 되었다고 할 수 있다.

Ⅱ. 3금(禁) 정책 -정치활동금지, 복수노조금지, 제3자 개입금지-

1. 정치활동금지

노동조합법은 제정 당시부터 "노동조합은 조합원으로부터 정치자금을 징수할 수 없으며, 또한 노동조합기금은 정치적 자금에 유용하지 못 한다"(제24조)고 하여, 단지 정치자금에 한하여 이른바 노동조합의 정치적 중립을 지키도록 하는 규정[10]을 두고 있었다. 하지만 5·16 쿠데타 이후 1963. 4. 17. 전면 개정된 노동조합법은 제12조의 제목을 '정치활동의 금지'로 하여,[11] 노동조합의 정치활동 자체를 전면 금지하는 조항을 도입하였고, 1980년 일부 개정을 거쳐[12] 이는 1996년 12월 개정법이 통과되기 전까지 효력을 지속하였다.

노동조합의 정치활동은 그 본래의 기능인 경제적인 기능을 강화하기 위하여 부차적으로 행하는 활동이라 할 수 있다. 따라서 비교법적으로 보더라도 노동조합의 정치활동을 입법으로 금지하지 않고 조합정책에 일임하고 있는 것이 실정이며,[13] 노동조합의 정치적 활동이 노동조합의 본래 목적을 달성하기 위해 부수

9) 예를 들어 노사협의회의 입법으로 인하여 노사 간 자율적인 단체교섭을 노사협의회가 대체하는 경향도 보이게 된다(노동부, 『노동행정사 제4편 노사관계정책』, 2006, 52면).

10) 1953년 노동조합법 제24조 (정치자금의 징수, 유용) ① 노동조합원으로부터 정치자금을 징수할 수 없다. ② 노동조합기금은 정치적 자금에 유용할 수 없다.

11) 1963년 노동조합법 제12조 (정치활동의 금지) ① 노동조합은 공직선거에 있어서 특정정당을 지지하거나 특정인을 당선시키기 위한 행위를 할 수 없다. ② 노동조합은 조합원으로부터 정치자금을 징수할 수 없다. ③ 노동조합기금을 정치자금에 유용할 수 없다.

12) 제12조 위반의 벌칙으로 3년 이하의 징역 500만원 이하의 벌금을 규정했다.

13) 이와 관련한 자세한 내용은 박상필, "노동관계법의 개정시안", 『법학연구』, 제40권, 부산대학교 법학연구소, 1990. 12, 12면 이하 참조.

적 · 보조적으로 이루어지는 것은 무방하다는 것이 통설이다.[14]

정치활동금지와 관련하여 노동계는[15] "노동조합은 노동자의 정치적, 경제적, 사회적 지위향상과 전체 국민의 권익옹호를 목적으로 하는 단체이다. 노동자를 비롯한 전체 국민의 생활과 직접적으로 관련되어 있는 사회정책, 경제정책, 조세정책 등은 정부의 정책수립과 집행 그리고 국회의 입법과정을 통하여 결정된다. 따라서 노동조합의 정치활동은 노동조합의 목적을 실현함에 있어 빼놓을 수 없는 중요한 활동이며 즉 정당, 후보를 지지하거나 정치자금을 제공할 것인지는 노동조합 스스로 자율적으로 결정해야 할 사항"이라며 노동조합의 정치활동 반대에 대해 부당함을 토로했다. 하지만 노조의 정치활동을 경계하는 의견으로[16] "노조의 목적 실현을 위해서도 필요한 것은 당연하지만 단위노조차원에서부터 정치활동이 무제한으로 이루어졌을 때 현실적으로 많은 문제가 제기 될 것으로 보여지며 노조의 정치활동문제가 복수노조의 허용과 연결될 때 문제는 더욱 심각해질 수 있다"는 견해도[17] 제기되었다.[18]

1963년 법의 입법취지는 1953년 법에서와 마찬가지로 노동조합의 '정치적 중립'의 확보에 있다고 할 것이다. 그러나 이 규정이 정치적 · 역사적으로 실제에 있어서는 '여당의 후보를 당선시키기 위한 행위'는 묵인 내지 강요 되었고 노동조합의 야당지지를 봉쇄하는 것에 기인한 것은 분명한 사실이다.[19]

선거운동을 비롯한 정치활동의 금지에 대해 학계와 노동계로부터 많은 비판

---

14) 최홍엽, "노동조합 정치활동의 보호 범위", 『노동법연구』, 제20호, 2006. 6, 225면; 김유성, 『노동법 Ⅱ(전정판증보)』, 법문사, 1999, 66면; 김형배, 『노동법(제13판)』, 박영사, 2002, 554면; 임종률, 『노동법(제4판)』, 박영사, 2004, 46－47면.

15) 전국민주노동조합총연맹, 『노동법개정안(정책 96－7)』, 1996. 8, 33면; 조한천, "노동법 개정방향", 『국회보』, 6월호, 국회사무처, 1996, 39면.

16) 윤성천, "우리나라 현행 노동관계법의 주요쟁점", 『경영대학원논총』, 제6권, 영남대학교, 1989, 205면.

17) 노동조합이 자칫 본래목적을 망각하고 정치성향화(政治性向化)함은 이미 선진 영국 등에서 경험한바있어 이를 경계해야 한다는 견해로 이와 같은 취지로 보인다(홍기갑, "ILO 제87호 제약과 한국의 노동조합법상 문제점", 『법학연구』, 제12집, 원광대학교 법학연구소, 1992, 24면).

18) 1963년 노동조합의 정치활동금지 조항의 제정 당시만 하더라도 우리나라 노동조합은 자주성, 특히 정치적인 자주성이 결여되어 있었기 때문에 이 조항의 신설을 지지하는 입장이었고 향후 사회적 안정 후에는 폐지를 주장하는 입장(박상필, "노동관계법의 개정시안", 『법학연구』, 제40권, 부산대학교 법학연구소, 1990. 12, 12면).

19) 윤성천, "노동조합법 개정에 관한 제문제", 『노동법학』, 제5호, 1995. 12, 23면; 이광택, "선거법 및 정치자금법으로 본 노동조합의 정치활동", 『법학논총』, 제15권, 국민대학교 법학연구소, 2003. 2, 111－112면.

을 받았던 구 법 조항은 1997년 노동조합및노동관계조정법(이하 '노조법') 제정시에 폐지되었다. 단 현행 노동조합법 제2조 5호에 '주로 정치운동을 목적으로 하는 경우'의 제한 규정을 두어 노동조합의 정치활동을 경계하고 있다. 하지만 노동조합의 노동3권의 확보와 이에 따른 근로조건의 향상을 이룰 수 있다면 이와 같은 정책을 지원해주는 정치세력에게 지지를 보내거나 후원을 해줄 수 있도록 법제도를 개선할 필요가 있다. 그렇지 않는 한 노동조합이 노동입법이나 노동정책을 둘러싸고 사용자측과 대등한 위치에서 교섭을 할 수 있는 협약자치의 기반이 구축되기 어렵다고 판단된다.

2. 제3자 개입금지

노동법상의 제3자 개입금지조항은 1980. 12. 31. 비상입법기구인 국가보위입법회의에서 노동조합법과 노동쟁의조정법을 개정하고 노사협의회법을 제정하면서 노동조합의 정치활동금지, 기업별 노조의 강제, 노조운영 및 활동에 대한 행정개입의 강화 등을 목적으로 노동쟁의조정법 제13조의 2, 노동조합법 제12조의 2, 노사협의회법 제27조 등에 이를 명문화하였다.[20] 수차례 개정을 거쳐 1996년 원칙적으로는 제3자 개입금지규정을 폐지하고, 다만 제40조 노동관계지원 규정을 두어 노동당사자가 단체교섭 또는 쟁의행위에 있어서 지원을 받을 수 있는 자를 명시하고, 그 외의 자는 이에 관여하거나 조종·선동하는 것을 금지했다.

제3자 개입금지 조항의[21] 원래 입법취지는 법리적인 측면에서는 헌법상의

20) 이러한 제3자 개입금지조항은 1986년 12월 31일 노동조합법과 노동쟁의 조정법 개정시에 단서로 "총연합단체인 노동조합 또는 당해 노동조합이 가입한 산업별 연합단체인 노동조합의 경우에는 제3자 개입으로 보지 아니한다"라는 내용이 신설되었고 1989년 3월 임시국회에서 의결된 노동조합법과 노동쟁의조정법 개정안에서 제3자가 아닌 자의 범위를 확장시켜 "노동조합의 위임을 받은 변호사 및 공인노무사와 노동위원회의 승인을 얻은 자"를 제3자의 범위에서 제외시켰으나 대통령의 거부권행사로 폐기되었다. 한편 ILO의 결사의자유위원회는 1993년 이사회를 열어 한국정부에 대하여 복수노조 인정, 공무원 및 교사의 단결권 제한 폐지 등과 더불어 제3자 개입금지조항을 폐지할 것을 권고하였고 정부 또한 폐지를 한때 고려하였으나 경제사정악화로 그 개정을 유보시켰다.

21) 이 규정에 의하면 '법령에 의하여 정당한 권한을 가진' 제3자와 권한 없는 제3자의 구별이 불명확하여 당국이 그 비위에 거슬리는 자만을 권한 없는 제3자로 보아 자의적으로 처벌할 수 있게 하고, 실제로 해고 근로자, 체제비판 지식층, 사회운동가들이 그 동안 이 규정에 의하여 무수히 처벌되었고, 금지대상행위가 모호하여 당국의 자의적 해석을 가능하게 했다. 제3자가 적법한 쟁

자주적인 노동3권의 보장정신에 따라 노동3권의 공정한 조정을 도모하고 노사분규를 예방·해결함으로써 산업평화의 유지와 국민경제의 발전에 기여하기 위함이라고 한다.[22] 그러나 현실적으로는 그 당시 노동조합법의 개정으로 법정화된 기업별 노조형태의 정착과 단위기업에서의 노사관계의 안정을 도모하기 위하여, 더 정확하게 말하자면 1980년 노동조합법을 개정하면서 노동조합의 조직형태와 단체교섭방식을 기업별로 강제하여[23] 노동조합간의 연대나 외부인에 의한 어떠한 영향력의 행사도 차단시킴으로써 노동조합의 활동을 기업내부로 고립시켜 기업내 노사관계를 강화하기 위하여 신설되었다는 비판도 있다.[24] 아울러 1979년 10.26 사태[25] 이후 정치 사회적 혼란 속에서 급작스러운 노사분규의 증가도 한 몫을 한 것으로 평가되고 있으며,[26] 그 법문내용이나 표현방식도 노동조합의 설립 등에 관한 제3자의 개입범위가 너무 광범위하며 금지의 내용인 조종, 선동, 방해, 기타 개입이라는 것이 지나치게 추상적이어서 악용 내지 남용의 소지가 많다는 견해가 많았다.[27]

의행위를 하도록 개입한 경우에도 처벌이 가능했으며, 노동조합은 약체·고립화되는 반면, 사용자측은 유리하게 되는 결과를 초래했었다(임종률, "노동쟁의조정법 개정에 관한 제문제", 『노동법학』, 제5호, 1995. 12, 39면).

22) 국가보위입법회의의 개정이유서 중에서 인용.

23) 제3자 개입금지에 관한 규정으로서의 개정 전의 노동조합법 제13조가 기업별 노조원칙을 규정하여 노조간부의 어용화, 교섭능력의 미숙, 부당노동행위의 유발 등 폐단을 노출시켰고 노사관계 취약성에서 종교단체, 재야단체의 개입 등을 초래하였다. 또한 기업별 노조를 고립·무력화시키고 노사의 불화관계, 불순세력 잠입 가능성, 위장취업증가, 불법쟁의를 더욱 유발시켰다(홍기갑, "ILO 제87호 제약과 한국의 노동조합법상 문제점", 『법학연구』, 제12집, 원광대학교 법학연구소, 1992, 22면).

24) '경제단체협의회'로 대표되는 사용자들의 단체는 공공연히 쟁의에 대한 지침을 마련하고 개별 사용자들을 통제하여 노동자들의 쟁의행위를 방해하여왔다. 이들 단체 역시 제3자에 해당됨에도 이들이 이 조항에 의해 처벌된 예는 전무하며 상급단체 노조간부들은 단지 산하 기업별 쟁의현장에 방문하였단 이유만으로도 처벌을 받았다(김선수, "제3자 개입금지조항의 합헌결정에 대하여", 『법과사회(제2권)』, 법과사회이론학회<구 법과사회이론연구회>, 1990, 268면).

25) 10·26사건은 1979년 10월 26일, 당시 박정희 대통령이 중앙정보부장 김재규에 의해 살해된 사건을 말한다.

26) 1980년 10월 28일까지의 노사분규를 보면 총 1870건으로 일정부분 격렬한 양상을 보여주었다. 이는 임금·노동조건 외에도 기업측의 노사관계관리의 불합리성과 노동쟁의 행위를 실제적으로 봉쇄하고 있는 제도적 요인에 의해서도 기인한 것으로 보아야 한다(한국노동조합총연맹, 『1980년 사업보고서』, 1981년, 28면).

27) 김선수, "제3자 개입금지조항의 합헌결정에 대하여", 『법과사회』, 제2권, 법과사회이론학회<구 법과사회이론연구회>, 1990, 269면; 정덕기, "1996년 노동법의 주요내용과 문제점", 『법정논총』, 제32권 통권 46집, 중앙대학교, 1997. 2, 59－60면; 법문의 표현방법도 맞지 않는 것이 이 규정에 의한 제3자가 아니면 노동조합의 설립 등에 관하여 조종 등을 할 수 있다는 해석이 된

따라서 이 규정으로 인하여 정부의 비위에 거슬리는 사회운동가, 노조의 쟁의행위 등을 지원한 해고된 근로자들 및 합법노조를 지원한 법외노조(재야 노동단체)가 처벌되고, 합법노조 상호간의 수평적 연대투쟁도 처벌되어 왔다.[28] 전두환 군사정권이 국가보위입법회의에서 신설한 이 규정은 당시 민주주의를 열망하던 세력과 노동조합의 연결을 차단시키고, 민주적 · 대등적 노사관계를 원했던 노동조합을 정권 유지차원에서 탄압함으로써 노사자치는 다시 한걸음 뒤로 물러났다고 볼 수 있다.

3. 복수노조금지

노동조합법은 1963. 4. 17. 노동조합 정의규정(제3조) 단서로 제5호를 신설하여 복수노조의 조직을 제한하였으며,[29] 1987. 11. 28.에는 동 단서규정을 확대하여[30] 사실상 같은 기업 내에서의 복수노조의 병존을 제한하기에 이르렀다. 많은 논란과 비판 속에서도 1997년 복수노조가 원칙적으로 허용되기 이전까지 복수노조제한은 기본적으로 유지되었다. 그러다가 수차례 법 유예를 거처 2011년 7월에서야 복수노조에 제한이 허용되기에 이르렀다.

복수노조제도를 도입하게 된 당시의 배경을 살펴보면, 1961년 5 · 16 군사정변으로 집권한 군사정권은 노동조합의 조직형태를 한국노총을 정점으로 하여 전국을 단위로 하는 산업별조직으로 재편하도록 강제하였고, 노동운동을 용이하게 통제하려는 정권의 이러한 정치적 의도대로 1963년 노동조합법이 개정되었다.[31] 즉, 이 규정은 국가재건최고위원회에서 국가권력 개입강화와 한국노총 체

다. 그러나 제3자가 아니라 하더라도 실제 그와 같은 행위는 용납되기 어렵다고 볼 때, 이러한 법문표현방법은 논리적으로 맞지 않다고 본다(윤성천, "노동조합법개정에 관한 제문제", 『인권과 정의』, 제223호, 대한변호사협회지, 1995. 3, 36면).

28) 임종률, "참여와 협력의 신노사관계를 위한 노동법 개정", 『사회과학』, 제37권 제1호(통권 제46호), 성균관대학교 사회과학연구소, 1998, 152면; 제3자 개입금지와 관련하여 조항의 구체적인 적용실태에 대한 사례와 관련하여서는 다음 문헌 395면 이하를 참고 박주현, "제3자 개입금지", 『노동법연구』, 제1권 1호, 서울대학교 노동법연구회, 1991. 5.

29) 제3조 (노동조합의 정의) 이 법에서 "노동조합"이라 함은 근로자가 주체가 되어 자주적으로 단결하여 근로조건의 유지 · 개선 기타 경제적 · 사회적 지위의 향상을 도모함을 목적으로 조직하는 단체 또는 그 연합단체를 말한다. 그러나 다음 각 호의 1에 해당하는 경우에는 그러하지 아니하다. (중략) 5. 조직이 기존노동조합의 정상적인 운영을 방해하는 것을 목적으로 하는 경우

30) 제3조 (노동조합의 정의) 5. 조직이 기존 노동조합과 조직대상을 같이 하거나 그 노동조합의 정상적 운영을 방해하는 것을 목적으로 하는 경우

제유지의 보호의도로 신설된 것이다.[32)]

복수노조금지 규정은 단결선택의 자유를 보장하고 있는 헌법정신에 반함은 물론, 자유로운 단결권 행사를 보장하고 있는 ILO 제87호 조약 취지에도 위배된다는 비판이 국내외로부터 끊임없이 제기되어 왔고,[33)] 이에 대해서는 달리 반론의 여지가 없을 정도이다. 그럼에도 오랫동안 존치여부를 둘러싸고 논란이 계속된 것은 법리적 문제라기보다는 복수노조 도입 환경의 현실적인 문제인 것으로 평가된다.[34)] 또한 노동계에서는 이 조항은 노동자의 자주적 단결권을 침해하는 위헌적 독소조항으로 1963년 박정희 정권의 제2노총 결성[35)] 움직임을 봉쇄하기 위해 국가재건최고회의에서 신설한 군사정권의 잔재라며 비판하였다.[36)] 결

---

31) 김유성, “노동조합법 제3조 단서 5호(복수노조)”, 『노동법학』, 제2호, 1989. 12, 54면; 이승욱, “복수노조설립금지제도의 위헌성”, 『노동법연구』, 제23호, 2007. 9, 199면.

32) 홍기갑, “ILO 제87호 제약과 한국의 노동조합법상 문제점”, 『법학연구』, 제12집, 원광대학교 법학연구소, 1992, 16면.

33) 복수노조 설립금지의 문제점이 본격적으로 논의되기 시작한 것은 1991년 우리나라가 ILO에 가입하면서부터라고 보여진다. 협약 제87호는 근로자가 스스로 선택하여 단체를 설립할 권리를 보장하고 있고, 이 협약은 근로자는 기존 노조에 가입하지 않고 새로운 노조를 설립할 수 있는 권리를 보장하고 있는 것으로 해석되어 복수노조 설립을 금지하는 것은 ILO협약 제87호를 위반하는 것이 되며, 1996년 OECD가입신청서를 내면서 회원국들 사이에서 우리나라가 가입자격요건으로 복수노조금지를 포함한 비민주적 노동법을 개정해야 한다는 주장이 제기되었기 때문이라고 보여진다(유성재, “2010년 개정 노동법에 대한 입법론적 평가”, 『노동법학』, 제34호, 2010. 6, 2면).

34) 즉, 복수노조금지 조항을 삭제하는 것은 간단하지만, 이로 인하여 복수노동조합이 실제로 등장하였을 경우 노조간 또는 노사간의 여러 가지 어려움을 어떻게 극복할 것인가가 새로운 과제로 등장한다고 보기 때문이다. 특히 기업별 조직이 일반화되어 있는 우리나라의 현실적 상황을 감안하지 않은 채 위 조항을 삭제해 버릴 경우 기존의 노동조합의 활동이나 노사관계질서에 큰 혼란을 야기할 수 있음을 간과해서는 안 된다는 지적이다(윤성천, “노동조합법 개정에 관한 제문제”, 『노동법학』, 제5호, 1995. 12, 17면; 복수노조 조항의 존치론에 대한 비판은 김유성, “노동조합법 제3조 단서 5호(복수노조)”, 『노동법학』, 제2호, 1989. 12, 57면 이하 참고).

35) 법 도입 당시 이와 관련하여 김치선 교수는 다음과 같은 우려와 비판을 제시한 바 있다. “우리나라의 노동조합조직의 노동조합조직과 활동이 시작된 이래 그 자주성을 잃고 있었음이 사실이다. 만일 진정한 노동기본권의 의식을 가진 자라면 단연코 그러한 어용적 그리고 정치적 기존조합에 반기를 들고 양심적이고 혁신적인 제2조합을 결성하였을 것이다. 사실에 있어 수많은 양심적인 노동자들이 과법(過法)에 있어서 기회가 있을 때 마다 어용조직에 대항하여 조직의 혁신을 노력한 바도 있었지만, 어용조합을 옹호 하는 사용주(使用主)와 그리고 우리 한국노동사회의 봉건성 때문에 실패하여 왔음이 또한 사실이다. 이러한 사실에 비추어 개정된 노동조합법 제3조5항의 조합결격사항규정을 생각하여 볼 때에 악의의 제2조합 출현을 방지하기 위한 입법취지 보다는 오히려 선의의 신조합 출현이 이 조항 때문에 희생되지 않을까하는 우려가 더욱 큰 바 있다.”(김치선, “개정노동조합법＜1963년 4. 17＞”, 『서울대 법학』, 제5권, 서울대학교 법학연구소, 1963, 107면).

36) 전국민주노동조합총연맹, 『노동법개정안(정책 96－7)』, 1996. 8, 5면.

과적으로는 노사관계가 시대적 정치적 필요성에 따라 규제되게 된 것으로, 앞서 밝힌 바와 같이 이렇게 개정된 1963년 노동관계법의 개정 방향은 복수노조금지를 비롯하여 전반적으로 단체교섭 및 쟁의행위에 대한 권리를 약화시키는 내용으로 이루어졌으며, 노사관계의 당사자 자치도 일보 후퇴하게 되었다.

Ⅲ. 노조전임자근로시간면제제도 문제

1. 노조전임자 임금지급금지

노조전임자에 대한 임금지급 금지 규정은 1997년 3월 노조법을 제정하면서 처음으로 이를 입법화하였으나, 노사의 반발로 세 차례에 걸쳐 시행이 유예[37]되어 오다가 2010. 7. 1. 시행되기에 이르렀다.

이 규정의 입법 배경은 1987년 노동법 개정 이후에도 노・사・정의 당사자로부터 계속 제기되어 온 법개정 요구와 ILO[38] 및 OECD의 압력 하에서 진행된 1997년 노동법 개정의 직접적 계기인 '대통령의 신노사관계 구상'의 발표(1996. 4. 24.)와 노사관계개혁위원회의 설치(1996. 5. 9.)였다.[39] 권위주의 군사정부와는 다른 이른바 '문민정부'의 정책기조 하에서는 복수노조의 허용은 당연한

---

37) 노조전임자에 대한 임금지급 금지 규정의 유보과정을 보면 다음과 같다. 제정 당시 부칙 제6조 제1항에 의하여 그 시행이 2001. 12. 31.까지 유보되고, 동규정은 2001. 3. 28. 개정되어 그 시행이 2006. 12. 31.로 연기 된 후, 2006. 12. 30. 그 시행일이 다시 2009. 12. 31.까지 연기되었고, 2010. 1. 1. 개정 노조법은 노조전임자에 관한 규정의 시행시기를 다시 2010. 7. 1.로 연기하였다. 그리고 개정 노조법은 제24조 제3항 내지 제5항을 신설, 조합원 수 등을 고려하여 근로시간 면제심의위원회가 결정한 '근로시간 면제 한도' 범위에서 노조전임자가 임금의 손실 없이 사용자와의 교섭・협의, 고충처리, 산업안전 활동 등 법률이 정하는 업무와 건전한 노사관계 발전을 위한 노동조합의 유지・관리업무를 할 수 있도록 하였다.

38) ILO에도 노조전임자의 임금지급관련 협약은 없으나, 이를 법으로 금지・처벌하는 등 국가가 개입하는 것은 노사자치에 위배된다는 입장을 보이고 있고, 우리 정부에 대하여 노조전임자의 급여지원문제는 입법적 관여대상이 아니므로 이를 금지하고 있는 노동관계법 관련조항을 철회할 것을 권고하였다(경제단체협의회, 『개정된 노조법 해설(정책조사자료 2001－01－04)』, 2001. 3, 23면).

39) 법외노조인 민주노동조합총연맹이 전국중앙조직의 대표로서는 아니지만 당시 노조법상의 노동조합인 연맹체 대표의 자격으로 참가한 노개위에서의 주요 쟁점은 공무원과 교원의 단결권 보장 문제, 3금 및 3제(정리해고제, 변형근로제, 근로자파견제)로 대표되었다. 노・사・공익위원 전원합의를 목표로 한 노개위에서는 주요 쟁점 가운데 노동법상의 정치활동금지조항 삭제만이 합의되었을 뿐, 그 이후 노동법 개정과 재개정이라는 파란의 과정을 거치며 진행되었다(김삼수, "한국의 1997년 개정노동법 한국노동경제학회", 『노동경제논집』, 1998, 137면).

과제로 인식되었다. 한편 경영계는 복수노조의 허용에 대한 반대급부로 전임자에 대한 급여지급 금지를 입법화할 것을 주장했다.[40] 이에 대해 노동계는 이것은 1980년대 기업별 노동조합 강제주의 하에서 단체협약 등을 통하여 장기간의 관행으로 형성된 것이므로 노사자율에 맡겨야 할 문제이며,[41] 노사자치의 영역으로 지급여부는 법으로 규율할 대상이 아니고 노사협약의 문제라며 반발하였다.[42] 그 결과, 법에서 원칙을 정해놓고도 특별한 명분 없이 복수노조문제와 노조전임자에 대한 임금지급문제를 약 13년 동안 수차례에 걸쳐 그 시행을 유예한 것은 법적 안정성을 떠나 법치국가로서 결코 바람직한 모습은 아니었다.[43]

우여곡절 끝에 노사간에 관행적으로 행해져온 노조전임자에 대한 임금지급을 금지함으로써 법 취지인 노동조합의 자주성 확보가 명문화되었다. 하지만 노동조합의 자주성의 문제는 엄격히 말해 노동조합 자신의 문제이므로 입법이 개재할 성격이 아니다. 물론 전임자에 대한 임금지급을 둘러싼 문제가 그동안 노사분쟁의 쟁점이 되어 온 점에 비추어 노조전임자에 대해 임금지급을 금지하는 명문의 규정을 두게 된 배경을 모르는 바는 아니다. 하지만, 원래 노조전임자를 둘러싼 문제는 노사자치로 풀어갈 것이지, 입법적으로 해결할 문제는 아니라고 본다. 그 결과, 현행 법체계 하에서는 사용자가 노동조합의 집요한 요구에 못이겨 노조전임자에게 임금을 지급한 경우조차 부당노동행위(경비원조)로 처벌되는 법리적으로 모순되는 구조가 되어 버렸다.

2. 근로시간면제제도

근로시간면제제도(이하 '타임오프제도')는 2009년 말 노사 간 합의에 따라 도입돼 2010. 7. 1. 시행되었다. 타임오프제도를 도입함으로써, 노조전임자는 사용

40) 정인섭, "노조전임자 급여지급 금지론의 문제점", 『노동법학』, 제21호, 2005, 71면.
41) 또한 소규모 사정장에 조직되어 있는 기업별 노동조합으로서는 사실상 노동조합으로서의 존립기반이 부정된다는 것을 반대논거로 내세웠다(정인섭, "노조전임자 급여지급 금지론의 문제점", 『노동법학』, 제21호, 2005, 74면).
42) 김종각, "전임자 임금은 노사자치로 결정해야 한다", 『노동리뷰』, 통권 제16호, 한국노동연구원, 2006. 4, 84면; 손향미, "노동조합 전임자의 급여지급문제에 관한 검토", 『노동정책연구』, 제7권 1호, 한국노동연구원, 2007. 3, 216면; 정인섭, "노조전임자 급여지급 금지론의 문제점", 『노동법학』, 제21호, 2005, 100면.
43) 이정, "노조전임자에 대한 급여지급관행과 법적 문제점", 『노동법학』, 제28호, 2008.12, 293면.

자의 지시 하의 종속적 지위에 놓여 있지 않고 급여 또한 노동조합의 스스로 부담의 원칙임을 확인하였다. 우리나라의 경우 전임자 급여는 당연히 사용자가 지급해야 한다는 불합리한 관행이 형성되어 있고, 노조전임자의 수가 합리적 수준을 넘어서고 있어 사용자에게 재정적 부담이 되며, 노사 간 분쟁의 주된 원인이 노조전임자에 관한 사항을 정하는 과정에서 발생하고 있어 이러한 문제를 근본적으로 해결할 필요가 있었다.[44] 이에 정부는 타임오프제도 도입의 불가피성을 역설했고 노동조합은 이를 전면 반대하였다. 정부는 1997년 노동조합법 제정을 통해 명시된 "노동조합 전임자에 대한 급여지급 금지"를 당시 13년의 유예기간을 거쳐 입법하면서, 전임자 임금지급 금지는 '글로벌 스탠더드'라 주장하며 이 법안의 핵심은 노조전임자의 급여 전면 금지가 아닌, '활동보장'을 위한 근로시간면제제도임을 강조했다.[45] 반면 노동계는 노조전임자의 임금 지급과 관련된 사항을 법으로 금지하는 것은 노사자치에 대한 중대한 침해이며 노사자율을 중시하는 시장경제 국가에서 법률로 노조전임자 임금 문제를 처리하는 것은 후진적 조치라며 반대했다.[46]

우리나라 노동조합의 경우 조직규모가 작고 재정기반이 열악한 기업별노조가 많다는 특수성을 고려하여,[47] 전임자에 대한 급여지급은 원칙적으로 금지하되,[48] 전임자가 순수하게 회사업무에 종사하는 경우(노사협의회, 고충처리위원회

44) 노병호, "노조전임자와 급여", 『노동법논총』, 제11집, 한국비교노동법학회, 2007. 6, 85면; 권혁, "현행 노조법상 노조전임자 제도에 관한 법이론적 재검토", 『법학연구』, 제51권 제4호 통권 제66호, 부산대학교 법학연구소, 2010. 11, 10면.

45) "노동조합과 노사간의 단체교섭 혹은 각종 협의가 유효한 자본주의 제도라고 인정하는 사람들이라면 노조 활동을 하는 사람들 그것을 전임자로 칭하던 근로시간 면제자로 칭하던 간에 그에 대한 보호와 일정한 활동 보장이 필요하다는 것을 부정하지 않는다. 문제는 노조활동가에 대한 보호와 지원이 국가별로 매우 다르게 관행적으로 발전해 왔으며, 시대별로도 중점과 범위가 변해왔다. 따라서 노사관계에서 시대와 공간을 넘어서는 보편적인 원리가 성립하기 어려운 것이다."(조성재, "근로시간면제제도와 노사관계", 『노동리뷰』, 제81호, 한국노동연구원, 2011. 12, 1면).

46) 노광표, "근로시간면제제도 시행 후 노사관계 변화와 쟁점", 『노동리뷰』, 통권 제81호, 한국노동연구원, 2011. 12, 19면.

47) 실제로 우리 노동현실을 감안한 측면이 강하다. 종래 관행적으로 급여를 사용자로부터 충당하여 왔고, 이러한 관행에 기대어 자주적 재정자립노력을 도외시한 노동조합의 상황을 고려하여, 노동조합으로 하여금 최소한도의 재정적 부담을 덜어주려는 측면이 바탕에 깔려 있음을 부인하기는 어렵다(권혁, "현행 노조법상 노조전임자 제도에 관한 법이론적 재검토", 『법학연구』, 제51권 제4호 통권 제66호, 부산대학교 법학연구소, 2010. 11, 11면).

48) 노조전임자 임금지급 금지에 대한 노사관계측면의 부작용으로 김상호 교수는 다음과 같은 비판

참가)에는 일종의 수당의 형태로 금전적 보상을 해주어 노동조합의 재정적 취약성을 보완할 수도 있다.[49] 이는 노동조합의 자주성을 크게 해치지 않으면서 한편으로는 재정이 열악한 노동조합도 존립할 수 있도록 하여 노사가 상생의 길을 모색한다는 점에서 설득력이 있을 수 있겠다. 오랜 유예기간과 진통 끝에 노조전임자 임금지급 금지 규정과 타임오프제가 도입되었으나, 다른 점을 차치하고서 노사자치측면에서 바라볼 때는 노사가 협의해야 할 문제를 미리 법으로 정해 놓는다는 것은 대화와 협의로 해결할 수 있는 협약자치 가능성을 근본적으로 제약한다는 점에서 바람직하지 않다.

3. 강제조정제도(직권중재제도)

1953년 제정노동법부터[50] 일반사업과 구별하여 공익·필수공익사업에 대해서는 쟁의권 행사를 더욱 제한하였으며, 수차례 개정을 거치며 폐지되기 전까지 정도의 차이는 있으나 기본적인 맥락을 유지하였다. 1963년 노동법 개정시 공익사업에 대한 긴급조정제도를 신설(법 제6장)하였다.[51] 당시 군사정권은 노동조합 통제를 위한 수단이 필요했음을 인식했고, 이에 노동관계법 개정을 통해 그 목적을 이루려 했다.

을 하고 있다. "노동조합의 세력약화, 특히 교섭력에 있어 불공정한 제약으로 파악될 수 있으며, 노동조합은 이런 약세를 극복하고자 산별조합 건설에 박차를 가하게 될 것이고 이는 노사화합적인 관계형성에 노력하기보다 근로자의 집단적 이익을 확보·실현하는데 주력할 것이다. 이런 방향의 변화는 우리나라가 오랜 동안 경험으로 쌓아 올린 기업별 노사관계를 약화시키는 결과를 가져와 국제적 경쟁을 해야 하는 기업에 도움이 될 것이 없다고 본다."(김상호, "노조전임자의 급여지급금지 문제", 『노동법학』, 제31호, 2009. 9, 28면).

49) 우리나라 노동법이 '노사자율'과 '노사대등'을 근간으로 하여 전임자에 대한 임금지급을 원칙적으로 금지하고 있는 입법취지에 비추어, 전임자의 특정행위에 대해 금전적 보상을 하는 것은 그 명칭과 형태만 다를 뿐 사실상 임금을 보상하거나 또 다른 형태의 부당노동행위를 법인(法認)하는 결과를 초래할 수도 있으므로, 이를 노사 간의 타협의 대상으로 하는 것에 대해서는 신중을 기할 필요가 있다고 본다(이정, "노조전임자에 대한 급여지급관행과 법적 문제점", 『노동법학』, 2008. 12, 295면).

50) (구)노동쟁의조정법 <1953. 3. 8 제정>: 제22조(중재의 개시) 3. 공익사업에 있어서 행정관청의 요구 또는 노동위원회의 직권으로 노동위원회의 중재에 회부하는 결정이 있을 때(공익·필수공익사업 변천에 관하여는 노동부, 『노동조합 및 노동관계조정법 제·개정 변천사』, 2008. 10, 134면 이하 참조).

51) 당시 군사정권은 쿠데타 직후 노동조합 간부를 대량 검거하는 한편 노동조합을 해산상태에 몰아넣음으로써 1960년 4·19혁명 후 급격히 고양되었던 노동운동을 일거에 단절시켰다(이원보, 『한국노동운동사 5<1961－1987경제개발기의 노동운동>』, 고려대노동문제연구소, 지식마당, 2004, 267－268면).

1997년 노동법 개정 이전에 직권중재는 노동쟁의조정법에 의해 규율되었으며, 당시에는 모든 공익사업에서 직권중재의 회부가 가능하였다. 그러나 1997년 노조법으로 개정하면서 필수공익사업만으로 제한하였다.[52] 2006년 12월 국회에서 의결된 노사관계 선진화 입법을 통해 필수공익 사업의 직권중재제도가 폐지되고, 그에 갈음하여 필수공익사업의 추가와 필수유지업무제도가[53] 도입되었다. 강제중재제도는 그 대상사업을 이용하는 일반 공중의 이익을 위하여 해당 근로자의 쟁의권을 박탈하는 것으로서 선진국에서는 유례를[54] 찾아보기 어렵다.[55] 직권중재제도 폐지와 관련하여서도 그동안 많은 논란이 있어왔다. 직권중재제도는 법 개정 전 헌법재판소와[56] 행정법원 등에 의해 위헌적 요소가 있음이 지적된 바 있다.[57] 이는 노사자치주의에 위배되고, 행정소송을 통해 적정성과 적법성을 다룰 수 있는 대상조치가 마련되어 있는 등 그동안 직권중재 제도폐지에 대한 필요성이 지적[58]되었다.

---

52) 김홍영, “직권중재제도의 대체적 개선 방안”, 『노동법연구』, 제15호, 2003. 12, 286－287면.

53) 필수공익사업에 항공운수사업과 혈액공급사업을 추가하고, 파업을 할 때에 필수업무는 최소한 인원을 유지해 업무가 중단되는 일이 발생하지 않도록 한 제도이다. 필수유지업무는 2006년 노사정이 합의한 노사관계법·제도 선진화 방안에 의해 2008년부터 필수공익사업장에 적용되었던 직권중재제도가 폐지됨에 따라 그 보완책으로 지정되었다. 필수유지업무의 유지 수준과 대상 직무, 인원 등 구체적 운용 방법은 노사가 자율적으로 정하되 노사 합의가 이뤄지지 않으면 노동위원회가 결정한다. 노동조합이 필수유지업무 유지의무를 지키지 않을 때는 3년 이하 징역 또는 3,000만원 이하 벌금이 부과된다. 이와 함께 현행 노동법상에서는 합법 파업 중인 사업장에서 대체근로를 시킬 수 없지만 앞으로 필수공익사업장에서 쟁의행위가 발생했을 때는 파업 참가 인원의 50% 범위에서 대체근로가 허용된다.

54) 사업의 공익성을 이유로 강제중재를 허용하지 않는다는 점에서는 ILO기준, 미국, 일본 모두가 동일하다. 선진국 주요국가 미국 일본 등에 관련한 자세한 사례는 이기한, “주요국가의 필수공익사업의 쟁의행위제한의 법리적 검토에 관한 비교법적 연구”, 『노동법논총』, 제9집, 한국비교노동법학회, 2006. 6, 참조.

55) 임종률, “참여와 협력의 신노사관계를 위한 노동법 개정”, 『사회과학』, 제37권 제1호(통권 제46호), 성균관대학교 사회과학연구소, 1998, 154면.

56) 1996년 12월 26일 헌법재판소에서 다수의견으로 위헌적 견해를 밝힌 바 있다. 9명중 5명이 위헌의견을 내었으나 의결정족수 2/3인 6인에 1명이 모자라 위헌결정이 되지 못하였고, 2001년 11월 서울 행정법원이 직권중재 제도가 위헌이라고 인정할만한 상당한 이유가 있다면서 또다시 위헌 심판을 제청하였다.

57) 헌법재판소 ＜헌재결 2003. 5. 15. 2001헌가31＞와 관련하여 이달휴 교수는 “헌법 제37조 제2항에서 기본권의 본질적 내용을 침해하지 않도록 규정하고 있음에도 불구하고 합리적인 설명 없이 과잉금지원칙을 적용하여 필수공익사업에서의 직권중재규정을 합헌이라고 결정한 헌법재판소의 결정은 논리적 비약이거나 이유설시 없는 결정이라 비판을 면할 수 없다”라고 헌법재판소 결정에 대한 비판적인 견해를 제시하고 있다. 이와 관련한 헌법재판소의 자세한 평석은 이달휴, “필수공익사업의 직권중재 규정에 관한 헌재결정”, 『법학논고』, 제18권, 경북대학교 법학연구원, 2002. 12, 68－69면.

1990년대까지는 직권중재의 대상이 되는 사업에서 노동쟁의가 발생하면 노동위원회의 조정도 무위로 되기 쉽고 직권으로 중재에 회부되어 중재재정이 내려짐으로써 해결되는 경향이 있었다. 사용자들은 노사간의 문제를 자주적으로 해결하기보다는 중재재정에 의존하게 되어, 노동위원회의 조정뿐 아니라 그 이전에 노사간의 단체교섭도 제대로 기능하지 못하였다.[59] 또한 직권중재는 당사자의 신청이 아닌 직권으로 제3자로 하여금 분쟁을 해결하게 한다는 의미에서 노사자치에 반할 뿐만 아니라, 분쟁당사자가 교섭에 참여할 수 있는 방법을 갖추지 않고 있어 교섭자치주의에도 반한다. 결과적으로 직권중재는 쟁의행위가 금지된 상태에서 중재재정이 이루어짐으로써 단체행동권이 침해되므로, 직권중재제도는 쟁의권의 본질적 내용에 대한 침해가 되어 종국적으로 위헌 문제로 귀결될 수 있다.[60] 다시 말해서 직권중재제도는 헌법이 보장하고 있는 단체행동권을 제한하고 노사관계를 획일적으로 규제·강제하려는 측면에서 바람직하지 않으며, 무엇보다도 노사관계에 있어 노사자치의 기본원칙을 훼손하는 것으로 평가된다.

4. 노사협의회제도

1963. 4. 17. 군정은 국가재건최고회의의 결의로 집단적 노동관계법을 전면 개정하여 (구)노동조합법에 「노사협의회의 설치에 관한 규정」을 신설(법 제6조)하였다. 1980년에 (구)노동조합법에서 독립하여 「노사협의회법」으로 제정·도입되었고, 1996년에 이를 전면 개정하여 1997년부터 시행되고 있는 현행 '근로자참여 및 증진에 관한 법률'[61]로 그 모습이 바뀌었다.

---

58) 제도운영상으로도 획일적 직권중재회부, 적절한 중재안을 내리기위한 여건 미흡 등(조은숙, 『직권중재·손배가압류 철폐를 위한 노동조합법 개정방안』, 민주노총토론회, 전국민주노동조합총연맹, 2004. 11, 40면).

59) 노동조합이 이러한 상황을 타개하기 위해서는 파업이 필요할 수 있겠는데, 직권중재제도는 합법적인 파업의 기회를 막고 있었다. 이 때문에 노동계는 직권중재제도가 단체행동권과 단체교섭권을 침해하고 있다고 진단하는 것이다(김홍영, "직권중재제도의 대체적 개선 방안", 『노동법연구』, 제15호, 2003. 12, 288면).

60) 이회규, "한국노동쟁의에 있어서 직권중재제도의 개선에 관한 연구", 『중재연구』, 제16권 제1호, 한국중재학회 2006. 3, 164-165면; 김상호, "필수공익사업 직권중재에 관한 입법론적 고찰", 『노동법학』, 제13호, 2001, 113면.

61) (구)노사협의회법에 비하여 노사협의회의 기능과 역할을 강화함으로써 근로자의 참여와 협력을 증진시키고자 하는 취지는 근로자위원의 선출, 협의사항의 확대, 의결사항의 신설, 자료제출권

노사협의회법 제정으로 외견상으로는 새로운 노사관계질서의 모색이 시도되고 노동조합을 중심으로 하는 대립적·투쟁적 노사관계 외에 협조적인 노사관계를 정착시키기 위한 노사협의회제가 제시되었다. 그러나 이와 같은 시도는 그 실질적인 의미가 본래의 노사협의제도의 정착에 있었던 것이 아니라 노동조합활동을 둔화시키려는 데 있었다.[62] 노사관계제도는 당시 국가의 경제성장제일주의·안보우선정책 등과 무관하지 않는 것으로, 유신헌법을 포함하는 거듭된 헌법개정, 집시법, 국가보위법(1981. 12. 폐지), 외국인투자기업근로법(1986. 5. 폐지) 등의 출현과 1963년 이후 근로자의 집단 활동의 억제 등을 주 내용으로 하는 집단적 노사관계법의 빈번한 개정의 후속조치로서 이루어진 것이었다고 할 수 있을 것이다. 따라서 우리나라 노사협의회제도는 노동법의 역사적 측면에서 보면 투쟁적 노사관계 제약의 반대급부로 생성된 것이라는 평가가 있다.[63]

당시 제정법이 실질적으로 미친 영향은 표면상으로 내세운 노동조합의 조직상 불합리와 미비점을 시정하기 보다는, 노동조합의 조직을 저해하여 헌법상 보장된 단결권을 제약하는 결과를 가져왔다.[64] 노사협의회제도가 그 최소한의 기능을 수행할 수 있기 위해 요구되는 선행조건은 적어도 노동조합기반이[65] 튼튼하여 단체교섭권 등의 실질적 확보로 '노사대등관계'가 어느 정도 실현·정착되

의 신설, 임의중재제도의 도입 등에서 알 수 있다(김훈·이승욱, 『노사협의회의 쟁점과 과제』, 한국노동연구원, 2001, 1면).

62) 사업장의 규모를 불문하고 노동조합이 조직되어 있는 경우에는 반드시 노사협의회를 설치하도록 하고, 노사협의회의 노동자위원에 노동조합의 대표자를 포함하도록 규정함에 따라 노동조합의 교섭 기능이 협의회의 협의 기능으로 흡수되게 되었다. 하지만 노사협의회에서의 합의사항의 이행을 확보하는 규정의 미비로 실질적인 효과를 기대할 수 없었다(김형배, 『노동경제 40년사』, 한국경영자총협회, 1989, 102－103면) 또한 법제정 당시부터 집단적 노사관계에 관한 노동조합법과 노동쟁의조정법의 개정으로 노동조합의 조직과 활동을 보다 제한하면서 노사관계를 노사협의회를 통한 평화적 관계만으로 유도하려 하고, 운영상에 있어서도 많은 문제점들이 발생하였다.(신홍, "노사협의회의 기능강화방안에 관한 연구", 『노동법학』, 제2호, 1989. 12, 83면).

63) 박원석, "노사협의회법개정에 관한 제문제", 『인권과 정의』, 제223호, 대한변호사협회지, 1995. 3, 36면; 김형배, 『노동법』, 1981, 512면.

64) 그것은 ① 노동조합조직율의 감소, ② 사용자의 부당노동행위 범람, ③ 불법쟁의와 집단난동의 증대, ④ 노동이동의 증대, 근로자의 사용자와 정책에 대한 불신고조 및 학생, 종교단체 및 해고자단체 등에 의한 격렬한 시위 등을 초래했다(이병태, "1980년 개정노동조합법의 법리와 노동관계에 미친 영향", 『산업노동관계연구』, 서강대학교 산업문제연구소, 1986, 34면).

65) 1980년에는 노동조합이 기업별체제로 일원화되고, 유니온 숍제의 폐지로 인해 기업 내에서도 한정된 조합원만을 노동조합이 대표하게 되었으므로 기업 내의 근로자 전체를 상대로 해서 운영되는 노사협의회의 비중이 상대적으로 높아졌을 것이다(이창호, "노사협의제 발전방향에 관한 연구, 『법학논총』, 제19권, 숭실대학교 법학연구소, 2008, 244면).

어 있어야 한다.[66] 노사협의제는 노동조합과의 대립을 전제로 하는 단체교섭을 대신할 수 있으며, 미조직근로자의 근로관계상의 요구 또한 노사협의회를 통해 해결을 도모할 수 있는 장점이 있다. 하지만 정치적으로 이용될 경우에는 단결권, 단체교섭권 등을 제약하는 결과로 이어져 건전한 노사자치와 상생의 노사발전관계에 역행할 수 있다는 것을 그동안의 경험을 통해 반면교사로 삼아야 하겠다.

66) 우리나라와 같은 봉건적 노사관계의 지배, 단체교섭단위의 기업별교섭원칙, 노동조합조직률 자체의 저조 등의 상황에서는 근로자의 단결활동권 행사의 억압 장치가 될 수 있다는 지적과 함께, 당시 노동계에서는 이 법의 폐지를 주장하는 목소리가 높아지고 있었다. 유신법하 1974년 노동법 개정 당시에도 이와 유사한 제도의 설치요구를 자본주측에서 발의한 바 있으나, 노조 없이도 노사협의회를 두기 위한 법 개정의 요구는 결국 노사협의회를 빙자하여 조합결성을 방해할 우려가 있다는 등을 이유로 정기국회에서 거부된바 있으며, 이것을 제5공화국 헌법하에서 결국 그대로 받아들이고 말았다(신인령, 『노동법과 노동운동』, 일월서각, 1987, 117－118면).

향후과제

노사관계의 역사는 노사자치가 정립되어 가는 과정이라 해도 과언이 아닐 것이다. 이는 유럽 선진국들의 사례에서 볼 수 있듯이, 이들은 공통적으로 산업화를 거치는 과정에서 필연적으로 노사관계의 대립과 위기를 거듭하면서 노사자치가 형성·발전되어온 경험을 가지고 있다. 따라서 이들 선진국의 경우에는 노사자치의 역사가 길고 노사자치의 가치질서가 정립되어 있는 만큼 노사관계 또한 상대적으로 안정된 모습을 보이고 있다.

이에 비해, 우리나라는 역사적으로 짧은 시기에 전쟁과 군사정권을 거쳐 압축성장과 민주화를 이루었지만, 노사관계는 여전히 불안정한 상황이다. 그 주된 이유는 위의 집단적 노사관계법의 변천사를 통해서도 알 수 있듯이, 노사자치에 입각하여 노사관계가 형성·발전되지 못하고 시대적 상황에 따라 정치적·경제적 이유로 왜곡되어 왔기 때문이라 생각된다. 따라서 향후 우리나라 노사관계가 보다 안정적으로 정착되기 위해서는 정치(정권) 가변적인 틀에서 벗어난 노사자치의 가치질서의 확립이 요구된다.

아울러 최근 들어 통상임금 및 사내하도급 관련 소송이나 단체협약상의 합의사항을 둘러싼 소송에서 보듯이, 노동분쟁에 있어 사법부의 역할이 두드러지고 있다. 이는 법적 분쟁을 종국적으로 확실하게 종식한다는 점에서 바람직한 면도 있지만, 이러한 사법부로의 쏠림현상은 자칫 노사가 스스로 해결하고 정립해 나가야 할 사안까지 법적 판단에 의존하게 된 결과, 노사자치의 근간을 흔들리게 하지는 않을까 우려된다. 따라서 바람직한 노사자치를 정착시키기 위해서는, 첫째 노사문제는 가능한 한 노사당사자가 스스로 해결할 수 있도록 입법적·사법적 개입은 필요최소한에 그쳐야 할 것이며, 둘째 노사자치의 가치질서에 부합하지 않는 법제도의 개선이 요구된다.

찾아보기

ㄱ

ㄴ

ㄷ

ㅂ

ㅊ

ㅋ

ㅌ

영문

저자 약력

■ **이 정**(李 鋌) leejohn@hufs.ac.kr

동경대학 법학연구생 · 석사 · 박사
동경대학교 특별초빙연구원 · 객원교수
일본후생노동성 연구위원
큐우슈우(九州)국립대학 법학부 교수
일본상공회의소 서울지부(SJC club) 고문
University of Columbia, Visiting Scholar of Law School
고용노동부 노동정책자문위원
인사혁신처 공무원노사관계발전협의회 위원장
경제사회발전노사정위원회 위원
한국고용노사관계학회 회장
한국노동법이론실무학회 회장
한국외국어대학교 법과대학장 · 로스쿨 원장
현 · 신노동연구회 대표
현 · 일자리연대 정책위원장
현 · 노동위원회 공익심판위원
현 · 한국외대 로스쿨 교수

[주요 저서]

『解雇紛争解決の法理』, 信山社(2001)
『고용사회와 노동법』, 박영사(역서, 2001)
『板挟みの日本』, 信山社(2002)
『整理解雇と雇用保障の韓日比較』, 日本評論社(2002)
『노동법강의』, 한국외대출판부(2004)
『주요선진국의 근로계약법제』, 경총(역서, 2006)
『부당노동행위제도와 원하청관계』, 법문사(2012)
『임금법제 이론과 실무』, 법문사(2013)
『파견과 도급에 관한 비교법적 연구』, 법문사(우수도서, 2014)
『노동개혁의 오해와 진실』, Keri(번역, 2015)
『노동법의 세계』, 지식출판원(2015)
『일본노동법』, 법문사(편역, 2015)
『NEW LABOR 일자리 개혁』, 중앙경제(공저, 2021)
『근로계약기본법 구상』, 법문사(공저, 2022) 외 다수

[대표 논문]

「解雇紛争解決制度の比較法的研究」, 法学協会雑誌, 第115巻 第4~7号 (박사논문, 1998)
「日本における労使紛争の法的概念」, 本郷法政紀要, 第1号(석사논문, 1993) 외 300편

노동법체계의 새로운 지평

2023년 7월 1일 초판 인쇄
2023년 7월 5일 초판 발행

저 자 이 정
발행인 배 효 선

발행처 도서출판 法 文 社
주 소 10881 경기도 파주시 회동길 37-29
등 록 1957년 12월 12일/제2-76호(윤)
전 화 (031)955-6500~6 FAX (031)955-6525
E-mail (영업) bms@bobmunsa.co.kr
(편집) edit66@bobmunsa.co.kr
홈페이지 http://www.bobmunsa.co.kr
조 판 법 문 사 전 산 실

정가 25,000원 ISBN 978-89-18-91416-9